流动与共生

LIUDONG YU GONGSHENG

多维视野下的海外华人与中国侨乡关系研究

DUOWEI SHIYE XIA DE HAIWAI HUAREN YU ZHONGGUO QIAOXIANG GUANXI YANJIU

郑一省 ◎ 主　编
石维有 ◎ 副主编

《侨乡文化研究》丛书
广西一流学科·民族学学科资助

世界图书出版公司
广州·上海·西安·北京

图书在版编目（CIP）数据

流动与共生：多维视野下的海外华人与中国侨乡关系研究 / 郑一省主编. —广州：世界图书出版广东有限公司，2023.2
ISBN 978-7-5232-0072-8

Ⅰ. ①流… Ⅱ. ①郑… Ⅲ. ①华人—关系—侨乡—研究—中国 Ⅳ. ①D634

中国国家版本馆CIP数据核字（2023）第008405号

书　　名	流动与共生：多维视野下的海外华人与中国侨乡关系研究 LIUDONG YU GONGSHENG: DUOWEI SHIYE XIA DE HAIWAI HUAREN YU ZHONGGUO QIAOXIANG GUANXI YANJIU
主　　编	郑一省
责任编辑	程　静
装帧设计	苏　婷
责任技编	刘上锦
出版发行	世界图书出版有限公司　世界图书出版广东有限公司
地　　址	广州市海珠区新港西路大江冲25号
邮　　编	510300
电　　话	020-84453623　84184026
网　　址	http://www.gdst.com.cn
邮　　箱	wpc_gdst@163.com
经　　销	各地新华书店
印　　刷	广东虎彩云印刷有限公司
开　　本	787 mm × 1 092 mm　1/16
印　　张	20.25
字　　数	475千字
版　　次	2023年2月第1版　2023年2月第1次印刷
国际书号	ISBN 978-7-5232-0072-8
定　　价	78.00元

《侨乡文化研究》丛书概述

侨乡是海外华人的故乡，是伴随着中国海外移民史的展开而出现的。它是中国一个颇具特色的社会现象。自侨乡形成以来，海外华人就与侨乡发生着千丝万缕的联系。海外华人与中国的联系实际上是与侨乡的联系。要理解并维系海外华人与侨乡的联系，对侨乡进行研究是必不可少的。本丛书的特点是以第一手资料和田野调查获得的侨乡研究成果为主，既展示国内学者的研究成果，也翻译介绍了国外学者有关海外华人的研究成果。

一、研究目的

在总结前人学术研究成果的基础上，本丛书希望达到下述目标：其一，在阐述海外华人文化和侨乡文化的基础上，探讨新时期海外华人与中国的关系；其二，通过开展侨乡研究，推动学术发展，展示最新研究成果；其三，切实对新时期海外华人与侨乡的关系之历史和现状进行总结和思考，既为政府的侨务政策提供参考，也为侨乡文化建设提供智力支持。

二、研究意义

关于侨乡的研究，学者们的研究成果已相当丰富，涵盖社会、经济、文化等方面，但总的来看，还存在几方面的不足：其一，由于缺乏与侨乡社会相关的第一手资料，研究方向偏向大框架、大背景的梳理，往往以所谓的共识来理解具体侨乡的演变进程，缺少对侨乡深层结构和民众价值观念的关注；其二，在研究方法上，更多的是宏观意义上的理论研究，忽视了田野调查的重要性，研究成果主要是对已有文献史料的剖析，不能真正理解侨乡社会自身的发展变迁；其三，就事论事，对侨乡背后的社会变迁缺乏关注，导致侨乡研究在某种程度上缺乏现实意义。鉴于已有研究成果存在的不足，本丛书主要以大量的田野调查资料为基础，注重共时性与历时性研究的结合，力求对海外华人与侨乡的相关问题做微观或中观研究，将侨乡放在国家社会发展的大框架中，在调整侨务政策、促进侨务工作适应性转型的大背景下，以侨乡本身作为出发点，深入开展切实的系统性研究。本丛书集合国内外学者的专著，既有编著也有译著，以第一手资料和田野调查做出的侨乡研究成果为主，从不同视角、不同层次较为系统地展示侨乡研究的最新成果。综上所述，本丛书不仅具有一定的学术意义，而且具有较强的现实意义。

三、研究内容

侨乡是中国特有的社会现象。它是一个地区的海外移民现象发展到一定程度的产物，是海外移民比较活跃的区域性社区。侨乡民众与海外华人存在天然的情感联系。侨乡与海外华人长期以来保持互动，互为影响。侨乡已经成为中国部分区域实现城市化发展的排头兵和领航者之一，同时也是中国与世界沟通联系的重要场地、桥头堡。《侨乡文化研究》丛书在一定意义上是应学术与时代发展之需，在以往零散、独立研究著述的基础上再创新，形成全面、系统的序列性著作。

本丛书的研究内容主要体现在以下几个方面。

（一）侨乡文化

侨乡文化是侨乡研究的主要内容之一。侨乡由于有大量的海外移民，在中外文化交流与对撞中处于一个独特的位置。在中国的现代化进程中，侨乡民众“开风气之先”，对西方文化既不是全盘接受，也不是简单模仿，而是自觉或不自觉地将外来文化与本土传统文化相结合，产生出一种新的亦土亦洋的侨乡文化形态。侨乡文化的生命力在于与时俱进、不断创新。侨乡传统文化是需要保护和大力弘扬的，以便侨乡传统文化得以发扬光大，促进社会发展，推动人类进步。《侨乡文化研究》丛书的内容涵盖了侨乡遗产、侨乡社会与文化史、当代侨乡社会现实问题、侨务理论与侨务工作等方面。

（二）海外华人文化

海外华人文化源于中华文化，广泛地吸收了海外本土文化和西方文化，是在海外的土壤中播种、成熟和发展起来的一种新型文化。它是海外华人思维方式、价值取向、理想人格、伦理观念和审美情趣的集中体现。海外华人是海外华人文化的载体。研究海外华人文化对了解海外华人这一群体的概况和侨乡具有特殊的意义。新时期，海外华人文化的现代化过程是一个不断吸收中西方文化精髓的过程，同时也是不断向先进文化模式变迁与完善的过程。如何把握好新时期海外华人文化的现代化问题，也是本丛书需要努力的一个方向。

（三）海外华人与侨乡的关系

海外华人与中国的关系历来是华侨华人问题研究的重要议题。海外华人与中国的关系主要表现为与其祖籍地的关系。侨乡作为海外华人的家乡，是海外华人了解中国的一个窗口，是考察海外华人与中国关系的一个重要方面和参照坐标。因为侨乡是海外华人与中国进行经济合作的主要区域，是海外移民影响祖籍地社会、文化的“独特风景线”，所以侨乡研究是透视海外华人与中国关系的实证性研究。可见，海外华人与侨乡之间的关系是十分密切的，两者间的联系主要表现在经济和社会文化两个方面。

海外华人与侨乡在经济上的联系是推动侨乡社会发展的主要动力。自侨乡形成之日起，海外华人就以各种形式与侨乡产生联系。他们对侨乡的经济贡献是明显的，主要体现在侨汇、投资和捐赠公益事业上。侨汇是海外华人一直以来联系侨乡的重要纽带，因为侨汇大大改善了侨眷家庭的生活水平。海外华人的经济实力不断壮大，不再局限于给祖籍地的亲属汇款，而是开始对侨乡进行投资建设，直接推动了侨乡的经济发展。20世纪80年代中国的改革开放中，乡镇企业的经济发展出现了3种著名的模式：苏南模式、温州模式、晋江模式。其中，晋江模式就是侨乡利用海外资源进行现代化建设的典型例证——海外华人投资侨乡，促使侨乡形成外向型的经济结构。此外，海外华人还给侨乡引进了西方先进的技术和管理经验，为侨乡社会经济发展注入了新鲜血液，促进了就业和制度创新。

海外华人与侨乡的社会文化联系是多元、多层次的，体现在建筑、民俗活动、教育等各个方面。在建筑方面，一些侨乡采用了西洋建筑文化，并结合自身文化，展示了中外文化交流的样态。在民俗活动方面，海外华人对宗族组织的复兴起到了举足轻重的作用。随着海外华人及其新生代与祖籍地互动的加深，越来越多的海外华人回乡谒祖，使侨乡的民间习俗得以传承。在教育方面，海外华人素有捐资办学的优良传统，促进了侨乡教育事业的发展。

海外华人与侨乡在经济、社会文化上的互动，在不同的时期有不同的特点。毋庸置疑，这种互动联系在任何时期都产生着积极的影响，互动加强的正面是两者互利共生性的深化。随着全球化的发展，海外华人与侨乡的联系将日益紧密。研究如何在新时期更好地理解与把握两者之间的关系，从而服务于侨乡乃至国家的现代化建设，是一项很有意义的工作。

《侨乡文化研究》丛书编委会

2014年3月

前　言

2021年10月16—18日，第五届“海外华人与中国侨乡文化”学术研讨会在玉林师范学院召开。此次研讨会由广西壮族自治区侨务办公室、广西壮族自治区归国华侨联合会、中国华侨华人研究所、广西民族大学和玉林师范学院主办，广西华侨历史学会、玉林市侨务办公室、玉林市归国华侨联合会、广西民族大学民族学与社会学学院协办，广西侨务理论研究基地、广西侨乡文化研究中心承办。

第五届“海外华人与中国侨乡文化”学术研讨会在广西壮族自治区玉林市举办，得到了主办方的高度重视，与会学者也热情支持。在本次会议上，广西壮族自治区党委统战部副部长陈洁、广西壮族自治区归国华侨联合会副主席林振龙、玉林师范学院党委书记唐仁郭、广西民族大学党委副书记陈铭彬等有关单位领导出席开幕式并讲话。由于疫情的影响，此次会议以国内学者为主。来自中山大学、暨南大学、云南大学、华中师范大学、江苏师范大学、海南师范大学、温州大学、云南师范大学、广西民族大学、广西艺术学院、玉林师范学院、桂林旅游学院、桂林电子科技大学、北部湾大学和福建省社会科学院等单位的50多名学者参加了本次会议。这本论文集是这次会议的成果，也是广西侨乡文化研究中心精心打造的《侨乡文化研究》丛书的第九本书。这本论文集总共收录了34篇论文，内容涉及多个方面。

一、海外华商与中国的发展

段立生对日本古籍《华夷变态》进行了解读，认为明末清初是中国社会的一个大变动时期，《华夷变态》正是编撰于这段由“华”变“夷”的历史时期，并真实地反映了这段时期中国的政局变化，研究《华夷变态》对了解明末清初日本的华侨社会文化，特别是华商与日本的联系具有重要意义。张秋生探讨了江苏华侨华人[①]发展史中的华商，认为21世纪以来江苏新华商对江苏经济与社会发展的推动作用主要表现在提升江苏省企业的自主创新能力、推动江苏创新企业集群和产业集聚链形成、推动江苏区域协调发展和经济社会的全面发展等3个方面。郑一省分析了海商时代印尼[②]华人商贸区域网络，指出：海商时代始于先秦，至秦汉时期得以发展，唐宋以后进入繁荣阶段，在海商时代从事海外贸易的华商已将印尼与中国连接起来，印尼与中国的贸易也逐渐得到发展。

①“华侨华人”系常用术语，“华侨”指旅居国外的中国公民，“华人”指具有中国血统的外国公民。为行文简便，许多研究者时常在“华人”一词前面冠以居住国国名以泛指该国华侨与该国籍华人这两个群体，如“美国华人”“泰国华人”。“海外华人”一词同样被广泛应用，系泛指，既包括旅居国外的华侨，也包括外籍华人。收入本论文集中的各篇论文依作者习惯分别使用以上多个术语，其义均为泛指，无实质区别。特此说明。

②收入本论文集中的多篇论文均涉及印度尼西亚，为行文方便，一概简称为“印尼”。如每篇论文中所引用的文献原文为“印度尼西亚”，则保持原貌。

余媛媛、杨萍分析了斯里兰卡华商的形成、互动与趋势，认为斯里兰卡是印度洋的十字路口，也是“21世纪海上丝绸之路”的重要节点，地缘优势使得华侨华人在斯里兰卡形成了独特的华商群体。徐文永探讨了浙商（侨商）企业走进广西的现象，认为这些企业与广西区位、资源、政策等方面的优势深度融合，实现了优势互补、互利共赢，能够共同推动广西高质量发展。顾军探讨了海外华商与中国教育事业的发展，认为一些海外华商凭借自己的辛勤劳动和聪明才智在海外立足和发展，甚至取得了很大的成功，但仍然有浓厚的爱国情怀，希望能够通过各种方式回报祖国。

二、海外华人社会与文化

宋燕鹏探讨了马来亚[①]独立前马六甲广东社群的形成与演变，认为马六甲广东会馆是依赖中国原乡行政区划等级而形成的“层累的行政区划等级制”地缘社团，各地区华人社群的组合模式不是整齐划一的，而是跟随各地区不同的历史发展脉络和华人移民的内在发生机理去形塑的。粟明鲜、黄艺平以一份澳大利亚国家档案馆藏档案为例，揭示中国留学生在澳大利亚完成飞行课程后回国参加抗日战争的过程。周云水分析了海外粤籍华人的“后事”安排，认为海外粤籍华人借由义山管理组织形成祭祀的传统，以及凝聚社会认同、重建伦理纲常与中华文化的传承，起到了整合族群力量和维持华人社会生存与发展的作用。李未醉研究了历史上三州府[②]华侨会党和英国殖民当局的关系，认为三州府华侨秘密会党在华侨社区曾发挥了积极作用，但也存在一些比较突出的问题；英国殖民当局在治理三州府的过程中对华侨秘密会党先后采取利用、限制和取缔的政策，并蓄意利用华侨社会的内部矛盾，使用“以华制华”“分而治之”的伎俩，企图达到维护殖民者利益的目的；华侨会党的内斗给华侨社会带来了比较大的冲击。

刘静以美国S县华人为例，探讨了社会空间视角下海外华人的共同体建构，认为不论是聚居还是散居，作为中华民族共同体的重要组成部分，海外华人在不同的时空维度中心系祖国的发展，也被祖国所关注。庞卫东分析了爱尔兰华人社会，指出自20世纪末爱尔兰对中国开放留学签证以来，华人开始大规模进入爱尔兰，各种类型的华人社团也随之出现；同时，以个人网络为基础和以社团为纽带的社会网络逐步形成。

王祎分析了2020年俄罗斯侨情，认为：受新冠肺炎疫情影响，俄罗斯经济总体下滑，但农业和零售业却取得了不错的成绩；疫情期间，两国政府和人民相互扶持，守望相助，俄罗斯在移民管理领域加强了对双边人员往来的监管。詹娜、孔越分析了公共卫生危机下法国华人的应对，认为：公共卫生危机暴发以来，法国经济发展受挫，法国媒体歪曲和抹黑中国的报道屡见不鲜，种族歧视和排外行为泛滥，尤其是针对华人的歧视；在危机面前，法国华人不做“哑裔”，力图降低法国社会对中国和华人的负面印象，开展慈善捐赠，分享抗疫经验，塑造正面的中国形象。徐辉分析了温州及海外温州人在抗疫过程中作出的巨大

①马来亚（Malaya），即今马来西亚（Malaysia）半岛地区，曾为英国殖民地，于1957年获得独立，成为英联邦的一员，1963年与新加坡（1965年独立建国）、砂拉越、沙巴组成了马来西亚联邦。

②指新加坡、槟榔屿、马六甲。

贡献，认为侨团侨领起到了关键的作用。

林澜、李营探究了土生华人译者对中国古代小说的译介，认为殖民时期的东南亚土生华人浸染着中、西和土著的文化，翻译风格呈现出杂糅性、独创性和灵活性，由此可知他们为传播中华文化不遗余力的努力。王兵对第二次世界大战前新加坡华文报章中的华人戏曲进行了研究，分析了20世纪20年代新加坡报刊中的南洋华人戏曲舞台的演进脉络，展现了当时华人戏曲的生态和对传统文化的继承。肖成探讨了第二次世界大战后东南亚华文文学中的“原乡”之思与“在地”认同，认为东南亚华文文学中的“原乡”意识所构成的实体性与精神性二者合一的内涵，尽管具有二元性、过渡性、模糊性，已经不再属于中国文学的海外叙事，而是已经以过渡的方式走向了东南亚文学的“在地”叙事。

莫上崇、许婉华分析了越南胡志明市华人舞龙舞狮演进过程，认为胡志明市华人舞龙舞狮共同体整体性的发展得益于与中华艺术、医学的融合，参与社会公益、关注弱势群体与华人媒体、国际传播的推动；而表演商业化的发展、对传统文化的感情与认同淡薄成为龙狮文化传承的阻碍。钱杉杉探讨了马来西亚华人社团在马中关系发展中的角色，认为马来西亚华人社团的现代性发展与其对于马中关系的影响，主要体现在文化、经济领域，同时涉及政治、教育领域。

三、侨务与侨乡

刘芳彬探讨了百年党史视域下的侨务政策和侨务工作，认为中国是一个侨务大国，侨务政策和侨务工作始终是党和国家事业的重要组成部分，也是党史研究领域中的一个学术热点。包含丽、李昱丰探讨了百年来中国共产党的侨务工作，认为中国共产党百年侨务工作史有益的经验包括坚持与时俱进的马克思主义方法、不断完善中国特色社会主义统一战线理论、坚持“以人民为中心”的侨务工作理念等。

唐若玲以自己家族为个案，认为海南先民当年下南洋的原因主要是求得生存，由于地缘上的毗邻关系，东南亚成为中国移民的迁徙地和避难所，文昌、琼海和万宁成为海南下南洋人数最多的3个市县。王惠探讨了华南侨乡的红色文化传承，认为：沿海侨乡与华侨华人保持着密切的互动，侨乡的发展受到海内外社会的双重影响；在侨乡从其内部寻求可持续发展策略的过程中，侨乡社会充分运用乡村的红色文化资源，采用多维的叙事方式，将革命与华侨华人两个元素共同作用于侨乡的社会建设中。张钊探讨了潮汕侨批中所见的民国年间暹罗华侨对子女教育的态度，认为除了汇款回乡外，在外谋生的华侨往往也会十分重视家乡子弟的教育问题。

张姗以广西侨港镇为例，探讨了铸牢中华民族共同体意识视角下归侨群体的“五个认同”，认为中华民族共同体具有丰富的内涵，铸牢中华民族共同体意识不仅是当前民族工作的重要指导思想，也是发展新时代爱国统一战线的思想基础与有机统一。张镇昌、康海宁对广西北海侨港镇的旅游业发展进行了探讨，认为侨港镇在面对转产转业困境时因地制宜地抓住了时代发展机遇，以敢于转变发展模式的勇气和创新精神发展起了旅游产业，对北部湾渔民转产转业路径的探索起到了良好的示范作用。

李建林分析了《千年古韵 画说容州：线条下的八桂桥乡文化》一书，认为作者以钢笔画呈现容县侨乡文化符号，深化拓展了侨乡文化研究方式和传播途径。黄琼探讨了建立广西华侨博物馆的意义，认为充分利用广西华侨博物馆征集、收藏和整理的华侨历史文物、文献资料，可以为广西华侨历史文化的研究、交流与传播发挥重要作用。苏木兰对泉州饮食中的南洋元素进行了分析，认为泉州饮食深受南洋文化影响，文化之间长年累月的交流和碰撞使得这些外来元素融入了泉州的饮食结构，或丰富了泉州民众的饮食价值观，成为泉州民众生活中不可或缺的一部分，体现出了泉州人对外来饮食文化的认同。

四、国际移民及其文化

李其荣解析了《2020 世界移民报告》，认为当前国际移民是一个突出的国际和国家政策问题，研究国际移民主要是为了促进对移民问题的理解——移民是创业创新的动力，并且为世界经济发展提供了动力源泉。陈煜比较了不同时期移民到匈牙利的华人，认为匈牙利华人三波大规模移民潮皆受到两国移民政策的限制与影响。杨菁华探讨了广西阳朔所存在的国际性移民，认为这些移民个体在日常生活当中，通过自我能动性的施展，形成相应的策略优化自己的工作、家庭及社会生活。丁美丽考察了近代江苏的海外移民，认为江苏近代海外移民类型多样，既有传统的劳工移民和职业型移民，也有来自社会中上层的知识型移民，其在近代江苏特殊的历史、地理和经济、社会现实推动下，构成近代中国海外移民浪潮中的重要一支。

本论文集的研究内容仍然呈现出多样性的特点，既涉及了历史学、政治学、民族学、人类学、文学、教育学等众多学科，也充分展现了多学科、多视角的研究方法。此外，无论是传统的议题，还是当下的热点分析，都具有一种现实针对性和实践性。

目 录

第一篇
海外华商与中国的发展

日本古籍《华夷变态》与明清华侨史*

段立生

【摘要】日本古籍《华夷变态》是旅日华侨林罗山祖孙三代收集船商口述材料编撰而成的一部类似长崎海关档案的编年史料。主要内容取材于《唐船风说书》，时间为1644—1717年。德川幕府通过《唐船风说书》向抵港的中国船商了解海外情况。这种做法实际上是承袭了中国古代史官文化的传统。《华夷变态》记载了明末清初唐船来往于中日之间，以及日本和东南亚之间的贸易盛况，反映了华侨在东西洋海上贸易方面扮演的重要角色。从《华夷变态》保存的文件中可以清楚地看出，政治动乱是这段时期华侨出国的主要原因。如郑成功部将杨彦迪率3,000士兵移殖越南南圻，并将那里开发成繁华都市。《华夷变态》对研究明清华侨史具有重要的史料价值，可补中国史籍之不足。

【关键词】《华夷变态》 明清华侨史 《唐船风说书》

一、引言

明末清初是中国社会的一个大变动时期，清兵入关，明朝灭亡。许多明朝遗老携家带口逃亡海外，南明抗清部队兵败集体移往海岛，形成一次较大规模的移民潮。清康熙年间，伴随着台湾问题的解决，清政府废除了实行了22年的“迁界禁海”政策，准许沿海商民出海贸易。后来，暹罗贡使说：“其地米甚饶裕，价钱亦贱，二三钱银即可买稻米一石。”①为了缓解闽粤两省的粮荒，康熙公开允许闽粤船商领照赴暹罗国买米，从此开启了华侨合法出国和移民的新时代。《清仁宗实录》卷一百八十五记载：“澄海县商民领照赴暹罗国买米，虽行之已阅四十余年，但此项米船，据称回棹者，不过十之五六。”②在清政府的默许下，大批船商水手移民东南亚，形成清初又一次移民高潮。

日本古籍《华夷变态》正是编撰于这段由“华”变“夷”的历史时期，并真实地反映了这段时期的时局变化：中国国内政权的更迭，各种政治势力的消长，清政府从“迁界禁海”到“开放海禁”的政策转变，移民高潮的形成，中国船商包揽了中国与日本及东南亚各国的海上贸易，等等。尤其是书中透露出的有关明清时期华侨的史料，非常珍贵，值得重视和研究。

二、《华夷变态》的成书

《华夷变态》是旅日华侨林罗山、林鹫峰、林凤岗祖孙三人收集船商口述材料编撰而成

*本文首发于张禹东、庄国土、游国龙主编《华侨华人文献学刊》第九辑，社会科学文献出版社，2021年，第73—84页。特此说明。

①《清圣祖实录》卷二百三十二，中华书局，1985年。

②《清仁宗实录》卷一百八十五，中华书局，1986年，第435页。

的一部类似长崎海关档案的编年史料。林罗山，原名“信胜”，法名“道春”，字“子信”，1583年生于京都。[①]笔者根据他的中国姓氏，精通儒学，以及将清朝视为“华夷变态”等原因，判断他是华侨。当时的《大清国籍条例》规定：“凡左列人等不论是否生于中国地方均属中国国籍：一、生而父为中国人者。二、生于父死后而父死时为中国人者。三、母为中国人而父无可考或无国籍者。”由是之故，尽管有关林氏子孙三人的史料欠缺，本文仍将其身份确认为华侨。《华夷变态》全书计分35卷，成书时间为1644—1717年，共计73年，卷帙浩瀚，内容繁杂。其主要内容取材于《唐船风说书》。所谓《唐船风说书》，按照日本德川幕府的定例，凡有唐船（中国船）到达日本长崎口岸，船主必须通过通事向日本上缴一份海外情况的“风说书”(报告书)，内容包括该船的驶出港口，启程及抵达日期，船主、水手及搭载人员简历，船载货物的采买情况，沿途经过地区的政治经济环境，所见所闻，同行船只及先行或后续船只，等等，作为日本方面了解当时外国政治经济状况的消息来源和重要情报。有时船主没有带来形成文字的“风说书”，则派专人通过通事向船主询问了解，将其口述材料记载下来，按年序排列，归档保存，逐年积累，类似海关档案。

关于《唐船风说书》的起源，郑瑞明认为：“盖自1609年以后，荷兰先后在日本平户及长崎诸岛设立商馆，积极营商，日本政府为了获取有关海外，尤其是欧洲方面的情况，除了利用荷兰商馆馆长前往江户参谒将军的机会加以询问并做成记录外，又规定凡荷船入港，必须向长崎提交一份海外情事的书面报告。”[②]郑瑞明的说法源于日本学者板泽武雄对《阿兰陀风说书》的研究。

笔者认为，上述说法有一定道理，但似乎还没有追溯到最初的缘起。事实上日本的这种做法是承袭了中国古代史官文化的传统。史学是中国古代最发达的一门学科，无所不包，并建立了一整套健全的史官制度，系统编写和保存了几千年的历史。史官必须具备史德、史识和史才，敢于不畏强暴，秉笔直书，以保存历史的真实。史学提倡的人文精神已成为中华民族的民族精神，即以立功、立德、立言作为人生价值的取向，把修身、齐家、治国、平天下作为毕生追求的目标。这就是中国古代史官文化的深刻内涵。日本、朝鲜[③]、越南等在历史上深受中华文化影响并使用汉字的国家，在很大程度上都受到了中国古代史官文化的影响。

明清时期，中国相继出现了一批有关海外贸易的历史著作。这些著作大多是应官方的邀请，由著名的文人撰写的。例如，1617年福建漳州人张燮就应海澄县令陶镕之聘，撰写了《东西洋考》。这是一本介绍东西洋各国情况的书（类似通商指南）。张燮本人没有去过海外，他写书的办法是亲自走访贾客舟人，记下反映当时情况的第一手资料。他在《东西洋考》凡例中说：“集中所载，皆贾舶所之，若琉球、朝鲜，虽我天朝属国，然贾人所未尝往，亦不掇入。或曰日本、红夷，何以特书？书其梗舶者也。”[④]他把当时日本伙同荷兰

①郑瑞明：《日本古籍〈华夷变态〉的东南亚华人史料》，吴剑雄主编《海外华人研究》第2辑，1992年，第126页。
②郑瑞明：《日本古籍〈华夷变态〉的东南亚华人史料》，吴剑雄主编《海外华人研究》第2辑，1992年，第126页。
③指古代朝鲜半岛的历代封建王朝。
④张燮：《东西洋考》，中华书局，2000年，第20页。

人（红夷）实行锁国封港，开通过贾客舟人收集海外情报的先河的情况也写进书里，不啻是一份重要情报。又如黄衷（1478—1558年）撰写的《海语》。黄衷系广州府南海县（今佛山市南海区）人，18岁中举，当了30余年官。48—80岁致政家居，与过往山翁海客座谈海国之事，笔录为《海语》一书。《海语》被收入清朝编修的《四库全书》，并得到很高的评价："所述海中荒忽奇谲之状，极为详备然皆出自舟师舵卒所亲见，非《山海经》《神异经》等纯构虚词、诞幻不经者比。"①这又是一个通过访谈收录海外奇事的例子。值得注意的是，《海语》成书于1526—1558年，比《阿兰陀风说书》形成的1609年早了半个多世纪。谁先谁后？谁学谁的？岂不一目了然！

前文已提及，为日本编写《华夷变态》的林罗山、林鹫峰、林凤岗祖孙三人其实是华侨。林罗山1583年生于京都，曾入建仁寺学佛，后师事日本儒学大师藤原惺窝，学问大进，并用朱熹哲学解释神道；1605年担任德川家康的顾问，编纂《本朝编年录》40卷。其子林鹫峰承袭家学，1638年入幕，官至国史馆总裁，负责解读来自中国的机密文书。其孙林凤岗继承祖父和父亲的家学渊源，成为日本程朱理学的一代宗师，不但承袭了所有类似史官的世袭之职，还当上"大学头"，执掌日本全国文教大权。林氏祖孙三代这样深受中国古代史官文化熏陶的大儒历时73年、呕心沥血，方才完成了《华夷变态》这样洋洋洒洒的长篇巨著。能说这不是中国古代史官文化在日本结出的硕果吗？

《华夷变态》共收录文件2,264份，其中《唐船风说书》2,139份，约占所有文件的97%，可以说《唐船风说书》是《华夷变态》一书的主要内容。除此以外，还有反映中国局势变化的文书9份，占所有文件的0.4%；反清社团致日本政府的文书27份，占所有文件的1.2%；有关琉球、朝鲜、安南的文书35份，占所有文件的1.5%；荷兰商船的"风说书"54份，占所有文书的2.4 %。②这些文件皆是第一手资料，对于研究日本与中国、荷兰，以及东北亚、东南亚各国的外交、贸易关系（海洋交通史）等方面都有参考价值。本文主要探讨其中关于明清华侨的史料，其他问题置而不论。

德川幕府为什么要制定向抵港中国商船收录《唐船风说书》的制度？这是由当时特殊的社会历史条件决定的。

德川幕府1633—1639年就颁布了5次"锁国令"，开始实行"闭关锁国"的政策。因为自16世纪中叶以来，葡萄牙、西班牙殖民者的东来，西方传教士和商人的大量涌入，冲击和动摇了幕府统治下的日本封建秩序和自给自足的小农经济，使日本感受到威胁而采取自保措施。"锁国令"是紧接着禁教令后颁布的，目的是禁止西方国家的传教士和商船进入日本，也不许日本人直接与海外贸易和交流；唯独在长崎开了一扇窗口，只许华侨和荷兰人在此居住和做生意。

为什么华侨、荷兰人得以享受如此特殊的待遇？这是因为长期以来日本都被纳入以中国为中心的国际贸易体系之中。1708年在日本出版的《华夷通商考》中将世界分为"日

①《四库全书总目提要》，海南出版社，1999年。

②郑瑞明：《日本古籍〈华夷变态〉的东南亚华人史料》，吴剑雄主编《海外华人研究》第2辑，1992年，第126页。

本”“中华”“外国”“外夷”等4类。其中，“外国”指“虽处唐土之外，然服从中华，用中华之文字，并三教通行之国也”；外夷则专指“与唐土不同，皆横行文字之国也”[①]。东南亚诸国被称为“外国”，西方国家被视为“外夷”。日本将“外国”列入经济互通的“通商国”；对于“外夷”则禁止通商。荷兰虽属“外夷”，待遇与其他西方国家不同。这是因为日本既要断绝与西方国家的交往，又要通过荷兰了解当时西方先进的科技文化知识。后来日本的知识界痴迷于荷兰人介绍来的“兰学”，最终导致西方文化在日本传播，引发被称为“明治维新”的改革运动。

三、《华夷变态》所记华侨海上贸易史料

明清时期，中国执行的是以父母血统决定国籍的政策。凡中国人的子孙后代，一概被认为是中国籍。中国人侨居海外被称为“华侨”，故当时只有华侨，没有现代所说的某国籍华人的概念。当时的一些文献有时也出现“华人”的称呼，其义是指“中国人”。因此，《华夷变态》所记，皆为华侨史料。

在西方势力东来之前，中国帆船活跃于东西洋海面。正如张燮《东西洋考》所说：“文莱即婆罗国，东洋尽处，西洋所自起也。”[②]就是说，以今文莱为分界，以东是东洋，以西是西洋。从中国乘船去日本，走的是东洋针路；从东南亚各国乘船去日本，则先行西洋针路，再接东洋针路。无论是从中国去日本，或是由东南亚去日本，靠的都是中国船。这从当时船家使用的针路（针谱）、罗经针簿便可得到证明。这类书是中国水手历代航海经验的总结。书中记载了某处至某处的行程远近、水深几许、航行方向、气候变化、潮汐涨退、洋流缓急、沙线水道、礁石隐现、海底情况等，是舟师舵手必不可少的航海依据。成书于明朝的《郑开阳杂著》《筹海图编》《日本一鉴》里都著录了太仓（今属江苏）驶往日本的针路和福建驶往日本的针路。向达先生从英国牛津大学鲍德林图书馆（Bodleian library）抄来《顺风相送》和《指南正法》，辑为《两种海道针经》出版。《顺风相送》原稿大约成书于16世纪，《指南正法》大约成书于18世纪。两书的内容分成两部分：一部分是由中国各海港出发至东西洋各国的来回针路；另一部分是由东西洋各国海港出发至各国的针路。由此可见，东西洋的海上航行几乎被中国帆船包揽。

在向达先生编辑的《两种海道针经》里，有关日本的针路有：福建往琉球，琉球往日本，兵库港回琉球，琉球回福建；（长崎水涨时）长崎往双口，双口回长崎；宁波往日本，日本回宁波；温州往日本，日本回温州；暹罗往日本；凤尾往长崎；普陀往长崎；沙埕往长崎；尽山往长崎；普陀山往长崎；广东往长崎；长崎回广南；厦门往长崎；暹罗往长崎日清；咬留吧回长崎日清，长崎日清往咬留吧；大泥回长崎日清等。由此可见，由日本往来中国沿海各海港及东南亚的航线有很多，中国船主和水手对这些航道都很熟悉。

①《西川如见遗书》，西川忠良编《增补华夷通商考》卷三，1899年。

②张燮：《东西洋考》，中华书局，2000年，第102页。

从《华夷变态》的记载可以清楚地知道，1644—1717年每年驶达长崎的唐船的数目、始发地和装载的货物。由此可以推算日本与中国、东南亚各国之间的贸易情况。

根据郑瑞明的统计,《华夷变态》所收录的2,139份《唐船风说书》中，有282份分别来自东京[①]（22）、广南（77，含安南1、占城2）、柬埔寨（32）、宋居朥（7）、六崑（11）、大泥（18）、暹罗（62）、麻六甲（8）、万丹（1）、咬留吧（39）。地理上包括今日越南、柬埔寨、泰国、马来西亚、印尼等5个国家。[②]

岩生成一在《近世日中贸易数量的考察》一文中制作了1674—1700年由中国和东南亚驶抵长崎之唐船数表，本文将相关数据整理分列如表1和表2。

表1 1674—1700年由中国驶抵长崎之唐船数

始发地	山东	南京	宁波	普陀	台州	舟山	温州	福州	泉州	厦门	沙埕	漳州	潮州	广州	海南	高州	台湾	不明	小计
1674		1						2						4			6		13
1675		1						2						4			11		18
1676		2						2	1			1		1			8		15
1677		2		2				3									13		20
1678		1		2				3						3			8		17
1679		1		3								6		3			8		21
1680				2				1						2			7		12
1681																	5		5
1682		1						1						3			9		14
1683		1												1			13		5
1684		1												6					7
1685		14	8	4				18	2	22		1		3				5	77
1686		34	18	7				20	3	10		1	1	2					96
1687		28	19	7			1	32		13	3	1	1	4		3	2	17	131
1688		22	30	5			1	45	7	28	2		6	17	3	2	4	5	177
1689		15	15	3				13	3	3	1	3	2	7		1	1		67
1690	2	12	12	4	1		1	15	7	6	2	5	4	5		2	2		80
1691	1	16	19	6	2		3	9	5	5		3	1	3			2	1	76
1692	2	8	19		1		1	12	5	5		2		3		5	1		64
1693	1	7	12	4	1		2	11	4	4	2	4	4	1		3	3	3	66
1694	1	6	12	3	2		2	4	6	2	3	5	3	2		2	1	4	58

①东京指今越南北部。

②郑瑞明：《日本古籍〈华夷变态〉的东南亚华人史料》，吴剑雄主编《海外华人研究》第2辑，1992年。但统计数目疑有误，按括号里所说数目相加为277，并非282。

续表

始发地	山东	南京	宁波	普陀	台州	舟山	温州	福州	泉州	厦门	沙埕	漳州	潮州	广州	海南	高州	台湾	不明	小计
1695		4	14	3	3		1	8	3	2	2	2	1	4			1	3	51
1696	2	2	7	4	1	1	3	2	4	3	2	2	2	1	3	1	3	24	67
1697	1	6	11	7	1	4	5	9	4	3	4	8	4	4	1	3	3	1	79
1698	1	19	17	2	1	1	3	5		2	1					3	2	2	59
1699		22	23	3				2	1	5	1				1	2	3		63
1700		22	18							4						2	5		51

注：原表统计错误已修改。

表2　1674—1700年由东南亚驶抵长崎之唐船数

始发地	东京	广南	占城	柬埔寨	暹罗	宋居朥	六昆	大泥	麻六甲	咬留吧	万丹	小计	合计
1674		3			2					3		8	21
1675	2	1			2					5		10	28
1676	1	3			3					3		10	25
1677	3	3			2					1		9	29
1678	2	1			3					3		9	26
1679	2	5		1	2					1		11	32
1680	3	4		1	6					3	1	18	30
1681		2		1						1		4	9
1682	2	1		1	6					2		12	26
1683		3			6			1		2		12	27
1684	2	4			5			1		3		15	22
1685		1			3			1	1	2		8	85
1686	2	4		1	3	1		1	1	2		15	111
1687				1	1			2		1		5	136
1688	1	3		2	2				2	4		14	191
1689	2	4		2	2		1	1				12	79
1690	3	3		1	3		1	2		2		15	95
1691	1	4		2	3				1		1	12	88
1692	1	1		3	3		1					9	73
1693	1	6		1	2	1	1			3		15	81
1694		3		1	2	3		2	1	2	1	15	73
1695		2		3	1	1	1	2		2		12	63

续表

始发地	东京	广南	占城	柬埔寨	暹罗	宋居朥	六昆	大泥	麻六甲	咬留吧	万丹	小计	合计
1696		4		3	2	1	2	1		1		14	81
1697	1	1	1	4	3	1	2	2		3		18	97
1698	1	6		3	1					2		13	72
1699	1	2		3	2					1		9	72
1700				1						2		3	54

注：“合计”一列的数值系由本表中的各项数值与表1中的各项数值相加所得。

王楫五在《中国与日本交通史》中将清初与日本的海上贸易分为4个时期：①发展时期（1662—1684年），赴长崎唐船平均每年30艘；②隆盛时期（1685—1714年），每年往航唐船不下70艘；③渐衰时期（1715—1735年），平均每年来往唐船降至30艘；④衰颓时期（1736—1795年），赴日本唐船平均每年10艘。[①]

尽管上述不同人的统计有差异，但掩盖不了这样的事实：明末清初华侨在执掌海上贸易方面扮演着重要的角色，无人能够取代。

四、《华夷变态》所记华侨出国的原因

清兵入关，明朝灭亡，是中国古代的一次王朝更替。《华夷变态》的作者对这一重大政治事件的态度基本上是站在明朝一边，反对清朝。从书名就可以明显看出，它将明朝视为华夏正统，把清朝视为蛮夷。作者的观点也代表德川幕府的观点。因此，在《华夷变态》中收录了反清政治团体（包括南明政权、郑成功等在内）向日本乞援的文书27份。当然，德川幕府对反清势力仅仅给予道义上的同情，并未给予实质帮助。

郑成功部将杨彦迪兵败后率3,000士兵移殖越南南圻，中国史料没有记载，仅《华夷变态》和越南史籍提及。陈荆和根据《华夷变态》中的《唐船风说书》，订正越南史籍《大南实录》和《嘉定城通志》中有关杨彦迪事件的舛误，考证出杨彦迪船队早在1666年就奉郑经之命盘旋于越南北圻与中圻，1682年和1683年分两批到达南圻。当时南圻属柬埔寨领土，柬王率众逃匿山林。柬埔寨是暹罗属国，暹王曾派人来劝杨彦迪归顺暹罗。杨彦迪不肯，后投靠广南王阮氏，定居南圻，3,000士兵与当地妇女通婚，世代繁衍，把荒凉不毛的南圻开发成繁华都市。[②]从这些文件中可以清楚地看出，政治动乱是造成这段时期华侨出国的主要原因。

类似的例子还有河仙莫氏政权。1617年莫玖率族人“越海南投真腊为客”。“国王信焉，凡商贾之事，咸委公办理。”“用财货贿赂国宠姬及幸臣，使说许公往治忙砍（河仙）地所，以招四方商贾，资益国利。王悦而许之，署为屋牙（官名）。”莫玖依靠华侨，将河仙开发

①王楫五：《中国与日本交通史》，商务印书馆，1998年，第187—188页。

②陈荆和：《清初郑成功残部之移殖南圻》，《新亚学报》1961年第1期。

成重要海港，并建立起被称为“本底国”的政权。[①]

这段时期因政治原因移民越南的人很多，如著名学者朱舜水，因“不甘薙发事虏”，移居中圻13载，广南王阮福濒下令征召，不肯应聘，后终老日本。又如《嘉定通志》编撰者郑怀德的祖父郑会、承天明乡社陈氏始祖陈养纯、北圻明医（指高明的医生）蒋渐远、著名画家林明卿等，都是在这段时间移民越南的。他们希望有朝一日能够匡扶明室，故组织明香社以延续明朝香火。

明朝末年海盗林道乾因逃避官军追捕，万历年间率众逃往大泥（今泰国北大年），被大泥王招为驸马，和当地土著拓荒垦殖，开发大泥。如今泰国国防部门前还有林道乾铸造的大炮。[②]

因政治原因出国的华侨，比起因天灾人祸、丧失土地等原因出国的华侨，有其自身的特点。他们往往人数较多，属于社会上层人士，文化水平较高，有一定的经济实力，社会影响力大，因而能对新的移民地区的经济开发发挥重要作用。东南亚许多不毛之地，经他们胼手胝足才有今天的繁荣局面。华侨的开拓之功，实不可没。

作者简介：段立生，中山大学国际关系学院教授

①段立生：《泰国史散论》，广西人民出版社，1993年，第52—61页。

②段立生：《泰国史散论》，广西人民出版社，1993年，第129—139页。

江苏华侨华人发展史中的华商述评

张秋生

【摘要】地理、文化、经济和历史等方面的原因使得江苏很早就成为中国走向世界和世界走进中国的重要窗口和门户，也成为中国历史上带有特定地域和文化特色的新老华商跨出国门、移民国外的重要迁出地。江苏海外华商兴起早、历史久，较早在海外贸易发展的基础上形成了华商群体，经济实力雄厚，海内外影响广泛。改革开放以来新一代江苏籍海外华商异军突起，回国创业，成为推动江苏开放型经济发展的重要力量。在特殊历史视域下形成的江苏海外华商史是世界华商史的重要组成部分，为其增添了华丽的篇章。而新侨乡和新苏商的兴起则为江苏经济社会发展注入了新的活力与动力。

【关键词】江苏　海外华商　华侨华人

一、引言

作为经济文化强省和新移民大省的江苏，现有华侨华人约100万、归侨侨眷约100万，侨资企业5万多家，还有在江苏创业的非江苏籍侨商及各类中高端专业人才约50万。改革开放以来，包括江苏籍乡亲在内的华侨华人为促进中国的经济社会发展和海内外经济文化交流发挥了不可替代的重要作用，为世界华侨华人史续写了新的篇章。

江苏背倚腹地、面向海洋，千里淮河、万里长江及陇海铁路横贯东西，京杭大运河与京沪铁路纵贯南北，成为连接内陆的动脉。在拥有优越地理条件的同时，江苏经济繁荣、教育发达、文化昌盛，拥有吴、金陵、淮扬、中原四大多元文化，是中国古代文明的发祥地之一。因此，江苏成为中国走向世界和世界走进中国的重要窗口和门户，也成为中国历史上带有特定地域和文化特色的新老华商跨出国门、移民国外的重要迁出地。地理、文化、经济、历史等方面的原因使得江苏海外华商的发展形成了与广东、福建、浙江等传统移民大省明显不同的特点。本文拟就江苏华侨华人发展史中华商的基本特点进行简要梳理，并加以述评，以期进一步推动对海外华商史的深入研究。

二、江苏海外华商起步早、历史久

明末清初，随着东南沿海与日本、东南亚地区海商贸易的发展，南京至长崎已成为中日贸易的主要航线。来自江苏、安徽、江西的商人中从南京出发去日本经商的人数不断增加，逐步形成了一度主宰中日贸易并在日本具有深远影响的“三江帮”。[①]江苏籍华侨华人社团最早出现在日本。1623年，日本的“三江帮”在长崎集资修建了具有中国风格的兴福

①江苏省地方志编纂委员会：《江苏省志·侨务志》，江苏人民出版社，2007年，第4页。“三江”实际包括江苏、安徽、浙江、江西4个省。安徽和江苏原为“江南省”，清康熙六年（1667年）一分为二。

寺（又名“南京寺”）和三江祠堂，为祭祀和集会所用，办理乡人的丧葬、联谊、仲裁、救济等事宜，是江苏籍华侨华人社团的雏形。“19世纪后半叶三江帮航崎人数增加……1878年‘同新行’‘丰记号’‘泰记’‘鼎泰号’‘仁济号’等三江籍商号又以三江祠堂为会址成立了和衷堂三江会所，以便众商集会议事，共谋福祉，成为海外最早的华侨社团之一。”[①]1887年，“三江帮”在神奈川（即横滨）成立了三江公所，并一度吸收福建籍侨胞加入。[②]

此后，在日本的函馆、京都、大阪和神户等地，以及东南亚国家和美国等处，都相继成立了以地域和方言关系为基础，以商人为主体，以“三江”和“苏浙”等地域命名的华侨华人社团。在新加坡，1898年“三江帮”乡民共同集资购买“三江公墓”作为联合的起点，1906年建成三江公所，1927年改名“三江会馆”。[③]20世纪20年代，槟城也成立了三江公会，菲律宾在1927年成立了江浙同乡会。[④]1929年，在美国纽约，以孙安生等为首的一批三江籍人士发起成立美东纽约三江慈善公所，1941年又进一步附设三江慈善公会，至1949年，会员已有千人。[⑤]1983年和1985年，美国南加利福尼亚州（简称“加州”）苏浙同乡会和北加州苏浙同乡会也先后建立。[⑥]

值得注意的是，以江苏人为主体的三江公会或会馆，并未严格局限于名称所限定的狭隘的江苏、浙江、江西，而是逐步开放和扩大，吸收外省籍华侨华人加入。江苏华侨华人社团所拥有的这种包容和开放，也是其不同于其他省籍和地域华侨华人社团的一个非常重要的特点。例如，1937年马来亚的江苏人顾治华见“会务松懈，深以为忧”，遂“联络同乡李昌安、陈充思、管震民、许全标等人发起复兴三江公会”，由其“起草章程向政府注册，将三江范围由江苏、浙江、江西扩大，除闽粤桂三省人外，其他各省与藏疆地区华侨均可申请为会员”。[⑦]又如，新加坡三江公所在1927年改名为“三江会馆”的同时，又扩大了“三江”的定义：凡属长江、黄河及黑龙江三大流域各省来的同乡，都属“三江”，都可入会。

如果说，早期类似三江会馆这样的江苏华侨华人社团还因包括安徽、江西、浙江在内而带有一定地域色彩和同乡会性质，那么至第二次世界大战后乃至改革开放新时期，江苏华侨华人社团的地域与宗亲色彩就明显淡化，而现代商业团体与组织的功能则占据了主导地位。目前，江苏商会组织在世界五大洲普遍建立，为团结所在国华侨华人从事商业活动、沟通信息，致力于中外经济贸易活动，对支援中国建设和推动“一带一路”倡议发展起到了重要的桥梁和媒介作用。

1999年成立的加拿大江苏总商会，会员由在加拿大的江苏籍企业家、金融家和江苏企业分支机构领导人、经济学学者等组成。其宗旨是搭建商业交流平台，促进会员间的沟通交

①朱德兰：《长崎华商：泰昌号·泰益号贸易史（1862—1940年）》，厦门大学出版社，2016年，第68页。
②王日根：《中国会馆史》，东方出版中心，2018年，第152页。
③浙江省华侨志编纂委员会：《浙江省华侨志》，浙江古籍出版社，2010年，第157页。
④浙江省华侨志编纂委员会：《浙江省华侨志》，浙江古籍出版社，2010年，第158页。
⑤江苏省地方志编纂委员会：《江苏省志·侨务志》，江苏人民出版社，2007年，第54页。
⑥江苏省地方志编纂委员会：《江苏省志·侨务志》，江苏人民出版社，2007年，第54页。
⑦《三江先贤（2）》，江苏省归国华侨联合会内部资料。

流，分享商业资讯与资源；帮助江苏籍新移民尽快了解、适应居住国商业和文化环境，顺利创业；促进加中两国的投资与贸易合作。加拿大江苏总商会成立以来，接待了大批中国国内政商访加代表团，并多次组织双边经贸考察团互访，参与和联办家乡各级政府的招商会、招才引智等活动，还多次为加中两国的重大灾难开展慈善捐助，受到了两国政府与社会各界的好评，为安大略省与江苏省“友好省州”的交流合作作出了重要贡献。为扩大与加拿大各省市华商会的互动交流，拓展会员商机，加拿大江苏总商会于2013年与加拿大浙江商会、上海商会共同创建了加拿大江浙沪联合总商会。2015年初，加拿大江苏总商会又与福建总商会等20多个省级华商会共同发起创建了加拿大华商联合总会并出任执行会长单位。①

德国江苏同乡工商暨文教联合总会（简称“德国江苏总会总商会”）成立于2016年，下设江苏省13个地级市的德国同乡工商总会。其主旨是促进在德江苏同乡及同业之间的感情联络、信息交流和共同发展，加强江苏省和德国文化教育、学术科技，以及工商企业界之间的交流和联系。②此外，比（比利时）荷（荷兰）卢（卢森堡）江苏商会、澳大利亚江苏总会、新加坡江苏会、阿联酋江苏商会、美国江苏经贸文化联合会等众多江苏华侨华人社团都在促进所在国与中国的经贸投资、文化交流方面作出了杰出贡献。

三、江苏近现代海外华商经济实力雄厚，海内外影响广泛

江苏企业家早在清末民初就开始远赴海外经营商品销售。在20世纪二三十年代，又有一批以轻纺织业为主体的民族工商业企业家去国外开辟营销市场。在抗日战争和解放战争期间，由于时局动乱，一大批工商业企业家携亲属与资本移居海外或我国港澳地区，籍贯以无锡、苏州和常州居多。

第二次世界大战以后，除了部分以“三把刀”打天下的劳工阶层通过艰苦打拼、经商致富成为企业家外，还有一大批接受过良好教育的科技精英转营商业，发展成为拥有雄厚资本的现代企业家，如唐仲英、王安。原籍吴江（今属苏州）的著名实业家唐仲英1950年赴美国学习工商管理并从事钢铁营销；1960年创建唐氏钢铁公司，到1980年时已经在美国拥有30多家企业，创建了初具规模的唐氏工业集团；1982年收购了美国著名的麦克罗斯钢铁厂，年销售额超过10亿美元，被美国实业界誉为“钢铁大王”。1999年，唐氏工业集团在美国《福布斯》杂志评选出的全美国私人公司中位列第157。原籍昆山（今属苏州）的王安从上海交通大学毕业后于1945年赴美国哈佛大学求学，获物理学博士学位后进入哈佛电脑实验室工作。1951年，王安以专利发明权50万美元为资本，创建王安电脑制造有限公司。在其后20多年内，他的公司以40%的年增长率迅速发展成为美国电脑公司10强之一。1985年，王安将其在夏威夷的亚洲区业务总部迁至中国香港。至此，王安公司的分公司已遍布全球103个国家和地区，员工人数达到3万，年总营业额为23.5亿美元。1986年，在美国《财富》(*Fortune*) 杂志评选出的500家世界最大的公司中，王安公司名列第146。

①《加拿大江苏总商会》，江苏省归国华侨联合会内部资料。

②《德国江苏总会总商会》，江苏省归国华侨联合会内部资料。

一批以纺织业起家的江苏籍企业家在第二次世界大战后以中国香港、澳门为基地，不断成长壮大，然后进军世界市场，跻身国际跨国集团行列。如南通籍李乃炜在中国香港创办现代化的大南纺织有限公司，20世纪50年代在新加坡、柔佛（今马来西亚一个州）等地创建纺织企业，形成了包括纺织、针织、漂染、制衣于一体的工业联合企业，并担任东南亚纺织公会副主席，以“星马纺织工业首创人”的桂冠被载入《星马人物志》。[①]20世纪四五十年代移居中国香港转徙巴西的纺织业巨擘唐晔如原籍江苏无锡，其子唐凯千70年代与巴西石油公司联合开发海洋石油获得成功，在里约热内卢创立拥有开采、服务、运输、咨询、进出口等业务的海洋石油开发公司，并于80年代担任巴中工商会会长。

此外，以著名民族企业家荣德生、荣宗敬为代表的无锡荣氏家族，其后裔侨居海外延续五代以上，人口数以百计，其中很多人在商界和科技界多有建树。荣毅仁之子荣智健1982年与两位堂兄——荣智谦、荣智鑫合办爱卡电子厂，各占三分之一股份，后被美国企业收购，获利达投资额的56倍。荣智健还在美国加州圣荷西（City of San Jose）创办了加州自动设计公司（CADI）。这是全美第一家专门从事电脑辅助设计软件的公司。两年后，公司上市，总资产超过4亿港元。

以他们为代表的江苏籍近代民族企业家，为中国民族工业的发展作出了重要贡献，虽因各种原因辗转至海外，但仍能秉承工商业精神，开拓创新，将企业发展壮大，并始终胸有家国情怀，情系祖国。当中国实行改革开放后，以唐氏为代表的海外工商业者率先到国内投资，为新时期中国经济的崛起作出了不可磨灭的贡献。

四、改革开放以来江苏华商成为推动江苏开放型经济发展的重要力量

自改革开放以来，受博大厚重的江苏地域文化哺育的一大批江苏学子和新移民远赴海外留学、求职，在经历了艰苦的奋斗拼搏后学有所成，开始在工商界崭露头角。创业致富后，他们被故土良好的投资环境和恢宏的发展愿景所吸引，纷纷回江苏投资、创业，反哺家乡，为江苏的经济与社会发展作出了重要贡献，也展现了新一代江苏籍海外华商的高素质与精神风貌。据不完全统计，目前江苏共有42个留学人员创业园，数量居全国首位。这些以留学人员为主体的华商主持的创业园一般有固定的孵化器和大楼，拥有现代化的服务和办公设施，政策、资金和技术配套完善，吸引具有技术实力的海归前来创业。[②]孵化企业一般集中在电子、生物、医药等高新技术行业，对江苏新型工业化发展和产业结构优化升级具有重要的积极意义。

陈寅1973年出生于扬州，1998年从英国回国后担任跨国公司Fiskars的亚太区总经理。2002年，他选择在常州创业，担任格力博有限公司董事长。他将先进的管理模式、理念和技术带进企业。2018年，格力博有限公司实现了北美新能源园林机械市场占有率第一，确立了全球新能源园林机械行业的龙头地位；2019年，出口销售额突破人民币40亿元，税收

①当地华侨华人习惯将新加坡称为“星洲”，简称“星”，与马来西亚一起简称为“星马”。

②王辉耀、苗绿：《中国海归发展报告（2013）》，社会科学文献出版社，2013年，第248页。

合计1.5亿元。作为政协委员和有担当的企业家，他没有忘记回报社会——企业先后向地震灾区、教育、慈善事业和疫情地区捐款捐物数百万元。陈寅于2013年和2016年先后获“江苏省优秀企业家奖”和国际“安永（中国）企业家奖”。①

在苏州工业园区和江苏许多高新技术产业中都活跃着一大批回国（回省）创业的海外华商的身影。2010年，苏州共有侨资企业8,400余家。现任苏州侨商会副会长和园区侨商会会长的袁建栋1970年出生于苏州，90年代从北京大学毕业后赴美留学，1998年获纽约州立大学博士学位，取得绿卡，任美国Enzo Biochem Inc.公司高级研究员；后回国创业，2001年起任博瑞生物医药（苏州）股份有限公司（简称“博瑞公司”）董事长兼总经理和药物研究院院长。博瑞公司是研发驱动型的高科技制药公司，其生产质量体系已通过美国、欧盟、日本、韩国等多个国家的官方认证及国内新版GMP认证，公司产品已经行销全球，并占据较大市场份额，成为中国医药行业的领先企业和国际化先锋。

南通人朱远源1993年获日本名古屋大学医学博士学位后赴美国，在硅谷多家生物技术及制药公司担任核心科研和高层管理职务，并独立创办美国NT Omics公司。2006年回到家乡南通，创办百奥迈科生物技术有限公司，成为亚洲领军、全球领先的小核酸制药企业，并成功登陆澳大利亚主板（ASX）。②

徐州籍的沈德元教授于1996年赴日本电气通信大学从事博士后研究，后在新加坡南洋理工大学和英国南安普顿大学担任研究员、高级研究员，在中红外激光技术研究方面卓有建树。他带领的研究团队于2009年成为江苏师范大学成建制引进的第一个海外创新团队，并在几年内建成有国际影响的一流科研平台，先后获批成为国家JMRH创新平台、江苏省协同创新中心等高水平平台，科研经费近人民币2亿元。在徐州高新技术产业开发区成立中红外激光研究院（江苏）有限公司，由他本人任董事长兼总经理，其透明陶瓷装甲和整流罩、硫系玻璃、红外光纤器件传像束方面的技术达到国际前沿水平。2014年沈德元获“中国侨界贡献奖（创新人才）”。

20世纪90年代后期以来，越来越多的海外华商来江苏创业，有力推动了江苏外向型经济的发展。根据江苏省人民政府侨务办公室的统计，江苏在2002年已有上千家由海归人士创办的科技企业。随着改革开放的深入发展，江苏顺利实现了从封闭型、半封闭型经济到外向型经济的转变。吸引海外华商回国创业和直接投资是江苏快速实现这一转变并最有成效的途径之一。

五、新侨乡与新苏商的兴起有力推动了江苏经济社会发展

（一）新侨乡与新苏商

改革开放以来，大量江苏人对外移民和海外华商来江苏创业，使得江苏逐渐形成了以苏（苏州）锡（无锡）常（常州）地区为主要代表的新侨乡。与传统侨乡不同，江苏新侨乡的海外移民整体层次高，大多为有着良好教育背景的专业技术移民或投资移民，并在创业地形成相当规模。他们多属第一代移民，对中国有着强烈的国家认同，更与原籍地有着千

①参见扬州公共外交学会、扬州市归国华侨联合会、扬州晚报社编《海外扬州人》，内部资料，第98—102页。

②南通市归国华侨联合会编《南通新侨口述史》，中国华侨出版社，2018年，第382页。

丝万缕的经济社会联系。这使得江苏海外华商必然能够在支持和参与中国改革开放事业、推动江苏地方经济社会发展、沟通中国与世界等方面发挥更大作用。

所谓"新苏商"，主要指改革开放以来远赴海外投资创业的江苏籍企业家，以及在江苏创业的海内外企业家与投资创业者，既包括在江苏投资创业的海外华商和外省籍企业家、创业者，也包括江苏本地成长起来的企业家、创业者。新苏商与传统实业家、商人不同，大多既有良好的教育背景和广阔的国际视野，亦有现代企业家的经营管理理念与创新精神，且其商业竞争与合作关系往往涉及世界各地。这令其自然而然地成为了连接江苏与世界的桥梁、纽带，以及江苏制造和江苏影响力全面走向世界的先锋、向导与铺路架桥者。

在被誉为"中国近代第一城"的南通，被誉为"爱国企业家典范"的张謇及其精神（"张謇精神"）自近代以来一直培育和引领着南通人不断探索求新，也推动着南通人踏出国门探寻新世界、追求新发展。"张謇精神"的显著特点之一就是"敢为人先，包容汇通"。张謇的父系和母系分别为来自常熟（今属苏州）和东台（今属盐城）的移民，本身流淌着移民特有的拓荒基因血液。而后天所形成的学识、胆色和救世报国的伟大情怀，又促使他敢为天下先。[①]

以海门、通州为代表的南通人传承了"张謇精神"，敏锐抓住改革开放的有利时机，出国创业，经商致富。众多民营企业家携家纺等产业赴海外创业，人数以每年25%的速度递增，为南通打造了一张全国闻名的新的城市名片——"新侨之乡"。据统计，20世纪80年代初，南通籍海外乡亲仅7,000余人，大多居住在北美、西欧发达国家及东南亚等地。改革开放后，以智利江苏商会会长郁飞和南非侨商郁建元、郁礼平父子[②]为代表的一大批南通民营企业家海外创业的足迹遍布世界五大洲100多个国家和地区，旅外乡亲人数超10万，集中在非洲和中南美洲。在海门、通州甚至出现了"家家有华侨、户户是侨属"的"华侨村"。海门林西村从20世纪90年代初起先后有600多位村民走出国门，在南非、罗马尼亚、阿根廷、智利、俄罗斯、赞比亚等20多个国家办起了200多家公司，当时主要经营家纺产品。如今林西村转向矿业开发、能源投资、服装、机电、房地产、国际贸易等多个行业，被江苏省人民政府侨务办公室正式命名为"华侨村"。通州是南通海外新移民的集聚之地，界北村海外新移民人数更是在全市独占鳌头。全村获得外国国籍的移民共有123位，占全村总人口20%以上的人走出国门创大业，形成了"家家都有新侨商、人人都是新侨眷"的新景象。[③]21世纪的头10年，南通海外新移民的分布范围从初期的10多个国家和地区发展到100多个国家和地区；数量从7,000人上升到10万人，名列江苏省地级市第一，特别是在非洲的人数占全省非洲新移民80%以上，人数约4万。[④]南通海外新移民的发展壮大，不仅加强了国内国际市场的联系，而且也推动了南通与世界经济的接轨与融合，有力地促进了南通市对外经贸交流合作和经济社会发展。

①罗一民：《张謇与苏商精神》，文章来源：江苏省苏商发展促进会官方网站，发布日期：2020年11月7日。转引自张謇研究中心官方网站，http://www.zjyjnt.com.cn/，访问日期：2020年12月11日。

②南通市归国华侨联合会编《南通新侨口述史》，中国华侨出版社，2018年，第302页，第313页。

③《南通"新侨之乡"情况介绍》，南通市归国华侨联合会内部资料。

④《南通"新侨之乡"情况介绍》，南通市归国华侨联合会内部资料。

大部分江苏籍华侨华人来自南京、苏州、无锡、常州等苏南经济发达地区。作为长三角地区的重要组成部分，苏南地区自改革开放以来一直是海外投资（尤其是海外华商投资国内）的重点地区。“强富美高”新江苏的建设目标的提出，为华侨华人来江苏创业提供了前所未有的历史性机遇。以苏南部分地市为例，当前苏州市引进海外高层次人才2.2万人，创办企业近万家。[①]2006年，苏州在全国率先提出纳米技术应用产业生态圈的产业发展模式，大力引进海外科技领军人才，并形成了“苏州纳米侨”。新移民与新苏商秉承“创业兴邦”的理念，创办了一大批高科技企业，在众多领域实现上游、高端、核心技术突破，打破国际垄断，填补国内空白，并成功实现产业化。现在苏州的纳米技术应用产业已形成了全方位的基础和优势，苏州也被国际上认为是全球微纳领域八大代表性区域之一。[②]无锡次之，其归国留学人员亦多达1.3万，创办企业7,000多家。[③]截至2016年底，常州市共有在册登记侨港资企业3,100多家，主要涉及轻纺、机械装备、生物医药、医疗器械、节能环保、化工新材料等制造业和房地产、流通贸易等领域。[④]

（二）新苏商的优势与特点

与在海外“落地生根”的早期华商不同，在江苏投资创业的新一代海外华商大部分都是改革开放后出国留学、经商的，普遍接受过良好的教育，具有较高的专业素质，并从国外带回了先进的技术和管理理念。同时，新一代海外华商能更快和更好地适应国内的发展环境，利用自身的优势与竞争力，抓住发展机遇。谈到新一代海外华商的优势，旅美博士、苏州泽璟生物制药有限公司总经理盛泽林指出：“其一，从发达国家回到中国，总能带回一些先进的管理理念，而本人的身份也能更好地让这样的管理理念落地；其二，新一代能带回海外的先进技术；其三是引入的资金不只是数量上的增加，更有模式的不同，国内的投资以成本控制为主，可能会带来各种弊端，而海外资金在使用自由度和对创新的关切方面更有利。”[⑤]

萨驰华辰机械（苏州）有限公司（简称“萨驰”）董事长、昆山市侨商联合会会长张赛虎可以说是新一代江苏籍海外华商的典型代表。张赛虎在美国闯荡20多年后于2016年回国接手家族企业萨驰。张赛虎非常重视自主创新和技术研发，依托于中国汽车轮胎装备行业领先企业的优势和江苏制造业转型的有利契机，“全自动半钢子午胎一次法成型机”项目得到江苏省产业转型升级项目资金支持。同时，萨驰响应国家“一带一路”倡议，积极为“一带一路”建设服务，2018年参与了国家在中东地区“一带一路”产能示范园的示范工业项目——阿布扎比轮胎项目；在2019年一举拿下了玲珑轮胎塞尔维亚项目技术含量极高的智能物流、智能化生产线重大国际项目订单，价值超过7亿元。虽然当前国际轮胎市场形势并不乐观，但萨驰目前在手订单35亿元以上，创历史纪录，萨驰也进入企业新纪元。[⑥]

---

①《苏州引进海外高层次人才2.2万人中央统战部来苏调研海外统战工作》,《苏州日报》2019年6月1日。

②《苏州纳米侨》，苏州市归国华侨联合会内部资料，2017年。

③《无锡市侨务工作主要情况》，中共无锡市委统战部内部资料，2020年。

④《常州现有海外侨胞5万多人》,《常州晚报》2017年9月16日。

⑤ 赵梅、谢全林：《昆山玉 燕归巢——侨商创新创业路》，清华大学出版社，2017年，第95页。

⑥ 杨宏辉：《新接7亿大订单，萨驰创新再续辉煌》,《中国橡胶》2019年第10期。

（三）新苏商对江苏经济与社会发展的重要贡献

在江苏新侨乡创业的新苏商为江苏经济与社会发展作出了卓越贡献，为江苏“十一五”到“十三五”GDP的跨越式发展提供了重要动力。2020年江苏GDP已突破10万亿大关（102,700亿），仅次于广东，居全国第二位；在全国百强县中占25席，居全国第一。其中，江苏新侨商功不可没。据不完全统计，2007年，江苏省侨商总会会员企业累计销售收入260多亿元，出口创汇近21亿元，纳税总额20.3亿元；新增投资项目近100个，投资总额43.7亿元；捐助公益事业2,430多万元。[①]在连续17年位居全国百强县之首的昆山，新苏商的贡献尤为突出。1998年设立的全国首家县级留学人员创业园——昆山留创园聚集了一大批海内外创业人才。至2012年，以留学人员为主体的创业人才承担的科技项目累计300多项，累计带动就业近2万人，园区实现销售额11亿元，实现利税总额12,386万元，研发投入7,431万元。[②]南通发挥新侨乡优势，“以侨为桥”，推动外向型经济发展。南通纺织业以新侨商为桥梁和纽带，以海门叠石桥市场和通州志浩市场为依托，产品远销150多个国家和地区，占据全国半壁江山。在2014年，南通新侨商共带动出口创汇25亿美元，带动回乡投资20亿美元。

21世纪以来，新苏商对江苏经济社会发展的推动作用主要表现在3个方面：①新苏商企业科技含量高，科研投入多，极大提升了江苏省的企业自主创新能力和速度；②新苏商创业集中在高新技术企业，与江苏新兴产业发展方向基本吻合，有力推动了江苏创新企业集群和产业集聚链的形成；③新苏商投资创业有力推动了江苏区域协调发展和经济社会的全面发展，为建设“强富美高”的新江苏作出了重要贡献。[③]

作者简介：张秋生，江苏师范大学历史文化与旅游学院教授，江苏师范大学华侨华人研究中心主任

① 蔡恩泽：《侨港商：异军突起30年》，《华人时刊》2008年第12期。

② 王辉耀、苗绿：《中国海归发展报告（2013）》，社会科学文献出版社，2013年，第225页。

③ 参见张荣苏：《归国华侨、侨眷与江苏经济社会发展》，张秋生主编《江苏华侨华人史》（未定稿）。

海商时代的印尼华商区域网络初探*

郑一省

【摘要】海商时代始于先秦，至秦汉时期得以发展，唐宋以后进入繁荣阶段。在海商时代从事海外贸易的华商已将印尼与中国连接起来，印尼与中国的贸易也逐渐得以发展。在海商时代的发展中，印尼华商建构了一种商贸区域网络。这种商贸区域网络肇始于10—15世纪，盛行于16—19世纪。这种商贸区域网络先以点状分布，即早期以印尼苏门答腊岛的巨港等地为支点，后以苏门答腊的亚齐、爪哇岛的万丹等地为主，最后发展至以吧达维亚（今雅加达）为贸易中心，连接中国南部沿海的广州、泉州、月港（今属漳州）、樟林（今属汕头）等港口，以及印尼的巴厘、安汶、廖内、三宝垄、泗水等地。印尼华商来往于吧达维亚与中国的广州、厦门、泉州，中南半岛的暹罗，以及马六甲、柔佛等地之间进行海洋贸易。印尼华商区域网络的开拓与扩展，不仅加强了印尼与中国的经贸往来，也加强了双方的文化交流。这种商贸区域网络的拓展与扩张，应该被视为印尼国家形成进程中的一个积极的推动因素。

【关键词】海商时代　印尼　华商区域网络

一、引言

“网络”的研究盛行于20世纪末，一些欧洲学者最先发表了成果，亚洲学者紧随其后。最早将亚洲各地区纳入网络研究的是日本学者滨下武志。他认为：“中国古代的朝贡体系所形成的贸易关系，促进和推动了亚洲各个地区的交易活动，产生了连接亚洲各地的贸易网络。”①在滨下武志建构的“亚洲经济圈”理论的影响下，有关华人商贸网络的研究开始兴起。路易斯·杜罗沙里奥认为华人网络具有独特性，是一种“网络资本主义”。②丘立本认为：“现代东南亚华人网络并不是中国经济与文化对外延伸的直接产物，而是世界资本主义席卷全球后中国劳动力卷入国际劳动力市场的产物，因此不免带有前资本主义色彩，具有被动性、自发性、自卫性和不确定性等特点，以及对发达资本主义经济的从属性的弱点。不过受其文化的影响，东南亚华人网络具有很强的适应时代的能力，能在具有相对优势的地方显示出它的活力。”③单纯认为：“华商网络是由海外中国移民根据中华民族的文化在世界资本主义的拓殖过程中产生的，并由华人的世界性移民、再移民扩展而成的。”④庄国土、刘文正认为：“华商网络是海外华商因市场、商品、活动地域、共同利益关系而形成的相对稳定的联系网络。”⑤总之，华商网络研究涵盖了各个学科，呈现出一定的多元化、复杂性。从事研究的各学科或各领域的学者由于自身知识结构和思维方式不同，对网络的理解也不

*课题基金：国家社科基金重大项目“世界华商通史”（项目编号：17ZDA228）子课题“亚洲华商通史”。

①滨下武志：《近代中国的国际契机》，朱荫贵、欧阳菲译，中国社会科学出版社，1999年。

②《远东经济评论》(*Far Eastern Economic Review*) 1993年12月2日。

③丘立本：《东南亚华人网络——过去、现在与未来》，《太平洋学报》1997年第1期。

④单纯：《海外华人经济研究》，海天出版社，1999年，第195页。

⑤庄国土、刘文正：《东亚华人社会的形成和法则——华商网络、移民与一体化趋势》，厦门大学出版社，2009年，第6页。

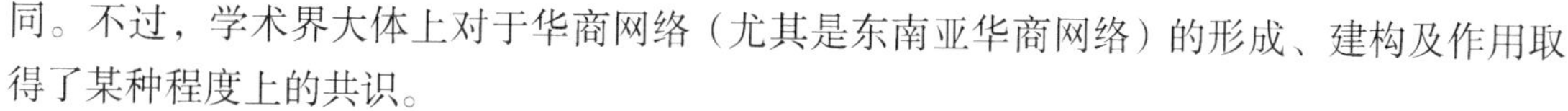

同。不过，学术界大体上对于华商网络（尤其是东南亚华商网络）的形成、建构及作用取得了某种程度上的共识。

二、中国人迁移印尼的历史

一般认为，自汉朝就有中国人移居印尼。一些考古资料证明他们一开始是移居到印尼的苏门答腊。据一些学者推测，早在汉朝就有中国的使节和随行商人在苏门答腊逗留。朱杰勤认为，汉初中国的使节和随行商人前往印度回国时，则“先由锡兰（今斯里兰卡）坐船回到孟加拉，通过马六甲海峡，达南海，沿柬埔寨、越南海岸线回国，船经马六甲海峡的时候，可能在马来半岛或苏门答腊补充购买船上人员的日用品，特别是粮食……”。①虽然这种推测不能作为确认有中国商人滞留苏门答腊而成为最早华侨的证据，但一些考古学者通过当地出土的文物证明了在汉朝已经有华侨在苏门答腊岛居住。1934年，荷兰考古学家海涅·赫尔得恩（Heine Geldern）在苏门答腊南部的帕赛玛（Pasemah）发现了史前时期的石碑雕刻，其风格与汉武帝时期的大将霍去病（公元前140—前117年）之墓前诸石刻有相似之处。他由此而断定，公元前2世纪至公元前1世纪中国人的足迹已到达印尼的苏门答腊岛。他又在苏门答腊岛中部西海岸附近的柯林芝（Korinci）古冢出土诸明器（即随葬品）中发现了一件陶器，上书“初元四年”，证明是汉元帝初元四年（公元前45年）的制品，由此而推知公元前1世纪苏门答腊已有华侨居住。②

据资料显示，唐宋以后印尼华侨开始增多，因为这个时期是中国与印尼关系比较密切的时期。7世纪中叶，在苏门答腊东南部兴起了室利佛逝国，其势力一度控制马六甲海峡和巽他海峡这两个中西海路交通和海上贸易的要道，成为8世纪末至9世纪上半叶东南亚著名的海上贸易强国。它拥有强大的商船队，同印度、中国都保持着定期的海上交通。③在室利佛逝兴起时期，有许多中国的僧侣在前往印度返国途中路经该地，有的或“恋居佛逝，不返番禺（广州）”，或“后便归俗，住室利佛逝”。④这些僧侣可以称得上是早期移居苏门答腊岛的华侨。8世纪后，统治北苏门答腊地区的是日里（Deli）苏丹。当时，已有一些中国人移居到这个地区。大约756年，在离棉兰约16千米的Labuhan港口已经出现了华侨开的第一家商店。⑤10世纪时，一位阿拉伯游历家马素提在其撰述的《黄金牧地》一书中记载了他途经苏门答腊东南部的沿海地区所看到的情况。他看见有许多华侨在此从事耕种，尤其是在巴邻旁（巨港）一带，华侨最为集中。这段由外国人记载的史料，可成为华侨在印尼苏门答腊岛居住的最早记录。⑥这些华侨是唐末因战乱而迁移至此的闽粤人。10世纪，中国古籍将室利佛逝改名为“三佛齐”。以苏门答腊岛巨港为中心的三佛齐与中国宋朝保持着频繁的朝贡关系，无论是中国与印尼之间的官方往来还是民间的海上贸易都比唐朝时期有了更大的发展，也促进了中国人移居印尼其他地区的进程。

---

①朱杰勤：《中国古代海舶杂考》，《中外关系史论文集》，河南人民出版社，1984年，第35页。
②海涅·赫尔得恩：《荷属东印度的史前研究》，转引自苏续倾校释《岛夷志略校释》，中华书局，1981年，第1页。
③霍尔：《东南亚史》，中山大学东南亚历史研究所译，商务印书馆，1982年，第68—70页。
④陈序经：《马来南海古史初述》，商务印书馆，1962年，第102页。
⑤东姑鹿曼西纳：《昔日棉兰的历史》（印尼文），印尼泗水匆打拉出版社，1994年，第2页。
⑥李长傅：《中国殖民史》，商务印书馆，1937年，第60页。

中国人移居印尼的爪哇地区的历史也相对较早。从中国史籍的记载来看，中国与印尼爪哇地区的关系始于东汉时期。据《后汉书》记载，东汉顺帝永建六年（131年），“十二月，日南徼外叶调国、掸国遣使贡献”。[①]这是爪哇古国同中国开展官方友好交往和贸易关系的最早的文字记载。应该说，随着中国与爪哇古国的交往，中国人便开始有机会前往爪哇经商或定居。莱佛士的《爪哇史》、坎贝尔的《爪哇的过去和现在》等书中便记载了中国移民到达中爪哇三宝垄的事件：“大约这个时期（942年），爪哇被认为同中国发生了首次往来——有一艘大的中国三桅船在爪哇的北海岸失事，全体船员上了岸，有些人在扎巴拉附近，其余在三宝垄和直葛。”[②]这是目前最早记载中国人到达三宝垄的史料。当然，莱佛士和坎贝尔所记载的这些资料并不是他们亲身经历的。不过，由于到目前为止没有其他更为明确和可信的文字记载，他们的记载仍不失为珍贵的文献资料。元朝初期，元世祖于1293年派兵出征爪哇。据汪大渊《岛夷志略》记载，元朝“军士征阇婆，遭风于山下……有病卒百人不能去者”。而周致中在其《异域志》载：“泉州与爪哇杜板之间已有定期船往返，留寓其地之粤人及漳泉人极繁。”这里提到的“杜板”在爪哇东部，华侨称之为“厨闽”。

明朝初年，明太祖为防范元朝残敌借海外势力卷土重来，实行海禁，限制对外贸易，禁止私商出海，但由于东南沿海人多地少，为生活所迫而冒死出海者大有人在。《明史》载：“有梁道明者，广州南海县人，久居其国，闽粤居民泛海从之者数千家，推道明者为首，雄视一方。”[③]而张燮在其《东西洋考》中提及苏鲁马益（今泗水）是一个繁忙的港口，“港旁大洲，林木茂盛，千余家，强半是中国人”。离这个港口20多里（10,000多米）有华侨建立的新村。这个村庄的华侨大都来自广东，有数千家之多。明永乐年间，三宝太监郑和率领庞大的船队出使南洋群岛诸国，不少闽粤人随郑和的贸易船队去吧达维亚、旧港、亚齐、马辰、加里曼丹等地经商和谋生。到明朝中期，由于官营的朝贡贸易逐渐衰落，朝廷放宽了对民间贸易的禁令，申请出海船舶特许证的商人越来越多，不少持有许可证的闽粤私商到万丹港等地进行贸易，并定居在苏门答腊和爪哇岛的一些港口。[④]明朝中期后，虽然朝廷又开始实行海禁政策，但朝贡贸易继续进行，沿海居民出洋谋生和移民的活动并没有得到制止，反而与日俱增。1433年以后，朝廷对迁徙和商业并没有严厉加以制止，事实上常常是全然不闻不问。私人的贸易有时为富有的官僚家族主办和资助，成为获取南洋产物的主要手段。到了1575年，朝廷接受沿海地方官员开放海禁的奏议，准许民间商人同东南亚诸国通商。从1567年起，出外经商“逗留不返”的华侨迅速增加。

明末至整个清朝是中国人移居海外一个异常变动的时期。在王朝更替之际，一些明朝的遗臣遗老及将士流亡海外。明朝后期也正是西方人东来的时期。荷兰殖民者于17世纪上半叶开始统治印尼，为了筹建吧达维亚城，采取种种办法诱使中国沿海农民、手工业者和商人移居其政治中心吧达维亚。除了被荷兰殖民者掠夺而去者外，也有相当部分是随商

①范晔：《后汉书》卷六，中华书局，2000年，第258页。

②Thomas Stamford Bingley Raffles, *The History of Java*, Kuala Lumpur: Oxford University Press,1965, p.92.

③张廷玉：《明史》卷三百二十四《列传第二百十二外国五》，中华书局，1974年，第8408页。

④杨力、叶小敦：《东南亚的福建人》，福建人民出版社，1993年，第70页。

船出去的。荷兰东印度公司的文献记载，开往万丹的中国商船不仅载有商人和小贩，而且有到印尼华侨社区的移民，“每年有数千华侨从中国来，他们经常为凑船费而不得不卖身抵押……”。①据统计，1620年移往吧达维亚的华侨有800人，1623年有850—900人，1629年增加到2,000人。②到19世纪中期，仅爪哇和马都拉就有近15万华侨。截至1900年，两地华侨增加到277,000人，另有25万人在外岛；1930年，华侨总数125万人，其中新移民45万人。③

三、海商时代的印尼华商区域网络建构

在先秦时期，即从夏商至春秋战国时期，中国海船就出现了，并且开始了商贸活动。《诗经·商颂·长发》：“相土烈烈，海外有截。”说明早在商朝（约公元前1600—约公元前1046年），就与“海外”（即渤海以外的地方）建立了联系点或居住点。一些产于马来半岛的龟甲已在殷墟（商朝后期都城遗址，位于今河南省安阳市）出土，这当是由航海船舶交换得来东西的物证。④据研究，当时中国所造的船只种类已经十分众多，主要有大翼、中翼、小翼、戈船、须虑、赊艘、桴等。海船也随之产生，在当时的百越地区就有海船在活动。⑤《越绝书》记载：“越人谓船为须虑。习之于夷。夷，海也。”越人自古以来善于造船和航海。“山行水处，以船为车，以楫为马，往各飘然，去则难从。”⑥春秋战国时期，东南沿海的吴国、越国都设置了“船宫”作为造船工场，有所谓“吴国一日不能废舟”，可见航海较为发达，海商时代已经开始。

在夏商至春秋战国时期，中国的对外海上贸易线路就有两条：第一条是沿着辽东、朝鲜海岸越过对马海峡到达日本的航线；第二条是沿着百越地区的海岸线到达安南海的航线，在当时有所谓“越裳献雉，倭人供畅”⑦之说。第二条航线开通后，东南亚的产品由此源源不断地进入。楚国曾从百越那里得到珠玑、犀象、犀角、象齿等东南亚物产。⑧

据古籍记载，张骞出使西域时，汉武帝为寻找到印度的道路而开辟了与东南亚的海上交通。自汉朝开辟了途经印尼到印度的航线后，许多中国商人因贸易的需要在印尼的兰里（今苏门答腊北部）“住冬”。后历经魏晋南北朝，至隋唐五代时期，随着海上丝绸之路的开拓，有许多中国商人利用“朝贡贸易”或因海外贸易的需要而移居印尼，从事印尼一些岛屿与中国的区域贸易。据一些资料显示，中国的对外贸易在宋朝以前已在印尼的假里马答（今加里曼丹西南的卡里马塔群岛）、文老古（今马鲁古群岛）、文诞（今班达群岛）、古里地

---

① *Indonesian Trade and Society*, p.376，转引自李金明、廖大珂：《中国古代海外贸易史》，广西人民出版社，1995年，第362页。

② W. J. 凯特：《中国人在荷属东印度的经济地位》，王云翔等译，厦门大学出版社，1988年，第12页。

③ Kahin George Mct. “The Chinese indonesia”, *Far Eastern Survey*, Vol.15, No.21, 1946, p. 327.

④ 房仲甫、李二和：《中国水运史》，新华出版社，2003年，第28页。

⑤据《汉书·地理志》记载：“自交趾至会稽七八千里，百越杂处，各有种姓。”也就是说，今江苏南部、上海、浙江、福建、广东、海南、广西及越南北部这一范围是古代百越人最集中的地区；局部零散分布的有湖南、江西、安徽等地。陈希育：《中国帆船与海外贸易》，厦门大学出版社，1991年，第2页。

⑥百越文化代表器物有段石锛和印纹陶器。这些器物不仅传播到沿海各地，而且到达了太平洋诸岛，甚至美洲。袁康、吴平辑《越绝书》卷八，上海古籍出版社，1985年，第130页。

⑦《国语·齐语》，东南大学出版社，2010年，第321页。

⑧参见《战国策》《竹书纪年》，转引自陈希育：《中国帆船与海外贸易》，厦门大学出版社，1991年，第31页。

闷（今帝汶岛）展开。宋元明清四朝，中国与印尼的海洋贸易已从爪哇以西诸岛扩大到印尼各岛屿。在中国沿海商人和印尼华商的互动下，中国与印尼的海洋贸易联系更加密切。

在海商时代，印尼华商建构了一种商贸区域网络。这种商贸区域网络形成于10—15世纪，盛行于16—19世纪。这种商贸区域网络先以点状分布，即早期以苏门答腊岛的巨港等地为支点，后以苏门答腊的亚齐、爪哇岛的万丹等地为主，最后发展至以吧达维亚为贸易中心，连接中国南部沿海的广州、泉州、月港、樟林等港口，以及印尼的巴厘、安汶、廖内、三宝垄、泗水等地。华商来往于吧达维亚与中国的广州、厦门、泉州，中南半岛的暹罗，以及马六甲、柔佛等地之间进行海洋贸易。

（一）印尼华商与朝贡贸易网络

朝贡贸易网络（又称"朝贡体系"）兴起于公元前3世纪，终止于19世纪末，是一个集政治和贸易为一体的对外关系体系。滨下武志认为："它是一个联结中心和边缘的有机的关系网络，包括各省和附属国、土司和藩部、朝贡国和贸易伙伴。更广泛地说，朝贡体系构成了一个经济圈——东亚国家和亚洲东南、东北、中部、西北的其他实体都参与其中，而且界定了它们和中国以及亚洲其他地区的多样关系。"①

资料显示，5世纪后印尼的一些小国已被纳入朝贡贸易网络之中。据《梁书》记载，苏门答腊巨港一带有一个叫"干托利"(Kandari）的国家，曾在南朝刘宋孝武帝（454—464年）和梁武帝（502—549年）时期多次遣使访问中国。6世纪时，在中爪哇出现了一个由散查亚(Sanjaya）家族统治的王朝，《旧唐书》和《新唐书》均称之为诃陵（Kaling)。据考证，这个诃陵古国都城位于现今三宝垄市附近。②7世纪中叶至8世纪中叶，诃陵王国曾9次遣使来唐。两国保持友好往来。贞观十四年（640年），诃陵遣使向唐朝贡献僧祇童、僧耆女、频伽鸟、五色鹦鹉、玳瑁、生犀以及异香名宝等物。③7世纪中叶，室利佛逝王国在苏门答腊东南部兴起。室利佛逝与唐朝的关系相当密切，在唐咸亨年间至开元年间（670—741年）曾多次朝贡中国。《新唐书》记载："其王号'曷密多'。咸亨至开元间数遣使者朝……又献侏儒、僧祇女各二及歌舞。官使者为折冲，以其王威左威卫大军，赐紫袍、金绶带。后遣子入献，昭宴于曲江，宰相会册封宾义王，授右金吾大将军，还之。"④唐天祐元年（904年），中国文献改称室利佛逝为"三佛齐"或"佛齐"，以巴邻旁（今巨港）为国都，后迁都占碑。这个以苏门答腊岛巨港为中心的三佛齐，后来与宋朝保持密切的关系。据不完全统计，从宋朝开国至淳熙五年（960—1178年），派遣使节访问中国共36次，贡献方物。⑤其中，爪哇岛的阇婆达国于宋淳化三年（992年）遣使来贡象牙、珍珠等物。当阇婆国正使陀湛江用船把

①滨下武志：《中国、东亚与全球经济——区域和历史的视角》，王玉茹、赵劲松、张玮译，社会科学文献出版社，2009年，第18页。

②Paul Micheln Munoz, Early Kingdoms of the Indonesian Archipelago and the Malay Peninsula, Singapore:Editions Didier Millet, 2006, p.218.

③刘昫：《旧唐书》卷一百九十七《南蛮传》，中华书局，1975年，第123页。

④欧阳修等：《新唐书》卷二百二十二下，商务印书馆，1955年，第6305页。

⑤江醒东：《宋代中国与印度尼西亚的邦交和贸易关系》，中山大学东南亚历史研究所编《东南亚历史论文集》，1984年，第13页。

贡品运到明州定海县（今属宁波市）时，宋太宗当即令市舶监御史张肃先优加接待，并赐给大量的金帛及其他贵重礼物。[①]宋元丰二年（1079年），三佛齐占碑使群陀毕罗、陀旁亚里来贡方物，宋神宗封来使群陀毕罗为“宁远将军”，陀旁亚里为“保顺郎将”。宋绍兴七年（1137年），三佛齐国王遣使进贡南珠、象牙、龙涎、珊瑚、玻璃、香料。昭补保顺慕化大将军、三佛齐国王，给赐鞍马、衣带、银器。赐使人宴于怀远驿。[②]元成宗时期（1295—1307年），印尼继续派使臣来访。元贞元年（1295年）九月，麻若巴歇派使臣来中国访问并赠送礼物。据元人周致中的《异域志》记载，中爪哇的辖地莆家龙就常常派使者来中国访问，麻若巴歇在苏门答腊的藩属毯阳、阿鲁、木来由荷牙即（即亚齐）等小国亦曾于元贞元年（1295年）、大德三年（1299年）、致和元年（1328年）先后遣使访问中国，并赠送热带物品，元廷也以礼物回赠，互表盛情。[③]之后的明朝一改元朝初年对东南亚国家的强硬政策，明太祖朱元璋继位之初就派遣大批使臣分赴海外，到东南亚地区各国游说，并下诏令将苏门答腊、爪哇、彭亨、三佛齐等国列为“不征之国”。后来明朝一度实行“海禁”，但明成祖时期改变了洪武后期的消极保守政策，采取了较为积极的进取政策，即又对朝贡贸易实行开放，加强了与周边国家的关系，并充分使用它来扩大官方海外贸易。

一般认为，朝贡贸易是中国历代王朝的对外政策，也是古代中国王朝与东南亚国家之间外交关系的主要表现形式。其内涵是以官方贸易为主——中国统治者通过对朝贡方“厚往薄来”，即赋予其丰厚的经济利益以维持该贸易体系，使双方的利益形成某种程度上的平衡。可以说，朝贡贸易既是邦交往来，又是两国经贸关系的一个重要纽带。朝贡贸易使东南亚的商人通过贩卖本国产品获得巨额利润，也使得一些华商获得了从事跨国贸易的良机。资料显示，印尼一些国家由于在与中国进行朝贡时觉得手续、礼仪比较烦琐，为适应这种程序，多以早已因各种原因迁移和生活在当地的华侨为使者。例如，宋淳化三年（993年）十二月，“阇婆朝贡使汎船舶，六十日至明州定海县……今主舶商毛旭者，建溪人，数往来本国，因假其乡导来朝贡”。[④]爪哇国使臣洪茂仔于明正统元年（1436年）来朝贡时，要求回乡复业。明英宗随即同意，并命令有关部门给予脚力、口粮，送他回家乡。洪茂仔原籍福建龙溪，以捕鱼为业，在捕鱼时被海寇虏去，后来逃到爪哇。明正统三年（1438年），爪哇国派了华侨使臣马用良、通事良殷和南文旦来朝贡。他们有的是因捕鱼漂到爪哇的，还有的是被寇虏掠到海外的。明朝对来贡的华侨使者一贯比较尊重，赐予他们标志外国使臣的冠带。如爪哇使臣马用良原先任八谛时，来朝贡时赐予叙带，后来隆任亚烈来朝贡时即改赐金带。明朝还允许这些使者回国定居，告老还乡、祭祖探亲，来去自由。爪哇通事良殷亦是原籍龙溪，因捕鱼漂到爪哇，正统三年（1438年）来朝贡时随带家属妥求还乡定居，明英宗亦予以同意并准许他保留冠带，在家闲住。这些充当印尼群岛一些小国使者的华侨起到了促进中国与印尼友好往来的作用，为发展双方的朝贡贸易作出了种种努力。

①脱脱：《宋史》卷四百八十九，中华书局，2004年，第523页。

②脱脱：《宋史》卷一百一十九，中华书局，2004年，第123页。

③江醒东：《元代中国与印度尼西亚的关系》，《学术研究》1986年第2期。

④脱脱：《宋史》卷四百八十九，中华书局，2004年，第523页。

（二）印尼华商与印尼群岛——中国沿海商贸网络

印尼群岛与中国的商贸网络的建构应该始于宋朝。虽然汉朝已经与印尼的苏门答腊有联系，但那时主要是中国与印尼之间海上交通的开拓。宋朝是中国海外贸易发展的重要转折时期。在宋朝，无论是进口货物的品种、数量，或是有贸易关系的地区，都超过了前朝。宋朝与印尼的三佛齐、阇婆的海外贸易密切。这个时期有许多中国商人前往这些地区定居，从事贸易。当时，三佛齐已成为中国船舶修理、货物集散和商品转运的重要港口。南宋初，"泉州纲首朱纺舟往三佛齐国……舟行迅速，无有艰阻，往返曾不延年，获利百倍。"①当地华商将丁香、肉豆蔻、胡椒、檀木、苏木、金、宝石、燕窝、珍禽、玳瑁运往闽粤沿海，运去三佛齐的是丝绸、瓷器、漆器、纸、药物、糖、手工制品。

10世纪，爪哇岛的"阇婆"兴起。这便是东爪哇王国。阇婆经济比较繁荣，且与宋朝关系紧密。阇婆经常派出商使赴宋朝贸易，泉州成为阇婆商船停泊的主要港口之一。阇婆统治者为了促进对宋朝的贸易，采取许多措施招徕宋朝的商人，对于前来贸易的华商"馆至宾舍，饮食丰洁"，当时福建商人接踵而至。福建商人以川穹、朱砂、铜钱为大宗，还有金银、金银器具、泉绫、白芷、绿矾、鹏砂、砒霜、漆器、铁鼎、青白瓷器等；而从阇婆交换回来的是象牙、犀角、珍珠、龙脑、玳瑁、檀香、茴香、丁香、豆蔻、荜澄茄、降真香、番剑、胡椒、槟榔、硫磺、红花、苏木、白鹦鹉、吉贝布等。②

至元朝，印尼的阇婆、须文答剌、假里马答、文老古、文诞等被纳入商贸网络。元朝商人与商船经常往返于这些地方。满者伯夷王朝建立之后，印尼与元朝的海上交通出现了空前的繁荣。据《爪哇史颂》记载，在满者伯夷港口，来自中国等国的商人络绎不绝，运来各种各样的货物进行贸易。③《元史》记述："泉南等舟航行者，先至占城而后至其国。"④在苏门答腊西北建立的须文答剌（即苏木都剌）曾多次向元朝遣使入贡，与元朝的贸易往来十分频繁。须文答剌主要输出脑子、粗降真、鹤顶、斗锡，元朝商人则以西洋丝布、樟脑、蔷薇水、黄油伞、青布、五色缎等与须文答剌交换。⑤元朝的商人以泉州为基地，还与假里马答进行贸易，以硫磺、珊瑚、珠、阇婆布、青色烧珠、八都剌布与当地人贸易。此外，元朝的商人还建构了与文老古、文诞的贸易网络，从泉州运到文老古的银、铁、水绫、丝布、巫仑八节那涧布、土印布、象齿、烧珠、青瓷器、埕器之属，深受当地人欢迎，故"每岁望唐舶贩其地"⑥，而元朝商人则运回丁香等物品。文诞以出产豆蔻著称，吸引了许多来自泉州的商人用水绫、丝布、花印布、乌瓶、鼓瑟等与其贸易。⑦

明朝初期虽然实行过"海禁"，但与印尼群岛的贸易仍通过朝贡贸易网络发挥作用。在开放海禁后，特别是在明朝的郑和七次下西洋后，爪哇的万丹、杜板、三宝垄，以及苏门

①《福建莆田祥应庙碑记》，《文物参考资料》1959年第9期。

②廖大珂：《福建海外交通史》，福建人民出版社，2002年，第111页。

③ Dr.Tigeaud, *Java in the Fourteenth Century*,Vol.ll, The Hague Martinus Nighoff, 1960, p.18, p.98.

④ 宋濂：《元史》卷二百一十《爪哇传》，中华书局，2000年，第4664页。

⑤廖大珂：《福建海外交通史》，福建人民出版社，2002年，第113页。

⑥汪大渊：《岛夷志略·文古老》，中华书局，1981年，第205页。

⑦廖大珂：《福建海外交通史》，福建人民出版社，2002年，第114页。

答腊的旧港等，成为华侨的聚居地。如杜板居民“约千家，以二头目为主，其间多有中国广东及漳州人流居此地”；在东爪哇新村，“蕃名革儿昔，原系沙滩之地，盖因中国人来此创居遂名新村”，故“铺店连行，买卖聚集”，[①]成为中国商船与印尼华商交换商品的市场。

明朝后期，随着私人海外贸易的发展，以及西方人的东来，绅商、船商、散商、仆商和船工构成主要的海外贸易商队伍，海商贸易繁荣。1609年，一位到过万丹的德国人约翰·威尔锵（Johan Uerken）写道：“在万丹的中国人，在全印度也没有见过经营这样盛大的贸易，他们每年两次乘着自备的中国帆船来航，带着中国出产的珍异物品和高价商货。中国人在万丹也有几千人住居，其中大部分是富裕的。”[②]1619年荷兰人占领加留吧，将其改名为“吧达维亚”，并极力招徕华侨，因而前往吧达维亚的中国商船日益增多，17世纪20年代平均每年5艘；到三四十年代，增加到每年6—10艘。由于与吧达维亚海上贸易的频繁，有些居住在吧达维亚的华侨开始充当起中荷贸易的中介人，如华侨巨商杨坤于1630年受荷兰东印度公司的委托，将300担胡椒运往福建销售，并采购公司所需的货物。[③]

至清朝，特别是雍正以后，福建的“绿头船”和广东的“红头船”大米贸易网络，以及中国与欧洲的茶叶贸易网络兴起，印尼华商的商贸网络嵌入其中。如18世纪初至19世纪中期的国际茶叶贸易网络中，闽南商人在武夷山租山种茶，从闽南招募茶师，开设茶厂，加工茶叶，再将茶叶贩运到广州，与垄断广州出口贸易的十三行商人交易，再由行商卖给前来广州的洋商运往欧美。而闽南商人或将茶叶直接运往吧达维亚与当地华商交易，再由荷兰商人运往欧洲。[④]而建构中国福建至印尼再到欧洲的国际茶叶贸易网络的华商，也包括印尼的闽南籍华商，因为吧达维亚大茶商和华侨首领（甲必丹）绝大多数是闽南籍。

（三）印尼华商与印尼群岛之间的商贸网络

华商与印尼群岛民众交易的商贸网络很早就已经形成。换句话说，移居印尼各地的华商一直从事印尼群岛之间的贸易，与当地居民互通有无。“在印尼的三宝垄，华侨商人每日出门贩卖碗、碟、丝绸等货物，很晚才回到家。华侨商人和各种中国货物越来越多，尤其是纸张、布匹、丝绸和陶瓷器（碗碟）。经常有几十捆的陶瓷器从三宝垄运往爪哇……每日到内的四乡去出售商品的华侨商人也不断增多。”[⑤]1596年6月一个在万丹的荷兰人记述：“当地侨居的中国人是要向农民收购胡椒的顾客。他们个个手提天平前往各村腹地，先把胡椒的分量称好，而后经过考虑付出农民应得的银钱。这样做好交易后，他们就在中国船到达前预先把胡椒装好。他们购得的胡椒两袋可按十万络钱等于一个卡迪（Cathy）的价格卖出。”[⑥]“绝大部分胡椒还是由辛勤耐劳的华人运来此地的……把从苏门答腊的占碑、婆罗洲、马六甲等地运来的东西卸下来，以万丹为货仓。”[⑦]荷兰人费缪伦（J. T. Vermoulen）评论道：

①马欢：《瀛涯胜览·爪哇国》，福建人民出版社，2016年，第11页。

②岩生成一：《下港万丹唐人街盛衰变迁考》，刘聘业译，《南洋问题资料译丛》1957年第2期。

③包乐史：《吧达维亚华人与中荷贸易》，庄国土、吴龙、张晓宁译，庄国土审校，广西人民出版社，1997年，第217页。

④《中国商人“下南洋”：13—19世纪的海外华商网络》，《全球商业经典》2014年第10期。

⑤林天佑：《三宝垄历史：自三保时代至华人公馆的撤销（1416—1931）》，李学民、陈巽华译，暨南大学华侨研究所编印，1984年。

⑥岩生成一：《下港万丹唐人街盛衰变迁考》，刘聘业译，《南洋问题资料译丛》1957年第2期。

⑦巴素：《东南亚之中国人》，徐平、王陆译，《南洋问题资料译丛》1958年2、3期。

"华侨从万丹收购胡椒供给输出，又从中国运来丝绸、瓷器以及其他日用品以应当地人民的需要；他们又把这些东西转运到帝汶去交换檀香木……。"①

吧达维亚自开埠后，逐渐成为印尼的商业和贸易中心。许多华商利用吧达维亚的这种优势，建构与印尼群岛之间的商贸网络。这种贸易的形式：一是承接从中国及其他国家的商品贸易；二是将印尼群岛的香料、土特产等收购上来，再转运贩卖到中国和欧洲，开展国际贸易。以1787—1791年吧达维亚唐人（华侨）公馆档案记载为例，来往巴厘的有船主钟来，伙长黄榜，船客吕才、蔡四川、许安、林天生，以及买有女婢的吴远与买有男仆的王邻；船主蔡永、蔡旺父子备钱千文，又借杨插老钱400文，置货往巴厘生理，再买团仔、燕窝回吧；陈甲泌生与北加浪甲比丹陈淋公及吧达维亚黄德合伙整船往安汶、万澜（班达）生理。②

（四）印尼华商与中南半岛、马来半岛的商贸网络

吧达维亚与中南半岛的商贸网络兴起于17、18世纪，由一些来往于暹罗、安南、马六甲、柔佛等地的行商所建构。这些行商或帮人运输货物，如鱼干、酒、麦芽、酱豆干等食品；或运载一些杂货前往这些地区销售；或搭载乘客，等等。1787—1791年吧达维亚唐人公馆档案记载了一些案例：来往暹罗与吧达维亚的船主薛厚、吴仲突寄鱼干4担；在暹罗船理总铺事林贞观亦装下鱼干111斤；蔡三元暹罗船载陈四祥亚年酒50帽突、麦芽膏192斤、酱豆干1000个、乌豆16包，载位钱5.2文，另搭客银5文；往马六甲船主陈泗厚，载李安敦观、陈海观合伙皮鞋180双钱121文，连敦观赊来的酒95文；往柔佛船主林好桂，代收货客铜青15斤、银铢30斤、黄丹一娄、琵琶一支、蒲鞋一双，又在柔佛去茶并漳纱钱62文。③

四、结语

总的来说，印尼华商在历史上建构了一种商贸区域网络。这种商贸区域网络形成于10—15世纪，盛行于16—19世纪。印尼群岛一些古国的华侨使者在其中起到了促进中国与印尼友好往来的作用。吧达维亚自开埠后，逐渐成为印尼群岛的商业和贸易中心。许多华商利用吧达维亚的这一优势，建构起了与印尼群岛之间的商贸网络。

作者简介：郑一省，广西民族大学民族学与社会学学院教授，广西侨乡文化研究中心主任

①岩生成一：《论安汶岛初期的华人街》，李述文译，李景禧校，《南洋资料译丛》1963年第1期。

②包乐史、吴凤斌：《18世纪末吧达维亚唐人社会》，厦门大学出版社，2002年，第55页。

③包乐史、吴凤斌：《18世纪末吧达维亚唐人社会》，厦门大学出版社，2002年，第54页。

斯里兰卡华商的形成、互动与趋势

余媛媛　杨　萍

【摘要】斯里兰卡是印度洋的十字路口，也是“21世纪海上丝绸之路”的重要节点。由于地缘优势，华侨华人在斯里兰卡形成了独特的华商群体。斯里兰卡华商经历了萌芽、发展、壮大等3个阶段，成为华侨华人走进“深蓝”的经典案例。

【关键词】斯里兰卡　华侨华人　华商

一、引言

海外华商指的是中国海外移民及其后裔中从事商业、贸易与企业经营的群体。[①]海外华商为中国改革开放与现代化发展进程作出了卓越贡献——中国改革开放以来60%以上的外资投资均来自于海外华商。

（一）国内学者对于海外华商的研究

1. 海外华商的形成时间与发展过程研究

马潇骁以田野调查与口述史材料为基础将泰北华人的发展史分为跨国谋生、定居创业、商业转型3个阶段，指出泰北华人关系网络与商业发展是相互影响、“彼此形塑”的。[②]张秋生将拉丁美洲华商的历史发展进程分为经济兴起时期（1840—1945年）与发展时期（1945年至今），指出拉丁美洲华商在构建“中拉命运共同体”中有着促进中拉文明交流、人文交流、经济往来与提升中国国家形象的作用。[③]

2. 海外华商对华投资研究

郑一省等人认为东南亚华商在广西北部湾经济区的投资中起着先行示范、带动、导向、桥梁的作用，且东南亚华商经济实力雄厚，与广西的历史、现实联系密切，广西应当进一步吸引东南亚华商投资北部湾经济区。[④]吴臣辉认为东南亚侨商促进了保山的经济发展，具体体现在对保山的基础设施建设、农田水利、实业等方面的投资。[⑤]郑达指出改革开放以来马来西亚华商在华投资可分为起步阶段（1984—1991年）、快速发展阶段（1992—1996年）、稳步发展阶段（1997年以来）等3个阶段，认为马来西亚华商在华投资面临着各地政府投资政策不一等问题，并提出了相应的解决措施。[⑥]龙登高等人通过对改革开放40年以来华商在华投资的历史回顾，指出华商在华投资可以分为一枝独秀阶段（1978—1991年）、高速增长阶段（1992—1997年）、相对低迷与变化阶段（1998—2007年）、持续高增长阶段（2008年至今），强调海外华商在华投资起着推进中国工业化历程、推进制度创新等作用。[⑦]

①张荣苏、张秋生：《改革开放以来中国学界海外华商研究述评》，《华侨华人历史研究》2018年第4期。
②马潇骁：《从苦力到华商：泰北华人关系网络变迁与商业发展的口述史研究》，《西北民族研究》2021年第3期。
③张秋生：《拉丁美洲华商：历史、现状与展望》，《八桂侨刊》2019年第4期。
④郑一省、叶英：《东南亚华商在北部湾经济开发中的角色与作用》，《八桂侨刊》2009年第2期。
⑤吴臣辉：《论东南亚侨商对保山社会经济发展的影响》，《昆明理工大学学报（社会科学版）》2010年第5期。
⑥郑达：《试析马来西亚华商对华投资的发展、问题与对策》，《南洋问题研究》2009年第3期。
⑦龙登高、李一苇：《海外华商投资中国40年：发展脉络、作用与趋势》，《华侨华人历史研究》2018年第4期。

3. 海外华商组织等社团研究

刘宏认为新加坡中华总商会是海外最早的华商组织之一，在东南亚华商网络中处于中心地位。[①]庄国土认为清朝筹建海外中华商会的途径为派遣专员、“当地使、领人员组织”，中华商会对内维护协调华人社会内部矛盾，对外维护与清朝的关系，在一定程度上为清朝所用；[②]21世纪前的东亚华人社团由神缘、族源、地缘关系组成与维系，如各地的中华商会会长等上层领导通常由地域社团中实力最强的领导担任；[③]在21世纪前期的海外华侨华人社团中，地缘关系逐步削弱，即商会与同乡会的关系削弱，如深圳的海外商会。[④]

4. 海外华商内在社会网络研究

华商网络的相关研究始于20世纪90年代。学者们的研究围绕海外华商网络的历史形成、概念、特点等方面展开。庄国土认为华商网络是华商由于市场、活动地域、利益等与他人形成的相对稳定的关系网络，是海上贸易发展的结果；[⑤]18世纪的华商网络与海外移民相辅相成，移民规模扩大有助于华商网络发展。[⑥]龙登高认为华商网络是华商基于血缘纽带与利益关系而建立起来的非政治化的商业网络，并提出华商网络基于人际信用而建立。[⑦]张禹东认为华商网络是以海外华商为固定群体基于共同利益而建立起来的泛商业网络，五缘关系为连接纽带，家庭、族群等为社会基础。[⑧]

5.“一带一路”倡议背景下海外华商的发展动态研究

张伟玉等人对“一带一路”沿线的47个国家与地区的华商与高管展开调查。问卷调查结果显示，“一带一路”倡议得到绝大多数华商的支持；华商在参与过程中面临着政治、经济、法律三大风险，以及渠道不畅、项目对接不易等困难。[⑨]邢菁华等人将海外华商视为“一带一路”倡议的建设者、参与者、引导者，打破了传统的华商网络视角，指出以中国内地为核心、中国香港为枢纽的新华商网络正在形成。[⑩]邓江年将华侨华人视为“一带一路”建设的重要依托力量，提出华侨华人经济建设与“一带一路”建设相“互动”，华侨华人经济与中国经济融合发展。[⑪]

（二）国外学者对海外华商的研究

1. 华商网络相关机理研究

皮特·德鲁克（Peter F.Drucker）认为海外华商是世界上最伟大的企业家，华商所建立的跨国公司已成为新兴的超级力量。[⑫]约翰·奈斯比特（John Naisbitt）认为由华商构建的紧

①刘宏：《新加坡中华总商会与亚洲华商网络的制度化》，《历史研究》2000年第1期。

②庄国土：《论清末海外中华总商会的设立——晚清华侨政策研究之五》，《南洋问题研究》1989年第3期。

③庄国土：《论早期东亚华人社团形成的主要纽带》，《南洋问题研究》2010年第3期。

④庄国土：《21世纪前期海外华侨华人社团发展的特点评析》，《南洋问题研究》2020年第1期。

⑤庄国土：《论早期海外华商经贸网络的形成——海外华商网络系列研究之一》，《厦门大学学报（哲学社会科学版）》1999年第3期。

⑥庄国土：《论15—19世纪初海外华商经贸网络的发展——海外华商网络系列研究之二》，《厦门大学学报（哲学社会科学版）》2000年第2期。

⑦龙登高：《论海外华商网络》，《学术研究》1998年第5期。

⑧张禹东：《海外华商网络的构成与特征》，《社会科学》2006年第3期。

⑨张伟玉、王丽、黄德海：《海外华商参与“一带一路”建设问卷调查研究》，《华侨华人历史研究》2021年第1期。

⑩邢菁华、张洵君：《“一带一路”与华商网络：一项经济地理分析》，《浙江学刊》2020年第3期。

⑪邓江年：《海外华侨华人经济与“一带一路”倡议的互动机制》，《华南师范大学学报（社会科学版）》2016年第3期。

⑫Peter F.Drucker, *Managing in a Time of Great Change*, Harvard Business Press, 2009, pp. 175–196.

密的商业网络未来将在亚洲占据主导地位，并对华商的经营模式大加赞赏。[①]

2. 代际变化对华商企业的影响研究

埃德蒙·特伦斯·戈麦斯（Edmund Terence Gomez）通过对英国与马来西亚华商企业进行研究，发现华商的代际变化正在影响着企业的运行模式与华商内部社会关系网络。[②]朱丽叶·科宁（Juliette Koning）通过对印尼不同代际间的华商进行研究发现，老一辈华商（在印尼上过中文学校）对于中华文化的关注程度较高，新生代华商对于传统文化的关注度降低；但新老华商均强调商业活动中“华人”心态的重要性。[③]

3. 海外华商资本主义精神研究

戈登·雷丁（Gordon Redding）提出华人资本主义精神的核心价值观是儒家文化，为海外华商进行经济贸易活动提供了动力。[④]罗伯特·霍夫曼（Robert Hoffmann）等学者依托雷丁的华人资本主义理论，以马来西亚华商为研究对象进行了研究，虽未证实儒家文化是华商成功的关键，但证实了海外华商因移民经历而加强的工作价值观传输与族群内部合作是华商成功的原因。[⑤]此外，还有学者对海外华商的经营情况进行了研究。玛琳·迪尔曼（Marleen Dieleman）以印尼4家华商企业为研究对象，提出当华商企业面临外部冲击时，将实行以减轻家族企业风险为目的的重大战略变革来对抗外部冲击力量。

国内外学者对海外华商的研究详细而深入，围绕着华商经济、华商网络、华商资本主义精神、“一带一路”倡议背景下海外华商的动态等进行研究，既使得华商的相关学理性内容得到充分论证，也结合时代背景分析海外华商参与“一带一路”的原动力等内容，促进华商与祖籍国的联系更加密切。斯里兰卡是“一带一路”倡议的重要中转国。研究斯里兰卡华商对于“一带一路”倡议在斯里兰卡的推行具有积极意义。目前，学术界对于斯里兰卡华商的研究非常薄弱。本文以“一带一路”为政策背景，对斯里兰卡华商的概况进行介绍，并基于华商网络理论研究探讨斯里兰卡华商关系网络与“一带一路”倡议下斯里兰卡华商的产业发展趋势，以期将斯里兰卡华商的资料补充进入世界华商资料库，并促进斯里兰卡华商踊跃参与“一带一路”倡议。

二、斯里兰卡华商的形成概况

斯里兰卡华商作为世界华商的组成部分，整体呈现出人数少、发展缓慢、经济较为滞后（相对于东南亚华商）等特点。但斯里兰卡华商在不同的阶段整体特点不一。据相关史料记载，从秦汉、唐宋到明朝，中斯之间的交流往来已经十分频繁，且以宗教文化交流与贸易交流为主要形式。在这一时期，中国人已前往斯里兰卡生活，但对于在当地从商的相关记载不足，无法确定这一时期斯里兰卡华商的情况。因此，本文对斯里兰卡华商的概况介

①约翰·奈斯比特：《亚洲大趋势》，蔚文译，外文出版社、经济日报出版社、上海远东出版社，1996年，第13页。

②Edmund Terence Gomez, “Family Firms, Transnationalism and Generational Change: Chinese Enterprise in Britain and Malaysia”, *East Asia*, 2007, pp.153–172.

③Juliette Koning, “Chineseness and Chinese Indonesian Business Practices:A Generational and Discursive Enquiry”, *East Asia*, 2007, pp.129–152.

④戈登·雷丁：《华人的资本主义精神》，谢婉莹译，格致出版社，2009年。

⑤Swee Hoon Chuah, Robert Hoffmann and Bala Ramasamy and Jonathan H. W. Tan，“Is there a Spirit of Overseas Chinese Capitalism”，*Small Bus Econ*, 2016, pp.1095–1118.

绍将以清朝的建立（1644年）为起始时间，并根据斯里兰卡华商的发展情况分为3个阶段：一是萌芽阶段（1644年至20世纪10年代）；二是发展阶段（20世纪10年代至1978年）；三是壮大阶段（1978年至今）。[①]

（一）萌芽阶段（1644年至20世纪10年代）

相关数据统计显示，在这一阶段，斯里兰卡华侨数量较少，且以男性为主。1816年有80—100人，1871年有40人，1881年有49人（女性14人）。[②]这一阶段，华侨进入斯里兰卡多是无奈之选，即已前往他国的华侨或是被他国政府驱逐至斯里兰卡，或是因他国政局动荡而逃难至斯里兰卡。如17世纪，荷兰东印度公司为满足斯里兰卡的劳动力需求，而将印尼失业或非法的移民驱逐至斯里兰卡；18世纪40年代，印尼爆发“红溪惨案”，不少印尼华侨前往斯里兰卡避难。故而，华侨在斯里兰卡的主要生计方式为在种植园工作等。此时，斯里兰卡华侨数量少，且以男性为主，经济收入低，只能勉强度日。这一时期，斯里兰卡华商尚未正式登上历史舞台，但华侨的生活与工作经验持续吸引着更多华侨前往斯里兰卡寻求发展。故这一时期为斯里兰卡华商的萌芽阶段。

（二）发展阶段（20世纪10年代至1978年）

20世纪10年代后，中国国内时局动荡不安，国人不堪其扰，形成出国高潮。当时斯里兰卡处在英国统治之下，时局安稳，具有一定的商业发展前景。基于时局动荡下的生存与发展前景考虑，华侨大规模前往斯里兰卡寻求发展。在斯华侨人数呈现逐年递增之势：1911年65人，1946年增至497人，1971年增至878人。

华侨以自身专业技术为基础，辅以斯里兰卡市场需求，最早在斯里兰卡从事售卖纸花、布匹与镶牙等行业，从而形成了斯里兰卡华商团体。这一时期的华商主要具有3个特点：

1. 以血缘、地缘为联系纽带进行商业发展

斯里兰卡华侨主要来自湖北与山东。湖北籍华侨主要从事镶牙，山东籍华侨则主要从事卖布。华侨在斯里兰卡的商业网络主要以地缘、血缘、亲缘关系为纽带进行扩展。

2. 语言不通导致经济收益不理想

从事卖布的山东籍华侨以四处贩卖为贸易方式，既需要不断走街串巷进行售卖，也面临着语言不通的相关问题，生活较为拮据，从商收入勉强糊口。

3. 斯里兰卡政策排外性较强

2006年以前，华侨无法加入斯里兰卡国籍，相关权益缺失，表现在商业方面则是购买店铺需要缴纳200%的税。总而言之，这一阶段的斯里兰卡华商商业发展环境十分欠缺，但足以养家糊口。在人数方面，斯里兰卡华商呈现出规模小、数量少的特点；在经济方面，斯里兰卡华商并未占据主流地位。

（三）壮大阶段（1978年至今）

1978年后，中国实行改革开放政策，新移民基于斯里兰卡良好的投资机遇而前往斯里兰卡寻求发展。据不完全统计，新移民来自除部分边疆地区之外的国内各个省份，在斯里

---

①本文分别以20世纪10年代、1978年为界划分时间段，因为华侨分别在这两个时间段前后大批量地进入斯里兰卡。20世纪10年代前后，中国国内广州黄花岗起义、辛亥革命等事件相继爆发，天灾人祸不断，国人出国数量达到高峰；1978年，中国国内推行改革开放政策，国人或是公派，或是借此良机下海寻求发展新机遇，出国数量达到新的高峰。

②余媛媛：《斯里兰卡华侨华人口述史》，中国华侨出版社，2020年，第12页。

兰卡常驻人口有一万余人，从事的行业广泛，如教育、工矿、建筑、旅游、餐饮等。[①]

由于新移民的进入，斯里兰卡华商由单一主体变为由斯里兰卡老华商与新移民组成。老华商在斯里兰卡经过半个世纪的发展，由最初的售卖、镶牙行业已逐渐扩展至酒店、餐饮、牙医等行业。易修森先生目前在斯里兰卡尼甘布（Negombo）与科伦坡（Colombo）有两家牙医店铺，同时进行牙科材料买卖的相关生意。整体上，老华商人口数量逐步减少，但在商业方面，他们已逐步在斯里兰卡市场立稳脚跟。斯里兰卡新移民最初多是由公派留学生、公派技术人员的方式前往斯里兰卡，进而自愿留在斯里兰卡从商。以斯里兰卡华侨华人联合会秘书长赵定成与斯里兰卡的三次“会面”为例：赵定成分别作为留学生、公派技术人员先后在斯里兰卡驻扎了将近10年，第三次则是以商人的身份在斯里兰卡进行零售批发、沼气项目。此外，部分新移民则是被斯里兰卡良好的发展机遇吸引，如斯里兰卡华侨华人联合会副会长程翠琴在2015年7月来到斯里兰卡从事旅游业。

这一阶段的斯里兰卡华商主要特点：

1. 与祖籍国、所在地联系逐步密切

2012年，斯里兰卡华侨华人联合会成立，下属分支机构有斯里兰卡华助中心、锡兰中国旅游促进会等。斯里兰卡华侨华人以社团形式开展活动以回馈祖籍国与当地社会，如物资捐赠，协同大使馆开展领事保护工作，与斯里兰卡政府部门、民间组织进行合作交流等。

2. 华商产业规模逐渐扩大，从事行业逐渐多样化

斯里兰卡华商的产业已逐渐扩展至基础设施建设、餐饮、旅游、零售等多个行业。斯里兰卡华商的发展前景欣欣向荣。

三、斯里兰卡华商的互动机制

在中国人不断向国外移民的背景之下，海外华商作为当地社会的少数“民族”与外来者，自发地以五缘关系作为连接纽带构建华商网络，搭建华商互通体系以增强自身的保护力。[②]华商网络属多重网络，即一种联系跨界、跨社会的社会成员之间的多线、多群体、多层面的关系网络。[③]斯里兰卡华商以地缘、亲缘、业缘关系为主要纽带，以中华民族文化认同与在地文化认同为文化核心，构建斯里兰卡华商网络。该网络体系包括了华商内部网络、华商与祖籍国网络、华商与居住地网络。各个网络体系随着时间的迁移，内部主体的互动次数与亲密程度皆有所变化。

（一）华商内部网络以中华文化认同为纽带，互动频繁

华商内部网络可以细分为斯里兰卡华商与亲友等人的互动网络、老华商与新移民的互动网络、斯里兰卡华商与南亚及东南亚华商的互动网络。费孝通曾对中国社会人际关系的亲疏远近进行研究，认为以“己”为中心，向外扩散的波纹则是人际关系的“差序格局”。[④]依据“差序格局”，在斯里兰卡华商网络之中，华商为中心，华商内部网络中亲近关系依次

---

①斯里兰卡华侨华人联合会简介，https://mp.weixin.qq.com/s/DfJj4OpVBrCm34BNtlSFqA。

②苏东水将五缘关系总结为地缘、亲缘、神缘、业缘与物缘。参见沈永林：《五缘文化研究二十年述评》，《社会科学》2009年第10期。

③郑一省：《多重网络的渗透与扩张——华侨华人与闽粤侨乡互动关系的理论分析》，《华侨华人历史研究》2004年第1期。

④费孝通：《乡土中国》，上海人民出版社，2006年，第25页。

为亲属、朋友及同学、同乡伙伴及远亲、同行的伙伴、南亚及东南亚华商。

自斯里兰卡华商网络构建之初，华商与亲属、朋友等的关系依据人情往来、走亲访友的形式不断加强，网络黏合密度较高。而随着斯里兰卡华商经济实力增强、华商群体不断扩大，业缘关系与地缘关系在华商网络中的重要性不断增强，亲缘关系的力量遭到弱化。以“一带一路”背景下华商内部网络的变化为例，即随着“一带一路”倡议在斯里兰卡的落地生根，斯里兰卡老华商与新移民的往来活动在最初的节假日社团聚会、斯里兰卡生活经验传授会的基础上，逐渐增加了具有民族责任感的物资捐赠活动、帮扶活动等。斯里兰卡老华商与新移民共同肩负着宣传“一带一路”倡议的民间责任。两者基于相同的责任与共同的前进目标而进行交往，使得老华商与新移民的联系愈加紧密。斯里兰卡华商内部网络关系一再被拉近，以同根同源的地缘关系为基础，以“一带一路”活动的宣传为交往活动，老华商与新移民之间的代际差异可在日积月累中消弭，斯里兰卡华商成为极具凝聚力之群体。

与斯里兰卡华商内部凝聚力互动趋势相一致的是斯里兰卡华商与南亚及东南亚华商的内部凝聚力也在增强。斯里兰卡华商与南亚及东南亚华商在历史发展过程中基于五缘关系而进行互动，但由于地理位置甚远、双方疲于生计等多方面原因，往来活动与业务数量较少，业缘关系较为薄弱。“一带一路”倡议的出发点是搭建一个以市场利益为驱动机制的贸易市场区域，而南亚与东南亚是“一带一路”沿线的重要地区。斯里兰卡华商与南亚及东南亚华商在共同参与这一市场区域时以商业合作为基础进行交往，业缘力量与地缘力量被强化，双方互动愈加紧密，互动形式由早期的社团形式逐渐强化为建立商会组织、开办合作企业等。

此外，亲缘关系的削弱则更多体现在华商与亲属、好友之间的联系由于代际变化被冲断。但总而言之，华商内部网络仍是以亲缘关系为主要纽带，地缘、业缘关系为次要纽带，互动频繁，亲近程度加深。如以线条的虚实、粗细代表华商网络的黏合密度，则亲缘作用之下的华商与亲属、朋友等的关系以粗实线为表，业缘纽带与地缘纽带之下的老华商与新移民为细实线，南亚及东南亚华商为细虚线。①

（二）斯里兰卡华商与祖籍国网络互动加深，商业合作为未来趋势

华商与祖籍国网络可以细分为华商与以中国驻斯里兰卡大使馆为代表的政治互动网络、华商与籍贯所在地的互动网络、华商与中国国内企业家的互动网络。由于地理位置相隔甚远、自身经济实力较弱，斯里兰卡华商在其萌芽阶段和发展阶段与祖籍国的网络互动以与中国驻斯里兰卡大使馆的政治互动为主，且联系较弱，为细实线，紧密程度不够。但华商与祖籍国之间的细虚线是由华商的中华民族文化认同感所维系的，实线虽细，但老一辈华商的民族文化认同已内化于心，坚不可摧。

在壮大阶段，华商经济实力不断增强，与籍贯所在地的互动网络、与中国国内企业家的互动网络出现并不断扩大。华商以投资籍贯地的基础设施、捐款等形式与籍贯地进行互动。华商与中国国内企业家的互动网络亦是以经济投资为联系点，基于经济往来而进行频繁互动。此外，华商与祖籍国的政治互动也在不断加强，如接受中国驻斯里兰卡大使馆邀

①本文以线条的虚实与粗细作为判断网络中主体关系紧密程度的表述参考郑一省：《多重网络的渗透与扩张——华侨华人与闽粤侨乡互动关系的理论分析》，《华侨华人历史研究》2004年第1期。

请、与中国驻斯里兰卡大使馆合作、参与“一带一路”等多种形式。与此同时，“一带一路”倡议还为斯里兰卡输送了相关技术人员，为中国国内投资者赴斯里兰卡投资创造了条件。斯里兰卡华商群体基于此而不断扩大。

总而言之，以华商与中国驻斯里兰卡大使馆为代表的政治互动已经由最初的细虚线转为粗实线，华商与籍贯所在地、中国国内企业家的互动网络则分别连起了细实线。华商以“一带一路”倡议为主要机遇，以经济实力增强与中华文化认同为潜在动力，以商业合作与协助使馆为主要形式，使得双方互动加深。华商与祖籍国的网络互动得以由最初的一个连接点（中国驻斯里兰卡大使馆）、一条虚线转变为如今的多个连接点、多条实线。

（三）斯里兰卡华商与居住地网络互动以反哺当地为主要形式

在萌芽阶段与发展阶段，斯里兰卡华商由于经济体量较小，与居住地的互动主要表现为售卖货品关系，网络线较为淡薄，为单一的粗虚线。而随着自身经济实力逐步提升，在地文化认同不断攀升，斯里兰卡华商与居住地的互动网络不断加强，网络体系可以细分为华商与当地社会的互动网络、华商与当地企业的互动网络。

华商与当地社会的互动形式表现为聘用当地居民为员工，与当地居民合作创办企业，成立社团在斯里兰卡社会展开救助与捐赠活动等；华商与当地企业的互动网络则主要表现为与当地企业家合作。斯里兰卡华商关系网络中华商与居住地的联系虚线经由一系列的交往活动逐渐变为实线，双方了解逐步加深。这一互动发展趋势既有赖于“一带一路”倡议的提出，助推斯里兰卡华商经济实力提升；也有助于斯里兰卡民间了解中国“一带一路”倡议的“共商、共建、共享”之意。

斯里兰卡华商互动依托斯里兰卡华商网络进行。最初，斯里兰卡华商由于人口数量少、经济实力较弱，与祖籍国、所在地、其他地区海外华商的互动寥寥无几。如今，由于祖籍国政策带动、华商自身力量壮大，华商与祖籍国、所在地、其他地区海外华商的互动逐渐增强，即由虚线转为细线再转为粗线。

四、“一带一路”倡议下的斯里兰卡华商产业发展趋势

斯里兰卡华商发展前景良好。这既有赖于斯里兰卡国内政治形势良好，相关法律法规的健全完善，也与中国2013年提出的“一带一路”倡议息息相关。斯里兰卡华商作为中斯民间交流之桥，“以侨为桥”，既背靠“一带一路”政策，寻求发展，也承担“一带一路”先行者、引导者、参与者的责任，推进中斯商业合作。

根据相关问卷调查数据显示，海外华商参与“一带一路”倡议的主要动机为民族情感需求与经济利益驱动。[①]斯里兰卡华商对中华民族文化认同度较高，对于“一带一路”倡议持赞扬状态。在此背景下，斯里兰卡华商从事的行业逐渐多元化，由最初的单一行业逐渐演变至餐饮、旅游等多元化行业。斯里兰卡华侨华人联合会会长张旭东2019年接受笔者访谈时称斯里兰卡终究是一个旅游国家，旅游业、基础设施建设、港口贸易作为发展的三大板块均具有发展空间，围绕这三大板块，问题不大。下文以口述访谈资料为背景，基于斯里兰卡本身资源、国内政治形势、市场趋势，继而指出3项产业的发展趋势。

①张伟玉、王丽、黄德海：《海外华商参与“一带一路”建设问卷调查研究》，《华侨华人历史研究》2021年第1期。

（一）旅游业

斯里兰卡气候条件好，旅游资源丰富，既有以佛教文化、民族文化为代表的人文资源，也有以狮子岩为代表的自然资源。斯里兰卡旅游部在2019年2月就曾瞄准中国为主要客源国，提出2019年将致力于吸引300万名中国游客前往斯里兰卡旅游。

斯里兰卡华商作为连接中国与斯里兰卡的桥梁，具有独特的语言优势与文化优势。在这一背景之下，华商在斯里兰卡经营旅游业将具有以下优势：①基于地缘优势与语言优势，赴斯里兰卡的中国游客将会首选华商作为斯里兰卡导游，负责旅游相关事宜。②斯里兰卡减免签证等手续，前往斯里兰卡的手续烦琐程度下降。③华商与中国游客风俗习惯相通，对于中国游客的出行习惯掌握准确。④华商与中国驻斯里兰卡大使馆关系密切，可协同赴斯游客解决各种问题。

2019年与2020年，斯里兰卡旅游业因爆炸案与疫情遭受重创，可谓进入旅游的“冰河期”。疫情时代，在斯里兰卡从事旅游相关行业并不是最优选择，但愿疫情之后，斯里兰卡旅游业再次起飞。

（二）基础设施建设

在经历十年内战后，斯里兰卡国内的高架桥、轻轨、地铁等相关基础设施发展滞后，具有一定的发展空间。作为一个百废待兴的国家，斯里兰卡既具有极佳的地缘优势，也需要中国“一带一路”倡议的帮扶。

中国国内相关生产技术发展水平较高，在“一带一路”倡议的带动下，中资企业公派相关技术人员驻扎斯里兰卡。赴斯里兰卡的技术人员可以利用自身的生产技术助力斯里兰卡基础设施建设，并以此为商业基点，从事基础设施建设。斯里兰卡华商在斯里兰卡从事基础设施建设的相关优势：①技术优势；②与中国国内合作，基础材料价格便宜；③斯里兰卡劳动力价格较为低廉，劳动力成本较低。斯里兰卡华商可以依靠自身技术能力与相关政策扶持，在斯里兰卡进行基础设施建设。

（三）港口贸易

港口贸易成为未来斯里兰卡华商的产业发展趋势之一，源于斯里兰卡独特的地理位置。斯里兰卡地处印度洋，是连接印度洋与太平洋地区的关键一环，有着得天独厚的中转地的地理优势。中国在“一带一路”倡议之下投建了斯里兰卡的汉班托塔港（Hambantota Port），并将租用港口及周边土地99年。2017年12月，港口建设完成。2018年，汉班托塔港共完成货物吞吐量49.6万吨，较2017年增长3.25倍。[①]在这一背景之下，华商在斯里兰卡从事港口贸易入驻汉班托塔港内园区的优势包括以下两个方面：

1. 地理区位优势

汉班托塔港内园区毗邻汉班托塔港，享受“零”物流成本。而汉班托塔港作为连接亚洲、欧洲、非洲的重要枢纽港口，辐射中巴、中印缅经济走廊，国际市场潜力巨大。此外，汉班托塔港与斯里兰卡首都科伦坡以南部高速公路相连，交通便捷。

2. 政策优势

为了推动汉班托塔港的发展，斯里兰卡出台了园区“自由港”优惠政策，如减免出口

①《汉班托塔港运营一年半货物吞吐量增长数倍》，中国“一带一路”网，https://www.yidaiyilu.gov.cn/xwzx/roll/98347.htm。

导向企业关税和增值税，减免出口型企业所得税等。[①]

“一带一路”倡议对于斯里兰卡华商的产业发展与互动发展具有积极意义。在经济利益方面，“一带一路”倡议为中斯商业环境保驾护航。据中国商务部亚洲司统计数据，2019年，中国企业向斯里兰卡投资额达2.6亿美元，在斯里兰卡新签工程承包合同额27.9亿美元。[②]中资企业在斯里兰卡投资科伦坡港口城、汉班托塔港、科伦坡港南集装箱码头等项目。华商依托港口城项目在斯里兰卡从事港口贸易工作。华商经济实力一再增长，与祖籍国的关系也更紧密了。华商在斯里兰卡从事国际旅游，与中国游客的联系逐步密切；基础设施建设与港口贸易则依托大型中资企业与“一带一路”倡议，以此为基点有广阔的发展空间。

五、结语

斯里兰卡华商作为连接中国与斯里兰卡的桥梁，其发展与中国经济发展相关联。斯里兰卡华商的形成概况分为萌芽、发展、壮大等3个阶段，华商经济实力由最初“勉强度日”至小有所成。不同阶段的华商具有不同的发展背景，特点不一。在萌芽阶段，斯里兰卡华侨属雇佣工。在发展阶段，斯里兰卡华侨数量增多，以镶牙、售卖布匹等为生，经营收入仅能勉强度日。在壮大阶段，由于改革开放、“一带一路”倡议等相关政策背景，中国移民前往斯里兰卡的人数增多；由于斯里兰卡老华商的累积，华商行业扩展至旅游业、餐饮业、基础设施等，经济实力小有所成。

在华商逐步发展与壮大的背景之下，斯里兰卡华商依托五缘关系建立了华商网络。五缘关系既是维系海外华商关系网络的主要力量，也是华商跨界搭建商业版图时的内在依据。斯里兰卡华商网络中各主体的亲疏程度一再演变，五缘关系的维系力一再变化，网络体系的黏合紧密程度有所变化。但经由“一带一路”倡议所提供的商业机遇，斯里兰卡华商关系网络总体呈现出主体联系密集化、深切化的特点。

斯里兰卡华商相较于东南亚华商，整体上呈现出经济实力较弱、数量较少的特点。“一带一路”倡议为斯里兰卡华商的发展提供了良好的发展机遇：在产业发展方面，斯里兰卡华商可以发展旅游业、基础设施建设与港口贸易。斯里兰卡华商作为“一带一路”倡议的引导者、参与者，对“一带一路”倡议在斯里兰卡的落地亦有推动作用。两者相辅相成，以盼中国“一带一路”倡议获得成功，讲好华商故事。

作者简介：余媛媛，云南师范大学副教授，云南大学民族学与社会学学院博士后研究人员；杨萍，云南师范大学硕士研究生

①《境外经贸合作区：汉班托塔临港产业园》，贸易投资网，http://www.tradeinvest.cn/information/8056/detail

②《2019年中国—斯里兰卡经贸合作简况》，中国商务部官方网站，http://yzs.mofcom.gov.cn/article/t/202007/20200702987819.shtml。

“三企入桂”背景下浙商（侨商）参与广西侨乡发展研究

徐文永

【摘要】广西沿海、沿江、沿边，背靠大西南，毗邻粤港澳，面向东南亚，区位优势独特。浙江是全国重点侨乡，民间资本和侨商资本雄厚。近年来，广西加大面向浙商（侨商）的产业招商力度。浙商（侨商）发挥在管理、资金、人才等方面的优势，与广西区位、资源、政策等方面优势深度融合，实现优势互补、互利共赢。未来广西应发挥区位优势，以深化中国—东盟合作为契机，筑巢引凤，脱虚向实，发挥平台带动作用，引入更多浙商优质制造业和高科技企业，打造高端产业链。

【关键词】浙商　侨商　广西

一、引言

2020年初，广西壮族自治区部署开展“三企入桂”活动，即“央企入桂”“民企入桂”“湾企入桂”，力图吸引自治区外资金与技术入桂。该年度全区共签订“三企入桂”招商合同项目2,302个，项目总投资3.42万亿元。地处长三角核心区的浙江以其雄厚的民间资本和活跃的资本运作一直是广西各级政府招商引资的重点区域。截至2019年，浙江省外浙商每年创造的财富总值和浙江全省每年GDP相仿。2021年入榜的浙江省内外500家浙商企业就创造了9.8万亿元的营收总额。习近平总书记指出，敢为天下先、勇于闯天下、充满创新创业活力的浙商群体，为推动浙江经济持续快速发展，为促进我国区域经济协调发展和提升开放型经济水平作出了重要贡献。近年来，广西加大面向浙商的产业招商力度，大力促进一批浙商在桂投资重大产业项目的合作进程。2020年更是将“浙商广西行”活动列入自治区重点招商工作。一大批优秀的浙商企业走进广西、扎根广西，由落子布局到精耕细作，由多点突进到全面开花，浙商发挥在管理、资金、人才等方面的优势，与广西区位、资源、政策等方面的优势深度融合，实现优势互补、互利共赢，共同推动广西高质量发展。

二、浙商在广西投资概况

广西作为面向东盟开放合作的前沿和窗口，区位优势独特、发展潜力巨大。随着中国与东盟的联系日益紧密，广西已经成为浙商投资的重要目的地，在桂浙商人数已达30多万，投资总额超过4,000亿元。投资项目涉及商贸、矿产、五金、家电、建材、旅游、文化、交通运输、现代农业开发等30多个产业，安排劳动力就业超过50万人，为推动广西经济社会发展作出了重要贡献。

玉林市在2020年和2021年连续获评“浙商最佳投资城市”。近年来，玉林市成功引进了浙江华友控股集团（浙商500强企业）投资1,300亿元的70万吨锂电新能源材料一体化产业基地和正泰集团（浙商500强企业）投资200亿元的智慧新能源产业基地等投资项目。浙商投资总额占全市招商引资项目投资额的65%以上。玉林市立足现有产业基础，不断优化营商环境，吸引浙商在玉林投资发展，共计创办企业1,000多家，预计投资额超3,000亿元。

三、浙商参与广西发展

（一）浙商深度融入中国—东盟陆海新通道建设

广西同东盟既在陆地上接壤又有海上通道，沿海、沿江、沿边，对外开放区位优势明显，处于国内大循环和中国—东盟国际循环交会点，可以实现国内国际双循环。东盟在中国贸易格局中的地位进一步上升。2020年东盟历史性地成为中国第一大贸易伙伴，形成了中国与东盟互为第一大贸易伙伴的良好格局。由南宁主办的中国—东盟博览会和中国—东盟商务与投资峰会已成为中国和东盟10国共同搭建的经贸等多领域有效合作的大平台，在中国和东盟合作中发挥着越来越重要的作用。

东盟在浙江经贸格局中的地位和作用也日益突出。2019年，浙江对东盟的进出口额达3,798亿元，东盟是浙江的第三大贸易伙伴。2020年，浙江对东盟的出口总额达到2,889.4亿元。2020年10月，浙江至东盟的国际货运班列“义新欧”（义乌—河内）中欧班列开通，是浙江首次开通至东南亚国家的铁路国际物流通道，将有效促进浙江与越南及东盟其他成员国的资源互补、互联互通。

浙商很早就开始布局中国—东盟陆海新通道建设。2011年9月，吴永春（温州籍）在毗邻东盟的龙州县（今属崇左市）投资建设龙州东盟国际商贸城。龙州东盟国际贸易城是广西壮族自治区人民政府重大工程，中国—东盟自由贸易区和“一带一路”的重要门户，陆路东盟南宁崇左经济产业带上的重点项目，也是南宁—新加坡经济走廊建设中广西重点推进的项目。该项目建筑面积约75万平方米，总投资20亿元，目标是打造中国—东盟自由贸易区最便捷的小商品进出口基地。市场可容纳贸易企业约3,000家，年交易额可达100亿元以上，安置就业和创业人员2万人以上。

2019年3月，作为2018年第十五届中国—东盟博览会的重要成果和自治区统筹推进的重大项目，广西与华立集团（全国民营企业500强）签订东兴（今属崇左市）边境深加工产业园项目。该项目位于中越边境的“中国东兴—越南芒街跨境经济合作区”核心区域，总投资约100亿元，总规划面积近3,000亩（约200万平方米）。全部建成后，预计可引入生产制造业企业及配套服务企业100—200家，园区企业年总营业额约600亿元，预计每年可为国家和当地政府带来各种税收收入约50亿元，为当地解决就业岗位约3万个。

2020年5月，国有控股上市公司浙江中国小商品城集团总投资110亿元、占地2,388亩（约159.2万平方米）的广西贵港义乌中国小商品智慧新商业产业园奠基。该项目是广西商贸产业重点支持项目，也是全国首个“第六代”义乌智慧国际商贸城。

此外，浙商也在南宁、柳州、北海等地加速布局，抢占浙商进军东盟的桥头堡。

（二）抱团发展、深耕广西的在桂浙籍商会

广西浙籍商会作为以在桂浙籍民营企业代表为主所组成的社会团体法人，已成为浙商与所在地政府和社会之间联系的重要纽带。在桂浙籍商会在加强行业自律、抱团发展、调解纠纷、应对危机等方面也发挥了越来越重要的作用，成为浙商深耕广西的重要标志之一。下列浙籍商会在广西的影响力和活跃度都比较高。

广西浙江商会成立于2005年4月，是由在桂浙商自愿参加的全省（区）性社会组织，也是广西目前最有影响力的商会之一。商会总部设在南宁，在广西其他地市设有分支机构。2019年商会会员企业达到930家，会长为广西国源投资集团董事长郑祥福（温州籍）。

柳州浙江商会成立于2013年10月，有会员单位135家，会员550多人。会员涉及机械制造、建筑材料、汽车配件、房地产开发、矿产资源开发、酒店服务、日用百货、综合贸易等20多个行业。近年来，浙商在柳州投资超过100亿元。年产值超亿元的企业有15家，年销售收入超5,000万元的企业有10家。

桂林浙江商会成立于2015年1月，会员企业160余家。近年来，会员企业带动浙商在桂林投资的项目达120多个，总投资额超过300亿元，投资领域涉及工业制造、文化旅游、现代服务业等，其中投资影响力较大的企业有杭州娃哈哈集团、浙江天轮供应链管理有限公司、万向钱潮股份有限公司、宋城演艺发展股份有限公司等。

玉林浙江商会成立于2006年10月，目前会员企业已达350多家，涉及房地产、机电制造、建材、家居制造、中药材、电动车、纺织服饰、住宿餐饮、交通运输、商贸服务等行业，包括万昌集团、天正机电、北流市（县级市）佳润房地产、红狮（水泥）集团、巨龙管业等一批知名企业。据不完全统计，商会会员企业在玉林投资累计总额近800亿元，为繁荣玉林经济社会建设作出了突出贡献。

钦州浙江商会成立于2017年，会员企业已发展到50多家，涉及行业10多个，总投资50多亿元。

北海浙江商会成立于2015年11月，会员企业主要从事新媒体、房地产、互联网、金融投资、工业自动化控制、酒店、物流、电子商务、商贸、文化、旅游等行业。

河池浙江商会成立于2015年12月，会员企业有100余家。目前在河池市的浙商企业已达500多家，安排就业4万多人，投资领域涉及大型百货超市、房地产、服饰、旅游、建材、贸易、机电、酒店、矿产品深加工、种养殖、广告、家私等20多个行业。

百色浙江商会成立于2017年11月，初期共有会员单位226家，涉及石油、化工、房地产、轻工五金制造、电子电器、金融贸易、餐饮娱乐、管理咨询等各行各业，在当地已形成投资约200亿元。

温州是浙江著名侨乡，有38万温州人在“一带一路”沿线57个国家、地区创业发展，是浙商群体中最为活跃的一支。改革开放以来，温州人商行天下，铸就了影响全国、传播世界的“温州商会”品牌。除了省级浙江商会，全国各地已经成立近1,000家地（市）和县级浙江商会。而这些商会近半数由温州商人发起，并且由温州商人担任会长。全国地市级以上城市先后成立了268家温州商会，广西大部分设立市辖区的市也都成立了温州商会。

南宁温州商会成立于2004年10月，发展至今会员企业近1,000家，凝聚了1万多温州商人在南宁创业，成为南宁乃至广西最具活力和最具影响力的商会组织之一。温州商人在南宁的投资领域包括五金机电、印刷包装、服装百货、矿业等。

柳州温州商会成立于2004年5月，会员已达1,200多人。商会会员从事行业涉及机械制造、冶金、矿业、化工、建材、建筑、商业、旅游、房地产、餐饮酒店等30多种。

玉林温州商会成立于2006年10月，是玉林市成立最早的异地商会。会员主要从事贸易、投资、服务业；经营领域涉及电器、皮具、服装、工艺品、机械、房地产投资等行业。会员企业在玉林的总投资约为50亿元。

梧州温州商会成立于2012年3月。在梧州投资的温州商人已达3,000多人，创办的企业有500多家，投资领域涉及工业、商业、旅游业、酒店、机电、汽车配件、电气设备、通讯器材、玉器工艺礼品等诸多行业。

防城港温州商会成立于2011年，有会员企业150多家，投资领域涉及海水养殖业、房地产、服装、鞋帽、不锈钢管、机电、家具、饮食、酒店等。

温州市下辖的瑞安（县级市）是浙江著名侨乡，有10多万乡亲分布在世界各地。广西瑞安商会成立于2011年6月。在桂瑞安籍商人有5万多人，投资企业5,000多家，总投资金额超过300亿元；投资领域遍及融资担保、酒店、服装鞋帽、金银首饰、物流机械、商贸百货、工艺美术等行业。

此外，宁波、绍兴、台州等地的浙商也在广西建立了商会组织。

南宁绍兴商会成立于2008年8月，是首家在南宁市民政局登记注册的地市级建制的异地商会。目前广西有绍兴企业2,000多家，主要分布在南宁、玉林及广西沿海区域。其中南宁有200多家绍兴企业，个体经营者达3,000多人，部分企业已具有相当大的规模和实力。

南宁台州商会成立于2013年2月，企业会员约160个，会员经营范围涉及房地产开发、五金机电、医疗器械、百货日用、酒店等多个行业，总投资金额超过30亿元。

广西温岭商会成立于2008年11月。在广西的温岭（台州市代管县级市）企业有上千家，投资领域涉及房地产、建筑、装饰、水利水电、机械制造、电线电缆等行业，安置近10万人就业。

钦州市浙中企业联合会成立于2019年4月，有20余家会员企业加入，涵盖了房地产、出租车、养殖行业等。

在桂浙籍商会的发展壮大，是浙商深耕广西和融入当地社会的重要标志。在桂浙籍商会既加强了浙商企业的凝聚力，又与当地政府建立起良性的沟通互动机制，并通过参与慈善捐赠等公益事业，与所在地社会及民众建立起良好关系。同时浙籍商会也成为所在地政府与原籍地政府构建联系的桥梁，是所在地政府吸引浙商投资的重要平台和媒介。在连接所在地政府与原籍地政府方面，在桂浙籍商会主要作为投资信息交流的中心和招商引资的平台或载体发挥作用。近年来，广西各级地方政府联合浙籍商会组成招商团，赴浙江进行招商引资，取得了显著的成效。

表1　在桂浙籍商会基本情况表

商会名称	成立年份	现任会长	会员数
广西浙江商会	2005	郑祥福	930家企业
南宁浙江商会	2014	林逢润	—
柳州浙江商会	2013	陈志涛	135家企业
桂林浙江商会	2015	苏万伍	160余家企业
玉林浙江商会	2006	杨松寿	350多家企业
钦州浙江商会	2017	李　云	50多家企业
北海浙江商会	2015	徐志帆	—
贵港浙江商会	—	—	—
河池浙江商会	2015	吴维健	100多家企业
百色浙江商会	2017	胡鸿雁	226家企业
南宁温州商会	2004	李成催	近1,000家企业
柳州温州商会	2004	郑国重	1,200多人
桂林温州商会	2007	林元琳	—
玉林温州商会	2006	朱曼蕾	2,000多人
梧州温州商会	2012	章国世	—
北海温州商会	2004	—	—
防城港温州商会	2011	王必云	150多家企业
贵港温州商会	2011	夏　放	—
来宾温州商会	2017	方绪新	—
广西瑞安商会	2011	张兆成	—
广西宁波商会	2019	潘明山	500多家企业
南宁绍兴商会	2008	傅建红	—
桂林绍兴商会	2015	陈照明	—
南宁台州商会	2013	卢敦兵	110家企业
桂林台州商会	2010	王永贵	—
广西温岭商会	2008	—	—
钦州市浙中企业联合会	2019	王文南	20余家企业

注：—表示信息不详。

四、浙商入桂未来展望及对策建议

（一）筑巢引凤，搭建浙商入驻新平台

玉林是广西民营经济最发达的地区和最大的侨乡，有“广西的温州”之称。作为广西全区首批4个民营经济示范市之一，玉林有2个县、2个园区和8个镇被命名为全区民营经济示范单位，是全区获命名单位最多的市。玉林市历届政府持续优化营商环境，获评为“2020年度全国公共资源交易优化营商环境先进单位”，荣获2020年度全区实际利用外资（商务口径）专项考评第一名，连续两年获评为“浙商最佳投资城市”，在引入浙商投资上成绩尤为突出。2021年，玉林市提出以建成“四强两区一美”（产业强、枢纽强、生态强、法治强、乡村振兴示范区、政治生态示范区、城市美）两湾先行试验区为奋斗目标。

近年来，玉林的综合交通条件已经获得极大改善，机场、码头、高铁和高速公路建设取得重大突破，未来可以考虑在玉林市设立浙商产业园，发挥平台带动作用，吸引浙商优质企业投资入园，以浙商雄厚的民间资本和先进的管理理念带动玉林和广西其他城市民营经济做大做强。而玉林民营经济发达和广西最大侨乡的双重身份，对浙商也会产生很大的吸引力。在具体举措上，政府部门应引导和扶持平台健康成长，对平台的建设在政策上予以扶持，引导平台在国家法律法规的规范下健康有序发展，为平台提供运作、场地和人才等方面的支持。同时，按照有关法律法规享受相关税收优惠政策，加大对平台的金融支持力度等。

（二）脱虚向实，引入更多浙商优质企业入桂发展

在过去全国房地产热的大背景下，在广西发展的浙商中从事房地产行业的企业所占比重不小。近年来在国家多次重申“房住不炒”的高压下，房地产行业迎来大规模的宏观调控，多家广西浙商房企也陷入债务纠纷，对广西浙商整体形象带来伤害。今后在对浙商的招商引资工作上，应脱虚向实，引入更多浙商优质制造业和高科技企业（尤其是浙商500强企业），引入相关浙企先进的高端装备制造、智能制造、新能源新材料、科技研发、生物医药、医疗器械制造、物联网技术、产业链配套等相关产业入桂发展。

浙商也对广西的投资发展机会抱有浓厚的热情。2020年以来，根据自治区党委、人民政府的部署要求，自治区投资促进局与浙江省企业家协会、企业联合会、工业经济联合会密切合作，共同组织开展了“浙商广西行”系列活动，取得了丰硕成果。浙江省侨商会、绍兴侨商会多次组团来桂考察商机，寻找合作机会。招商引资的关键是项目落地生根，提升浙商（尤其是浙籍海外华商）在广西的项目落地率和成活率，还需要下一番功夫。

（三）发挥优势，构建浙商通向东盟商贸平台

中国—东盟博览会作为中国—东盟合作的重要平台，不断扩大服务领域，深入服务合作新热点。2020年第17届中国—东盟博览会首次专门设置粤港澳大湾区合作展区，为大湾区企业对接东盟市场及广西承接大湾区产业转移搭建高水平的专业合作平台。可以考虑在今后的中国—东盟博览会上专门增设长三角一体化展区，集中展示长三角地区高端装备制造、新能源、电子信息等优质产品、优势产业，以及相关产业向广西辐射、转移和带动的

成果，为浙商通向东盟大市场构建商贸平台。此举可扩大中国—东盟博览会在长三角地区的影响力，推动浙江与东盟国家的深度对接，还可扩大广西在长三角的知名度，促进广西共享浙江在经济社会发展、科技成果等各方面的成熟经验。

（四）他山之石，积极应对来自周边省份的竞争和挑战

吸引浙商入桂发展，还要应对来自周边省份的竞争和挑战。广西与贵州、云南山水相连，经济社会发展水平相近，在吸引浙商投资上难免存在此消彼长的竞争关系。2021年9月，贵州省举办“浙商入黔”助力贵州高质量发展大会，近400家浙江企业和浙江商会以线上线下的形式参会。目前，浙商在贵州的投资涉及矿产、轻纺、建材、交通物流、机械制造、化工、水电、餐饮酒店、文化旅游、种养殖业等30多项产业，带动200余万人就业，许多重要指标都高过广西。“十四五”时期，贵州明确宣布要奋力打造周边省份乃至全国最好的营商投资环境，其指向性不言而喻。而云南省的相关统计也显示，在滇浙商创办各类企业2万多家，在滇累计投资8,500多亿元，提供就业岗位上百万个，每年上缴各种税利120多亿元，各项指标大多高于广西。同时，云南与广西同为中国—东盟大通道桥头堡，也有其与东盟国家和南亚国家交往的独特区位优势。这些都说明，广西不能一直站在优越的区位优势上沾沾自喜，应清醒地看到不足和挑战，积极应对，用足用好区位优势这张“王牌”，以高水平对外对内开放吸引包括浙商（侨商）在内的海内外优质企业入桂，推动广西高质量发展。

作者简介：徐文永，玉林师范学院科研处讲师

海外华商与我国教育事业的发展

顾　军

【摘要】许多海外华商通过捐资兴学等方式积极参与我国的教育事业，如创建从幼儿园、小学、中学到大学在内的各级学校，设立奖学金，兴建各类教学设施，等等。海外华商的大力支持成为我国教育事业发展的重要推动力量之一。21世纪以来，我国的改革开放已经步入了新的历史发展阶段，尤其是近些年来，国际和国内形势发生了巨大的变化，如何更好地在内容和形式方面体现海外华商在我国教育事业发展中的作用，是需要进一步思考的问题。

【关键词】海外华商　中国　教育　发展

一、引言

长期以来，一些海外华商凭借着自己的辛勤劳动和聪明才智立足海外谋发展，有的华商还取得了很大的成功。与此同时，他们仍然怀有浓厚的家国情怀，希望能够通过各种方式回报祖国。其中一些海外华商通过多种方式积极参与我国的教育事业，对我国教育事业的发展起到了很大的推动作用。

二、海外华商促进我国教育事业发展的主要方式

科教乃兴国之本，一些华商在海外创业的过程中意识到国家的强盛对于自己发展的重要意义，也意识到教育在国家和民族发展过程中所起到的巨大作用。陈嘉庚说过："见十余岁儿童成群游戏，多有裸体者，几将恢复上古野蛮状态，触目心惊，弗能自已！"[①]因此，他们之中的许多人选择通过捐资助学等方式扶持我国的教育事业。这体现了他们对故土深厚的赤子之情和对故国快速发展的热切期待。

海外华商促进我国教育事业发展的主要方式有改善教育设施和设立奖学金项目。

（一）改善教育设施

海外华商在改善教育设施方面的贡献首推陈嘉庚。

陈嘉庚在事业顶峰之时也不过拥资一二千万元，在当时的华商中并不突出。然而，为国家和民族如此慷慨而自己甘愿过着俭朴生活者，唯有陈嘉庚一人。早在1894年，陈嘉庚就捐献了2,000银元在家乡创办惕斋学塾。1914年，他又创办集美高初两等小学校，此后又相继创办女子小学、师范、中学、幼儿园、水产、商科、农林、国学专科、幼儿师范等，并在校内建起电灯厂、医院、科学馆、图书馆、大型体育场。

①陈嘉庚：《陈嘉庚自述》，安徽文艺出版社，2013年，第8页。

陈嘉庚倾资兴学最大的贡献是创建了集美学校、厦门大学（简称“厦大”）和新加坡华侨学校。1921年，陈嘉庚认捐开办费100万元，常年费分12年付清共300万元，创办了厦大，有文、理、法、商、教育5个学院共17个系。这是唯一由华侨创办的大学，也是全国唯一独资创办的大学。厦大于1921年4月6日开学，由陈嘉庚独力维持了16年。后来世界经济不景气严重打击东南亚华商，陈嘉庚面对艰难的境遇，态度仍很坚定地说：“宁可变卖大厦，也要支持厦大。”①他把自己的3座大厦卖出作为维持厦大的经费，为了厦大的发展可谓不遗余力。

陈嘉庚一生用于办学的款项达一亿元以上。他不但自己倾资兴学，还希望有识之士也来做这种利在当代、功在千秋之事。在他的倡导下，许多华侨纷纷捐资兴学，可谓影响深远。

下面是一些海外华商改善教育设施的例子：

1893年，印尼华商丘燮亭（广东梅县籍）投资兴建私塾——时习轩，又捐3万余元；

1901年，印尼华商梁建勋（广东梅县籍）在程江村独资兴办建勋学校；

1904年，印尼华商李武平（广东澄海籍）在家乡南徽村开办德小学堂；

1905年，印尼华商丘燮亭捐大洋1.3万元兴建丙村三堡学堂（今丙村中学前身），同时创建永捷高等小学；

1907年，泰国华商陈慈黉（广东澄海籍）在隆都镇前美村创办了成德学校；

1913年，印尼华商丘燮亭与叶子彬等合资在梅州城创办私立东山中学；

1924年，泰国华商熊幼霖（广东梅县籍）等人赞助创立了嘉应大学。

据1936年的统计，由于华商的帮助，梅州的小学增至2,621所，中学增至34所。

中华人民共和国成立之后，海外华商投资我国教育事业的热情不减。如1950年春，泰国华侨观光团莅汕头参观访问，于同年4月将用侨资兴建的私立海滨中学改名为“广东汕头华侨中学”，成为全国第一所公办的华侨中学。1958年，蚁美厚等14位华侨捐资9.3万元创办了澄海华侨中学。至1959年汕头地区已有华侨中学30所，占全区中学总数的15%。

改革开放后，海外华商踊跃回乡捐资办学。

1984年，包玉刚②积极响应创建宁波大学的号召，答应捐献5,000万元作为创建宁波大学的经费，其中3,500万元用于基本建设，1,500万元用于购置教学仪器设备和图书资料。他早在1981年即开始分期捐资1,000万美元建造上海交通大学图书馆——包兆龙图书馆，共18层，建筑面积2.6万平方米，1985年已建成使用，实际造价（包括土建、计算机管理系统、声像设备及全部图书设备费）达750万美元；150万美元建造上海交通大学图书馆另一分馆；剩下100万美元作为图书馆发展基金，每年用其利息购置急需设备。这是中国高等学府中规模较大、现代化程度较高的一座图书馆。

1987年，泰国华商陈芳明以先父名字创设“陈寅炎教育基金会”，作为东溪学校和溪榜小学的奖学奖教之用。1988年，陈芳明与侨胞捐赠助建溪榜小学三层教学楼，并购置设备、建水泥操场。后又捐建东溪中学大众图书室，并添置图书及设备，设立图书室基金。

①宋长琨、沈忠秀：《儒商商道概论》，武汉大学出版社，2013年，第194页。

②包玉刚（1918—1991年）为英国籍，1976年被英国女王授予“爵士”，故在此将其视为海外华商。

据1978—1999年统计，华侨华人和港澳同胞在汕头市捐资兴建及扩建的学校730所，幼儿园125所。

进入21世纪，华商在国内的高校更是捐建了大量基础设施，为当地教育事业的发展起到了积极的推动作用。

2001年至今，泰国华商陈守仁家族及联泰集团已向北京大学捐资数千万元，支持北京大学国际研究中心、陈守仁教育基金、联泰供应链研究中心的建设等。

2009年，巴西华商尹霄敏向丽水市松阳县裕溪乡中心小学捐助25万元，建造了裕溪海联希望小学，改善了当地的办学条件，使山区孩子们也拥有了多媒体教室、图书室和实验室，因此在第十六届浙江旅外乡贤聚会开幕式上荣获浙江省“参与新农村建设贡献奖”。

2017年，印尼华商汪琼南及儿子汪宏超代表家族向华侨大学慷慨捐资500万元。

海外华商之所以在改善教育设施方面投入甚多，是因为他们对教育有着深刻的认识。陈嘉庚说：“民智不开，民心不齐，启迪民智，有助于革命，有助于救国，其理甚明。教育是千秋万代的事业，是提高国民文化水平的根本措施，不管什么时候都需要。”[①]在《集美小学记》中，陈嘉庚亲笔写下了他创校的初衷：“概故乡之陵夷，悯故乡之哄斗，以为改造国家社会，舍教育莫为功。”[②]林绍良说：“我很小就意识到受教育是一种大恩泽，就像是为一个人的未来投资。我坚信就是我在乡村所受到的教育成就了我的今天。这是为什么当我有了自己的孩子，我努力确保他们受到最好的教育，并送他们留学。”[③]陈芳明与乡邻谈心叙旧时，总是不厌其烦地劝导乡亲要送子女上学：“字是随身宝，为着子孙后代的幸福，我恳求乡亲们都要送子女进学校读书，最少也要让他们念完初中……”[④]这些华商的远见卓识时至今日仍有很强的现实意义。

（二）设立奖学金项目

为了帮助贫困学子实现完成学业的梦想，激励优秀学子发挥更大的才能，一些华商开始在国内设立奖助学金。

祖籍福建闽清县（今属福州市）的张晓卿在安徽、河南、山东、四川、云南、贵州等地领养资助了许多贫困学生，还分别于2002年和2004年捐建了大同市常青中学。他多次向中国儿童慈善基金捐资，捐助希望工程，因此被授予“儿童慈善家”称号。汶川地震后，身为中国侨商投资企业协会常务副会长的张晓卿发动马来西亚华人社团为中国抗震救灾捐款，捐赠总额超过8,000万元。由于贡献突出，他还荣获了福建省人民政府颁发的“福建省捐赠公益事业突出贡献奖”金质奖章。

20世纪80、90年代，新加坡华商黄日昌为石庭华侨职业中专学校设立奖教奖学基金，以激励广大教师和学生在教学、学习中不断努力。2013年5月，他还出资在莆田学院设立教育基金，奖助那些优秀的年轻教师和品学兼优的学子。后来他再次出资在莆田学院设立

①郑纲主编《著名演讲全集（下）》，经济日报出版社，1998年，第2530页。

②林斯丰主编《集美学校百年校史1913—2013》，厦门大学出版社，2013年，第14页。

③马占杰：《大爱无疆：海外华商的家国情怀》，厦门大学出版社，2018年，第164—165页。

④马占杰：《大爱无疆：海外华商的家国情怀》，厦门大学出版社，2018年，第168页。

“北楼博士基金项目”，资助相关学科专业的博士研究生，以提高莆田学院师资队伍的整体素质和水平。

2008年8月22日，身为珠海市金湾区红十字会荣誉会长的印尼华商黄荣年向金湾区红十字会捐资30万元，设立助学专项基金。

2015年8月，美国华商丘鸿彬在福建省发起了侨乡侨商“侨心助力”活动，动员侨商捐款资助福建省23个贫困县的100个重点大学在校生完成大学本科学业。丘鸿彬带头捐款共50万元，平分给每位大学生每年5,000元的生活费。2016年，他又谋划成立一个慈善救济组织，专门帮助贫困大学生和孤寡老人。

2016年3月28日，在亚洲论坛上，印尼/新加坡华商陈江和的基金会与中国国务院侨务办公室下属中国华文教育基金会签署捐赠协议，捐赠1亿元，在未来10年支持中国和“一带一路”沿线国家开展双边人才培训项目。

20世纪80、90年代，印尼华商蔡道行父子捐助了福清华侨中学现有教学建筑设施的一半。蔡道行还是福清音西康辉中学的捐助人。

马来西亚华商林荣对家乡莆田的教育等公益事业倾注了大量的心血。例如：捐资修建后郭村小学校舍，资助全村学童免费入学，补助教师生活费；奖励本村升入大专院校的贫穷学生的部分费用；创办涵江华侨中学；设置莆田六中林荣奖学基金，捐建该校教师宿舍楼一座。他还捐资支持福清江兜华侨中学教学大搂的修建等大量公益事业。

另外，海外华商在设立奖学金项目的过程中积极促进人才方面的教育合作和资助我国高校“走出去”办学。

2015年，陈守仁捐资支持的“北京大学陈守仁本科生海外交流基金”正式启动。自1998年北大百年校庆以来，陈守仁一直关注北京大学的发展建设。他于1999年慷慨捐资设立孙中山思想国际研究中心；2001年捐资650万元支持北京大学国际研究中心的建设。2008年6月7日，北京大学陈守仁国际研究中心举行落成典礼。目前该中心已有世界文化遗产研究中心、欧洲研究中心、德国研究中心、北京论坛等校内多家研究机构进驻办公。随后，陈守仁多次捐资支持北京大学联泰供应链中心、孙中山思想研究等学术活动。2014年3月9日，他又再次捐资1,500万元在北京大学设立“陈守仁教育基金”，资助北京大学在校学生的国际交流活动。北京大学聘请陈守仁先生之子、联泰国际集团副董事长兼行政总裁陈亨利先生担任名誉校董。

澳大利亚华商周泽荣捐资500万澳元设立澳中高等教育奖学金，为两国优秀学生到对方国家的学习交流提供机会和支持。据周泽荣介绍，截至目前，每年都有数量不等的学生获奖学金资助，学业优秀、家庭贫困者是主要受助对象。

海外华商之所以非常热心于设立奖学金项目，不只与他们对教育和文化的重视有关，更多的是来自他们对故国故土的热爱。陈守仁表示：“国家要兴旺强盛，国民的综合素质就得提高，而国民素质的提高必然离不开教育。慈善要做，但教育更为重要。”正是在这些海外华商的扶持下，我国一些地方的教育才能得到更快的发展。

三、对新时期海外华商推动我国教育发展的思考

进入21世纪，我国教育事业已经进入新的发展阶段。如何保证我国的教育事业在质量上进一步提升，是一个值得普遍关注的问题。新时期海外华商在我国教育的发展过程中应当发挥更进一步的作用，可以表现在如下几个方面。

（一）创新教育

创新是指在特定的环境中利用现有的知识和物质，以理想化需要或者社会需求为着力点，通过改进或创造新的事物、方法、元素、路径、环境，以提出有别于常规或常人思路的见解为导向，从而获得一定有益效果的行为。创新教育需要打破思维定式，不断突破和超越原有观念。

从目前的情况来看，与世界发达国家相比，我国的教育事业在创新教育方面处于相对滞后的状态。以我国的中小学创新教育为例，从现阶段实际状况来看，中小学教师创新教育素养的发展不尽如人意：教育管理制度不完善、职称评定政策的不适导向、教学方式传统守旧、应试教育文化的束缚等因素制约着教师创新教育素养的发展。

习近平总书记在2016年5月17日召开的哲学社会科学工作座谈会上指出："一个没有发达的自然科学的国家不可能走在世界前列，一个没有繁荣的哲学社会科学的国家也不可能走在世界前列。"[①]时任教育部高教司司长在2018年教育部产学合作协同育人项目对接会上提出："我国要全面推进'新工科、新医科、新农科、新文科'等建设，形成覆盖全部学科门类的中国特色、世界水平的一流本科专业集群。"[②]"新工科、新医科、新农科、新文科"站在新时代的高度，具有战略性、创新性、融合性。虽然我国已经在创新方面更加重视，但就总体而言，无论是观念的改变还是实践的落实都需要一个过程，而海外华商身上具备的一些创新意识正是教育事业所必需的。

海外华商在发展过程中需要克服跨文化交际的障碍，冲破重重阻力，往往需要更大的勇气。因此，不少海外华商具有"敢为天下先""始终坚持在顽强拼搏中取胜"的华商精神。华商正在日益成为我国经济发展的一个新动力。他们的跨国教育背景、所掌握的前沿科学技术、海外工作经验、所拥有的跨国知识网络成为其创新精神的重要来源和组成部分。因此，高校需要改变原有的一些观念，充分利用海外华商开发出来的更新的科技成果和技术手段，突出成果导向、问题导向，进行教育观念重构，建立起产教融合、校企合作、科教结合、中外交流的协同育人机制。

（二）创业教育

创业是一种需要创业者及其创业搭档组织经营管理，运用服务、技术、器物作业，并进行思考、推理和判断的行为。创业的过程是创业者及创业搭档对其拥有的资源（或通过努力能够拥有的资源）进行优化整合，从而创造出更大的经济或社会价值的过程。

---

①中共中央组织部党建研究所编《党的建设大事记》，党建读物出版社，2018年，第387—388页。

②王铭玉、张涛：《高校"新文科"建设：概念与行动》，《中国社会科学报》2019年3月21日。

2012年8月1日，教育部办公厅下达《关于印发〈普通本科学校创业教育教学基本要求试行〉的通知》。文件指出：在普通高等学校开展创业教育，是服务国家加快转变经济发展方式、建设创新型国家和人力资源强国的战略举措，是深化高等教育教学改革、提高人才培养质量、促进大学生全面发展的重要途径，是落实以创业带动就业、促进高校毕业生充分就业的重要措施。[①]要提升大学生的创业能力，形成良好的创业氛围，需要构建全方位的立体化培育体系。这一体系包括企业、高校、政府、家庭等多个要素。各要素之间既各自独立，又相互联系、作用和支撑，共同推动创业教育的发展。

海外华商在创业过程中积累了非常丰富的创业经验和教训。高校应当将这些内容纳入课题体系中，并以课题体系为基础，以这些创业经验和教训为依托，开设具有一定实践价值的课程或相关实践活动，将大学生创业教育理念转化为教育实践，从而使得学校对学生在创业过程中的指导更有针对性。

在中小学教育中，可以考虑将部分海外华商（尤其是杰出华商）的事迹编入教材中，一方面突出他们勇于奋斗、坚韧不拔的创业精神，另一方面突出他们不忘故国、回报家乡的爱国精神。这既是对海外华商克服困难、不断拼搏的高度肯定，也是很好的爱国主义宣传素材。

四、结语

长期以来，海外华商通过多种方式回报祖国，对我国教育事业的发展起到了极大的促进作用。而海外华商在创业过程中积累的丰富经验和教训对我国教育的创新都是弥足珍贵的财富。在21世纪这一新的社会历史发展阶段，希望我国的教育事业能够进一步加强与海外华商的协作，使我国的教育质量进一步提升，满足党和人民对教育事业更高的要求。

作者简介：顾军，桂林电子科技大学副教授

①程欣、吕久燕：《大学生职业生涯规划与就业创业教育》，北京邮电大学出版社，2017年，第88页。

第二篇

海外华人社会与文化

神缘集聚、地缘认同与社团统合
——19世纪以来马六甲广东社群的形塑途径*

宋燕鹏

【摘要】18世纪以来，广东省各地民众来到福建人（闽南人）占优势地位的马六甲，在三多庙的统合下初步形塑了马六甲的广东社群。随着19世纪末清政府在新加坡设立领事馆，并开放民众出洋，来自广东省内不同地区的华侨改变了马六甲原有广东省籍华侨这一次生社群的人数规模和占马六甲华侨人口总数的比例。马六甲广东会馆是依赖中国原乡行政区划等级而形成的“层累的行政区划等级制”地缘社团。马来亚各地华侨社群的组合模式不是整齐划一的，而是跟随各地区不同的历史发展脉络和华侨社群的内在发生机理去不断进行形塑的。

【关键词】马六甲　三多庙　广东会馆　广东社群　形塑

一、引言

华侨史研究要着眼于华侨社群在海外异文化的社会状况下如何集聚并形成组织的。因为这些社群的形塑都不是一蹴而就的，而是经过历史发展演变而成的。有日本学者认为：在华侨华人商业“基尔特”(gild）的形成过程中，血缘、地缘和业缘是重要的指标。①其中对以方言群为代表的地缘关系的研究长期被学术界所重视，尤其以麦留芳（Mak Lau Fong）的“方言群认同”②为标志。“帮”的概念，由新加坡学者陈育崧（Tan Yeok Seong）在1972年最早提出。③20世纪80年代以来，许多学者以“方言群”和“帮”的范式来梳理、解读、研究马来亚华侨史④。

不过上述学者所述皆集中于槟榔屿、吉隆坡和新山，对马来半岛其他地区华侨社群的

*本文首发于《河北师范大学学报（哲学社会科学版）》2021年第6期，特此说明。

基金项目：国家社会科学基金重大项目“清代中国与东南亚国家关系研究暨数据库建设”（项目编号：19ZDA208）、广东省哲学社会科学“十三五”规划2016年委托课题“马来西亚广东华侨移民史”（项目编号：GD16TW08-3）

①今堀诚二：《马来亚华侨社会》，刘果因译，槟城嘉应会馆扩建委员会，1974年。

②麦留芳：《方言群认同：早期星马华人的分类法则》，台北：“中研院”民族学研究所，1985年。

③陈育崧、陈荆和：《新加坡华文碑铭集录》，香港中文大学出版社，1972年。

④黄贤强：《客籍领事与槟城华人社会》，《亚洲文化》1997年第21期；黄贤强：《跨域史学：近代中国与南洋华人研究的新视野》，厦门大学出版社，2008年；黄贤强：《客籍领事梁碧如与槟城华人社会的帮权政治》，徐正光主编《第四届国际客家学研讨会论文集：历史与社会经济》，台北“中研院”民族学研究所，2000年；黄贤强：《清末槟城副领事戴欣然与南洋华人方言群社会》，《华侨华人历史研究》2004年第3期；张少宽：《槟榔屿华人史话》，吉隆坡燧人氏事业有限公司，2002年；张少宽：《槟榔屿华人史话续编》，槟城南洋田野研究室，2003年；吴龙云：《遭遇帮群：槟城华人社会的跨帮组织研究》，新加坡国立大学中文系，2009年；高丽珍：《马来西亚槟城华人地方社会的形成与发展》，台湾师范大学博士学位论文，2010年；张晓威：《19世纪槟榔屿华人方言群社会与帮权政治》，《海洋文化学刊》第3辑，台湾海洋大学，2007年，第107—146页；安焕然：《文化新山：华人社会文化研究》，南方大学学院出版社，2017年。

分析较为少见。[①]众所周知，马来半岛华侨最早的定居点是马六甲，在满剌加（即马六甲）王国时期就已经有所记载。三宝山现存最早的墓碑纪年是明朝末年。康熙以后，三宝山清朝年号纪年的墓碑不绝如缕。与槟榔屿1786年开埠后才逐渐发展起来不同，马六甲则先后被葡萄牙、荷兰和英国殖民者控制。此地的华侨社会的构成和演变与马来半岛其他地区有明显不同的发展轨迹，但现有对马六甲华侨史的研究屈指可数。

荷兰殖民者占领马六甲后，仿照其在东印度群岛的做法，任命华侨领袖为“甲必丹”（Captain），来管理华侨内部事宜。甲必丹治事在青云亭。编纂于1912年的《呷国青云亭条规簿》开宗明义道：

> 原夫兰城（即马六甲）之有青云亭，凡事掌之，皆由甲必丹。盖甲必丹之名，是由和兰（荷兰）锡爵所以立也。迨旗号既更，政归大英，则革旧律而鼎新法，乃尽去各色人甲必丹，遂致有缺乡党之长。凡排难解纷，宁人息事，将谁为之主宰耶？于是，我先辈诸公，立长以主之。咸为尊号曰“亭主”。所谓官有正条，民有私约者此也。[②]

可见在青云亭后人看来，甲必丹名号是荷兰人所赐，1824年马六甲沦落于英国之手，则不久之后废除甲必丹。民众则自发推举侨领任青云亭亭主，代行甲必丹之职权，处理华侨不论大小之事。显然甲必丹和青云亭亭主有“政府任命”与“众人推举”的差异，但实际上二者的活动都主要代表马六甲华侨的利益，也具有一定的上传下达的作用。而青云亭亭主在英国人看来也是华侨领袖。[③]马六甲早期经商成功者多为操闽南话的福建人（Hokkien），[④]因此前后6任亭主都是福建人，可知福建人在马六甲华侨社会中居于领导地位。

早期青云亭扮演的角色既是一座普通的庙宇和祭祀中心，也是马六甲华侨社会最高机构。这种情况持续到1915年青云亭亭主制度取消。[⑤]华侨死后葬在三宝山（Bukit China）。只要经过青云亭同意，没有信仰其他宗教的华侨不分籍贯皆可葬入。1907年的青云亭会议纪

①有关吉隆坡的研究较多。宋燕鹏、潘碧华：《20世纪30年代吉隆坡福建人的籍贯分布——以吉隆坡福建义山收据为中心的考察》，《南洋问题研究》2014年第4期；宋燕鹏：《20世纪上半叶吉隆坡福建人社群意识的形塑途径》，《元史及民族与边疆研究集刊》第33辑，上海古籍出版社，2017年；宋燕鹏：《认同规则、核心组织与神庙网络——1957年马来亚独立前吉隆坡安溪人社群的形塑途径》，《史学月刊》2017年第5期；张晓威：《华人方言群的消长与帮权政治的发展：以19世纪末的吉隆坡华人社会为探讨中心》，郑文泉、傅向红编《黏合与张力：当代马来西亚华人族群内关系》，新纪元学院马来西亚族群研究中心，2009年，第23—28页；张晓威：《吉隆坡闽南人的宗教信仰：以威镇宫观音寺为考察中心》，唐慧韵主编《2015闽南文化国际学术研讨会“闽南文化的流动”论文集》，金门县文化局，2015年，第57—72页。

②《呷国青云亭条规簿》，转引自郑良树：《马来西亚华社文史论集》，南方学院出版社，2009年，第10页。

③英文报纸对1893年去世的青云亭亭主陈明岩的评价：“On the death of his elder brother Mr. Tan Beng Swee, the deceased, Mr. Tan Beng Gum, was elected by the Chinese community as their leader, a position in which he was recognised by the Government.”见《海峡时报周刊》（Straits Times Weekly Issue）1893年9月18日。

④英殖民者的调查将操闽南话的闽南人称为Hokkien，即福建人。本文依照马来亚的称呼习惯，将闽南人称为“福建人”，不包括不讲闽南话的福建省籍人。

⑤曾衍盛：《青云亭个案研究：马来西亚最古老庙宇》，作者自藏内部资料，2011年，第165—166页。

要明文规定："凡呷中我华侨如有入别教，其身故之日，著不准葬在三宝冢山及日落洞冢山。"①19世纪的青云亭通过"操控"华侨结婚、丧葬等事宜，以自己的一套制度形成了福建社群对马六甲华侨社群事实上的统治。

笔者选择马六甲在19世纪至马来亚1957年独立以前（即英属海峡殖民地时期）为研究时段，重点考察在福建人占优势地位的形势下，广东社群在马六甲的集聚和内部演变。本文的"广东"，以清朝政区来论，包括广州府、肇庆府、惠州府、嘉应府、潮州府、琼州府（今海南省）、廉州府（今广西钦州、北海、防城港一带）、雷州府、高州府。

二、神缘集聚：三多庙与19世纪马六甲广东社群的形塑

马六甲广东籍华侨最早有记录可查的南来②时间在18世纪后期，因为三宝山现存较早的可以确定为广东籍的墓碑有台山人林荣宗、黄旺娘（1802年），大埔人杨应松（1805年），其后有赖武秀（1809年）、林开进（1820年），嘉应籍则有黄强年（1817年）等。③具体的广东地缘社群集聚情况已然不可尽知，但从地缘总坟的出现大致可以推测这些地缘社群南来的情况。道光八年（1828年），"广府东莞公司义冢墓"建立。道光九年（1829年），宁阳④人修建了"宁阳义冢坟墓"。潮州人⑤在道光十六年（1836年）就已经修建了"潮州义冢公司之墓"。道光二十二年（1842年）增城、龙门两县⑥人修建了"增龙义和冢公坟墓"。道光二十八年（1848年），惠州人⑦建立了"惠府义冢坟茔同归域"。咸丰七年（1857年），肇庆府人修建了"肇庆府义冢公司坟墓"。咸丰十一年（1861年），从化和清远籍华侨修建了"从清公司义冢之坟墓"。⑧从这些地缘总坟可以发现，南来马六甲的广东籍华侨以在中国原乡的行政区划为单位，已经进行了各自小地缘的集聚。这些社群不仅生时有"公司"等组织保护，死后也有"总坟"的约束。相较而言，马六甲福建会馆很早就成立，甲必丹和亭主皆由福建人担任，广东籍华侨的势力则很小。面对马六甲鸡场街福建社群的压力，这些广东籍次生社群在各自集聚的同时也有自己的凝聚方式，那就是成立"三多堂"，以三多庙为活动中心来维系广东社群的边界。

三多庙主席声称，三多堂原名"庆龙会"，成立于1795年。咸丰七年（1857年）扩建后才易名"三多堂"。光绪十八年（1892年）重修时，庙额已经是"三多庙"了。早期文字史料已不多见，唯有院内嵌入墙壁的石碑可以提供一些线索。三多庙内有一座"海珠屿大伯公之墓"的石碑，为原立于马六甲河口之墓碑。后来政府填海发展，毁了碑石。神庙同

①《公议部（1905—1914）》，1907年5月29日，马六甲青云亭藏。

②指从中国移居东南亚各国，即所谓的"下南洋"。

③黄文斌编《马六甲三宝山墓碑集录（1614—1820）》，马来西亚华社研究中心，2013年，第77页。嘉应府包括今梅州市下辖的梅县、蕉岭、五华、平远、兴宁。如今同属梅州市的大埔在清朝属于潮州府。

④今江门市代管的县级市台山原为"新宁县"，始建于明弘治十二年（1499年），1914年改名"台山县"，又称"宁阳"。海外同乡会馆常使用"新宁""宁阳"作为名称。

⑤指籍贯为当时潮州府下辖各县的人。

⑥增城现为广州市辖区，龙门现为惠州市下辖县。

⑦指籍贯为当时惠州府下辖各县的人。

⑧黄文斌编《马六甲三宝山墓碑集录（1614—1820）》，马来西亚华社研究中心，2013年，第167—184页。

人修复碑石后，将其置于庙内。根据庙祝告知，此庙尊神和槟城海珠屿大伯公乃同一神明，槟城的香火源自三多庙。咸丰七年（1857年）的捐款碑有云：

> 窃思呷国有大伯公□□，凡广东省、永定县之众，执不沾思沐德获福无疆矣。故自祭祀之是尝□人，已立有会，岁将利息使用，已有余矣。至若每年七月普渡，其使用未有所出，故爰众商议再向众捐，提或得俱，各仝心协力，将所得之银又买九屋一间，其所出之税，以应施孤之使用……

上述碑文提供了有关三多庙在160多年前的一些基本信息。庙宇主要是“广东省、永定县”籍贯的华侨所信奉。众所周知，永定县属于福建省，在马六甲和广东省连在一起，和槟城的广东暨汀州[①]公冢如出一辙，即南来的主要是客家人。而此时南来的广东省籍华侨中有大量来自嘉应府、大埔县的客家人。由此永定县在无法融入闽南人为主的福建人社群后，只能和广东省籍的客家人联合起来行动。因此，笔者认为三多庙最初的“庆龙会”应该是以嘉应府、大埔、永定客家人为主体的秘密会社，而三多庙就是秘密会社的活动场所。碑文云：“已立有会，岁将利息使用。”此会应该是为祭祀神明而建立的祭祀组织。这种因为祭祀神明而成立的组织在中国唐宋以后广布南北民间。而因为“会”有余钱，而七月普渡也未使用，因此再经捐款，买得“九屋”一间，出租所得的租金就用于“施孤”。

在此次马六甲捐款的123人（或店家）中，名字带“合”字的有43人，占34.96%。因为潮州人早期名字中经常带“合”字，如槟城许武安的父亲许栳合，所以笔者推测马六甲有经济实力的广东省籍中潮州人占不小的比例。名字中间习惯有一个“亚”或“阿”(Ah)字的广府人也有16人。笔者推测，在19世纪中期的马六甲广东社群中，客家人居多，潮州人和广府人也占一定的比例。附属的还有一块是当时来自芙蓉芦骨的捐款名单。芙蓉(Seremban)是现在森美兰州（Negeri Sembilan）首府，芦骨（Lukut）是森美兰州波德申县(Port Dickson)境内一个蓬勃发展的小镇。19世纪初华侨已经在这里垦荒，1815年以前已经有少数华侨开采锡矿。捐款名单里，数额最多的是盛明利（惠州府客家人），曾任芙蓉首任甲必丹，因为锡矿争夺战死，被神化奉为“仙四师爷”。吉隆坡开埠者叶亚来（惠州府客家人）早年南来的时候也投靠盛明利在芙蓉立足。在给马六甲三多庙捐款的芙蓉芦骨的名单里，盛明利位列第一，捐款16元。捐款的116人（或公司）中，有71人名字中的第三个字是“合”，应该是潮州人，还有一个人姓名最后带“官”，是闽南人无疑[②]。当然，上述推测的成分比较多。真正奠定了广东社群在马六甲的地位序列，是光绪十八年（1892年）三多庙的重修。这次重修奠定了如今三多庙的基本规模。庙额是“钦命海门等处总领事、官二

①汀州府为古地名，在清朝包括长汀县、宁化县、清流县、归化县、连城县、上杭县、武平县、永定县，是客家人的主要聚居地和发祥地。宁化县、清流县、归化县（今明溪县）现为三明市下辖县。长汀县、连城县、上杭县、武平县现为龙岩市下辖县，永定县现为龙岩市永定区。

②闽南人风俗，男性姓名最后带“观”或“官”，以示尊称。清朝周凯总纂的《厦门志》卷十五《风俗》记载：“闽俗呼人曰‘郎’。呼公子、公孙曰‘舍’，呼有体面者曰‘官’。（讹‘官’为‘观’，遂多以‘观’为名者），朋友相称曰‘老’，厦俗亦然。”见周凯总纂《厦门志》，厦门市地方志编纂委员会办公室整理，鹭江出版社，1996年，第515页。

品衔、候补道 黄遵宪题”。[①]“海门”就是英文Strait Settlements（海峡殖民地）的意译。黄遵宪是清末著名文人，此时任清政府驻新加坡总领事。他是嘉应府客家人，是当时清政府在南洋的代表。他的题字对提高三多庙在马六甲的地位有重要作用。大伯公神像上面的匾额有5块。从匾额位置可以发现，伯公神像上面左右的空间位置是进入正殿大门后首先映入眼帘的，故这个地方的匾额显示出广东社群内部的地位高低。宁阳（台山）过去和新会、开平、恩平合称“四邑”[②]。宁阳会馆成立很早，但在马六甲早期并未有“四邑”组织，可见其他几县南来不多。“广府五邑”是广州府下辖之南海、番禺、顺德三县为首，加上东莞、香山[③]。茶阳就是大埔县。可知此时广东社群内部已经有了自己的县份组织。有意思的是，惠州十邑已经出现在重要的地方，可是其中的海丰和陆丰两县（今均属汕尾市）的信众连两边的对联也要占住。马六甲惠州会馆现存300多个神主上写有籍贯。据统计，海丰人和陆丰人各占总数的33.13%和34.04%，二者联合起来高达67.17%。[④]两县尽管在清朝都属于惠州十邑，但民众操福佬话（属于广义上的闽南话）。他们单独奉献对联，是实力的体现。三多庙主殿是“福德祠”，右首是“庙貌重新”，落款是“嘉应董理 潘其浚敬”，可知此时三多庙已经有了“董理”的头衔，由几个地缘会馆管理，说明早期嘉应府客家人已经有一定实力进入三多庙的董事会。

在两边墙上的对联中，出现了“高府会馆”“永定县信众”“增龙公司”“雷州会馆”等落款。“高府”应该是“高州府”，治所在今高州市（县级市），辖今茂名市大部分地区。高州府南来的多是客家人，简称“高州客”。这时候来自永定的华侨还没成立地缘组织，客家人因为和福建社群格格不入而参与早期客家人居多的广东社群的活动。增龙公司是增城和龙门两县的组织，南来的也主要是客家人。马六甲是雷州人的聚居区之一，此时也已经有了地缘组织。不过上述对联上的地缘组织的地位在三多庙就已经很靠后了。他们没有实力在大伯公神像周围的匾额上出现，只能捐献对联挂在左右两边墙壁上。三多庙董事会由下属广东省籍属会组成，到如今已有17个属会。在神缘之外，广东社群在19世纪还未能各自发展出属于自己的义山来作为维系社群的场域。三宝山西侧面向鸡场街的部分被早期南来的福建人占据。只有在19世纪建立的潮州、嘉应等广东社群的总坟沿着三宝山东侧道路分布，显示出广东社群在马六甲的相对弱势。

三、地缘认同与社团统合：20世纪初马六甲广东会馆的成立

相比于马六甲福建会馆在19世纪前期很早就已经成立，作为省级地缘会馆的马六甲广东会馆直至第二次世界大战前才成立。虽然是后起的省级地缘会馆，但其属会早在19世纪中后期就已经陆续建立。这种省级地缘会馆成立的时间早晚，是否和内部社群力量的变动有关？下文试分析之。

①匾额现存马六甲鸡场街三多庙。

②新会现为江门市辖区，开平、恩平与台山均为江门市代管县级市。

③《马六甲五邑馆史》，谭肇庄主编《泛马来亚番禺会馆联合会特刊》，泛马来亚番禺会馆联合会，1953年，第26页。清朝香山县的地理范围涵盖今中山、珠海、澳门。

④笔者和课题组成员陈爱梅博士2018年4月5日在马六甲惠州会馆整理神主牌籍贯所得。

（一）1900年前后马六甲广东社群内部次生社群势力的变化

随着英殖民政府移民政策的松紧和中国国内状况的变化，华侨南来马来亚的步伐也快慢不同。加上同乡或亲属的吸引，不同的社群在马来亚形成了人数各不相同的聚居区，其中某些社群虽然来的早从而占据先机，但是后来的社群却经常后来居上，变成占优势的社群。这种情况在马来亚经常出现。马六甲就是这样一个区域。1881—1947年马六甲华侨方言群比例的变化，见表1。

表1　1881—1947年马六甲华侨方言群人口比例①

年份	广东（广府）	客家	海南	潮州	福建(闽南)
1881	7%	15%	26%	4%	22%
1891	7%	12%	24%	5%	26%
1901	7%	10%	23%	3%	29%
1911	9%	16%	34%	7%	32%
1921	13%	19%	22%	5%	40%
1931	11%	23%	16%	6%	40%
1947	14%	24%	12%	8%	39%

上述方言群人数比例的变动，其实就反映了马六甲华侨内部势力的变动情况。从上面的表格可以发现，操广府话的所谓“广东人”占的比例其实并不高，反而在1881、1911年海南人的比例在五大方言群中已经是最高的（在1891、1901年略逊福建人）。马六甲琼州会馆坐落于鸡场街115号，因缺乏档案与文献可资考证，据馆主黄仕进公墓碑及馆内“海国观光碑”所立之年份，应为清同治八年（1869年）。相比之下，三宝山潮州总坟“潮州义冢公司之墓”的时间为道光十八年（1838年），比琼州总坟要早得多。②说明早期海南社群人数可能较少，经济实力也较弱，并未能够参与三多庙光绪年间的重修，甚至连匾额对联都未能出现。虽然后来琼州会馆也成为三多庙的董事，但并未在三多庙中取得优势地位。

从《海峡殖民地宪报》的记录里也能够发现海南人南来的数量和比例，见表2。

表2　1894 年由中国抵达马六甲的船只上华侨的籍贯和人数③

来源地	琼州	雷州	潮州	海陆丰	总数
人数（个）	730	345	21	13	1109
比例（%）	65.83	31.11	1.89	1.17	100

①麦留芳：《方言群认同——早期星马华人的分类法则》，台北“中研院”民族学研究所，1985年，第71页。该表格仅列五大方言群，还有一些小方言群没有列出，因此比例相加不是100%。

②笔者2018年4月2日在马六甲三宝山田野调查所得。

③《海峡殖民地政府宪报》(Straits Settlements Government Gazette)，1895年，第629页。感谢马来西亚拉曼大学谢治婷同学提供此条资料线索。

在表2中，海南人的比例为65.83%，雷州人的比例为31.11%，可知当时广东省西南部的琼州、雷州两个地区是19世纪末马六甲华侨的重要来源地。而马六甲也就成为马来亚最大的海南人和雷州人聚居地。雷州话与闽南话非常接近，这已经被语言学家所证实。[①]因此，雷州话在英殖民政府的人口统计里没有被单列，可能被合并进福建话（闽南话）里了。

众所周知，单纯凭借人数的多寡，并不能决定一个社群的整体社会地位。在经济上有所作为，才是最终决定社群地位的根本性因素。这些海南籍的商业成功者成立了马六甲琼商种植会。种植会的领袖和马六甲琼州会馆的领袖高度重合。1939年马六甲琼商种植会正会长是张星垣，同时又是马六甲琼州会馆副主席。[②]1940年马六甲琼商种植会正会长是郭巨川，张星垣任正总务。而郭巨川同时又是马六甲琼州会馆主席。[③]郭巨川，广东文昌（今海南省文昌市）人，是20世纪30、40年代马六甲海南人的领袖，同时也是热心赞助中国革命和当地华侨事务的慈善家。他和弟弟郭镜川代表了20世纪上半叶海南籍华侨在马六甲的形象和实力。他于1952年去世，当时报纸对他的生平有一段评论，移录如下：

> 弱冠南渡，旅居马六甲，初佐乃翁龙云垦植木薯园，及经营木薯粉厂业务，继自创琼南昌号，经营九八生意，兼营树胶种植业，数十年来，逐渐发展，遂成为马来亚著名树胶种植家。
>
> 氏平生急公好义，为同盟会会员，曾在马六甲创立书报社，鼓吹革命，甚著劳绩，讨陈之役，捐献巨金赞助军饷，居功尤伟，乃当时马来亚赞助革命事业最力者十六人中之一，曾荣膺孙总同褒奖状，但氏以功成身退，国民党时期，不再登记为党员。
>
> 氏一向侨居马六甲，对社会慈善教育事业，赞助不遗余力，远近知名，曾任马六甲琼州会馆总理，商会职员等职。[④]

郭巨川的弟弟郭镜川1886年诞生在故里美丹村。他去世后，一则讣告写道：

> 具卓识……弱冠南来。从事开垦。种植树胶实业。富有爱国心。在故里创立学校。教育子弟。早年即加入同盟会，鼓吹革命。民国元年于琼岛倡办民团，兼组国民革命军。民国二年在马来亚奔走为国民军筹饷。民国廿七年，先生被选为马来亚华侨代表，出席国民代表大会。后被委任为国民政府总统府参事、国民政府财政部顾问、国民政府侨务委员会顾问及广东省政府咨议，参与策划国政及侨务大计。先生平日热心社会福利，关怀华侨教育。历任星华筹赈会委员、南洋英属琼州会馆联合会主席、广东会馆副会长、马六甲及新加坡琼州会馆主席、居銮琼州会馆名誉会长、星洲广州同学会主席，马六甲培风中学、培德女校总理及培

① 刘刚：《简论雷州方言与闽南方言的文化渊源——以语音、词汇、语法和古文献为视角的考察》，《广东海洋大学学报》2012年第5期。

②《出席琼侨大会代表及其履历》，《南洋商报》1939年11月1日。

③《甲琼商种植会产生新职员》，《南洋商报》1940年1月24日。

④《郭巨川昨晨逝世享寿七十七岁》，《南洋商报》1952年4月8日。

群学校董事等职，并曾荣膺柔佛州太平局绅及S.M.J.等荣誉封衔服务社会，造福侨胞，为各界人士所钦颂。[①]

讣告落款的第一人是陈祯禄（Tan Cheng Lock），是马华公会第一任会长。郭氏兄弟的社会影响力是海南籍华侨在马六甲崛起的缩影。马六甲海南籍华侨势力的兴起，相对的是原本实力较强的其他广东次生社群的实力在减弱。这表现在社团上，就是原本三多庙为中心所展示的广东社群的实力对比，已经不能表现新形势下的各个社群的实力现状，社团的重新组合就在所难免了。这个新的社团就是马六甲广东会馆。

（二）马六甲广东会馆的成立

马六甲广东会馆于1938年5月15日正式成立，是由当时已经存在的十几个广东属会联合组成的。当时已经存在的广东地缘会馆，见表3。

表3 1936年马六甲的广东会馆名单（依建立时间排列）

府州会馆	联县会馆	县级会馆	建立年份
惠州会馆	—	—	1805
—	—	茶阳会馆	1805
应和会馆	—	—	1821
潮州会馆	—	—	1822
—	—	宁阳会馆	1825
—	增龙会馆	—	1825
肇庆会馆	—	—	1861
琼州会馆	—	—	1869
—	冈州会馆	—	1891
—	五邑会馆	—	1898
雷州会馆	—	—	1898
—	—	三水会馆	1918
—	—	万宁社	1926
—	东安博会馆	—	1930

从表3可见，惠州、潮州、应和（即嘉应）、琼州等原来清朝州府为范围的地缘会馆早已经成立。原本广州府下辖的五邑、宁阳、增龙、三水、东安博（东莞、宝安、博罗）等各自独立，五邑包括广州府下属的南海、番禺、顺德、东莞、香山，但是东莞、宝安又和惠州府下属的博罗联合起来成立东安博会馆，最后并未成立广州府的地缘会馆。可知广州府的地缘概念在马六甲并未形成。而冈州六邑[②]在明清原本就属于肇庆府，后来单独成立会馆。马六甲琼州会馆以文昌人居多，万宁人于是又成立了万宁社。茶阳（即大埔）虽然属

①《敬告知交》,《南洋商报》1955年8月31日。

②指台山、开平、新会、恩平、鹤山、赤溪。鹤山现为江门市代管县级市，赤溪现为赤溪镇，属台山。

于潮州府，但由于通行客家话，与潮州其他县方言不同，因此单独成立会馆。上述会馆的地缘组合体现了大地缘中的小地缘观念有着显著的作用。这些会馆在清朝后期广东行政区划的基础上又有自己的联合。虽然在1936年已经有14个广东籍的会馆，但是直到1938年2月，正式加入为永久会员者，计有茶阳、潮州、鹅城、肇府、三水、东安博、宁阳等十会馆，增龙会馆加入为普通会员，琼州、应和两会馆尚未开会决定。①“鹅城”是惠州的别称。万宁社此时尚未加入，直到1940年8月马六甲广东会馆开执监联席会议，才有14个会馆出席，其中包括万宁社。②

郭巨川是马六甲广东会馆首任主席，也是马六甲琼州会馆主席，1940年当选琼商种植会会长。马六甲广东会馆在早期没有会所的情况下都是假琼州会馆礼堂开会。可知琼州会馆在早期广东会馆里处于优势地位。在1938年成立广东会馆之后，广东省籍会馆可以统一发声，关注广东省的事务，直接与广东省政府对话。

关注广东省的事务是马六甲广东会馆早期的行为。1938年8月16日的《南洋商报》载：

> 诸职员因恤念广州叠受寇机轰炸，平民受灾甚巨，特发动募捐赈济，于本月七日开第一次筹备委员会，决定成立筹委会，选郭巨川、郑则士、杨发尊、熊举贤、邝建章等为主席团，下设总务、财政、募捐、文书、查数、宣传等部，负责一切募捐事宜。③

1938年11月12日，针对日本军机对广州发动的轰炸，马六甲广东会馆直接电请蒋介石调薛岳和李汉魂二位将军回广东肃敌。

> 马六甲广东会馆同侨，痛恨敌寇惨无人道，自吾国发动全面抗战后，兽机叠次惨炸省城，同胞受祸最深，近日敌人利用法西斯势力膨胀机会，更发动南侵，广东州区复告失陷，同侨闻耗，决电请蒋委员长，调薛岳、李汉魂两将军率师回粤肃清敌寇。④

凝聚了广东各地缘社群的马六甲广东会馆，可以和广东省政府对话，招待广东省政府官员。如1940年2月20日，马六甲广东会馆暨所属各会馆，各社团同侨，于前晚八时，假座琼州会馆礼堂，设茶会欢迎广东省政府四专员，到会者共200余人。四专员报告广东省的赈济、金融、政治等情况。⑤

1941年5月15日下午，马六甲广东会馆在琼州会馆举行三周年纪念会。当会主席黄仕

①《甲广东会馆开月光会》,《南洋商报》1938年2月19日。

②《马六甲广东会馆开执监联席会议报告建馆经费募得三万余元所属会馆选派监察委员十二单位》,《南洋商报》1940年8月26日。

③《马六甲广东会馆发动募捐赈济粤省灾民筹款委员会经获政府批准》,《南洋商报》1938年8月16日。

④《甲广东会馆电请蒋总裁调薛李回粤杀敌》,《南洋商报》1938年11月13日。

⑤《四专员在马六甲粤侨欢迎会报告粤省金融政治，昔加末各侨团昨分别开会欢迎四专员，吡叻广东会馆将邀全吡乡团开会欢迎》,《南洋商报》1940年2月23日。

元发表演讲称：

> 本会馆成立迄今，转瞬已届三载，馆宇建筑尚未完成，现在仍假座琼州会馆办公开会，殊觉抱憾，然在过二年中间，对同侨福利，家乡救灾建设等工作，莫不竭力以付，藉尽厥责且本会馆为粤侨最高机关，所负艰巨重大，望诸同乡今后更应严密组织，加强团结，努力实干，爱护会馆，贡献一切，以期馆址建筑早日成功，藉垂永久云。[①]

细读该段演讲，可知当时已经把广东会馆视为“粤侨”的最高机关。广东省政府也给予社团领袖名誉头衔。1941年马六甲广东会馆领袖“郭巨川、邝建章、郑则士、刘汉屏、黄云和、黄海源、黄仕元、邓少典、岑会朝、林大典等十侨荣膺广东省政府参议”。[②]这也相应提高了这些社团领袖的社会地位。这是离开中国前寂寂无闻的社团领袖成立广东会馆的最大获益了。

四、19世纪以来马六甲与槟榔屿广东社群形塑途径的特点比较

1786年槟榔屿开埠后，英国人在早期虽然设立过甲必丹，但很快就废除了，并未有直接的华侨管理机构。大量闽粤人涌入，人口迅速增加，很快就有了义山的需求。1801年，广东暨汀州义山就已经出现了。这是广东省籍和汀州联合起来的标志，原因在于南来的福建省籍主要是闽南人，排斥了操客家话的汀州府永定县客家人，而永定县客家人就只好与包括嘉应府、大埔、惠州府等地客家人在内的广东省籍联合起来，组成“广东暨汀州公冢”。广东省籍和汀州籍华侨联合起来组织社团的现象也发生在吉打州。这是早期两地操闽南话的所谓“福建人”在人数上占压倒性优势从而排斥汀州府永定县客家人的结果。

道光八年（1828年），广东暨汀州公冢扩充坟场，在槟榔屿的广东暨汀州及诏安县[③]人士以府、县及州的结盟方式捐献金钱。名单如下：

> 广东省暨汀卅府诏安县捐题买公司山地银两刻列于左
>
> 潮州府 题银弍百卅四元/新宁县 题银弍百一十四元五钱/香山县 题银一百零三元半/汀州府 题银八十一元/惠州府 题银七十七元一钱半增城县 题银七十四元四钱半/新会县 题银七十四元六钱又三元/嘉应州 题银柒十六元七钱五/南海县 题银五十七元半/诏安县 题银四十四元半/顺德县 题银四十四元二钱半/从化县 题银四十元/清远县 题银四十元/番禺县 题银廿柒元弍钱五/大埔县 题银十五元[④]

---

①《马六甲广东会馆昨庆成立三周年，主席黄仕元勉励同乡团结，总务林大典报告会务概况》，《南洋商报》1941年5月17日。

②《马六甲广东会馆昨庆成立三周年，主席黄仕元勉励同乡团结，总务林大典报告会务概况》，《南洋商报》1941年5月17日。

③今属漳州市，与潮州饶平相连，两地语言风俗较为接近，境内有大量客家人。

④碑刻现存槟榔屿广东暨汀州公冢，笔者2019年3月30日田野调查所得。

从题名可以发现1828年槟榔屿广东暨汀州社群的内部构成。除了潮州、惠州、汀州、嘉应四地是以州府的大地缘来捐献，大埔县虽然属于潮州，但是在潮州府之外单独捐献；诏安县南来的多是客家人，也被闽南人排斥而进入广东暨汀州公冢。广州府下属的新宁、香山、增城、新会、南海、顺德、从化、清远、番禺各县都单独行动，反映了此时广州府各县南来的人数众多。而槟榔屿广东暨汀州公冢就是槟榔屿广东暨汀州会馆的前身。

总的来说，槟榔屿广东暨汀州社群形塑的特点：其一，行政区划上属于福建省的汀州及诏安的华侨在槟榔屿却与广东省籍结合在一起，相邻的吉打州也是如此组合，显示出在19世纪初槟榔屿和北马地区华侨社群的特殊性。其二，大埔县在清朝属潮州府，是唯一几乎完全操客家话的县份。大埔籍华侨虽然在槟榔屿有自己的大埔同乡会，但与槟榔屿主要操潮州话的社群并未完全分道扬镳，依然在槟榔屿潮州社群内活动。迄今为止，槟榔屿潮州会馆董事中还有大埔人。这与马来亚的吉隆坡、新山、新加坡等地以“潮州八邑会馆”为名公开表明排除大埔人明显不同。其三，槟榔屿在19世纪形成广州府社群意识，以“五福书院广州府会馆”为活动中心，涵盖了清朝广州府下属县份，其中包括增城、龙门的客家人，以及新会、台山等所谓“冈州”社群。能够跨越方言群依照州府行政区划的地缘来形塑广州府的地缘认同，这与槟榔屿南来广州各县份社群人数众多有关，也与槟榔屿广东省内惠州、潮州、嘉应各地缘社群势力相对强大有关。这在马来亚再无第二家。

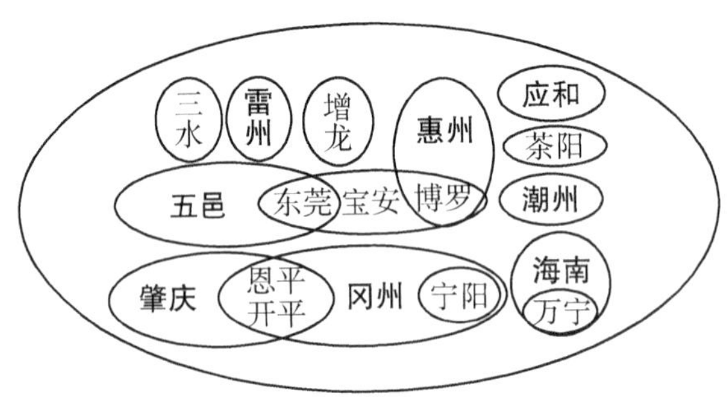

图1　19世纪以来马六甲广东社群内部形塑结构示意图

与槟榔屿相比，马六甲广东社群的内部形塑也有自己明显的特点。其一，没有形塑广州府的地缘认同，而是分别形成“增龙（增城、龙门）”“五邑（南海、番禺、顺德、东莞、香山）”“冈州”等大小地缘认同。其二，认同还跨越了州府的行政区划范围。如“五邑”的东莞又和属于惠州府管辖的博罗县、不属于广州府五邑的宝安县联合起来形成“东安博”的地缘认同。属肇庆府的恩平、开平和属于广州府的新会、宁阳等联合为“冈州”。这种跨越州府边界而联合的地缘认同，是早期华侨社会在不同地区内部方言和地缘人数不同的情况下的变通。这与马来亚“广、惠、肇”三府联合起来的情况类似。其三，除了三多庙，马六甲广东社群分散依存于三宝山上的小地缘的各自总坟来形塑，没有如槟榔屿广东暨汀州社群那般运作单独的义山来维系省级社群的边界。

由于不具备义山（公冢）的省级行政界线的意义，早期马六甲三多庙虽然事实上是由广东次生社群联合管理，但并未具广东省籍意识。这与槟榔屿广东社群的地域认同来源于义山的先天优势有很大差异。在社群边界的界定上，马六甲广东社群不仅松散，而且模糊，无法促成广东社群意识的崛起。因此，进入20世纪，在琼州会馆的呼吁领导下，广东省籍的会馆才聚集起来，真正开始将广东省籍贯意识的边界清晰化、具体化。在马六甲拥有专属义山的会馆中，广东籍的就有雷州会馆、茶阳会馆、惠州会馆、嘉应会馆及琼州会馆，而其中属海南义山为大。省级义山对省级社群的形塑有重要影响。马六甲广东社群就缺少了这个先天条件。因此，没有义山作为维系省籍社群边界的心理底线，尽管在20世纪上半叶籍贯意识代替方言群意识成为主流，马六甲广东社群也成立了广东会馆，但并未如槟榔屿和吉隆坡的广东社群在社群意识上那般牢固。因此，马六甲广东会馆领袖才需要不断强调"小团结"而致"大团结"的。这和槟榔屿福建省社群意识到20世纪上半叶才兴起，直至1959年才成立槟榔屿福建会馆如出一辙。[①]不过槟榔屿的福建人长期居于优势地位，而马六甲的福建人在19世纪早期虽然人数不一定占多数，但已然居于优势地位，两地福建社群的形塑各有千秋。

当然，不是所有地区都会在第二次世界大战前成立广东会馆。这主要和当地社群构成比例有重要关系。如柔佛州首府新山向来有"五帮共和"的看法[②]，即潮州帮、福建帮、客家帮、广肇帮[③]、海南帮。潮州、客家、广肇、海南加起来其实就是广东省籍，但新山直到1962年才有广东会馆。这和新山华侨的发展有重要关系。新山开埠时，前来发展的"港主"皆是潮州人，义兴公司也被潮州人所把持，所以新山在19世纪末被称为"小汕头"。白伟权曾对新山绵裕亭义山墓碑进行统计，结果显示：1861—1880年埋葬的墓碑53座，其中潮州人的43座，占81.1%；1881—1900年埋葬的墓碑119座，其中潮州人的68座，占57.1%。[④]可见潮州人势力之众。1916年义兴公司被解散，1922年新山华侨公所成立，绵裕亭义山随后被划归华侨公所管理，潮州、广府、福建、海南、客家五帮各推派一名代表为参事共同管理。潮州人建立元天上帝为主神的柔佛古庙，从19世纪70年代开始，新山各帮就积极加入潮州人的信仰圈。至迟于20世纪20年代以前，新山柔佛古庙内供奉的5位主要神明，即由新山的五大帮会各自供奉：①潮州帮——元天上帝；②福建帮——洪仙大帝；③客家帮——感天大帝；④广肇帮——华光大帝；⑤琼帮——赵大元帅。五帮共同管理绵裕亭义山，共同在柔佛古庙的场域内活动。绵裕亭义山、柔佛古庙、新山中华公会从20世纪20年代就形成了新山华社三位一体的基本架构。[⑤]除了福建省籍华侨外，其他四帮华侨人数都比较多，没有必要再成立广东会馆以维系和福建省籍的边界。1962年，马来亚广东会馆联合会年会在新山召开，成立了柔佛广东会馆，但对新山本地事务并未有发言权。有的地区较早形成广东会馆，主要因为福建社群的相对强势和广东社群的相对弱势；有的地区较晚形成广东会馆，则大多是由于广东各自社群自身势力相对强大，没有必要团结其他广东省籍社群来壮大声势。反过来看各地的福建会馆，大多也是这样。

①宋燕鹏：《地域认同与社群边界——20世纪上半叶英属马来亚槟榔屿福建籍社群的形成》，《八桂侨刊》2018年第2期。

②安焕然：《文化新山：华人社会文化研究》，南方大学学院出版社，2017年，第111—131页。

③即广州府和肇庆府。

④白伟权：《柔佛新山华人社会的变迁与整合：1855—1942》，新纪元大学学院，2015年，第102页。

⑤反观马六甲虽然是马来半岛华侨最早的聚居区，但青云亭亭主取消之后，华侨社会最高领导机构的角色一直由马六甲中华总商会担任。虽然20世纪30年代有过筹建马六甲中华总会的倡议，但是并未实现。直至1988年1月马六甲中华大会堂才经注册局批准成立。这是另外一个值得思考的问题。

五、结语

广东省在清朝是实际存在的省级行政区划。出生于广东省各州府的华侨在南来马六甲时也将中国原乡的籍贯观念带入。在清朝，中国虽然各个籍贯之间并未有太多直接的联系，但是在遥远的马六甲，聚集在此地的华侨则将这些头脑中的籍贯变成了实实在在联系在一起的组织原则。马六甲广东会馆虽然由广东省籍的小的地缘会馆组合而成，但却建构了马六甲华侨的广东省社群意识。这是籍贯认同超过方言群认同在马六甲的反映。早年参与三多庙的永定客家人并未进入广东会馆，而马六甲客家公会也未在广东会馆的组织架构里。客家方言群被中国原乡行政区划分割在茶阳、嘉应府、惠州府等地缘会馆中。

对于这种依赖中国原乡行政区划等级而形成的马来亚各地的广东会馆和福建会馆，笔者称之为“层累的行政区划等级制”地缘社团。其一，广东省本身是省级行政区划，各个地缘会馆是按照低一级的行政区划建立的，如惠州十邑、潮州八邑（本是九邑，大埔县单独成立茶阳会馆），就是这种表现。其二，不同地方广东会馆出现的时间不同，有的是先有小的地缘会馆，最后再组成广东会馆，如马六甲和吉隆坡；有的是先有省级会馆，之后随着时间的推移，各个小的地缘会馆才纷纷建立，如槟榔屿。现在看到的各地会馆的组合都是随着时间累积起来的，不是一蹴而就的，不能平面来看，故为“层累”。其三，有的地区早年根本就没有广东会馆，直接以原来清朝府州一级行政区划建立会馆并开展活动，如新山。其实，不单是广东社群，马来亚各地华侨社群的组合模式都不是整齐划一的，每个省级社群下面都不是中规中矩地按照州府行政区划来形塑的，而是跟随各地区不同的历史发展脉络和移民的内在发生机理而形塑的。这是考察马来亚华侨史的时候必须要加以强调和重视的。

作者简介：宋燕鹏，中国社会科学出版社编审

致力于航空救国的中国留学生谢晋爵
——一份澳大利亚国家档案馆藏档案的个案研究

粟明鲜 黄艺平

【摘要】民国时期中国学生赴外国留学，大体上是希望能经世致用、为国服务。国难当头之际，其所学便也赋予了特殊的意义。广东省开平县人谢晋爵少年时赴澳大利亚读中学，拟遵父训读医科。但1932年淞沪抗战爆发后，他转而选修航空飞行，决心报效祖国，保卫山河免受外敌入侵。本文以一份澳大利亚国家档案馆藏档案所载，揭示这位中国留学生选修飞行并在结业后离澳回国的过程。

【关键词】谢晋爵 留学生 澳大利亚 航空飞行课程 报效祖国

一、引言

在澳大利亚国家档案馆里，有一份名称与编号是Dare DANDICK – Student Passport（524），NAA: A1, 1934/1598的档案，记录了20世纪20年代末到30年代初一位中国少年谢晋爵（Dare Dandick）在澳大利亚留学时没有遵照父亲的安排学医，转而学习飞行驾驶，并在学成后返回家乡决心航空救国的过程。这份记录表明，在风云变幻、国家危亡的时代背景下，处于青少年时期的海外留学生也出于民族大义，希望以其所学报效国家。这一个案是那一时期中国留学生群体精神面貌和思想意识的一个缩影。本文根据上述档案（除此之外，再无与其相关之其他档案），对谢晋爵赴澳留学及学成归国的过程作一概述。

谢晋爵生于1916年12月23日，广东开平人。开平是著名侨乡。自19世纪中叶起，开平人前往美洲和大洋洲者众，既开发当地，也回馈乡里。受此风气影响，谢晋爵之父谢栢（Dare Park）在1895年左右跟随乡人及宗亲兄弟们一起，从家乡来到澳大利亚闯荡寻找发展机会。他选择在西澳大利亚省（Western Australia）发展，干起在家乡时就操作熟练的菜农活计，最终定居于该省首府珀斯（Perth）旁边的港口非李文杜埠（Fremantle），在此经营一个大菜园，专门供应新鲜蔬菜水果等货品给其侄儿所主持经营的“喜记”（Hee Kee）号果蔬店，①而他本人也在该店有股份，价值200镑，生活稳定。②

①档案中没有披露谢栢侄儿的名字。据澳大利亚华文报纸显示，1905年澳大利亚华侨发起反美拒约运动时，“喜记”号商铺在非李文杜埠商号捐款名录中排列第二。由此显示，该商号在这一年之前便已开设，其业主显然是在若干年前便已到此发展。这显然与谢栢来澳之年份比较接近。谢氏族人很有可能是结伴而来，共同发展。见《澳洲拒约》，悉尼《东华报》（*Tung Wah Times*）1905年12月30日。

②Dare Park [Chinese], NAA: K1145, 1912/108。像许多19世纪末来到澳大利亚发展的华侨一样，他们经营的种植业及乡镇商铺构成了那个时期澳大利亚城乡生活的商业网络。详见Sophie Loy-Wilson, “Rural Geographies and Chinese Empires: Chinese Storekeepers and Shop-life in Australia”, *Australian Historical Studies*, Vol.45, No.3, 2014, pp.407-424; Janis Wilton, “Chinese Stores in Rural Australia”, in Kerrie L. MacPherson (ed.), *Asian Department Stores*, London and New York: Routledge, 2013, pp.90-113.

二、申请留学的经过

1921年，澳大利亚实施《中国留学生章程》，开放居澳华侨之在乡子弟前来留学，护照和签证的申办由中国驻澳大利亚总领事馆具体负责。[①]1921年底，就有100多名中国留学生来到澳大利亚各地读书，掀起了中国人赴澳留学的第一波浪潮。[②]鉴于当时在澳华侨基本上都来自广东省的珠三角地区，故这一时期的中国赴澳留学生集中于这一地区。由于在此期间目睹了大批同乡子弟前来澳大利亚留学，包括他自己所在的非李文杜埠和普扶埠，[③]身为人父的谢栢自然不会无动于衷，只是因为留学生章程设定的中国学生赴澳留学年龄下限为10岁，而此时其子年纪尚幼，必须要耐心等待几年方才符合申请条件。由是，待儿子谢晋爵长到12岁并且即将在国内完成小学课程后，谢栢决定为他申请到澳大利亚留学。在为儿子联络好学校并拿到了录取信后，谢栢于1928年10月12日以监护人和财政担保人的身份填好护照申请表格，循例具结财政担保书，以上述其侄儿主持经营的"喜记"号果蔬店作保，承诺每年供给膏火（供学习用的津贴）50镑作为儿子在澳留学期间之所有学费和生活费等各项开销，提交给中国驻澳大利亚总领事馆，希望为儿子申请到由教会在非李文杜埠主办的基督兄弟会书院（Christian Brothers' College）读书。谢栢的计划是让儿子来澳大利亚念完中学后进入大学读医科，以便将来悬壶济世、治病救人。

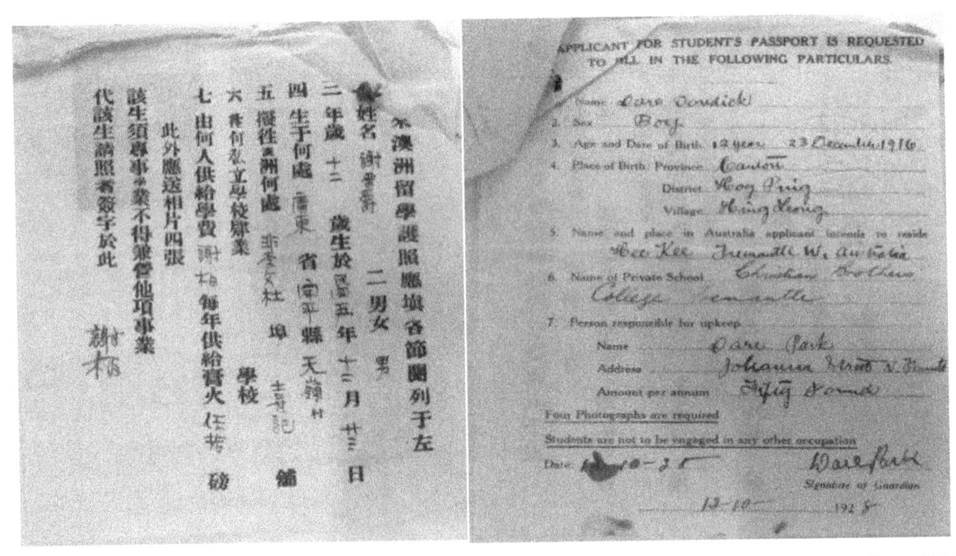
來澳洲留學護照應填各節開列于左

一 姓名 謝晋爵 二 男女 男

三 年歲 十二 歲 生於民國五年十二月廿三日

四 生于何處 廣東 省 開平縣 天[illegible]村

五 擬往澳洲何處 非李文杜 埠 喜記 舖

六 希往何私立學校肄業 學校

七 由何人供給學費 謝栢 每年供給膏火 伍拾 磅

此外應送相片四張

該生須專事學業不得兼營他項事業

代該生請照者簽字於此 謝栢

APPLICANT FOR STUDENT'S PASSPORT IS REQUESTED TO FILL IN THE FOLLOWING PARTICULARS.

1. Name
2. Sex Boy
3. Age and Date of Birth 12 years 23 December 1916
4. Place of Birth: Province Canton
   District Hoy Ping
   Village
5. Name and place in Australia applicant intends to reside Hee Kee Fremantle W. Australia
6. Name of Private School Christian Brothers College Fremantle
7. Person responsible for upkeep
   Name
   Address
   Amount per annum Fifty Pounds

Four Photographs are required

Students are not to be engaged in any other occupation

Date 12-10-1928

Signature of Guardian

图1　谢栢填表向中国驻澳大利亚总领事馆申领儿子谢晋爵赴澳留学所需之学生护照和签证（1928年10月12日）

①Chinese merchants and students: Conditions governing entry into Australia, NAA: A2998. 1951/2130.

②见粟明鲜编《民国粤人赴澳留学档案汇编·中山卷》，广东人民出版社，2016年，第7页。

③在20世纪20年代从珠三角地区来到西澳大利亚首府地区留学的中国学生：新会的陈南昌（Chin Nam Chong）1923年来到非李文杜埠留学，见Chong, Chin Nam-Chinese student, NAA: A1, 1926/17580；增城的李永瑞（Wun Suey）和李锡惠（Lee Shick Fee）1924年来到非李文杜埠留学，见Wun Suey-Students passport, NAA: A1, 1931/645和Lee Shick Fee- student passport, NAA: A1, 1929/6305）；香山的阮英文（Yingman Gum Yuen）1924来到珀斯留学见Yingman Gum Yuen, NAA: A2998, 1951/2430；新会的钟余庆（Chong Yee Hing）1927年来到珀斯留学见Chong Yee Hing-Students Passport, NAA: A1, 1929/3091；开平的谢耀钿（Chea Yew Tim或Dar You Hing）1929年10月来到珀斯留学，见Owen, James（Chinese）-Admission of wife and son（4cms）, NAA: A433, 1947/2/2466。

当时中国驻澳大利亚总领事馆仍然驻在美利滨，次年才迁往雪梨。[①]此时因国民政府完成了北伐，实现了全国统一，原先由北洋政府任命担任中国驻澳大利亚总领事一职长达10年之久的魏子京不得不去职返国，新任总领事宋发祥尚未到任，由领事吴勤训临时代理总领事职务。在收到上述申请后，吴勤训觉得不能耽搁太久，便负责将上述材料逐项予以审核，于11月24日以代理总领事的名义给谢晋爵签发了一份中国学生护照，号码是524/S/28。虽然此时中国驻澳大利亚总领事馆仍然负责处理中国留学生赴澳留学的护照核发和签证申请，但在1926年后，因澳大利亚实施《中国留学生章程》修订新规，此前中国驻澳大利亚总领事馆负责的签证预评估工作交还给了澳大利亚内务部负责，中国驻澳大利亚总领事馆只保留核发护照这项功能。换言之，是否能够核发签证，由澳大利亚内务部评估其审核监护人或财政担保人是否具备一定财力而能够负担得起该留学生的相关留学费用，以及前者与后者是否具有血缘上的父子关系。此外，澳大利亚内务部还要审核签证申请者的年龄，如果超过14岁则需要提供具备一定英语能力的证明，而不是像之前那样，只要中国总领事馆通过评估将护照送到内务部就可以获得签证。[②]为此，吴勤训便按规将上述护照和申请材料提交给澳大利亚内务部，备文为谢晋爵申请入境签证。

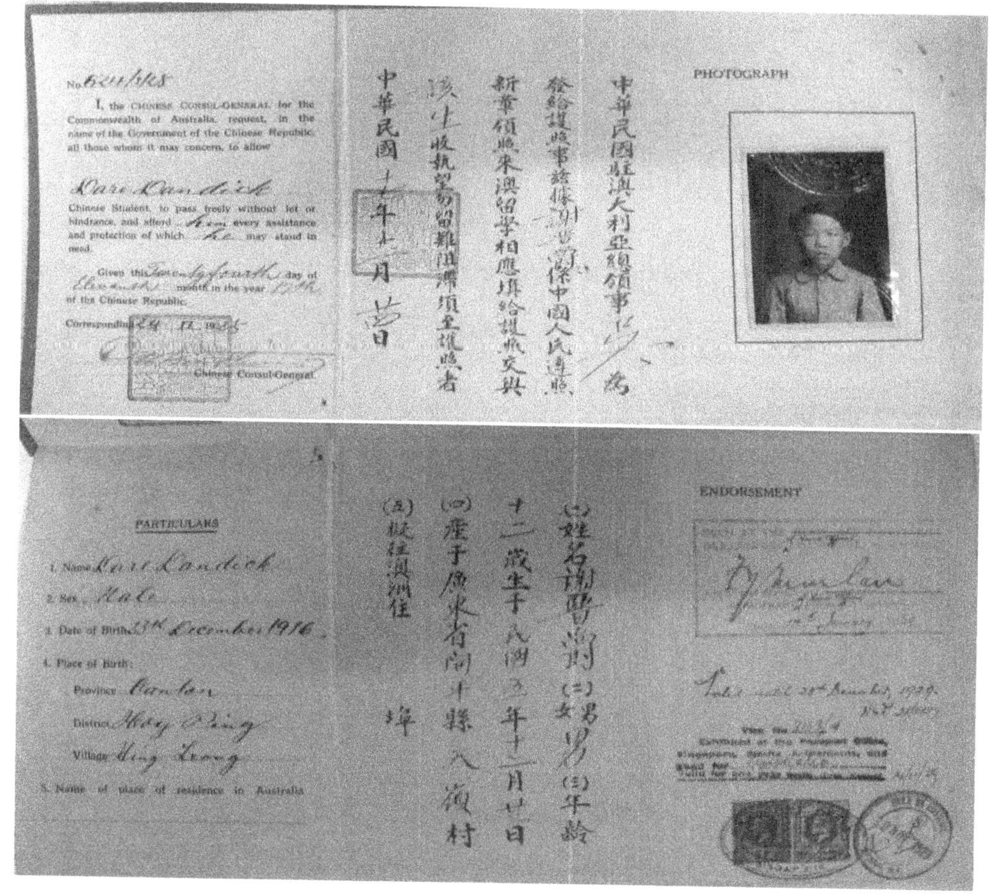
No. 524/S/28

I, the CHINESE CONSUL-GENERAL for the Commonwealth of Australia, request, in the name of the Government of the Chinese Republic, all those whom it may concern, to allow

Chinese Student, to pass freely without let or hindrance, and afford him every assistance and protection of which he may stand in need.

Given this Twenty-fourth day of Eleventh month in the year 17th of the Chinese Republic.

Chinese Consul-General

中華民國駐澳大利亞總領事　為
發給護照事茲據謝晉爵係中國人民遵照
新章領照來澳留學相應填給護照交與
該生收執望勿留難阻滯須至護照者
中華民國十七年十一月廿四日

PHOTOGRAPH

PARTICULARS

1. Name
2. Sex Male
3. Date of Birth 23th December 1916
4. Place of Birth:
Province
District
Village
5. Name of place of residence in Australia

(一)姓名謝晉爵 (二)女男 男 (三)年齡
十二歲生于民國五年十二月廿三日
(四)產于廣東省開平縣
(五)擬往澳洲　埠

ENDORSEMENT

图2　中国驻澳大利亚代理总领事吴勤训给谢晋爵签发的中国学生护照（1928年11月24日）

①“美利滨”即墨尔本（Melbourne），“雪梨”即悉尼（Sydney），均系早年澳大利亚华侨通行的叫法。

②Chinese students-Conditions of admission to Australia, NAA: B13, 1926/26683.

接到上述申请材料后，澳大利亚内务部按照签证评估流程，交由西澳大利亚省海关核查与谢栢相关的档案记录及个人资信。根据海关掌握的资料：早在33年前，谢栢便来到非李文杜埠定居下来，具有永久居留资格。他充任菜农，在该埠北部有一块以“喜记”号名义租赁的面积为1.5公顷的菜地，为此每年须向“喜记”号支付1镑8先令6便士的租金。这块菜地设施良好，有灌溉系统和电泵，还有产品处理车间等。仅这些不动产就价值500镑，但他每年也由此获得500镑的收入。此外，他在当地银行的现金账户里总是保留200镑以上的流动资金。这些记录表明，谢栢财务状况良好，完全有能力支付其子来澳留学期间所需之各项开销。对于澳大利亚内务部特别关注的谢栢与谢晋爵是否具备生物学意义上父子关系的问题，海关也从箱底找出了谢栢的出入境记录，表明他在1915年4月7日乘船离开非李文杜埠回国探亲，到1916年9月29日再乘船返回上述出发港口。[①]海关据此认为谢晋爵是在谢栢结束探亲返回澳大利亚后的3个月内出生的，符合他回乡探亲造人的初衷，其探亲期与其子之出生日期也合乎逻辑关系，他们之间的父子关系毋庸置疑。经一个多月的核查后，海关将报告提交给澳大利亚内务部参考。澳大利亚内务部确认所核查的每项指标都合乎规定，且此时谢晋爵刚满12岁，未满14岁，由此无需提供证据以证明自己具备初步的英语能力，遂于1929年1月16日正式批复了上述申请。

在谢晋爵接到由中国驻澳大利亚总领事馆寄来的护照之后，一方面按部就班地读完其即将结束的小学课程，另一方面则由家人通过香港的金山庄[②]负责为其联络和安排赴澳行程。待一切准备就绪，他便在家人的陪同下到了香港，在这一年的11月搭船先前往新加坡；在新加坡获得中转签证后，再由该地转乘“加斯科涅”（Gascoyne）号轮船，经马六甲海峡西行，然后沿印度洋南下进入澳大利亚西海岸，于1929年12月9日抵达非李文杜埠，入境澳大利亚。在父亲的接引下，谢晋爵顺利通过海关，当场获签为期一年的签证，然后按照父亲的安排住进了“喜记”号蔬果店的客房。

三、留学期间的表现

此时距当地学校放暑假只剩下一个多星期，谢栢自然觉得没有必要安排谢晋爵即刻到学校注册入读，便利用这段时间延请家教，为其补习英语，也同时让他熟悉周围环境。过了两个月左右，到1930年新学年开学后，不满14岁的谢晋爵才正式入读非李文杜埠基督兄弟会书院。从其入学开始，书院对这位中国学生的评语就极为简练：聪颖好学、勤奋努力、成绩优异，在校表现令人满意。由此可以推测，谢栢财务状况良好，能为子女提供良好的

① Dare PARK [Chinese] [Application for certificate of exemption from dictation test], NAA: PP4/2, 1934/794.

②19世纪40年代末，美国西海岸加利福尼亚州发现金矿，吸引了大批广东珠三角地区的民众取道香港前往淘金。几年后，澳大利亚墨尔本也发现金矿，又吸引了大批广东珠三角地区的民众取道香港，奔赴那里寻梦，并将此地称为“新金山”，而此前蜂拥而至的淘金圣地San Francisco就变成了“旧金山”。为满足北美和澳大利亚及南洋各地源源不断的移民对中国货品的需求，一批主要由广府人经营专门供应华侨并以沟通东西方贸易为主的商号在香港应运而生，专营北美和大洋洲市场的称“金山庄”。有关香港金山庄的介绍，详见香港南北行公所（网址：www.nampakhongassnhk.com）的“南北行历史简介”；亦见Lee Pui Tak, “Exhibition on Hong Kong Chinese Business: History and Documents”，香港大学图书馆网站：https://lib.hku.hk/general/research/guides/HKChiBusHistory.pdf（访问日期：2019年9月22日）。

教育。由是，谢晋爵在来澳前可能就读当地最好的学校，甚至也已经修读过英语课程，具备了一定的英语能力，因而在赴澳留学之后能很快地适应当地的学习环境，应对英语课程的挑战。按照留学规定，入境后每次签证期限为一年，期满可申请展签；而澳大利亚内务部在检视其学业等各项情况符合要求后，再核发签证。自进入澳大利亚后，谢继爵的每次展签申请都顺利获得通过。两年之后，即到1932年初开学不久，基督兄弟会书院在给澳大利亚内务部提供的例行报告中表示，听说谢晋爵可能会在近期结束留学而返回中国，以其不满16岁的年纪以及在此间的优异成绩，殊感可惜，因为他是基督兄弟会书院难得的品学兼优之亚洲学生。但直到澳大利亚内务部秘书复函基督兄弟会书院院长，告知谢晋爵迄今并没有提出任何提前回国的要求，基督兄弟会书院方才知道这是一场虚惊。

但到了1932年10月，事情还是起了一些变化。据报告显示，即将年满16岁的谢晋爵完全没有像此前父亲所期望的那样要去读医科，而是对航空专业表现出了浓厚的兴趣，在没有从基督兄弟会书院退学的情况下就自行转学去了非李文杜埠工学院（Technical College, Fremantle）选修航空专业。为此，中国驻澳大利亚总领事馆在该月底按惯例为其申请下一年度展签时，也顺便向澳大利亚内务部提出了上述转学要求。对于这样的转学申请，澳大利亚内务部自然要先通过海关核实才能决定。11月底，海关弄清楚了情况，根据走访查询得到的结果：谢晋爵仍然正常在非李文杜埠基督兄弟会书院上学，且学习勤奋、表现优异、成绩良好；也确实去读了航空课程，同时选修汽车机械课程，但注册入读去的是普扶工学院（Technical College, Perth）而不是非李文杜埠工学院，且只是每周六晚上去上一个夜间的课程；但就航空课程而言，除了一个晚上是正式课程，他每周放学后的课余时间都花在了补习教练课程和练习上了。也就是说，他是利用课余时间去选读和补习上述课程的。澳大利亚内务部秘书接到上述报告后，认为谢晋爵这样利用时间，事实上主体还是在基督兄弟会书院读书，并没有违反相关规定，书院对其在校表现和学习成绩仍然非常认可，批复了上述展签申请。

虽然与上述展签申请相关的核查告一段落，但海关却对当时谢晋爵选修航空课程所引起的问题留了一个心眼。1933年3月初，海关再次派员去普扶工学院了解情况，发现了一些问题。根据该工学院助理总监的说法，谢晋爵所选修的课程到5月14日就要结束，但他还想继续选读该航空课程，并想从基督兄弟会书院退学而完全转学到工学院成为全日制学生。但工学院认为批准其正式注册入读该项课程的可能性不大。拒收的原因在于谢晋爵主要是想学航空操作，即与飞行和维修相关的课程，而根本不愿意学习与此相关的理论及基础课程，对数学与航空理论之间的关系也一无所知。海关人员再与谢晋爵见面谈及此事时，后者表示，他之所以想转学，是因为在基督兄弟会书院他无法提高数学等课程的成绩。当海关就此问题与普扶工学院助理总监商谈时，对方建议说，谢晋爵应该转学进入一间非天主教会主办的学校，如普扶的另一家名校霍尔书院（Hale School），因为该书院虽然由英国圣公会主办，但开设的课程比工学院更适合谢晋爵。也就是说，这位中国学生除了可以在该书院上课主修其至关重要的数学课程之外，还可获得工学院特许，亦即可以每天去工学院就读他此前所选修的航空和汽车机械课程。对此建议，海关因无权决定取舍，无法回复，遂将这位中国学生打算转学的想法以及上述建议向澳大利亚内务部报告。与此同时，谢晋爵认为既然海关已经将此事与他讨论，转学已经公开化了，且势在必行，他也就索性直接与中国驻澳大利亚总领事馆联络，告知事情的来龙去脉，请其代为向澳大利亚内务部申请转学。

当收到几个方面提交上来的谢晋爵的转学申请报告之后，经过认真的评估和考虑，尤其是参考了普扶工学院对这位中国学生尚不具备基础知识而暂时无法正式录取他的意见，澳大利亚内务部秘书对此已有决断。他于3月22日正式函告中国驻澳大利亚总领事馆陈维屏总领事，给出了具体意见：要么谢晋爵继续留在基督兄弟会书院上学，要么转学到霍尔书院念书，二者只能选一。到5月5日，即在谢晋爵所选修的工学院课程结束之前，中国驻澳大利亚总领事馆函复澳大利亚内务部秘书，确认这位中国学生最终决定仍然留在基督兄弟会书院上学。这场转学风波纷扰了大半年后，终于有了一个结果。但事实上，此后的日子里谢晋爵除了继续保持此前的优异成绩外，仍然是外甥打灯笼——照舅（旧）：继续利用课余时间去普扶工学院选修航空课程，尤其是飞行训练进步显著，显示出他对航空事业的执着。

四、成功转学飞行

然而，在这份档案里，没有任何线索显示出谢晋爵违背父亲让其学医的初衷而选择航空课程学习飞行的原因。根据非李文杜埠基督兄弟会书院在过去几年中提交的报告可知，除了英语是弱项，还不能与本地学生看齐而尚需加强外，谢晋爵其他各科的学习成绩都很优异。例如，1932年11月28日的成绩报告显示，他的几何学、代数、算术、地理、历史、图画、听写、作文、文法等成绩都非常令人满意。由是，如果按照这样的成绩读下去，再过两年到其中学毕业，他考上大学进入医科是有可能的。但自1932年下半学期起，他突然转向选修航空飞行课程，如果从当时中国国内所处的形势来判断，或许能寻找到与此相关的外部因素。这一年初，驻防在淞沪地区的第十九路军与侵华日军展开大战，屡挫敌锋。消息传来，澳大利亚华文报纸大肆报道，在华侨中激起强烈的民族主义爱国热潮。[①]他们纷纷以各种形式表达支持，如各界发起澳洲雪梨华侨抗日救国会，[②]进行全澳性的筹款援助活动，以期共赴国难。[③]各大报纸还大肆报道广东空军派遣飞行队队长胡锦雅前往美国华侨中募款购机回国御侮，在华侨中引起极大反响。[④]在这种形势下，来自受到大革命洗礼、民族主义和爱国主义情绪高涨之广东省的留学生谢晋爵血气方刚，选择学习航空和飞行课程以

①《攻吴淞中日大交兵，击沉日驱逐舰一艘；战空军华机获胜利，击下日飞机数架》，《东华报》1932年2月13日；《胡汉民之愤慨谈话》，《东华报》1932年3月26日。

② "Committee for the Collection of Donations to Help the Struggle Against Japanese Invasion-Minutes book, with accounts", in Australian National University Archive and Library Collections: *Noel Butlin Archives Centre "Chinese Chamber of Commerce of New South Wales"*, https://openresearch-repository.anu.edu.au/handle/1885/11488。亦见《澳洲雪梨华侨抗日救国会筹募战费宣言》，《东华报》1932年2月6日。

③《雪梨华侨抗日救国会收到各界捐助战费芳名》，《东华报》1932年4月23日；《十九路收入捐款记》，《东华报》1932年5月7日。

④《胡锦雅由美回国》，《东华报》1932年9月17日。

实现救国抱负，显然就在情理之中了。据资料显示，20世纪20年代初就已建立的广东空军在30年代初形成规模时，其飞行员中就有大批归国华侨和留学生，其中一个驱逐机中队就是由这些归国华侨和留学生组成的。[①]谢晋爵的一位同村宗亲谢莽早在1929年便加入粤军空军，是广东空军学校第三期学员。1932年淞沪抗战开始后，广东空军组队前往参战，谢莽担任副队长。[②]与此同时，美国华侨钟鹏志和关炳权也在这个时候以飞机师的身份回国参战，为上海市市长吴铁城所赞赏并向最高军事当局推荐接纳，准其为国效力。[③]显然，他们也会是年轻的谢晋爵所要效法的榜样。所有这些，都有可能对年轻的谢晋爵产生一定影响，立志报国。

目标一旦确定，就会想方设法去实现。谢晋爵虽然最终没有去霍尔书院读书，但仍然像以前一样把所有的课余时间都用在了普扶工学院的航空与机械课程上，甚至不惜重金练习飞行。1933年底学期结束后，刚满17岁的谢晋爵终于下定决心从基督兄弟会书院退学，转学入读普扶工学院，全身心地投入到其热爱的飞行事业中。于是，他把自己致力于献身航空事业的想法写信告诉了中国驻澳大利亚总领事馆陈维屏总领事，表示自己是一位热血青年，想学好航空，成为一名飞机驾驶员，保护自己的家乡免受外国侵略，保卫祖国的领空安全。因此，他恳请陈总领事代他申请转学正式注册入读普扶工学院，使之可以全力以赴地完成余下的航空课程，因为在此前的两年课余学习过程中他已经克服了诸多困难，在飞行教官的指导下已经可以起驾飞机了。联系到这一年侵华日军在中国国内长驱直入导致热河失陷、长城抗战失利的形势，以及此前他开始选择学习航空课程时正是在日本出兵强占了东北三省和淞沪抗战之后，可以看出，年纪轻轻的谢晋爵由此就已经立下了航空救国的决心。接到信后，陈维屏总领事为这样的爱国青年所感染，决心促成此事。他立即于12月19日致函内务部秘书，同样是陈词恳切，为其转学提出申请。

事实上，就在陈维屏递交申请的同时，非李文杜埠基督兄弟会书院院长杜飞（L. Duffy）也为他的这位中国学生出具了一份有力的推荐信，特别说明该生在校学习用功、成绩优异，且诚实勇敢，是一位有理想有热情的好青年。而普扶工学院助理总监也一改此前对这位中国留学生的轻视态度，出具推荐信，证明他在过去两年里已经克服种种困难，完成了所修课程，说明他是目标坚定、勇往直前的人。对此，澳大利亚内务部秘书接到上述申请后就给予了认真考虑。1934年元旦过后，他复函陈维屏总领事，希望提供谢晋爵所选学的课程时间、主要内容及收费情况，以便他斟酌和批复。在与普扶工学院几番沟通之后，陈维屏总领事于2月13日向澳大利亚内务部秘书确认，谢晋爵所要就读的课程总共为期一年，因

①参见陈晋、刘锦涛、郭玉麟、黄严：《回忆广东空军》，《广州文史资料选辑》第二十六辑，广东人民出版社，1982年，第56—88页。

②陈晋：《广东空军抗日空战》，《广州文史资料存稿选编（三）》，中国文史出版社，2008年，第105—126页。1937年全面抗战开始时，谢莽担任重新整编后的中央空军第八大队大队长，参加对日空战；在太平洋战争爆发后，原美国赴华参战的飞虎队并入美国第十四航空队，中国空军也加入其中，成立中美联队，其中的中方负责机构为中央空军第二路司令部，司令即为谢莽上校。1956年，谢莽晋升为空军中将，担任空军总部副首席咨议官。见《空军总部四十五年度保晋中少将人员名册》（1956年），台北："国史馆"档案，典藏号：002-080102-00090-010。

③《吴铁城呈蒋中正美国华侨钟鹏志关炳权回国从军请接见并派往航空署效力》（1932年3月31日），台北："国史馆"档案，典藏号：002-080102-00089-001。

为他在此前的一年期间已经修读完了许多相关课程，剩下的主要是白天的飞行操作课程，即在各种复杂条件下的飞行，夜间则是理论课程及机械维修课程。而要选修这一飞行课程，其学费是每小时3镑，包括飞行服装等相关空中飞行时应该配备的设备租赁及衣服装置等。虽然上述学费不菲，但谢晋爵仍然表示要珍惜这个机会，学好飞行，而其父谢栢也对儿子所选定的专业予以全力支持。当然，他拥有这个财力，完全负担得起上述费用。经过澳大利亚内务部几个不同层级的官员多番评估并给出正面意见后，3月2日，秘书正式批准了谢晋爵的上述转学申请。

由是，这位年轻的中国学生如愿以偿地进入普扶工学院，成为航空系的一名学生，波澜不惊地度过了一年紧张有序的飞行学习与练习时光，完成了其心愿。

1934年12月18日，18岁的谢晋爵在完成了普扶工学院的上述飞行课程后顺利结业。也就在这一天，他告别了父亲，离开了留学5年之久的澳大利亚，在非李文杜埠搭乘“明德鲁”（Minderoo）号轮船，沿着他来澳时的东印度洋航线驶往新加坡港，再转道香港返回内地，以遂其志。①

五、结语

谢晋爵的档案到此结束。此后，澳大利亚档案中再未见到他入境的信息。而他回到中国后如何以其所学服务祖国，是否投身空军或航空业以实现其航空救国的初衷，则因在广东空军名录中未能找到他的名字不得而知。但他学习航空飞行的这一经历和努力之结果，则反映出这一时期在海外留学的中国青少年学生所抱持的保家卫国、服务乡梓的信念，促使他们学成后便赶回祖国，是那一代人用行动促进民族振兴的一个体现。而他的父亲谢栢在儿子选定专业而决心报国之后也没有犹豫，并在财政上大力支持，解除其子后顾之忧，体现出了老一代华侨共赴国难的精神。事实上，他也用其行动和奉献诠释了孙中山所揭示的“华侨是革命之母”之真谛。

作者简介：粟明鲜，五邑大学广东侨乡文化研究院兼职教授；
黄艺平，广西艺术学院教授

① Dare DANDICK-Student Passport (524), NAA: A1, 1934/1598.

海外华人的“后事”与原乡传统的赓续
——吉隆坡广东义山档案资料搜集整理研究*

周云水

【摘要】儒家文化把养生与送死视为同等重要。《中庸》：“事死如事生，事亡如事存，孝之至也。”《论语·学而》：“慎终追远，民德归厚矣。”中华民族“事死如生”“慎终追远”的文化传统，不仅要求民众尊崇孝道，而且注重后事安排，以隆重哀悼亲人的逝别。慎终者，丧尽其哀；追远者，祭尽其敬。只有使逝者得到有尊严的谢幕，丧亲者才能对逝者和社会有一个合乎礼数的交代，从而在精神上得到安慰，在心灵上如释重负。海外华人的“后事”安排充分展示了原乡传统的赓续。通过对吉隆坡广东义山档案资料的搜集整理研究可以发现，海外华人借由义山管理组织形成祭祀传统、凝聚社会认同、重建伦理纲常、传承中华文化，起到了整合族群力量和维持华人社会生存与发展的功能。

【关键词】吉隆坡广东义山　海外华人　传统赓续

一、引言

中国儒家思想支配的丧葬祭仪关注“祖德、宗功”的典范和神圣，强调“继承父志”“不改父道”，以孝道的观念令活着的人成了祖先和死者的“替身”。在儒家看来，过去与现在之间的关系不是历时性关系，而是同时性关系——“现在”在仪式中被带入“过去”。送死者的灵魂回另一世界的仪式可以使生者产生对死者的热爱。这种热爱又与祖先的经历紧紧相连：一方面是对死者的爱，另一方面是对尸体的反感；一方面是对依然凭轼在尸体的人格所有的慕恋，另一方面是对于物化了的臭皮囊所有的恐惧。①这种矛盾的心理突出地体现在古人对亡魂的仪式上。人们既要迎接亲人的亡魂回家，又想尽方法去阻挡它归家。为死者未亡亲属设想的避煞动机，在丧礼、下葬、造墓的过程之中发展出许多必要或应变的生命礼仪。

儒家把家庭情义延伸至社会文化意义，以家庭中培养的亲和感，进而为成为社会凝结的基础，宗法家族意识便得以形成。祖先、父母、长辈、兄弟死而葬、葬而祭，孝养父母、兄弟亲爱之心，随灵魂而达于幽冥之境。这是超越现实的自我，对祖先敬如在之诚，上达于天。“孝”是延续父母与祖先的生物性生命，继承父母与祖先的德行，完成父母与祖先的愿望，以及做好他们做不好的一切，而这一切则又以祭祀死人的仪式提醒和强化。通过这种“孝道”，可以确保晚辈对前辈的敬重，从而确保前后辈之间建立起和谐的关系，为社会

*基金项目：广东省哲学社会科学“十三五”规划特别委托项目“马来西亚吉隆坡广东义山档案资料收集整理”（项目编号：GD18TW18-13）、广东省普通高校人文社会科学省市共建重点研究基地招标课题“海外客家华侨华人义山研究”（项目编号：20KYKT02）

①马林诺夫斯基：《巫术科学宗教与神话》，李安宅译，中国民间文艺出版社，1986年，第30页。

安定及生产经验之传承提供人际关系。本文从有关吉隆坡广东义山的档案文献资料入手，侧重分析广东义山墓碑、报纸讣告内容等蕴含的儒家思想，进而探讨海外华人对于传统生命礼仪文化的继承和创新。

二、慎终追远：吉隆坡广东义山的历史

广东义山有数万座坟墓，包括名人墓地、清朝古墓、各类总坟、家族墓园、特色造型坟墓等。这些珍贵的第一手史料将呈现不同时期广东人在吉隆坡的生活情况。例如：先贤名人墓反映了社会领袖与吉隆坡城市发展的关系，业缘性总坟反映了吉隆坡社会的行业变迁。历史人物坟墓与古墓表证明名人在不同时期对吉隆坡的政治、经济、教育、社会都有重要的贡献和影响力，展示了华人社会各阶层的历史演变。吉隆坡广东义山由雪隆[①]广肇会馆、雪隆惠州会馆、雪隆嘉应会馆、雪隆海南会馆、雪隆潮州会馆、雪隆茶阳会馆等6个地缘性乡团委派代表组成董事会来管理，旨在为马来西亚广东籍同乡提供服务。吉隆坡广东义山一直由马来西亚数家有百年以上历史的广东会馆负责管理和维护，见证了广东人早期的足迹，亦见证了吉隆坡的百年沧桑。广东义山墓志铭文及不少总坟的碑文，既是先贤南渡创立新家园的历史见证，也是华人从开辟、拓殖与发展吉隆坡，乃至参与发展雪隆周边乡镇的历史存证。吉隆坡广东义山，乃至全国各地的华人义山，都是华人参与本地拓殖与发展的历史见证。义山是见证华人历史的重要人物，也是文化古迹，可以作为各地的地方文化资产，必须加以保护和发扬。[②]1923年竖立的吉隆坡广东义山的碑记中写道：

> 尝闻范氏巨卿夙称义士张家毅父本身是同乡，置义莊、施义地，凡诸义举，艳称於世。而食报亦显也。粤自海禁大开，吾人旅居斯土者实繁有徒，既有生必有死，为人之难免，亦理之常。於是前人有刱立广东义山之举也，使旅榇有窀穸之安，遗骸无暴露之惨，猗歟休哉。前人之功伟矣！谨勒石碑垂诸不朽，以彰大德而留纪念焉：谨将刱立诸公芳名胪列，叶公德来、叶公致英//叶公观胜、赵公煜荣//陆公如佑。民国十二年岁次癸亥/西历一仟九百廿三年，广东义山同人谨志。

海外华人的祭祖仪式以及大部分活动是华人与故土文化连接的精神脐带。华人生前聚集生活在唐人街，死后抱团葬在义山；生前热闹繁华，死后也不孤单。华人根据祖籍地形成的地缘性会馆组织作为管理义山的重要机构需要多方筹集资金解决同乡的身后事。雪兰莪鹤山会馆重修1917年所立总坟的碑记中写道：

> （尝）考本邑历史，古时在周为百越，在秦为南海郡，降及隋开皇十年，辟为新会县十二年，并改为冈州。递至清雍正十年，析新会开平边属增，置今之鹤山

①雪兰莪州（Negeri Selangor）和吉隆坡的合称。

②古燕秋：《死生契阔——吉隆坡广东义山墓碑与图片辑要》，马来西亚华社研究中心，2014年。

县也。县居广东省之西南，隶肇庆府治。其最大川流为西江之古劳河，主山则为大崑崙山小崑崙山。水秀山明，民风朴厚。以地接海滨，故居民咸具乘风破浪、向外奋发之志。是故旅南北洋者达数万众，尤以旅马来半岛为最。夫漂流异域，倚此为家乡者，生固求有所乐，而死亦应求有所安。故守望相助，声应气求。此会馆总坟之所由设也。溯我鹤山总坟之建筑也，始于一九一七年，由先达陆运祥、吕紫宸、冯寿南、吕成波诸公发起筹划，几经艰苦而抵於成。前贤功绩永志不忘，惟迄今已历四十寒暑，惜其年遂失修，墓基为风雨剥蚀日就颓坏，每怀修葺碍于环境。可幸本邑机构于一九五三年成立同乡会后，复于去年由同乡会晋升为会馆，在筹置馆址时□，有余肯董事同人即提议重修总坟。於是鸠工庀材，不一月而厥，公告成斯地也。气象雄伟有龙蟠虎踞之形，局庆堂皇有鹤驭牛眠之胜。□者新斯墓貌安其□□□。此联我邑谊妥迺先灵，春□秋尝，永修岁祀，将见福庇阴垂枝荣茂维桑与梓，世代祯祥。岂不猗欤盛哉！为之记而祝之曰/崑崙毓秀//源远流长閒，闾閆扑地//阡陌凝香，枌榆亲切//时代承昌，追维先哲//吾邑之英，呵呵厥声//跃跃厥灵，佳城郁郁//俎豆荐馨邑人李占如敬撰□书。雪兰莪鹤山会馆同人勒石/一九五七年岁次丁酉仲夏吉日。①

吉隆坡广东义山按照千字文的排列顺序，将墓地划分片区，以便各地缘会馆、姓氏宗亲会、业缘性行业组织等。1920年建成的李氏总坟的碑记中就写道：

盖闻笃亲谊者，恒念乎水源木本；感孝恩者，每怀乎春禴秋尝。我李族侨居马来半岛，虽离乡异井，实同气连枝。此总坟之（所）由起也，溯其原穴前在灵山寺左侧，今历三十有余年，现因政府叠次来谕，已将原地批销，是以爰集同人踊跃输将，议决迁坟于吉隆坡广东义山秋字轨第四千三百一十四号，坐辛向乙兼戌辰之原。为陇西堂李氏总坟地点，兴工建筑，不日告成。斯地也气象雄厚，局度堂皇，千山献秀，万水朝宗，足证人丁藩衍，福泽绵长，不惟尽诚，敬以荐馨香，亦且妥先灵而联宗谊。李氏孙子其有光（乎）是为记，宗后学艾如并书敬撰。

从中可知，李氏这一宗亲联谊会获得了“秋”字号片区的坟场，可以安排本姓氏宗亲身故后的安葬事宜。

无论是地缘性社团还是血缘性的宗亲组织所设立的总坟，均会在碑铭中详细论述修建坟墓的意义，有些还会特别突出捐献者的功绩，甚至将主事者的名字一一留存其上。1966年修建的吉隆坡钟氏总坟的碑记中写道：

枌榆结社，无非合群体之义；闾阎聚族，固有通籍之亲孜。我钟氏原出微子，派珩颖川，立姓开宗於兹二仟余年。□系绵长，裔育蕃庶，其居处於母国者，则

①部分内容字迹不清，难以辨认。

延育各省其拓殖；於海外者，亦散居各洲族人式。穀贻谋支派发祥，日见蕃盛，吉隆坡钟氏宗祠卜地於飞机场路广东义山之原，看舆脉穴兆域牛眠，所赖各位宗亲，同心协力几经筹措，总坟遂得以建成，以期奉慰先灵窀兮安爻，从此春秋典礼纲常，万古应念前贤功业，模范后人，意至善也。谨勒碑铭垂不朽，永启来兹长留纪念。是为序。(蒙）吉打州德通宗兄热忱义献全部堪舆工程，厥功殊伟，特志鸣谢。钟氏总坟之剏立，(蒙）各宗亲输将策划，共襄盛举，谨芳名录，以表赞扬。筹建小组委员表 亚才//毓秀/振耀//有恒/钟毓/炳昌/钟蒲//华安/钟养//秀伶，农历丙午年仲秋//公元一九六六年九月中旬 吉日立。钟氏宗祠同人谨志。①

根据广东义山的记录，该义山在1916年4月举行董事会议，采纳辛百卉、廖荣枝、陈永（陈振永）的建议，将义山的山地分段，以“天地玄黄”字样编号。信函原件写道：

广东义山公司总董诸先生台鉴

（敬）启者：本坡吾粤义山地前承政府给（发）自是各界先代遗体，有所归宿诚善举也，然其中间有未能泐石□记，或有以木为碑，而枯朽无常，迨相沿日（久），每至迭序错乱，甚而失没者亦时有所闻，良可嘅也且地方广阔，只得一大马路相通，余皆榛芜□□无论转运固属（多）艰，即徒步亦尚不易，未始非一缺点，不忖冒昧拟请就（落）山界内，尚余空地，除现有之大马路外，另（纵）横加辟六英尺或十二英尺小路以井之形，裂分辟数，即按□井字形内所包若干辟分作天地玄黄等字号，泐石大书天字地字等字样表示路旁，以便省目，再於每段辟划分穴场，照旧若干尺为一穴如鱼鳞式，编列号数按数按穴泐石登记，乃天字某号，地字某号之类，其地价悉照旧日规则，如有意图宽阔，欲多取一穴者亦听，另造图册，照山场所编之段数，及每穴之号数，次第注明，嗣后遇有取地者，即按其所取某段某号之地将其籍贯姓名，详注册内，乃矿地之布嘛式，则查对□易且四□□□，□□□□□□□□□□□□□□□□□□□□，□石表记（统）由册记存，乃此□无混没之患，查（六）港各帮义山（场）□此办法人皆称善窃拟仿而行之，根□□或再将全地周围搁以铁线，尤为妥善，但（此）中工料，费用非轻，如果实行□亦 弟辛百卉愿捐银壹百员，弟陈永愿捐银壹百员，弟荣枝捐银式百员以为之倡想好善 君子（发）必闻风兴起，尤能慷慨乐助相兴有成，况义山公司义款所取存亦无非备为义举之用似亦勘资挹泣。诸先生高朋以为（如）何，□□筹议赐覆为□ □□□□义□□照不备。弟陈敬代陈永、辛百卉、廖荣枝。民国五年三月□□ 西表□□月廿七日。②

《千字文》是南朝梁武帝（502—549年在位）指令给事郎周兴嗣用一千个不同的字编写的文章，四字一句，对偶押韵，便于记诵，后来为儿童启蒙读本。海外华人中读过私塾者对《千字文》均不陌生。

①部分内容字迹不清，难以辨认。

②部分内容字迹不清，难以辨认。

三、事死如生：海外华人丧葬讣告分析

基于死者与活人住的世界是分开的，同时死者与生者之间也已形成两种“对立”的生命形状，在墓葬文化中，现实人生的道德伦理及各种观念仍起着支配的作用。事死如生是活人以为死者依然要像活着时一样生活，所以就设法替死者打点，让他在另一个世界延续他的生活方式。事死如生的动机包括为了对死者尽力尽心，设法满足死者在另一世界的生活；避免死者在另一个世界生活不惬意，殃及亲人甚至他人。当一个人去世时，所有人与他的亲属及辈份关系便在那一段时间表现出来——先前表现在行哀和下葬的礼仪上，除了不同辈份者服哀的孝服及孝章颜色有别，最主要的一些重要礼节，如担幡买水的角色，都必须根据与死者相关的长幼秩序安排。而立墓碑最重要的环节是把所有死者在生时的妻妾、儿女、孙辈依序列入立碑人名单。活着的人必须为死去的人打点，可以视为是生者与死者的关系并不因为死者的去世而中断。这是一种双方关系在死者死后的延伸。中华民族的人际关系观透过生命礼仪的文化得以表达。

一方面，丧葬仪式表达了丧者的子孙们对逝去祖先的一种不舍与祝福。这可以看成为死者操办的仪式。另一方面，丧葬仪式也是一种表演的面子行为，通过大肆操办丧葬仪式为老人歌功颂德，使得方圆几里的人都知道老人的去世，都可以看到老人后辈们对老人的不舍。仪式的隆重情况也可以显示老人的后代子孙们人丁兴旺、后继有人，更是丧葬子孙们脸面的一种很好的体现——通过举办丧葬仪式，让村民们看出他们的孝心。一则刊登在1984年10月12日《联合早报》的讣告内容（如图1）：

敬告知交

蔡佳峰、佳福、佳发、佳富昆仲令尊翁

蔡旌鸿老先生（原籍广东潮安大和浮洋桥头湖乡）不幸於一九八四年十月十日下午十时十分（农历九月十六日）逝世，享寿积闰八十有三，遗下子孙满堂，堪称福寿全归。

哲嗣佳峰任万成源有限公司董事经理，次男佳福任新荣发企业有限公司董事，三男佳发任新荣发企业有限公司、利万信贷有限公司、利和成发展有限公司董事经理，四男佳富创吉成运输贸易公司，一门俊秀，皆商场翘楚。

丧府择定於十月十四日（星期日）正午十二时举行家奠，下午二时正移柩发引还山，安葬於新街场路广东义山之原。届时敬希蔡府亲友前往执绋，藉表哀忱。

谨此代告

蔡府治丧委员会 谨启

丧居：吉隆坡，蕉赖路，丽雅花园，惹兰哧拉 四·八十七号。 电话：603325

87, Jalan Selar 4, Taman Bukit Ria, 3½ Miles Jalan Cheras, Kuala Lumpur

图1 讣告

类似的讣告经常出现在华文报纸的某个版面上，体现了个体丧葬仪式与群体之间的密切联系。华人的墓葬仪式的确不只是生者为死者尽人事，同时也蕴含了生者对生命的看法——与死者曾共同生活的活人在死者死后有了借死者的死亡寻求转机的心态和更好地生活下去的意愿。粤籍华人笃信风水的行为与祀奉先人的行为原是并行的，是一种信仰的两面。它们的目标都是让先人之灵能入土为安，确保先灵不受恶地之害。先人在天之灵也不会因为后人之不长进或困苦而伤痛，并希望祖先之骨殖能有好的地理感应，有所灵力，能使后人得于成功、成就，也告慰祖先在天之灵。对华人来说，祖先与子孙是生命生生不息的一脉相传，风水习俗其实是祖先与在世的子孙共同谋求全家族及后人的利益。找寻合适的风水墓地不只是子孙的责任。现实中，同时也有更多先人主动在自己死前购买风水地，要把自己的骨头埋在风水好的地方。购地者以为，这样做了，假如子孙真的发达了，祖先也可以得到利益，可以保证出好儿孙，不会辱及他的名誉。在古代，子孙如得到功名，祖先也可以得到追赠诰封；在现代，却还是为了后人着想。阴宅的风水学服从中国的仁孝礼法，欲把先人葬于山川灵气结集之处，使之与山神合一，回归山川。

华人墓葬文化与其他民族的墓葬文化有相似也有相异之处，华人内部不同群体的墓葬文化有相异也有相似之处，其实是受到了各民族本身的传统文化风俗传说以及宗教信仰的影响。同一宗教信仰的信徒也会因民族不同而出现变异。同样的，即使是源自相同的民族，对墓葬的仪式和处理方式也会因宗教而异。中国人在周朝已视生者与死者的关系必须是延伸到未来，并把它提升为“礼”，视为人与人之间秩序平衡的制度化的安排。

基于事死如生的观念，华人最基本的坟墓造形其实可以视为生前住所的延伸和继续。[①]坟墓的营造可以和屋子作比较：一般墓形几乎都以墓碑为中轴，砖砌或石板框护墓碑，形成“墓面”；“墓面”后内放置棺柩的纵穴，犹如房屋的正厅后的内厢；“墓面”外两侧建有点油灯或蜡烛避风之用的两箱小窟窿，或者是砖墙形成的墓袖，犹如两排横屋或厢房。

“墓面”前面是摆置供品、烧香的长方形“礁坛”和平台，如屋的大厅。“墓面”后面筑半月形“地坟头”，自低至高，斜置墓碑之后，顺其山势，以承接“龙脉”，犹如房屋的“后龙山”。但客人以其外形似围龙屋的马蹄形后围，亦称“围龙”。左右墓袖之间的空间称为“墓门”，犹如屋前大门。“墓袖”上各有一镇狮，亦如大门外的一对石狮。坟墓前面筑半月形“地坟塘”，犹如屋前供洗涤排水的池塘。一些客家人的造作法是由礁坛、地坟头、地坟塘几部分构成椭圆形的坟墓平面，外观形式酷似一座完整的围龙屋。

四、吉隆坡广东义山对儒家传统文化的延续与创新

吉隆坡广东义山于1895年由甲必丹叶亚来、甲必丹叶致英、甲必丹叶观盛及赵煜、陆佑5位先贤创办。吉隆坡广东义山开辟时，地处荒山野岭，野兽出没。随着吉隆坡逐渐发展及繁荣，市区范围扩大、延伸，渐渐地，城市包围了坟场，四处都是高楼大厦及住宅区。虽然华人义山是重要的社会组织，却一再面对政府欲推行发展计划而出现生存危机的困境。

① 宋燕鹏：《认同规则、核心组织与神庙网络——1957年马来亚独立前吉隆坡安溪人社群的形塑途径》，《史学月刊》2017年第5期。

20世纪90年代，广东义山也曾面临被迫搬迁的境地。当时的马哈迪政府以公共墓园有碍市容美观为由，提出欲征收位于吉隆坡旧飞机场路、陆佑路及新街场路之间总面积约500英亩（约200万平方米）的各族群的公共墓园，当中包括吉隆坡广东义山。马哈迪政府表示要重新规划此地段，吉隆坡市政府随后对吉隆坡广东义山发出“封山令”，谕令本义山即日起不可接受任何埋葬申请及发出任何埋葬准证。当时的吉隆坡市长也表明要迁移义山内所有坟墓至雪兰莪州的乌鲁冷岳（Hulu Langat）。吉隆坡广东义山搬迁事件迅速引起全国关注，因为广东义山是一座埋葬了许多名人先贤、历史悠久的重要义山。广东义山召开管理层会议后，一致表达反对搬迁的立场。吉隆坡暨雪兰莪中华大会堂（简称“隆雪华堂”）也协助成立“雪隆华人义山联合会”及举办全国华人社团盖章反对搬迁运动，同时也呈交备忘录给首相马哈迪。在媒体持续与广泛的报道下，义山搬迁逐渐成为备受全国关注与讨论的议题，不同的民间团体、学者、政治人物也投入保山运动。政府最终在2000年7月宣布不搬迁义山的决定。1998年8月13日，由雪兰莪中华大会堂召集华总、董总、教总、华研及各义山团体举行联席会议，[①]成立捍卫与美化义山工委会，就美化吉隆坡广东义山的概念达成一致。过后，董事会授意城市土地应用与交通规划专家吴木炎负责物色美化义山的规划。在后者的推荐下，董事会通过接纳吉隆坡园艺公司 Malik Lip & Associates 负责草拟计划书再设计蓝图，以规划及美化吉隆坡广东义山。美化义山计划包括广义塔、行政楼、殡仪馆、新庙、甲必丹叶亚来及赵煜墓园等景点。在广义塔入口处辟一个绿岛，建造中国式凉亭，确立纪念碑及12根长柱，安置12生肖和雕像，并建造水池、天台、花台。行政楼设计艺术性的桌椅，停车场更换土壤，调整植树，朝向行政楼的入口处。广义塔设计小桥流水仙境、中国式凉亭，建造一个清幽的环境，池中设计荷花，并塑造龙的雕像。基于语文局路殡仪馆空间有限，前面铺石，只能辟一个休闲处，现有之语文局路，从广义塔三叉路通往皇宫路交叉处，市政局已着手在两旁植树，并准备在这条路的两边建造3尺（约1米）宽的行人道。新庙停车场空间，提供绿茵草地，种植五颜六色的树木，包括柳树及竹子树，并立对联牌匾。重修及美化甲必丹叶亚来及其家属的4个坟墓，将其辟为观光景点，确立指示牌，亭子种花草，铺上自然石头，坟墓旁以花卉围绕。赵煜墓园提供矮墙，花树围绕，种植芭蕉树等。

2001年开始，吉隆坡暨雪兰莪中华大会堂青年团（简称“隆雪华青”）、雪隆区[②]青年及文教团体每年都举办“千人义山行”，目的是捍卫华人义山独特的历史与文化，也保护城市中的绿地。这项常年活动获得社会各阶层市民的支持，包括残障人士、学生等，参与人数逐年增加，2014年的参加者已经多达8,000人。“千人义山行”已经成为唤醒民众对义山的关心。华人义山原本是先贤从家乡筚路蓝缕、梯航南来找寻发展出路最终客死他乡的长眠之处。在先贤生命落叶长埋之后，义山不再是旅途的驿站，而是生命的最后归宿；从故国过渡到新的国家，异乡变成了家乡。于是，义山长眠先人的墓志碑文述说着重视落叶归根的华人在异乡重建新家园的生命故事。华人先贤创立吉隆坡广东义山的目的是照顾同乡，协助无法回到原乡落叶归根的同胞在死后有个安葬之处。到了今天，华人义山已经成为全

①“华总”为马来西亚中华大会堂总会的简称，“董总”为马来西亚华校董事联合会总会的简称，“教总”为马来西亚华校教师会总会的简称，“华研”为马来西亚华社研究中心的简称。

②因吉隆坡为马来西亚联邦直辖区，故将雪兰莪州和吉隆坡合称为“雪隆区”。

国各个地区重要的非营利组织，除了协助死者家属处理身后事外，有的经济条件比较宽裕的义山组织也实践回馈社会的精神，捐款给学校、庙宇等。①

葬礼是死者告别其所在家庭以及社会，由家庭、邻里成员转变为护佑家庭子孙后辈的灵魂的过渡仪式，是家庭对祖先的去世表达悲伤的重要方式，也是他们对逝去先人表示祝福的重要手段。丧葬仪式作为人生礼仪的最后阶段，是民间最受重视的习俗之一。丧葬仪式是经由一连串的分割与结合仪式，将一个社会成员的角色地位转变，通知社区中所有成员，以利彼此关系的互动并重新获得调整。②

生命的终点即是死亡，死亡为人生所不可免，不过一家人，骨肉至亲，相聚日久，感情更深。父系社会父权至高，一旦死亡，子孙无所依赖，悲楚哀悼之余，产生许多行为，以纪念先人，代复一代，浸而成俗，儒家依此社会背景，提倡孝道学说，特别重视慎终追远之义。丧葬祭祀乃子女对父母应尽的义务，孝道所系，稍有疏忽，不仅被人窃笑悭吝，而且被讥为大逆不孝。③

汉人的祖先崇拜延续“祖先肉体的消失”后的精神空间。正是因为相信死后还有灵魂存在，客家人才能够既乐观积极地生活，又豁达自如地面对死亡。这种观念深深植根于客家人农耕文化为主的民间信仰：我虽然会死，但我将像我的祖先一样，我的血脉生生不息，我还有子嗣存在，香火不断，故事仍在继续，灵魂有所归依。他并没有从这个世界消失——在每年的祭祀仪式中，他仍能回到家中和族人欢聚一堂。

五、吉隆坡广东义山的社会功能

只有定居在固定土地上的农业文明才会造就人们依赖土地确保生活，也由于年年依赖土地，人们才会有“人是由土而生”或“人是土中来”的观念，因此便有了以为人死后的归属应是重新归回土中的观念，“尘归尘，土归土”或“入土为安”也就成为一种理所当然的观念。④墓葬文化及“入土为安”的观念在潜意识上是一种对土地的母性崇拜。人是从大自然造化的母体中出生，就要回到大自然的母体中去。

把土地视为母亲，又把坟穴视为婴儿安睡的子宫，让死者安息，却几乎处处可见其迹，不能不说是一种普遍的实践。在中国，几乎所有的传统式坟墓营造都有一圆肚形的墓形，对墓穴的周围景观地势即有此安穴之要求。所谓坟形，尤其是“墓龟”，其前在墓碑两旁，各有往前伸展的左右“屈手”一只，整个形状看起来就更像是一个怀胎捧腹的女人。尤其是跪金拜土的墓，不论其山势或墓型，都恰如一个母体在双手环抱着，所抱之空间正好埋了死者。面对新潮流环境的冲击，传统古老的殡葬方式逐渐转型，火葬已日渐为大城市居民采用。吉隆坡广东义山因此在语文局原有的义山土地上建造骨灰塔，以鼓励火葬，解决安葬土地不足的问题。吉隆坡广东义山于1985年建造了一座4层楼广义塔骨灰塔，提供2万多个骨灰阁位。经过多年营运后，由于需求量大，如今许多阁位也近乎售罄。不过，吉隆坡广东义山已经未雨绸缪，规划现代墓园，在广义塔的后面另兴建一座13层新广义塔骨

①吉隆坡广东义山董事部编《吉隆坡广东义山古迹公园成立119周年纪念文集》，内部资料，2015年。

②崔昌源：《中国古代丧葬仪礼结构之分析》，《内蒙古师范大学学报》1999年第6期。

③林耀华：《义序的宗族研究》，生活·读书·新知三联书店，2000年，第151页。

④郑莉：《明清时期海外移民的庙宇网络》，《学术月刊》2016年第1期。

灰塔，并已启用3年。此外，该义山坐落在语文局甘榜克拉容一块50英亩（约20万平方米）的地段，自1907年起被非法木屋居民霸占了一个世纪。如今，当地居民已获得武吉免登区国会议员方贵伦协助，迁入蒲种人民组屋。

海外华人对先人的怀念与尊重，是因为他们认为人死后是有灵魂的，和在世时一样有衣食住行的需求。另外，人死后还会有新的生命，活着的人要透过自己的行为帮助亡者获得更好的新生。仪式在社会团结与凝聚方面发挥着重要的作用。拉德克里夫—布朗认为："仪式习俗是社会借以影响其个人成员，将某种情感体系在他们思想中保持活跃的手段。没有仪式，那些情感就不会存在；没有那些情感，社会组织就不能以其目前的形式存在。"①因此，仪式具有维系群体感情、团结社会成员的作用。

对死后世界的无知与恐惧，使人们产生了各种各样的想象。人们会想尽各种办法来应对这些无知与恐惧。佛事是人们用来对付这种无知与恐惧的活动之一。在社会功能上，道士的度亡蘸有一套繁杂规范的超度仪式，保留了客家文化的特色，具有浓郁的拯救意识，成为当地独特的民俗文化。②

早在政府作出不搬迁义山的决定之前，吉隆坡广东义山管理层已聘用一间著名的园艺公司规划美化义山，按部就班落实有关美化计划。第一期耗资5万余零吉③重修及美化甲必丹叶亚来墓园软硬体工程已完成，分别由吉隆坡广东义山、雪隆惠州会馆、雪隆叶氏宗祠及仙四师爷庙分担有关费用，并于2000年7月20日邀请卫生部部长拿督蔡锐明主持墓园竣工揭碑典礼。

葬礼作为一种重要的生命仪式形式，是一个社会群体的宗教信仰、社会关系结构和社会价值秩序的外在显现体系。④在丧葬仪式中所展现的各种行为、工具、关系通过行为者互动传递了社会制约的作用。行为者对社会的感知则借助于丧葬仪式获得了经验性的认知图式。丧葬仪式中的象征符号使用与社会建构过程反映了人们日常生活中的实践逻辑，以及隐藏于人们大脑深层关于社会体系的无结构知识。生老病死是自然界中一种正常的生理现象。自人类诞生以来，人死后的安置便成了日常生活的一部分。从某种程度上讲，中国的墓葬历史是伴随着华夏文明的诞生而同步发展的，并在其悠久的历史长河中逐渐形成了符合中华文化特色和中国人群体心理及情感特征的墓葬文化，既是地面中华文化的补充，又是中华民族几千年历史的缩影。

中华民族是一个具有强烈家庭观念的民族。亲情在华人的心中占据了重要地位。可以说，重视亲情正是中华传统文化的重要内涵之一。因此，亲人死后的安置对生者来说是一种非常重要的活动。对逝去亲人的安置，尤其是后代对上代亲人的安置，体现了他们对死者的怀念、尊重和畏惧。正是基于家庭本位和"百善孝为先"的传统文化，"入土为安、落叶归根"也就成了中华民族追求的一种情感境界。随着社会的发展，尤其是儒家思想的影响，墓葬发展到封建社会时期，也就形成了一套包括葬式、葬具、葬地的选择以及一系列仪式、礼仪、禁忌等在内的墓葬制度。墓葬制度的形成和发展在一定程度上反映了当时人们的认识水平和思想局限。尤其是逐渐被统治者异化之后，中国墓葬融入了"葬地

①拉德克里夫—布朗：《安达曼岛人》，梁粤译，广西师范大学出版社，2005年，第240页。
②杨永俊：《论赣西北客家佛教道士的度亡蘸》，《江西社会科学》2007年第12期。
③Ringgit Malaysia，马来西亚法定货币。
④郑小虎：《仪式：象征符号与社会建构的探究》，西北大学硕士学位论文，2012年。

兴旺”“庇护后人”等迎合封建伦理观念的墓葬文化新内容，以致上到帝王将相有殡葬典制，下到庶民百姓有民俗民风，成了全民的自觉行为。随着儒家思想的延伸，中国的墓葬文化在封建社会达到了鼎盛。在过去，人们更多地采用土葬的形式。在人去世之后，经过一系列的繁文缛节，后代或亲属为其寻找一个风水宝地，然后将其安葬在此，掩埋之后往往堆成一个坟头，并在旁边树立墓碑，以此方便后代祭拜。人类将死者的尸体或尸体的残余按一定的方式放置在特定的场所，称为“葬”。用以放置尸体或其残余的固定设施，称为“墓”。在中国考古学上，两者常合称为“墓葬”。在墓葬过程中被掩埋的是死者，处理墓葬过程的是活人。一切细节都反映了活人的意识。所有墓葬过程的细节如何安排和处理，是活人的思想受到社会条件、传统观念、宗教教义、社会意识等方面制约的总体表现。

强调对逝者的尊重和情感的做法，在一定程度上符合中国传统的人道主义思想。在中国传统儒家思想中，孔子对于逝者的尊重和生者的感情的尊重，合乎今天“以人为本”的思想，合乎人道主义、人本主义。通过人们日常生活中的死亡以及由此所延伸出的“丧葬”文化和一系列的祭祀与禁忌制度，强化了人们之间的家族观念和亲情，尤其是在家族和国家之间形成了一种“家国同构”的社会秩序。而正是这种“家国同构”的社会秩序，使得中华民族延绵几千年不衰，更保证了中华传统文化的传承和发展。当然，随着封建社会的发展，尤其是到了封建社会末期，严格的丧葬制度在对人们的“教化”和“社会秩序”中的正面作用也逐渐弱化，甚至向相反的方向转化。但从整体历史发展历程来看，墓葬文化在传统社会发展进程中的历史作用是以正向为主的。在传统社会中，墓葬文化在社会发展中扮演着积极、正面的角色。按照客家人的生死观，必须通过特定仪式，亡魂才能获得神明的救度，而活人为死去亲人所表达的孝心才能发生功效，并且活人也可因中间人祈福仪式而获得神明的祝福。[①]

吉隆坡广东义山分拨给地缘、业缘和血缘性社团，坚守儒家文化推崇的天人合一思想。吉隆坡广东义山的相关墓葬资料及其20世纪末遭遇的搬迁风波，展示了海外华人慎终追远的儒家传统文化。在当前大力开展21世纪海上丝绸之路建设的契机下，仔细梳理和解读吉隆坡广东义山的文化内涵，也可以为当前华人社团凝聚文化上的认同感。吉隆坡广东义山档案资料表明海外华人坚守儒家文化有关生命礼仪的生死观。[②]无论是举行葬礼之前在华文报纸公开登载告示，还是以传统墓葬方式在义山落地生根，乃至迫于新的形势进行美化古迹文化公园，无不表明海外粤籍华人对中华传统文化的认可、传承与创新。海外华人的“后事”安排，无论是墓地选择、墓碑形制与内容，还是义山从传统慈善到面向市场的现代转型，都充分展示了海外华人对于原乡传统的赓续，更大范围地展示了海外华人对儒家传统礼制的坚守和面对外部压力的文化抗争动力。

作者简介：周云水，嘉应学院客家研究院研究员

①苏慧娟：《香花在海外——谈香花佛事在马来西亚的现况》,《客家研究辑刊》2015年第1期。

②林素英：《古代生命礼仪中的生死观》，文津出版社，1997年，第2页。

三州府华侨秘密会党的内斗和殖民当局的措施
——以《三州府文件修集选编》为中心

李未醉

【摘要】三州府秘密会党在华侨社会中曾发挥了积极作用，也存在一些比较突出的问题。英国殖民当局在治理三州府的过程中对秘密会党先后采取利用、限制和取缔的政策，并蓄意利用华侨社会的内部矛盾，玩弄“以华制华”“分而治之”的伎俩，企图达到维护殖民者利益的目的。在殖民当局的高压下，秘密会党被迫转入地下继续活动。

【关键词】三州府　秘密会党　内斗　殖民当局　措施

一、引言

三州府是早年华侨对槟城、新加坡、马六甲组成的英属海峡殖民地的俗称。这个政治体系自1826年开始，直到1946年结束，共存在120年。三州府首府初期设在槟城，1832年迁至新加坡。1867年4月1日，英国殖民地部正式接管三州府，将三州府划入皇家殖民地，总督驻守新加坡。1894年在新加坡出版的《三州府文件修集》是英国殖民地政府用以培训公务员的中文读本。为了使海峡殖民地的官员更加熟悉清朝及华侨事务，海尔主编了这部书。正如编注者在导言中说：“从《三州府文件修集》中可以细致了解底层华侨社会的一般情况”。《三州府文件修集选编》由柯木林、廖文辉编注，在2020年暨新加坡宗乡会馆联合总会成立35周年之际出版，是一部不可多得的社会史文献。

邱格屏、朱东芹、沈燕清等人对东南亚华侨秘密会党有比较深入的研究。本文另辟蹊径，以《三州府文件修集选编》作为主要依据，结合有关材料论述三州府秘密会党的内斗问题，分析英国殖民当局对秘密会党采取的措施，并探究上述两者的关系。

二、三州府的华侨秘密会党及其内斗

马来半岛是历史上东南亚华侨数量最多的地区之一。根据史料记载，早在7世纪，即有中国人过访该半岛，但只是经商路过，没有实际定居。元朝汪大渊亦到过单马令、彭亨、吉兰丹等地。[①]明朝郑和多次到达马六甲，曾敕封拜里米苏剌为王。1511年葡萄牙殖民者入侵马六甲，此时马六甲有华商进行贸易。华侨多为从事贸易与打渔的福建人（闽南人），居留集中之地被称为“中国村”。1641年1月，马六甲为荷兰人所占领，当时有华侨300—400人。[②]1819年新加坡开埠，华侨人口激增。据海尔主编的《三州府文件修集》记载，自1844

① “单马令”（Tambralinga）为古国名，故地在今泰国北部的洛坤，彭亨、吉兰丹现为马来西亚的两个州。

② 李恩涵：《东南亚华人史》，东方出版社，2015年，第127页。

年起，华侨大量来到海峡殖民地和马来亚。[①]为规范苦力问题，海峡殖民地当局于1877年3月在新加坡设置一名华民护卫司（Chinese Protectorate），也在槟城另外设置一名助理华民护卫司。

秘密会党是指海外华侨中以天地会为主的各种帮会组织。[②]新加坡、马来亚两地华侨根据方言的不同亦分别组建自己的会党（李恩涵在《东南亚华人史》中称之为“私会党”）。1799年秘密会党首领在槟榔屿出现后，很快在新加坡、马六甲等地开展活动。他们都是天地会成员，但根据方言的不同，广东人（广府人）在槟城组成“义兴党”，福建人（闽南人）组成“海山党”，客家人组成“华生党”，潮州人多参加“义兴党”。这些秘密会党实际上是华侨社会半合法的自治机构，曾发挥了积极作用：一是保护会党会员的生命与财产，协调彼此的工作与解决彼此间的纷争；[③]二是承担了照顾族人同乡的责任，如创建坟山以安葬族人，创办医院、设立学校等；三是团结起来同殖民当局进行斗争，最大限度地维护华侨的利益。

然而，华侨社会并不是铁板一块。柯木林认为，由于华侨人口多，不团结，不同帮派因语言之间的隔阂产生矛盾，往往诉诸武力，这是早期华侨社会时常发生械斗的原因。[④]《械斗说》云：

> 械斗之事，始自闽之泉州，粤之潮州最盛，次则广惠之属亦当有之。每因口角细故，遂起争端，妄动干戈，互相杀，视性命轻于鸿毛，莫能歇止。此乃闽粤民间通弊，不图风气所趋渐远，竟至南洋各埠亦多此种陋风。即如叻地，械斗之事，近亦常闻。初犹以为闽粤之人旅叻者多，未能忘故乡风气，不意生于斯土者亦染是风。[⑤]

华侨秘密会党之间争斗的主要原因，主要有以下几个方面。

（一）争夺地盘

当年各会党都有自己管辖的地盘。“赌间口一带，则义兴主之；马交街、新街一带，则义福主之；单边街、长泰街一带，则福兴主之。各有所属。……惟牛车水一带，则尚无专属，是以各会均欲起而争之，各占一区，强为首领。”[⑥]“义兴”“义福”“福兴”都是会党的帮号。各会党尤其重视经济利益。他们为了争斗地盘，动辄使用武力。

（二）争夺专卖权

英国人于1808年起实行一种以“饷码承包”为基础的税收制度，将鸦片、酒、椰油、印度大麻、猪肉、烟草、木材与盐等交由华侨承包专卖。此外，开设赌局也可由华侨全部

①柯木林、廖文辉编注《三州府文件修集选编》，新加坡宗乡会馆联合总会，2020年，第15页。

②沈燕清：《19世纪新加坡华人秘密会党与鸦片包税探析》，《南洋问题研究》2010年第3期。

③张健：《论十九世纪新马华人私会党兴盛的原因》，《八桂侨刊》2006年第3期。

④柯木林、廖文辉编注《三州府文件修集选编》，新加坡宗乡会馆联合总会，2020年，第160页。

⑤柯木林、廖文辉编注《三州府文件修集选编》，新加坡宗乡会馆联合总会，2020年，第359页。

⑥柯木林、廖文辉编注《三州府文件修集选编》，新加坡宗乡会馆联合总会，2020年，第161页。

经手承包。以鸦片销售为例。陈成宝（1828—1869年）祖籍广东潮州，生于怡保。1860年前后，他作为当时鸦片包税者王万顺的最主要支持者，首次出现在新加坡的包税领域。那时，王万顺打败了福建人章三潮领导的包税集团而取得了新加坡的鸦片包税权。在接下来的10年，章氏领导的福建人集团与陈成宝领导的潮州人集团之间展开了关于包税权的激烈斗争。①

秘密会党的争夺也与贸易有关。19世纪，在英国殖民当局的纵容下，从中国各条约口岸源源不断地向东南亚输送劳工的“猪仔贸易”逐渐发展起来。据说，天地会在槟城设立支部，与澳门某些猪仔馆有关，自然与保护其所从事的猪仔贸易有关。在海峡殖民地拥有强大势力的秘密会党成了“猪仔贸易”的保护组织。②当时新加坡最著名的“猪仔头”一般都是秘密会党成员，如梁亚保、麦钧（莫钧）、蔡茂春都是义兴会成员，其中麦钧是首领。③邱格屏认为，职业垄断是会党械斗的根源。④

（三）争夺利益

1861年7月，在马来半岛霹雳州拉律（今太平一带），广东四邑人（新会、台山、开平、恩平）的义兴党与客家人（广东嘉应州梅县、蕉岭、兴宁、平远、五华等五属）的华生党、福建人的海山党开始因为争夺锡矿而发生大规模流血冲突，此后持续12年之久。1867年3月，他们的冲突蔓延到槟城，当地广东人的义兴党、客家人的华生党与福建人的建兴公司（海山党）也开始大规模械斗。⑤

广帮和客帮常有利益之争。《三州府文件修集选编》中有相关的禀帖。《客籍图霸神庙，乞为公断》一帖云：“具禀人广惠肇三府商民等，禀为客籍暗谋侵占，图霸神庙，叩乞宪恩公断事。”所建福德祠，以广帮最早，客籍次之，广帮七股，客籍三股。后两帮同置新义山一所，两家均摊。“酬神演戏各项动用皆系我广惠肇料理，毫无与客人相涉。”但后来客帮将庙门白日关闭，不与人民参神。“率意启衅寻斗，借势侵谋。”⑥因此，要求华民护卫司公断。客帮反过来控诉广帮恃强凌弱。如《乞恩吊簿清查以重款项而妥神灵》一帖云：“具禀人大伯公庙客帮炉主嘉应五属大埔丰顺永定商民等，禀为恃强越例，乞恩吊簿清查以重款项而妥神灵。”客帮控诉广帮“任意饱囊肥己，并屡说微弱客帮势莫能为等语”，要求“仍将庙内各项出席银两俱归本庙，以为周年修理各项费用”。⑦

秘密会党之间曾多次因为“细故”（比较小的矛盾）发生争斗。1854年5月5日，潮州人与福建人因为购半斤米问题而发生冲突，扩大到义兴党（潮州人）与义福党（福建人）的大械斗。双方都纠集数百人，以木棍、石块、刀子为武器，械斗蔓延到街道上的商店，店主、店员被殴，货品大半被抢。直到5月13日，在英军的镇压下，械斗才平息下来。据统计，

①沈燕清：《19世纪新加坡华人秘密会党与鸦片包税探析》，《南洋问题研究》2010年第3期。
②邱格屏：《19世纪新马华人秘密会党与猪仔贸易》，《青岛海洋大学学报（社会科学版）》1999年第3期。
③沈燕清：《1851年新加坡华侨秘密会党反天主教暴乱浅析》，《八桂侨刊》2011年第4期。
④邱格屏：《19世纪新马华人的职业垄断与会党械斗》，《江苏社会科学》1999年第2期。
⑤李恩涵：《东南亚华人史》，东方出版社，2015年，第135页。
⑥柯木林、廖文辉编注《三州府文件修集选编》，新加坡宗乡会馆联合总会，2020年，第30—31页。
⑦柯木林、廖文辉编注《三州府文件修集选编》，新加坡宗乡会馆联合总会，2020年，第46—47页。

此次械斗被杀者有400多人，多人受伤。[①]在《三州府文件修集选编》中亦不乏秘密会党因为“细故”而引发斗殴事件。其中,《论本坡械斗事》认为：

> 夫本坡械斗之风最盛，然其所因之处则亦各有不同。有一人之私仇者，有全党以同仇者。一人之仇，则遇而相斗。此犹小事，固无论矣。至于党羽相仇之斗，亦有械斗，致令安居守分者贸易，为之不安，甚即事外之人，亦且为其误殴。[②]

三、秘密会党对华侨社会的威胁

秘密会党的内斗曾严重地威胁华侨社会，损害了不少底层华侨的利益。这在《三州府文件修集选编》中有一些记载，主要有以下几种情形。

（一）公然勒索

在《华民禀报会党公然勒索》(卷一第8件)(1: 8,7–9.A Petition to the Protector of Chinese from NIUN KIM TSOAN bringing a charge of extortion against certain members of the “Hui Liong Kok” a gang of thieves）[③]中，具禀人梁金泉自称：“寄寓牛车水大马路第一百七十四号门牌叙仙阁餐馆内，禀为痞棍无端勒索，贻害闾阎，恳恩彻底查办，以靖地方而安行旅事。”他说自己一直在港成兴轮船司理客货之职，其船名“边拿打”，往叻（新加坡）港等处地方。本月初三，由港抵叻，于初九夜至牛车水新悦意娼寮访友，面商生理事务，突然有痞棍40余人手持凶器，直至该寮，凶恶异常，无端勒索，逼他给洋银百余元。梁金泉与这些人素未谋面，竟然被强索资财，感到惊讶，因与之理论。但这些人对梁大加恐吓，并行凶殴打。事后，梁金泉对这些人进行了调查，得知：“平日聚集多人，无恶不作，专以勒索良民为事，私设一公司名曰‘飞龙阁’，即永广轩在牛车水咭哼庙右边，专为窝藏匪徒以作拐骗赌博之事，每见良懦之辈则行凶勒诈。”他因此担心将来商民受其害者，更无穷期，则人皆视为畏途，无以兴地方而安行旅。

在此诉状中，控诉者以亲身经历揭发匪徒私设会党、勒索良民的罪行，进而将此问题上升到华侨社会治安的高度,“为地方大局起见”，为了“兴地方而安行旅”，恳请护卫司“严加驱提究办，务使商民咸庆安居”“除此凶徒”。

（二）胁迫华侨入会

在《胁迫入会》(卷一第114件）中，具禀者为潮州人陈富正、黄泰盛、蔡亚荣、林亚平等。“为逼勒入会，矢志不从，激生仇怨事。”禀帖中云：

> 新加坡有许英礼又名“许顺星”者，原潮州董姓人氏。家贫，后来入嗣许姓为子。许氏一向不守本分，日以赌荡花销为事。后来逃入槟城求荐入染房为佣工，不久加入了义兴会。嗣后恃势横行，无恶不作，后为染房知觉，因即革出。而许英礼仍不知自检，竟流为贼匪，幸被槟城皇家拿获，判以驱遣来叻，监禁三年。

①李恩涵：《东南亚华人史》，东方出版社，2015年，第193—194页。
②柯木林、廖文辉编注《三州府文件修集选编》，新加坡宗乡会馆联合总会，2020年，第395页。
③柯木林、廖文辉编注《三州府文件修集选编》，新加坡宗乡会馆联合总会，2020年，第21—22页。

期满后就在叻地谋活。适有亲友荐其在荣成、荣利两号染房佣工，讵料贼心未改，复盗该两号货物，经被察觉，斯时自知有罪，急托友人求情，而荣成、荣利两东宽宏大度，亦不追究。惟许英礼知潮郡义兴与槟城义兴相同，因在叻复入公司，但系性好生事，贻害良民。在林孝棵做义兴总理时，曾将其革出，不准其再次加入该会。因此，许英礼心怀不忿，复邀集同事之辈数十人，转入福建义兴公司，自称为“四大头人”，每向众人夸压。陈富正等人不肯从他入会，许英礼很不高兴，便与黄顺章、卢亚文、蔡元通等结队成群，常在牛车水大街门牌第一百四十八号顺源饭店楼上会集，早晚寻仇。陈富正等人已被他纠众殴伤，在差馆禀报存案矣。因为无辜被殴，积恨难伸，且许英礼欺人太甚，竟敢纠众成群，拥至两合荣利两染房处，站在门前肆行辱骂。具禀人没有办法，只得具词哀告。伏望宪台大人明察秋毫，严行究办。①

该诉讼书控诉许英礼品行不良，从潮州义兴公司转入福建义兴公司，自称“四大头人”，强迫华侨入会，如不顺从，即行殴打。

（三）搅扰良民

《三州府文件修集选编》中收录“搅扰良民（卷一第57件）”云：“具禀人梁瑞源寓源顺街第一百一十七号门牌茂盛号，禀为揭报匪徒积恶，恳恩拘提惩办，以除奸恶而安善良事。”梁瑞源在禀帖中提到，新加坡近期有一伙匪徒无恶不作，在海面非常猖狂。通过访查，了解到这些人共有40人之多。“皆由厦门等处来坡，共联一会，名曰‘打飞鸟会’，专在海面肆其劫掠。”这个帮会内的人都托名驾驶三板为生。“常在然申路头至小坡铁巴虱一带海旁，操舟来往丹绒牛以及至各埠来叻之轮船、驳船搭客，始以甜言饵人雇坐，迨至江心，而后即肆所欲为，逼勒资财者有之，劫掠行李者有之，甚即谋财害命之事亦无不有之。”他认为新加坡海面近来常有无主浮尸，都是这些人所为。“民等生长南洋，目击彼匪徒如此凶横，实有不能于缄默，故特据实禀闻宪坐，并将诸匪首之姓名署列。”他要求：“饬差拘提到案，按律惩办，或定以监禁之罪，或将其押解回华，务使匪类肃清，良民安枕，则地方之受赐者，自靡穷矣。”他本人除了报华民护卫司查照外，专门赴辅政司大人台前转详督宪大人处“恩准施行”。②

值得注意的是，此具禀人并非受害者，而是一个生长于南洋的华侨，出于义愤，向华民护卫司等部门控告会党在海上横行的罪行，要求华民护卫司等部门拘拿罪犯，保一方平安。

秘密会党除了在海面上抢劫外，尚有盗窃欺诈者。禀帖《华民遭盗窃欺诈》云：

具禀人陈焕、陈汀等人由槟城来叻，于四月二十七日抵岸，有贼党一班，谬认亲人，假意相就，诱焕等至伊栈中沐浴。他们不知道是奸计，衣箱等物被盗窃。

①柯木林、廖文辉编注《三州府文件修集选编》，新加坡宗乡会馆联合总会，2020年，第272—273页。
②柯木林、廖文辉编注《三州府文件修集选编》，新加坡宗乡会馆联合总会，2020年，第246—247页。

后来报案，始获郑九、蔡万年两人到案，其余现仍在逃。但闻在逃之匪，概是义兴、福兴两公司之人，尚有责承，易于缉获。[①]

在马六甲的华侨以“呷埠众商”[②]的名义具禀马六甲护卫司：

缘旧岁义武、福明两公司争斗，蒙大人高明洞察，两造判息，并封其公司不准复开。但是数月之后，义武公司心怀不忿，勾结客家人刘六结党成群，在荷兰街第一百号门牌复设一公司，改名为“义寿公司”，不论何种人均可入会，就是马来亚人也可以加入。还另设一个公司于观音亭边，名曰“华华会”。此班等辈藉势欺凌，每出则搅扰良民。

因此，马六甲华侨也因为秘密会党猖獗而恳求护卫司“除暴安良，务使该两公司即行封禁，不准复开”。[③]

（四）杀害天主教徒

由于天主教牧师在秘密会党成员与华侨教徒之间发生冲突时总是袒护华侨教徒，再加上天主教的信仰与天地会的主张相去甚远，引起了秘密会党对天主教的刻骨仇恨。1851年2月15日，新加坡华侨秘密会党发动了反天主教暴乱。在华侨会党的鼓动下，暴徒袭击了教堂和外国传教士的住处。信奉天主教的华侨教徒也受到攻击，被宣布为“第二号洋鬼子”，财产被抢劫，人身受到伤害。一周之内，有27家种植园被毁，500多名华侨教徒被杀害。[④]

四、英国殖民当局针对华侨会党的措施

英国殖民当局对秘密会党采取了措施，不只是因为华侨社会对秘密会党的不满和控诉，更重要和根本的原因是殖民当局着眼于大英帝国的大局，从维持殖民者的利益出发来对三州府进行有效的管理。

19世纪，英国殖民当局官员在管理华侨方面进行了摸索。在这一过程中，英国人利用华侨社会内部的矛盾，逐渐摸索出一套行之有效的管理办法，主要是通过殖民者惯用的手法“分而治之”，并颁布各种相关法律、条规和禁令。具体来说，主要有以下措施。

（一）“以华制华”“分而治之”

殖民当局委任一些甲必丹、亭主等，通过民间组织（如社团）的协助等，形成一套管理合作模式。华侨移居海外，生存处境艰难，为了立足，一些侨领只好接受殖民当局的委任。英国殖民者一直使用“以华制华”“分而治之”的手法。在1877年华民护卫司建立之初，英国殖民当局没有足够的力量来对付秘密会党，因此纵容秘密会党从事猪仔贸易。

①柯木林、廖文辉编注《三州府文件修集选编》，新加坡宗乡会馆联合总会，2020年，第20—21页。

②“呷”为早年华侨对马六甲的俗称。

③柯木林、廖文辉编注《三州府文件修集选编》，新加坡宗乡会馆联合总会，2020年，第48页。

④沈燕清：《1851年新加坡华侨秘密会党反天主教暴乱浅析》，《八桂侨刊》2011年第4期。

（二）设立管理机构

为了管理好华侨，尤其是为了解决秘密会党引发的社会治安问题，1877年英国殖民当局在新加坡设立华民护卫司，致力于促使私会党之合法登记为普通性、公开性的社团而控制之。1877年5月3日，毕麒麟（Pickering）受命担任首任华民护卫司。

（三）出台一系列法令

1869年，殖民当局出台了《限制危险社团法令》，开始对秘密会党实行限制政策。根据此法令，所有会党必须重新注册。华民护卫司设立后，英国殖民当局对秘密会党采取的措施越来越严格。毕麒麟将秘密会党聚居的区域分成若干小区，每一小区委任一名头目管理区内的成员，区内各成员的生平、资历、职业等资料均记录在案。如果该头目无法解决区内会党的争端，将遭受惩罚甚至驱逐出境。1879年，有两名失职的头目被押解出境。[①]

随着殖民当局力量的加强，1882年华民护卫司颁布一项法令，授权社团注明官可以拒绝批准三合会或“督公”的私会党登记。

英国殖民当局的举措遭到了秘密会党的反抗。1887年，毕麒麟因为调解华侨帮群问题在办公室内为义福帮雇佣的杀手蔡亚惜（潮州人）的利斧所伤，后来因旧伤复发而去世。此一事件无疑引起英国殖民当局的高度重视，对秘密会党的取缔措施越来越严厉。

1889年，殖民当局宣布取缔秘密会党，秘密会党的活动由公开转入地下。次年法令正式生效。不到一个月，即1890年7月1日，三州府又颁布《严禁会党晓谕》：

> 照得自英本年七月一号，即华人五月十五日起，本坡之福建义兴、福兴、松柏馆、广惠肇、广福、义气、洪义、利成行、粤东馆、兴顺、兴福等会，均作犯法会党而论。凡人若敢办理，或帮办各该会之事务，或充作会内同人者，均可照一千八百八十九年之会党章程示罚。[②]

关于取缔的缘由，当局声称：

> 历年以来，各会之人数目日多，权势日炽，每有歹人管理，则纵奸助恶，藏匿罪人，故三州府国家特设新律为之禁除，而此律现已蒙大英君主批准举行矣。夫此等会党乃在中国，以及大英别处属地、穆勝油、荷兰各州府均不准行者也。且三州府国家向设有华民护卫司，署内各员俱谙华言华例。凡系华人，无分贫富，若有疑难之事，即可赴署求其指助。另本处保黎公堂，亦设有审事之官，传供之吏，秉公保护被屈之人。且凡赴护署，以及保黎禀见者，均无需缴纳费银。

为了否定秘密会党存在的必要性，华民护卫司声称：

> 嗣后所有埠内各会均须遵照新律，另行记录，方准开设。间有系因举办善事，

①李恩涵：《东南亚华人史》，东方出版社，2015年，第196页。

②柯木林、廖文辉编注《三州府文件修集选编》，新加坡宗乡会馆联合总会，2020年，第60页。

救济贫病，或因关顾生意大局，或因学习文艺等事而设者，自当准其记录。至若有碍埠内平安者，则断无准其记录之理。……于华人本年十二月十一日起办，所有国家不准其记录之会则皆与以期限，俾将会内事务数目办理清楚，方行关闭。此限最少亦以六个月为率，自此以后，凡有擅入并无记录之会者，或办理，或帮办会内事务者，均必照律严惩。定以罚银监禁等罪，或银监兼罚，以儆效尤。

对目前天地会及其下属组织的财产处置，也给予了具体的时间期限：

至各天地会及一切例应禁除之会，现有产业银项，等等，理合准其自行酌议设法布置，本部堂不欲干预。然该会等亦必须于西历一千八百九十年七月一号以前概行理楚。如未理楚，必须求请宽限，否则所有会内存下之产业，均要照例交与报穷司收掌，候臬堂发落施行。[①]

殖民当局通过一系列谕令取缔天地会及其下属帮会，但允许设立慈善会、商会、文艺团体等所谓不影响埠内平安的团体。1890年11月27日，华民护卫司颁布《严禁会党晓谕》：

照得本司查悉牛车水一带，匪党甚繁，屡向各娼寮勒索陋规，而各寮主则尚在犹豫之间，未敢擅与。兹特出示专谕本坡各娼寮主人知悉，嗣后汝等慎勿交纳此等陋规，倘有匪徒胆敢到来索取者，可即鸣捕拘拿，然后到本署禀明一切，则本司自可将该匪等从严究治或申详督宪，押解回华，以儆效尤。[②]

但秘密会党并未因此绝迹。因此，华民护卫司还专门颁布了《配合严办会党晓谕》云：

三州府尚有私会三党，已经设置多年，分别命名为“水陆平安”“飞龙阁”“同顺和”。该三党联成一气，以盗骗轮船上来往客商为事，名曰“爆棺材”。其首领有陆慈普、李凤池等捕获，押解回华。但是仍有积匪多名畏罪潜逃，因此呼吁凡属商民人等，若知该匪匿迹某埠，或探闻其附船来叻者，可即往该司署内报明，以使饬役拘拿，尽法惩办等因，奉此查国家办理该会，于各埠华人关系甚重。[③]

秘密会党继续存在，有的准备恢复活动。华民护卫司为此颁布《查禁会党晓谕》云：

迩来小坡一带，常有不法匪徒私将同明会党复开，以致滋闹之端，时有所闻。查该会前经国家遣散，不准再开。讵意例禁虽严，而匪党仍是愍不畏法，竟于前数

①柯木林、廖文辉编注《三州府文件修集选编》，新加坡宗乡会馆联合总会，2020年，第57—58页。
②柯木林、廖文辉编注《三州府文件修集选编》，新加坡宗乡会馆联合总会，2020年，第60—61页。
③柯木林、廖文辉编注《三州府文件修集选编》，新加坡宗乡会馆联合总会，2020年，第67页。

月在旧咨厘港内复设公司，易名兴明以图混饰。凡在小坡牵车负贩之流，莫不被其鱼肉。更将无知愚民诱进馆中肆行抢夺，且又四出勒捐，以充会中费用及酬神置酒之需。种种妄为，言之发指。……兹经出示之后，凡属为恶之人必知警惧，改过自新，而向来奉法之良民，亦宜益加奋勉，相助本司与民除害，是所厚望也。[①]

“以华治华”是英国殖民者惯用的伎俩。他们除了利用帮会组织外，也企图利用华侨“相助本司与民除害”，为殖民当局提供相关线索。

不久，华民护卫司又颁布了《查禁会党晓谕》(之二)，其中谈到福建人陈永端（即陈大憨）“请将供奉玄天上帝之镇武庙一所，按例注册”“实为利己起见，且藉庙宇为名，暗将永全堂公司复开”。因此，殖民当局不许永全堂公司改名复开，亦不准办理会中事务，如捐题、演戏、出丧等事。[②]

五、结语

通过以上论述可以看出，秘密会党和华侨之间有着复杂的关系。秘密会党一方面保护华侨的利益，另一方面也存在一些突出问题，给华侨社会构成了很大的威胁。秘密会党之间的械斗及其对华侨社会的冲击引起了华侨社会的强烈不满。他们纷纷诉诸殖民当局，要求取缔秘密会党，“为民除害”。秘密会党的强大也引发了英国殖民当局的恐惧。殖民当局开始调整对秘密会党的政策，即由利用改为限制，乃至取缔。他们根据华侨内部“不团结”这一特点，有意利用华侨之间的矛盾冲突，“分而治之”，逐步采取严厉措施。在限制、取缔秘密会党的过程中，殖民当局屡屡诱导华侨群众，称“奉此查国家办理该会，于各埠华人关系甚重”，还鼓动群众参与取缔会党这一行动，云：“而向来奉法之良民，亦宜益加奋勉，相助本司与民除害，是所厚望也。”

自从殖民当局颁布的法令生效后，秘密会党处境艰难，被迫转入地下活动，但华侨参加秘密会党的人数仍然占有比较大的比例。至1881年，新加坡全境的华侨男性有72,571人，其中的秘密会党成员有33,101人，占全部华侨男性的45.6%。[③]殖民当局采取了各种措施，玩弄“以华制华”“分而治之”的伎俩，仍然不能彻底清除秘密会党。

作者简介：李未醉，玉林师范学院教授

① 柯木林、廖文辉编注《三州府文件修集选编》，新加坡宗乡会馆联合总会，2020年，第69页。
② 柯木林、廖文辉编注《三州府文件修集选编》，新加坡宗乡会馆联合总会，2020年，第70页。
③ 李恩涵：《东南亚华人史》，东方出版社，2015年，第197页。

社会空间视角下海外散居华人的共同体构建
——以美国S县华人为例

刘 静

【摘要】社会空间之于任何社会生活都是先决条件，对于理解共同体构建具有重要意义。本文以美国S县散居华人为例，将其实践场域分为自然空间、言语空间、文化空间、网络空间4个部分。通过揭示个案的内在逻辑，即从“脱域”到“在场”的个体行动的逻辑，从“去情景化”到“赋情境性”的空间重塑的逻辑，从想象聚合到现实共融的集体意识形成的逻辑，剖析海外散居华人的凝聚机制，从社会空间维度为海外散居华人共同体构建提供理解框架，也为人类命运共同体的构建提供具象思路。

【关键词】社会空间　海外散居华人　共同体　认同

一、引言

近年来，随着中美战略博弈和新冠肺炎疫情防控等多重因素的影响，中外文化交流多次被迫按下暂停键。面对中美价值观的巨大分歧，以及疫情阴霾和种族歧视带来的危机，多数在美华人①更加深刻地理解了构建人类命运共同体的积极意义。面对巨大的风险和挑战，海外散居华人更加深刻地意识到需要通过弘扬中华文化，团结凝聚广大华人，构建起共同体纽带，积极推动文明互鉴，共创共享人类共同价值。

实际上，较老移民而言，20世纪70年代以来的新移民的整体教育水平、专业素质、语言能力都比较高，能够较好地适应并融入海外社会，愈发呈现出高知识水平新移民的散居倾向。对于呈现聚居形态的老移民而言，地缘关系为其提供了构建共同体的物理空间。相比之下，散居华人的共同体构建就成了研究视野中模糊的一隅。笔者2017—2018年在美国S县开展田野调查时发现，尽管当地华人总数较少，居住分散，通过集体实践的形式，构建出多点、动态、不同维度的社会空间，并在认知层面形塑共同体意识，实现散居背景下的凝聚。经过梳理，本文将以社会空间为核心概念剖析常态化生活状态中海外散居华人群体的凝聚机理及其共同体构建的逻辑。

二、关于社会空间的讨论

个体的社会行动的开展总是基于一定的空间载体。空间为社会生活提供了基本的场域。社会空间之于任何社会实践和共同体构建都是先决条件。经由“空间”“场所”“社会空间”等概念体系的不断演变发展，逐渐形成了当前社会空间研究包罗多学科的繁荣景象。本文则集中关注社会理论范畴内对空间的探讨。

① 文中所指的华人是广义的指称，包括美籍华人和在美国留学、工作的中国公民。

（一）空间的社会属性

早在社会空间研究尚未成型之时，德国社会学家齐美尔（Georg Simmel，1858—1918年）就指出空间既有物理和地理属性，也有鲜明的社会属性。空间的社会性也直接成为社会空间理论研究的逻辑起点。齐美尔指出，通过人际互动，社会行为与空间特质在某种程度上相互交织，使空间呈现出排他性、分割性、固定化、接触性、成员流动性等特点，群体的社会行动和分化被折射在空间之中，体现出空间社会性的分化形态。[①]换言之，人类非均质化地分割使用空间，构成空间内部的规定与准则，从而构成某种群体的共同归属，由此划定出空间的社会边界，并具体表现为不同群体占据不同的社会空间。在齐美尔看来，空间和距离构成价值与社会共同体存在的基础。不过，由于他对空间的分析建立在纯粹社会学的基础上，空间在他看来并非事物的特殊本质，也非社会关系的生产性要素[②]，对于空间社会意义的理解也仅限于浅尝辄止。与其同时期的法国社会学家涂尔干在研究《宗教生活的基本形式》时也留意到了空间的社会性，并将空间视为宗教仪式中社会关系的一种折射。这一时期，空间研究虽然得到了学者一定程度的关注，但对其重视程度仍显不足。20世纪20年代，芝加哥学派将人文地理学研究传统引入了城市研究之中，并从经验研究的角度研究不同类别的社区空间。虽然该学派所开展的研究以城市社区为核心，空间并非其研究核心或重点，但是在空间格局中关注不同要素与城市发展的关系一定程度促进了学界达成重视空间研究的共识。

（二）社会空间研究

20世纪70年代是将社会空间研究推向鼎盛的一个重要时期。法国哲学家列斐伏尔（Henri Lefebvre，1901—1991年）在马克思研究的基础上对社会空间展开了专门的研究，成为该领域理论研究的巨擘。列斐伏尔认为，空间在最初仅用于指称一片空的区域，且具有严格的几何学意义。[③]在《空间的生产》一书中，他将空间分为绝对空间、抽象空间、共享空间、具体空间、文化空间、主导空间、生活空间、休闲空间、社会化空间、国家空间等多种类别，还深刻指出空间不是空洞的，往往蕴含着某种意义。[④]他认为，真实空间与精神空间之间存在二元分裂，社会空间得以弥补这种断裂关系。个体在空间中互动并与空间互相形塑，如此构成社会空间。空间不仅是社会生活的重要构成要素，其本身也是社会生活的一部分。[⑤]由此，空间关系被视为对社会关系的一种映射。作为空间研究问题最具代表性的人物，列斐伏尔成功地将"空间中的生产（production in space）"转变成了"空间的生产（production of space）"。他还指出，空间与资本、商品、货品同处于全球性的过程中，空间中不仅到处弥漫着社会关系，还被社会关系所包裹和支持，它不仅生产关系，也被社会关系所生产。[⑥]进而，他在认识论层面提出了社会空间的三种意涵，即空间实践、空间表征、

①何森、张鸿雁：《城市社会空间分化如何可能——西方城市社会学空间理论的中国意义》，《探索与争鸣》2011年第8期。

②叶涯剑：《空间社会学的缘起及发展——社会研究的一种新视角》，《河南社会科学》2005年第5期。

③潘可礼：《亨利·列斐伏尔的社会空间理论》，《南京师大学报（社会科学版）》2015年第1期。

④Lefebvre, H. *The Production of Space*, translated by Donald Nicholson-Smith. Oxford（UK）, Cambridge, Mass: Blackwell,1991, p.154. 包亚明：《现代性与空间的生产》，上海教育出版社，2003年，第83页。

⑤王晓磊：《"社会空间"的概念界说与本质特征》，《理论与现代化》2010年第1期。

⑥包亚明：《现代性与空间的生产》，上海教育出版社，2003年，第48页。

表征空间，并将研究矛头直接转向了空间生产。在列斐伏尔这里，哪里有空间，哪里就有社会存在，社会空间不是自然的，而是人造的，是社会的产物，不仅极大地拓展了空间的社会意义，还提出了空间生产的理论体系，在社会理论研究中产生了广泛影响。

作为后现代社会理论中一个重要的理论范畴，社会空间研究自然受到了学界的特别关注。福柯（Michel Foucault，1926—1984年）的社会空间理论是嵌入在他对权力与规训的研究框架之中的。他认为，空间的历史就是权力的历史，大到地缘政治小到个体的住所，都深刻包含了公共空间中的权力关系。[①]在研究知识考古学时他提出，恰如疯癫知识最终形成于疯人院空间[②]，疾病在医生的分类体系中逐渐被置于不同的空间一般，知识塑造人的过程就是知识空间化的过程。在分析权力治理术时，他将空间从微观的权力规训扩展到了宏观的政治管理系统，在国家领域范畴内分析了整个生命政治空间，并以"领域""领土""地区"等空间的隐喻为理论分析工具进一步透视整个政治空间，也进一步透视政治系统中的权力与实践。法国社会学家布迪厄（Pierre Bourdieu，1930—2002年）与福柯几乎是同一代人。布氏认为，空间是一种关系系统，是由个人行动的场域构成的[③]。每个人依据其所在社会空间所掌握的资本的差异，在社会中处于不同的场域。场域并非碎片化的空间位置的集合，而是通过"惯习"紧密联系起来的社会世界。[④]空间内的人依据资本产生相遇与互动，并由此构成不同的空间距离。受福柯启发，英国社会学家吉登斯（Anthony Giddens, Baron Giddens，1938年—　）的结构化理论建立在时空的分离与脱域的基础之上。他认为，社会关系可以超越个体在场的局限，在跨时空中延续存在。[⑤]在他的现代性理论中，现代社会的动力机制直接派生于时间与空间的分离，二者的重组与时间的"分区制"将传统与现代结合在一起，也将地方与全球结合在一起。所有社会生活都发生在时空交织的社会关系之中，由此赋予了空间社会性与情境性。[⑥]

社会空间理论研究由来已久，相关理论的兴盛不仅涉及社会学，还涉及人文地理学、马克思主义批判理论等多学科研究视角，使该研究迸发出融合与创新的双重特征。上述学者在各自领域见长并提出了各自对空间的理解与观点，但均承认空间在自然属性之外还有着鲜明的社会属性。对广大海外散居华人而言，与母国（中国）跨时空的分离已然成为全球化背景下一种客观的社会存在。社会空间之于海外华人共同体的构建，不仅是空间与社会关系的再生产，更是对群体边界与认同的塑造。

在跨时空场域中的社会实践隐含着空间要素，但在海外生活和研究中更多被视为自然而然的物理空间，一定程度上忽略了空间的社会意义。鉴于此，从社会空间的角度观察海外散居华人的空间分布，分析其如何在空间中构建社会关系、塑造群体心理边界，对于理解海外散居华人的社会实践或能提供富有启发的洞见。

①福柯：《何为启蒙》，顾嘉琛译，上海远东出版社，1998年，第539页。

②福柯：《疯癫与文明：理性时代的疯癫史》，刘北成等译，生活·读书·新知三联书店，2012年，第9页。

③高宣扬：《布迪厄的社会理论》，同济大学出版社，2004年，第136—156页。

④邹阳：《布迪厄的空间理论——读〈社会空间与象征力〉》，《河北理工大学学报（社会科学版）》2011年第2期。

⑤安东尼·吉登斯：《社会理论的核心问题：社会分析中的行动、结构与矛盾》，郭忠华等译，上海译文出版社，2015年，第211—214页。

⑥安东尼·吉登斯：《社会的构成》，李康、李猛译，生活·读书·新知三联书店，1998年，第223页。

三、S县散居华人的社会空间分析

S县处于美国中部大陆。当地政府统计数据显示，亚裔[①]人口仅占当地人口总数的2.9%。而据当地华人不完全统计，包括美籍华人、中国留学生、获得H1B工作签证或OPT签证的从业者及非法移民等所有情况在内的当地华人仍不足5万。他们虽然不居住于同一个社区，但是却常以“华人社区”的话语表述勾画出一幅共同体图景。而这一非典型性的海外散居华人所构建的共同体，是基于自然空间、言语空间、文化空间、网络空间构建而成的。需要指出的是，这些空间并非是隔离而独立的，而是交织在一起，下文仅出于分析的角度将其独立讨论。

（一）自然空间

社会空间作为承载个体社会互动的场所，其自然属性总是第一位的，不应被忽视。地理意义上的自然空间是建构其他社会空间的基础与起点。从地理学角度而言，S县位于美国中部。对于S县华人而言，个体交流的自然空间主要有华人超市、华文学校、华人教会等固定场所及个体之间偶然相遇的非固定场合。

对于海外华人社会而言，华人超市、华文学校、华人教会是华人社会在建筑空间的典型场所表征。调查发现，S县共有华人超市2家、华文学校3所、华人教会4所。这些场所都远离市中心地区（downtown area），散点式地分布在当地的郊区。从地理要素上来讲，这些场所都位于当地中产阶级社区，个体日常生活中在这些场所的际遇构成私人空间与公共空间的交织，构成散居华人的相对聚集。据访谈得知，S县的几家华人教会和华文学校多年来分别在几方努力下购置了独有土地并最终修建了其所独属的建筑物。当地华人曾多次告诉笔者，这些建筑物从外观来看虽然与当地其他房屋别无二致，不外乎走廊、过道、楼梯、房间等建筑学意义上的空间的联结和汇合，但是意义非凡。这意味着作为少数群体的华人已经站稳了脚跟，有了一片群体专属空间，还有助于为本地出生的新一代华人及新移民开拓更多的发展空间。

无论是实体空间还是专属空间，亦或是开拓更多发展空间，都显示出空间对于S县散居华人的意义是独特的。一般情况下，空间是构成社区的重要维度，更是理解海外华人生活形态与身份认同的载体与工具。但从S县的空间维度上来看，散居华人的自然空间构成并非是均质化的，而是分散地布局于当地各处，并投射出当地华人心理维度上的认知与认同。这种空间也并非机械和外在的，而是充满了华人的集体情感价值[②]，构建出一种“共同体感”，成为理解华人社会空间的基础。

（二）言语空间

跨越故乡与本土的散居华人被放置在异国的参照系中，不仅需要改变人际沟通的语言，适应当地互动交流的方式，而且需要面对文化身份连续性的断裂。于是，语言构成了海外华人社区遵循的共同规则和特定维度，更成为海外华人共同体的一道重要景观。[③]

①泛指亚洲国家移民及后裔。

②郑震：《空间：一个社会学的概念》，《社会学研究》2010年第5期。

③杨金龙、朱彦蓉：《面向“人类命运共同体”的海外华人社区语言景观翻译探析——以波士顿“中国城”为例》，《外文研究》2019年第2期。

S县散居华人主要由少量的早期老移民和改革开放后出国获得居留权的新移民及广大留学生构成。其中，当地老移民主要是美国西海岸早期华人移民的后裔，讲粤语。而构成当地散居华人主体部分的新移民和广大留学生则以普通话为主。随着新移民和当地留学生群体的不断扩大，老移民也开始学习普通话，如此逐步构成了当前华人以普通话为主要要素、以粤语为次要要素的言语空间。据当地人的说法，尽管他们经常切换不同的语言，这种选择常常是下意识的，有时候看到亚裔就会不自觉地直接讲普通话，最后却发现对方只是长得跟华人面容十分相似的其他亚裔。只有在对方真正能够与其用同样的语言展开对话和交流时，言语空间才得以形成。在特定的言语空间中，华人通过特定的语码和语码库进行交际，提高了通过语言构建自身身份的能力。其所共享的语码知识主要源于S县华人大多具备在中国成长生活的经历。由于具备相对丰富的社会经验，他们知道如何通过特定的形式来显示高度社会化的语言能力，并通过语言（方言）、语调、风格等体现自身在特定地域内及华人社区中的身份。换言之，S县华人在沟通时，选择语言并非简单地交互信息，更是通过语言的选择建构出一种华人群体所共享的空间秩序。

无论何时何处，语言始终是人开展交往的第一范畴，因为语言使个体表达自我得以可能。正如哈贝马斯（Jürgen Habermas，1929年— ）所说，语言也是一种文化传统，被包含在各类交往活动之中。个体说出某种可被理解的事情，提供给对方去理解，并由此达成与对方的默契。语言的表达在于导向某种认同，并使其彼此信任、共享知识、相互理解。[①]在不同的交际群体和交际情境中，人们使用不同的语言并遵循不同的言语规范与规则，并与其他族群隔出一道无形的空间之墙，从而实现内群体的黏合与外群体的区隔。

（三）文化空间

文字和符号在跨时空场域中具备可持续性。在远离中国本土之外的S县，中文和民俗等要素作为华人文化空间的隐喻，为当地华人带来了“去领土化”的全新体验，并从文化心理维度增加了个体对空间存在的体会、认知与感受。[②]

以华人超市为例，不论是店铺的标识还是琳琅满目的商品，都以中英双语标注，区别于当地其他商店。而华文学校和华人教会则写上中文门牌标识，其所在的自然空间中还布满了不同艺术形式的文字、图像或用品，如对联、中国画、中国结、灯笼等。在华文学校中，教室里外的墙壁都贴满了学生作品，主要有软笔书法和田字格写作的硬笔书法。可以说，文字作为一种视觉符号充满了整个空间，不仅成为跨时空的永生媒介，更成为广大华人在异国他乡对文化记忆的重要支撑。[③]穿梭于文化空间之中的个体还会在特定的节日穿上不同的民族服饰及传统服饰，并在节庆之时组织盛大的庆祝仪式，举办表演和各种图文展览，丰富空间的特定文化时间属性。在S县，每年4月华人组织在植物园定期举办“中华日”庆祝活动。春意盎然的季节，植物园中的舞龙舞狮表演、茶艺展示、杂技表演、传统中式婚礼迎亲项目表演等大型展演活动构成了当地华人专属的文化符号。而在“中华日”这样

①哈贝马斯：《交往与社会进化》，张博树译，重庆出版社，1989年，第2—3页。

②丁月牙：《全球化时代移民回流研究理论模式评述》，《河北大学学报（哲学社会科学版）》2012年第1期。

③阿莱达·阿斯曼：《回忆空间：文化记忆的形式和变迁》，潘璐译，北京大学出版社，2017年，第206页。

一个特殊的时间节点，植物园不仅是一个观看植物、观赏春景的地点，而且是一个书写华人文化传统的象征空间。

文化以文化符号等形式存在，并仪式性地扎根于当地时空中，不断消弭S县海外华人与母国的距离感，渗透在当地华人的日常时间和节庆时间之中。他们所保存的不仅是"中华文化传统"这个概念，更是在S县所处的时空框架下对散居华人文化的塑造和积累，抗衡着散居群体所面临的文化断裂与文化遗忘。

（四）网络空间

网络已然成为当代社会中一种不可或缺的社会存在。网络技术的更新不仅为远在异国他乡的华人提供了便捷联系母国亲友的工具，也成为了沟通故土与所在地的一种媒介。但实际上，让人留恋的并非是故土本身，而是与群体、同胞分享生活、情感的经历和一种选择性的亲切感受。①

据S县华人表述，他们的日常早已深深嵌入网络生活中，微信、Facebook、S县知名大学华人论坛是他们与外界生活保持联系的必备选项。华人教堂的不同团体小组有各自的微信群，华文学校中大多数班级都建立了专属的家长群，文教组织也为"中华日"筹备组建立了专属的讨论组，当地的二手转让微信群则更是数不胜数。难以统计清楚究竟有多少个微信群，每个微信群的规模又如何。微信群中的互动除了满足人的日常交流外，传统岁时节日的问候也逐渐成为一种风气，颇有网络民俗文化的特色。在网络社区空间中，不少人被"熟人关系"拉入人数超过200的超级大群中。他们的频繁互动使虚拟社区和实体社区相互交织在一起，构成了半熟悉、半陌生的群体格局。互联网对人际关系的渗透力不仅体现在微信平台上，群体线上的凝聚也为线下的相聚制造了机会。华人群体线上组织烧烤等大型活动，邀请朋友线下参加。此外，每逢佳节，华人们还在群里互道网络祝福，来自母国的亲戚和朋友的跨国网络祝福更是铺天盖地。虽然身处不同的时空，但是在网络构建的虚拟空间中，群体成员你来我往的问候逐渐割裂了现实空间和虚拟空间的隔离，构成空间的网络化表征，也形塑出华人的网络空间格局。

与上述其他空间不同，网络空间为当地散居华人呈现的并非是一种实体性场域，而是一个独特的"地方"。在社交软件铺陈开的虚拟空间中，熟人关系和亲属关系得以拓展，群体得以凝聚，形成了无数个"被制造"的"小共同体"形态。

四、透过社会空间构建散居华人共同体的个案逻辑

S县散居华人的话语表述显示，"华人社区"不是个地理意义的纯粹"场所"概念，也并非静止社会关系的"容器"或"平台"，而是带有鲜明的社会空间意蕴。散居华人的社会关系通过多样社会空间的重叠相互渗透，构建出点与点相互联结、团与团互相缠绕的社会网络。对这些散居华人而言，时空关系正如鲍曼（Zygmunt Bauman，1925—2017年）所述，

① 斯维特兰娜·博伊姆：《怀旧的未来》，杨德友译，译林出版社，2010年，第156页。

不再是预先注定、静态的，而是非确定性、动态的。[①]他们不仅透过空间生产控制着当地华人社会关系的再生产[②]，也从不同逻辑的角度促进散居华人共同体的生产。

（一）个体行动的逻辑：从“脱域”到“在场”

如吉登斯所言，现代性的程度取决于空间和地方的脱钩。[③]现代社会的互动是流动、多元的，是科学技术不断提升、扩散的结果。公共空间在现代性背景下也不断被拓展，时空对于个体行动的限制不断削弱，使个体行动具备鲜明的“脱域性”。个人不必在某一个时空维度集中在一起，通过特定的场合与空间也可以形成一种集群状态，并相应地被赋予集体的属性。在S县，华人没有一定的居民聚集地，却通过不确定时间的穿梭和日常生活中循环往复、周而复始的行动，延伸出一种突破时空束缚意义的“在场”，使人脱离出来，更加灵活地参与到不同社会空间与社会关系的建构中去。工作单位、学校、居所是散居华人“肉身所在”的主体空间，华人教会、华人超市、华文学校乃至微信群等是其不断往返的社会空间。个体行动从有边界的场所拓展到流动的场域，他们在脱域的空间中不断相遇，遵循着华人生活习惯、交往模式、社会关系等内在机理，构成“华人社区”基本礼仪规则，弥合作为场所的S县华人公共空间的空洞属性。在这些社会空间中，散居华人形成不同的亚群体和松散的联合，在理性化的现代社会中重新嵌入了群体温度，从而实现“心理的栖息”和“情感的栖息”[④]，进而构成一种无形的“个体在场”。

正是经过“脱域”到“在场”的转换，S县散居华人在不同的时空维度中展开了传统与现代的互动，将自然空间、言语空间、文化空间、网络空间叠合起来，形塑出物理、网络、心理紧密交织的当地华人的专属社会空间，为S县散居的华人提供了有聚集的空间集合。通过个体的流动，在不同的场域中实现一种非固定性的情感共存。从这个意义上来说，“脱域”作为一种存在形式为个体的跨时空“在场”提供了可能。散居华人不必参与到每一个文娱活动及社交活动中，在符号与网络等媒介支撑的基础上建构出一种心理维度的“共在、共处”，映射出当地华人与特定群属关系的情感联系与归属感，呈现出共同体的情感属性。

（二）空间重塑的逻辑：从“去情景化”到“赋情境性”

审视S县散居华人的社会行动与社会生活可以发现，个体之间的关系既亲密且疏离，既分散也交织，只有结合空间的情境属性才能拓宽空间解释的向度与限度，从而更好地透视当地华人塑造社会空间和构建共同生活的逻辑。

作为自然场域的地理空间是其基本维度。从纯粹的理论视角而言，主体之间的沟通与交往都是一般性意义上“去情景化”的。不论身在何时何地，人际之间的互动实践以个体本能、情感或理性的需求为基本框架。但纯粹理论层面的探讨是空洞、不切实际的。在现实维度上，社群、社会角色、社会结构对个体的塑造与制约是无法忽略不计的。因此，个体行动的社会空间始终被赋予一种独特的情境性。美国芝加哥学派社会学家安德鲁·阿伯

①齐格蒙特·鲍曼：《流动的现代性》，欧阳景根译，中国人民大学出版社，2000年，第167—182页。

②包亚明：《现代性与空间的生产》，上海教育出版社，2003年，第8—10页。

③安东尼·吉登斯：《现代性的后果》，田禾译，译林出版社，2000年，第249页。

④秦朝森：《脱域与嵌入：三重空间中的小镇青年与短视频互动论》，《现代传播（中国传媒大学学报）》2019年第8期。

特（Andrew Abbott）提出应从空间情境的不同维度理解社会事实，还指出在“互动场域”的社会空间中包涵多重性，受地理、社会、经济等多重因素的制约。[①]但S县散居华人“赋情境性”的社会空间并非是简单地糅合地理、社会、经济结构的构成要素，而是附着在当地华人社会的组织模式之上，指向了当地华人社会的运行机理与互动机制。

对于S县散居华人而言，地域空间是其建立共同体的基础，但自然地理基础上的群体更易形成共同体所默认一致的基础是语言。[②]语言是个案赋情境性的第一个维度。文化则构成情境性的第二个维度。文化好似一张意义之网，将讲述同一语言、相互接触、交往较多的群体紧密联系在一起，使在地理位置上具有差异的空间聚合点关系具备意义。与此同时，网络平台又为当地散居华人创设了一个既相互联系又彼此陌生的独特社会空间结构，创设出联结在场与缺场的时空情境。每个人具备独立的个体分享空间，如Facebook和微信朋友圈，又有互动与交流的不同聊天群组，促进作为最小结构的网络个体空间与网络集体空间共生共融，将自我意识、空间实践和社会关系紧密勾连在一起。[③]

从陌生人之间的际遇到熟人之间的互动，城市空间中弥漫着各种社会关系。空间不是空泛无物的场所，而是结合环境满足个体需求的多元场景，呈现出定位性与广延性。[④]S县散居华人在不同物理空间展开的互动与实践，与各种情境裹挟在一起，促进着社会空间的生产和社会关系的再生产，在当地范畴中隐性地划定华人的群属范围与心理边界，描绘出散居华人共同体的基本模式与美好愿景。

（三）集体意识形成的逻辑：从想象聚合到现实共融

由于当地华人总数不高且呈现散居格局，人与人之间的相识概率较低，陌生人之间的交往更多是浅层次、短时性、相对冷漠的。但在S县，散居华人像是具有强烈认同关怀的“入戏”群众，面对主流群体，族裔的历史和身体的符号使他们不得不客观认识自我，反思自我认同，通过想象力使群体展示出一种凝聚属性。

尽管社会流动日益频密，种族交叉婚姻也司空见惯，族群界线不再像过去一般绝对。但族裔的客观属性使当地散居华人深深意识到，从早期移居华人被视为“黄祸”，生活在主流社会之外，到获得身份开始争取族裔权利，再到深入主流社会中去提升话语权。身份和认同的确立不再是一个人的事，而成为一种集体的努力与实践。由于当地华人呈现出典型的离散形态，中美关系问题并不是人们聚合在一起时的讨论主题，反之，他们都希望中国发展越来越好，认为中国强大是海外华人群体提升自身地位与话语权的重要力量来源，达成一种高度的群体共识，并通过文字、符号、网络等媒介构建对群体边界的想象。这种“想象的共同体”并非是虚假意识的产物，而是一种社会心理学意义上的社会事实。[⑤]可以说，从这个意义上讲，当地散居华人凸显出群体的主体性，深刻意识到文化不是一成不变的，意义的生产和循环也必须借助一定的外力。于是，华人基督教徒更加积极奔走募款购

①刘能：《重返空间社会学：继承费孝通先生的学术遗产》，《学海》2014年第4期。

②斐迪南·滕尼斯：《共同体与社会》，林荣远译，商务印书馆，1999年，第70—72页。

③丁月牙：《个体空间：基于移民生活史的空间解读》，《民族研究》2014年第4期。

④营立成：《作为社会学视角的空间：空间解释的面向与限度》，《社会学评论》2017年第6期。

⑤本尼迪克特·安德森：《想象的共同体：民族主义的起源与分布》，吴叡人译，上海人民出版社，2005年，第9页。

置土地并以中国符号装饰教会，使其成为典型意义的华人教堂。留美任教的华人知识分子更加努力奔走与当地政府沟通创设当地意义的“中国文化节”，扩大华人在当地的社会影响力。留学生更加积极维护网络社群，为更多的散居个体提供生活的便利，一方面帮助更多新人尽快融入当地，另一方面也增强个体的群体归属感。

共同体的生活是相互的占有和享受。①集体情感价值在社会空间中发挥着重要的作用。②从想象的聚合到现实的共融，多维社会空间的高度同质性促进了当地华人信息传播的有效性和交往的内聚性。③从小群体行为到大群体行为，散居华人达成了群体主体性的契约，通过空间的实践与生产，结构的更替与选择，赋予空间以文化和象征意义，抗争性地表述作为少数、边缘群体的散居华人是有组织、有力量的，形塑了S县散居华人亲密的互动关系和共同体结构。

五、结语

本文发现，海外散居华人在时空的断裂与延伸上仍然具备构建共同体格局的可能。尽管伴随着个体的脱域带来的空间切换难以实现共时空下的系统集群和群体聚合，散居华人通过日常生活空间与公共空间的再造，个体与集体情感的扩散与投射，构建出一种空间的共生关系，显现出共同体秩序背后共同的心灵机制。④他们通过多元社会空间的生产，构成“群体的瞬间在场”⑤，以言语、文化、网络等实践为具象化构建共同体空间的主要路径，在象征意义上使空间成为一种工具，弥合了个体缺场的不足，发挥着凝聚群体的作用。通过思想与行为对空间的重塑，构建出了跨时空背景下散居华人的共同体属性。在当前背景下，建立在吸纳多元文化与兼收并蓄的基础上的共同体构建，在全球化背景下具备强大的生命力，不仅有助于不断探索创新海外华人共同体形式，还有助于凝聚海外散居群体，扩大人类命运共同体在国际社会的影响力。

尽管“空间只是事物发生的必要条件”⑥，处于同时性和并置性共存的空间时代，空间对于构建人们的日常生活具有十分重大的意义。⑦如今共同体研究方兴未艾，空间仅仅是理解散居华人共同体构建的一个维度和变量，对于阐释散居华人的凝聚机制提供了一个理论阐释路径。不论是聚居还是散居，疫情背景下的自我隔离意识和自我防范意识使海外华人愈发凸显出团结与凝聚。作为中华民族共同体的重要组成部分，海外华人在不同的时空维度中心系祖国的发展，也被祖国所关注。

作者简介：刘静，北京中华文化学院讲师

①斐迪南·滕尼斯：《共同体与社会》，林荣远译，商务印书馆，1999年，第76页。

②林聚任、申丛丛：《后现代理论与社会空间理论的耦合和创新》，《社会学评论》2019年第5期。

③营立成：《迈向什么样的空间社会学——空间作为社会学对象的四种路径与反思》，《中国社会科学评价》2019年第1期。

④袁同凯、房静静：《旨趣与启示：关于中国“空间性”的研究》，《中南民族大学学报（人文社会科学版）》2017年第5期。

⑤吴宁：《列斐伏尔的城市空间社会学理论及其中国意义》，《社会》2008年第2期。

⑥齐美尔：《社会是如何可能的：齐美尔社会学文选》，林荣远编译，广西师范大学出版社，2002年，第291页。

⑦潘泽泉：《当代社会学理论的社会空间转向》，《江苏社会科学》2009年第1期。

从混乱到有序：爱尔兰华人社会探析*

庞卫东

【摘要】自20世纪末爱尔兰对中国开放留学签证以来，华人开始大规模地进入爱尔兰。此后十余年间华人社会经历了从混乱到有序的发展过程。随着华人的大量到来，各种类型的华人社团也随之出现。同时，以个人网络为基础和以社团为纽带的社会网络逐步形成。受语言、文化、教育等客观因素的影响，爱尔兰华人在社会融入方面仍面临一些困难。还有相当一部分华人对是否融入爱尔兰、是否在爱尔兰长期定居仍有疑虑。尽管华人在爱尔兰的境况已有明显改善，但在政治上的影响力仍很微弱，华人传统行业面临用工荒。

【关键词】爱尔兰　华人　社团　社会融入

一、引言

位于欧洲大陆西北海岸外的爱尔兰是一个小国，国土面积仅7万多平方千米，人口不足500万。20世纪60年代以前，爱尔兰还是一个以农牧业为主的穷国。1973年加入欧共体后，爱尔兰经济开始加速发展。1994—1997年，爱尔兰GDP年均增长7.7%；1998—2000年，爱尔兰GDP年均增长10%，成为欧盟成员国中经济增长率最高的国家，被誉为“凯尔特之虎”。[①]在爱尔兰经济腾飞之时，大量外国移民开始进入爱尔兰，使其日益成为一个全球化的国家。在众多移民之中，华人是重要的一部分。华人在爱尔兰的生活状况如何？旅居爱尔兰对华人的社会交往有何影响？华人在融入爱尔兰的过程中遇到了哪些问题和挑战？这些都是爱尔兰华人研究中值得关注的问题。

由于爱尔兰并非传统的移民对象国，华人在爱尔兰的历史不长，人数较少，国内学界对爱尔兰华人关注不多，总体研究较为薄弱。目前，国内关于爱尔兰华人研究的成果主要有陈奕平、曹雨的《爱尔兰侨情》和曹雨的《爱尔兰华人移民现状与发展趋势》。前者简要介绍了爱尔兰华人的数量、地理分布、人口结构、经济地位、社团组织、与当地人的关系等。[②]后者侧重探讨爱尔兰华人移民的历史变迁、人口数量、特征与分布特点，分析了华人人数减少的原因。[③]在爱尔兰，关注华人问题的多是当地华人学者。国立梅努斯大学（Maynooth University）的吕洲翔教授在对11名华人进行访谈的基础上，探讨了华人的身份认同和社会融入问题。[④]都柏林大学（University College Dublin）孔子学院的李岚博士曾对爱尔

*本文首发于《河南牧业经济学院学报》2020年第4期，特此说明。

①《爱尔兰经济发展特点和成功经验》，中华人民共和国驻爱尔兰共和国大使馆经济商务参赞处，http://ie.mofcom.gov.cn/article/ztdy/200405/20040500225856.shtml（2014-05-26），访问日期：2019年12月5日。

②陈奕平、曹雨：《爱尔兰侨情》，《侨务工作研究》2014年第6期。

③曹雨：《爱尔兰中国移民的现状与发展趋势》，《华侨华人历史研究》2018年第1期。

④吕洲翔：《中国移民在爱尔兰——身份认同与社会融合》，观察者网，详见https://www.guancha.cn/LvZhouXiang/2018_10_23_476472.shtml（2018-10-23），访问日期：2019年5月24日。

兰的中国留学生及移民的宗教信仰问题进行过调查。[①]从总体上看，学界对爱尔兰华人问题的研究还不深入，特别是对华人在当地的生活状况、社团与网络、社会融入、面临的主要问题等方面的研究较为薄弱。得益于河南牧业经济学院与爱尔兰卡罗理工学院（Institute of Technology, Carlow）的合作办学项目，笔者于2019年1—4月在爱尔兰做田野调查，广泛走访了爱尔兰高校、华人企业和商会，与留学生、学者、商人进行了深入交流，希望在此基础上对上述问题提出一些粗浅的看法。

二、爱尔兰华人移民的历史

早在爱尔兰独立前，已有零星英籍船只的华人水手在都柏林（Dublin）和贝尔法斯特（Belfast）短暂居留。第二次世界大战后，欧洲餐饮业蓬勃发展，马来西亚、新加坡、越南和中国香港的一些华人经由英国到达爱尔兰谋求发展机会。从时间上看，成规模前往爱尔兰谋生的华人集中在两个时段：20世纪70、80年代和1997—2004年。第一批华人主要来自中国香港，以经营中餐馆为主。据爱尔兰北方商会会长王建伟估计，这批华人有700—1,000人。目前，他们基本已退休，受落叶归根思想的影响，大部分人返回了中国香港。他们的第二代和第三代多定居爱尔兰，但基本不再从事餐饮业。

第二批前往爱尔兰的华人主要源于中国内地，具体而言主要来自东北三省（黑龙江、辽宁、吉林）和福建省。在爱尔兰经济腾飞之时，其社会福利随之提升，当地人大多不愿意从事薪水低且环境恶劣的工作，一度出现劳工短缺的情况。此时，我国的东北三省正在进行经济结构的转型调整，许多人开始到国外寻找发展机会。福建自古以来就有移民海外的传统。改革开放后，福建再次掀起移民海外的高潮。在拉力和推力的双重作用之下，东北人和福建人开始源源不断地进入爱尔兰。与此同时，爱尔兰高等教育也开始国际化转型。早在20世纪80年代末，爱尔兰国立高威大学（National University of Ireland, Galway）就开始接收中国留学生，成为爱尔兰最早接收中国留学生的大学。1997年7月1日，爱尔兰政府放宽了对中国留学签证的限制，当年便有300名中国留学生抵达爱尔兰。当时，前往爱尔兰留学的学生大体可以分为两类：一是真正赴爱尔兰留学的学生，以东北三省和其他省份的人居多；二是以留学为名前往爱尔兰打工和经商者，以福建人居多。由于当时中国留学生申请签证的条件非常宽松——申请读语言学校者不要求语言成绩和存款担保，加之爱尔兰的留学和生活成本较低，无论是真正赴爱尔兰留学者还是以留学为名赴爱尔兰打工者大多顺利拿到了签证。因此，赴爱尔兰的华人快速增加。与欧美其他国家相比，通过偷渡入境爱尔兰的华人较少。

当然，这种“名不符实”的留学也带来了一系列社会问题。相当一部分学生在语言学校注册后就开始到中餐馆、理发店、超市打工。许多人在签证过期时仍不能找到合法的工作，便滞留下来成为非法移民。随着非法移民的增多，制作和贩卖盗版影碟、出售税

① O'Leary, R. and L. Li, Mainland Chinese Students and Immigrants in Ireland and their Engagement with Christianity, the Churches and Irish Society, Dublin: Dublin University, Far Eastern Mission and the China Education and Cultural Liaison Committee, 2008.

卡、办理假证件、假车辆保险、假结婚、行贿受贿等一些不法现象开始在华人群体中出现。2000—2003年，都柏林华人内部出现了几个具有黑社会性质的团伙。他们一方面向华人强收保护费，另一方面又因争抢地盘而大打出手，由此导致了几起命案，引发了爱尔兰社会的广泛关注。为此，爱尔兰共和国驻中华人民共和国大使馆在2002年一度暂停了对中国人发放留学签证，直至2003年10月才恢复。与此同时，为打击非法移民，爱尔兰政府尝试将非法移民遣返。由于遣送费用很高，移民不配合，且仍会再次前来，遣返效果不佳。后来，爱尔兰当局改为处罚雇佣非法移民的雇主，此后非法移民明显减少。

受美国金融危机的影响，爱尔兰经济自2008年起连续3年呈负增长，对劳工的需求大幅减少。2008年后，前往爱尔兰的中国人基本为留学生，来源较为分散。由于爱尔兰国内市场不大，且为移民设置了较高的门槛，大部分的中国留学生毕业后选择回国或前往其他国家就业。2009年，爱尔兰开始对中国开放投资移民渠道，但投资移民的条件较高，通过该渠道移民爱尔兰的华人并不多。

三、爱尔兰华人的发展现状

自20世纪90年代以来，爱尔兰华人人口稳步增长。据爱尔兰统计局公布的数据，截至2016年爱尔兰华人常住人口为9,575。[①]而据曹雨的估计，爱尔兰华人约为5万，其中约一半为中国留学生。[②]爱尔兰华人群体的人口结构也开始呈现多样化趋势。

从年龄结构上看，爱尔兰华人年龄普遍处于45岁以下，属于较年轻的移民群体。这主要与爱尔兰在1997年才开始向中国大规模发放留学签证有关。若当年的留学生平均以20岁计算，这批留学生的年龄目前约为42岁（2019年）。即使当时赴爱尔兰读研究生的学生，目前大多不超过45岁。从性别上看，爱尔兰华人性别较为均衡。早期以留学为名前往爱尔兰打工的男子多为单身。随着年龄的增长和经济条件的改善，他们大多回乡娶妻，然后一同前往爱尔兰谋生。

从地域分布上看，华人主要分布在都柏林、科克（Cork）、高威（Galway）等几个较大城市，其中都柏林的华人约占全爱尔兰华人的60%。出现这种局面的原因在于都柏林不仅是爱尔兰的首都，而且是经济最发达的城市，提供的就业机会远多于其他城市。同时，都柏林还是爱尔兰高校云集之地，汇聚了大量中国留学生。由于爱尔兰地方政府限制将整条街区出售给某一移民族群，[③]加之华人居住较为分散，传统的中国城（China Town）或以华人为主的聚居区未来很难在爱尔兰出现。

从就业情况来看，爱尔兰华人的就业类型大体可以分为3类：一是自营商业；二是在公司上班；三是在政府或高校工作。中餐和超市是华人传统的商业领域。中餐又可分为中

①Census 2016 Summary（2016年爱尔兰统计报告）Results-Part 1, p50. http://www.cso.ie/en/aboutus/copyrightpolicy/, (2017-03-01)，访问日期：2019年6月9日。

②曹雨：《爱尔兰中国移民的现状与发展趋势》，《华侨华人历史研究》2018年第1期。

③据科克商会的陈积敏介绍，爱尔兰官方文件中虽然没有对外来族群购买整条街区进行限制，但在实际购买过程中却会设置重重阻碍。

餐馆和外卖两类。由于外卖店对场地、设施、人员、消防的要求相对较低，因此外卖店的数量远多于中餐馆。据王建伟估计，爱尔兰的中餐外卖店约有1500家。福建人是中餐经营的主体，近年来东北人也开始涉足中餐行业。由于爱尔兰华人数量有限，华人经营的超市不仅供应中国食品，还提供日本和韩国等亚洲国家的食品，持学生卡可享有一定的折扣。华人经营的超市集中在都柏林。著名的超市有亚洲行、东方行、荣兴行等。为拓展业务，这几家超市还建立了网站，接受网上订单，顾客凡购买超过50欧元的商品，可以享受免费送货服务。此外，一些华人还经营外贸、旅行社、汽修厂、出租车行、针灸诊所、会计事务所、食品厂、版画绘制坊等。近年来，个别新移民开始在爱尔兰建造纸厂，进军制造业。小规模的华商大多为个体经营，如中餐、外卖、中医诊所等，客户主要为非华人。有一定规模的商业往往聘请爱尔兰人作为顾问，帮忙打理生意。近年来，一些中国的融资租赁公司，如工银租赁、国银租赁、交银租赁等，开始在爱尔兰开展飞机租赁业务。这些大型企业需要雇佣本地人经营，而公司高层基本为华人。爱尔兰在某种程度上是一个人情社会，制度不够完善，制度执行过程中仍存在许多灰色地带。因此，在爱尔兰经商仍需要聘请当地人作为商业顾问去处理各种手续和社会关系。

在公司上班的华人从事的职业较为广泛，但总体上看，从事计算机、会计、金融、工程类工作的人较多。这主要缘于留学生多修此类专业，毕业后也从事相应的工作。由于语言和文化背景的原因，华人很难进入爱尔兰的政府机构工作。都柏林曾招收20名华人警察，出于收入和前景的考虑，其中3人已经辞职。此外，还有一些华人在爱尔兰高校任教，但多是在其他国家取得学历或执教多年后移居爱尔兰。

四、爱尔兰的华人社团与社会网络

社团是爱尔兰华人社会最重要的组织形式之一，也是爱尔兰华人网络的重要载体。最初的几个华人社团由一些越南和中国香港的华人在20世纪50年代组建。20世纪70年代，都柏林和利默里克（Limerick）的华人分别成立了两地的华人会，旨在加强华人之间的联谊，弘扬中华文化，互助互济，共谋生存与发展。20世纪80年代，海南籍华人陈敏琪移居都柏林，开办了一家私人全科诊所。由于职业原因，陈女士有机会广泛接触华人，了解他们在爱尔兰所面临的各种困难。自1986年起，她牵头先后成立了爱尔兰华人会、爱尔兰华商会、爱中文化协会等多个华人社团。20世纪90年代末，随着华人的大量到来，爱尔兰的华人社团也雨后春笋般涌现。目前，爱尔兰华人社团有30多个，较著名的有爱尔兰华协会、越华协会、华人信息中心、全爱中国学生学者联谊会、华人专业人士协会、华夏商会、福建同乡会、福建商会、爱尔兰北方商会、南华会、科克华人商会、爱尔兰中英翻译者协会等。

社团的组织形态在一定程度上可以反映出当地华人社会的时代特征。

从人员组成上看，爱尔兰华人社团的成员基本上是出生于中国的新移民。社团的领导层多为20世纪90年代末前往爱尔兰的留学生，经过20余年打拼，已具有一定的经济基础。由于社团成员年龄普遍不足45岁，华人社团明显呈现出年轻化和开放性的特征，对于会员资格的要求较为宽松和灵活。

从社团的类型来看，爱尔兰华人社团大体上可以分为地缘型、专业型、文化型三类。爱尔兰华人总数不多，来源较为分散，地缘型社团主要有福建同乡会、福建商会、福清商会。这些社团与传统的华人社团多有相似之处。专业性社团多以一个或多个专业领域或专业人群命名，如爱尔兰华人专业人士协会、爱尔兰中英翻译者协会等。文化性社团主要是以中华文化和中爱文化交流为纽带建立的社团，如爱中文化协会、高威爱中友好协会等。这些社团大多希望通过共同的文化背景把华人团结起来，维护和提高华人在爱尔兰的权益和地位。①

从功能上看，爱尔兰华人社团与欧美华人社团多有类似之处，明显呈现出商业取向、政治诉求、文化功能等特点。②虽然，大部分的华人社团都声称是公益组织，但实际上多数社团的商业取向非常明显。以著名的爱尔兰华人专业人士协会（ACPI）为例，协会的章程明确指出："定期组织商业论坛、职业发展研讨会和社交等各类活动，促进商业和个体会员之间的密切联系，帮助会员更好地融合，在商业和个人的职业发展中取得更大的进步。"③由于华人大规模移民爱尔兰的时间不长，且人数不多，华人社团的政治诉求与欧美其他国家有所不同。美国的华人社团不仅积极参与当地的政治活动，还在涉及中国的国际事务上持明确的立场。爱尔兰的华人社团则更多聚焦改善华人在当地的生存状况，维护自身的利益。例如，2019年4月25日，爱尔兰华侨华人餐饮协会会长王琪等3人与爱尔兰食品安全局的6名管理人员进行了实质性对话，双方就中餐面临的卫生标准不规范、信息渠道不畅、餐饮培训不到位等问题进行了探讨。④社团的文化性功能主要体现在加强华文教育和弘扬中华文化方面。爱尔兰华人社团成员大多出生于中国，对中华文化有强烈的认同。据科克福建商会理事陈积敏介绍，科克福建商会正采用众筹方式办一所中文学校，希望孩子在学习英文的同时能熟练掌握中文。华人社团对爱尔兰春节晚会的支持则从另一个侧面反映出华人对中华文化的认同。都柏林一年一度的春节联欢晚会由都柏林大学孔子学院承办，华人社团和企业是主要的赞助商。据都柏林大学孔子学院王黎明院长介绍，华人社团和企业通过捐款和认购门票的方式来赞助晚会，社团和企业将门票赠送给会员和客户或员工。除了都柏林大学孔子学院举办的春晚外，科克大学孔子学院近年来也开始举办春节联欢晚会，并得到了当地华人社团和企业的大力支持。

爱尔兰当地华人网络大体可以分为建立在家族、姻亲、朋友、同乡、同学基础上的个人网络和以社团为纽带的社会网络。就个人网络而言，爱尔兰的福建人之间的联系较为密切，北方人的联系相对松散。一方面，福建人多经商，相互联系频繁；另一方面，福建移民多是通过家庭、朋友等社会关系网络进行迁移，喜欢信息共享，共同做事，以契约的形式明确各自的责任、权利。相对而言，在公司上班的华人交际面较窄。他们多是读完大学

---

①任娜：《海外华人社团的发展现状与趋势》，《东南亚研究》2014年第2期。

②任娜：《海外华人社团的发展现状与趋势》，《东南亚研究》2014年第2期。

③《我们的服务》，爱尔兰华人专业人士协会主页，http://acpi.ie/home_cn/，2019年12月25日。

④《爱尔兰食品安全局与华侨华人餐饮协会代表会晤》，天津食品调料联盟网，http://www.fzarw.com/liebiao1/43333527.htm（2016-05-26），访问日期：2019年7月25日。

后留在爱尔兰工作。由于留学生多回国或前往第三国发展，留在爱尔兰的同学本不多，居住在同一城市的同学则更少。工作后，同事多为爱尔兰人或欧洲其他国家人，接触华人的机会不多。由于60%以上的华人集中在都柏林及其附近的小镇，因此都柏林华人之间的交往面相对较宽，小城市华人之间的交往面相对较窄。

华人社团在一定程度上扩展了以个人为中心的人际网络，从而形成了更大的社会网络。在爱尔兰华人网络中，华商和侨领往往是主角，通常也是华人社团的核心成员。虽然社团为华人的交往提供了更大的平台，但一般的华人多是在社团内部活动，只有社团首领和侨领才能跨社团活动。目前，爱尔兰的社团基本是地方性社团，虽有个别社团号称是全国性的，但实际运作的情况并不理想。由于爱尔兰华人数量有限，华人所从事的行业较为单一，华人及华人社团之间的相互联系并不密切。因此，从总体上看，除都柏林和科克等少数大城市外，爱尔兰其他城市的华人网络仍在建构中，全国性的华人网络还没有形成。

五、爱尔兰华人的社会融入

社会融入（social inclusion），也称“社会融合”，是国际移民研究中的一个重要概念。由于移入国与移出国的文化差异，移民在迁入对象国后需要不断地在职业发展、生活方式、语言文化、社会交往、心理认同等方面作出种种调适，以使自身适应所处的生存环境，并逐渐与周围社会融为一体。作为外来族群，华人融入爱尔兰当地社会需要经历一个磨合过程，并受多种因素的影响。考察影响华人融入爱尔兰社会的因素，可从个人与社会两个层面入手。

就个人因素而言，可以从客观和主观两个方面进行考察。从客观方面讲，华人融入爱尔兰社会主要受语言文化、教育背景、职业类型的影响。语言是华人融入爱尔兰社会的关键因素。一些偷渡客及文化层次较低的华人多数时间生活在由朋友和亲戚构成的小圈子中。这些人虽然能够讲英语，但多是用于日常交流，很难与爱尔兰本地人进行深入交谈。相对而言，接受过高等教育，特别是在爱尔兰接受高等教育的华人更易于融入本地社会。他们在青年时代来爱尔兰读书，不仅有大量的机会接触当地社区，而且更容易转变思想，认同并融入当地社会。然而，即便是留学生，想要真正融入当地社会也非易事。若非对爱尔兰的历史和文化有较深入的了解，依然难以与当地人进行深入沟通。与笔者相熟的一位卡罗理工学院毕业的留学生坦言，虽然在工作上可以与同事进行配合，但私下的交往并不多，主要原因在于双方在文化和价值观上存在较大的差异，难以深入交流。

就职业类型而言，相对于从事计算机、会计、制药等专业性工作的华人，从事销售、管理、商贸等交流沟通性工作的华人更易于融入当地社会。即使所学专业相同，因岗位不同，融入的程度也有所差别。例如，笔者认识的一对华人夫妇皆从事计算机类工作，女方在一家网络公司做程序开发，男方在卡罗理工学院任教。相对而言男方与当地人的交往更多，融入程度更深。同理，同为开中餐厅的夫妻，在前台从事接待（多为妻子）比在后厨操作（多为丈夫）的华人更易于融入当地。

从主观意愿上讲，华人对融入爱尔兰的情感较为复杂，没有统一的意见。“是否愿意在爱尔兰长期定居”可以作为考量华人融入爱尔兰社会程度的一个重要指标。20世纪末和21世纪初抵达爱尔兰的华人经过约20年的奋斗基本在爱尔兰站稳了脚跟。他们大多愿意在爱尔兰定居。笔者曾和多位商人及餐馆老板谈及此事，他们大多表示在爱尔兰已经有了事业，孩子在爱尔兰出生和长大，许多直系亲属也移民国外，与中国的联系慢慢疏远。回国省亲时，他们发现国内环境正在快速变化，已难以适应国内的生活节奏。

通过留学而留在爱尔兰工作的华人对于是否长期定居爱尔兰仍不确定。在中国快速崛起的背景下，留学生与老一代移民的情况已有很大差别——他们不仅具有较高的文化水平和生存技能，还有较强的经济实力和自信心。随着华人的大量到来，他们逐渐形成了相对独立的社交网络，在工作上能够与爱尔兰人配合，但在社交体系中与华人的交往更为频繁和深入。这部分人主动融入爱尔兰的意愿并不强烈，只有其子女才可能真正融入爱尔兰。

就社会层面而言，华人能否融入爱尔兰社会主要受经济与政策两种因素的影响。多数华人前往爱尔兰是为了获得更好的生存与发展空间。爱尔兰是一个欧洲小国，经济结构单一，支柱产业较少，经济发展并不稳定。相当一部分华人虽已在爱尔兰取得长期居留身份，甚至入籍，但在是否长期居留问题上仍持观望态度。许多华人，特别是具有跨国流动能力的华人将视爱尔兰的经济发展情况来决定是否长期居留。一旦爱尔兰经济出现动荡，还会出现大批华人离去的情况。这一点与美国华人有很大的不同——美国经济发达，工作机会较多，华人一旦取得美国绿卡，基本上不会放弃或移居他国。

爱尔兰的移民政策也是影响华人融入当地的重要因素。2008年金融危机之前，爱尔兰对移民实施了较宽松的工作许可和入籍政策。此后，随着爱尔兰经济的衰退，以及英国和欧盟移民政策的收紧，爱尔兰的移民政策也更加细化和严格。目前，移居爱尔兰主要通过投资、工作、亲属团聚、退休定居、牧师传道等几种途径。华人一般通过前3种方式移民爱尔兰，而选择在爱尔兰工作又是其中的主要途径。爱尔兰面向移民发放9种工作许可[①]，其中一般工作许可和实习工作许可是华人申报最多的两项。爱尔兰经济体量不大，提供的工作机会有限，而外来移民不断增加，获得工作许可的竞争压力日渐增大。由于获得一般工作许可5年以上才能申请长期居留，许多留学生在此期间会选择回国或前往其他国家就业。鉴于工作的不稳定性，许多华人对于是否要在爱尔兰长期定居和融入当地社会仍有疑虑。

六、爱尔兰华人面临的主要挑战

21世纪初，华人大规模进入爱尔兰，遭遇了内外两方面的挑战。一方面，华人内部竞争激烈，秩序混乱，一度为争夺商业利益而大打出手。另一方面，因中爱传统文化的差异，初来爱尔兰的华人与本地人产生了一些误解与矛盾。例如，华人经营的超市和餐馆由于营业时间过长，引起了当地同行的不满；一些不良青年到餐馆闹事、吃“霸王餐”，导致双方争斗，引发了警方的介入和媒体的关注。随着爱尔兰政府对移民治理的强化及华人对爱尔

①这9种工作签证为重要技能许可、公司内部调配许可、交换协议工作许可、独立/合伙/配偶工作许可、服务合同工作许可、体育文化工作许可、一般工作许可、再就业许可、实习工作许可。关于各类工作许可的适用人群和条件详见爱尔兰移民局网站，https://dbei.gov.ie/en/What-We-Do/Workplace-and-Skills/Employment-Permits/2019-08-26.

兰社会认识的加深，华人的生活状况和社会地位已经有了很大的改善和提高。然而，作为亚洲移民，华人在文化迥异的爱尔兰社会仍面临一些困难与挑战。

目前，华人在当地面临的最大问题便是政治上没有话语权。爱尔兰在某种程度上是一个人情社会，制度不够完善，制度的执行还存在不规范的情况。地方政府和社会组织常常对华人设置各种限制，华人在多数情况下只能忍气吞声，亟需在政治上发声。然而，爱尔兰目前还没有一个华人议员，也没有一个华人担任市（县）长。造成这种状况的主要原因是华人大规模来爱尔兰时间较短，尚属于第一代移民，受语言和文化背景的影响，很难进入爱尔兰政府机构工作。当然，这也与第一代移民的参政意识普遍不强有关。尽管华人参政问题一时仍难以解决，可喜的是，华人已开始通过组织的力量来改变政治上没有发言权的被动局面。例如，共有32名理事的科克福建商会定期开会交流信息，经常代表商家与市长及政府相关部门进行谈判，陈述华人所面临的具体问题和困难，收效颇佳。

爱尔兰华人遇到的另一个挑战是普通劳工后继无人。随着中国经济的快速发展，国内的就业、创业机会大量涌现，中国和爱尔兰的收入差距不断缩小，加上传统侨乡在经历20多年的移民潮后，青壮年劳动力规模不断萎缩，移民的动力和来源不足。由于爱尔兰中餐、超市、服务员、建筑工人等普通工作岗位仍很辛苦，国内侨乡年轻人出国打工的意愿不强。自2007年以来，爱尔兰收紧了对移民的工作许可，采用欧盟公民优先的政策。当地企业如欲招聘员工，需要在就业培训局注册，并在当地报纸上刊登招聘广告。如果在4周内没有人申请该职位或雇主没有找到合适的爱尔兰人及欧盟公民，非欧盟国家的公民才有机会竞争该职位。[①]此政策出台后，普通华人赴爱尔兰工作的机会大幅减少，许多华人企业很难招聘到厨师、发型师等具有一定技术含量的华人技工。而雇佣爱尔兰本地员工，则会导致用工成本大幅上升，因为当地员工对工作条件要求较高，吃苦精神较差，不易管理。因此，许多华人宁可固守夫妻店，也不敢轻易扩大规模，更谈不上开连锁店。

七、结语

自20世纪50年代第一批华人移民爱尔兰以来，华人人口已从当初可“忽略不计”的少数，发展为爱尔兰移民中“不可忽视”的群体。与此同时，爱尔兰也由传统的移民输出国家转变为一个日益全球化的国家，开始接纳来自不同族群、宗教和文化背景的外国移民。这一转变为爱尔兰华人带来了新的机遇和挑战。英国脱欧后，爱尔兰作为欧洲的门户，战略地位更加突出。目前，在“一带一路”倡仪的推动下，中国正积极发展与爱尔兰的关系，作为连接两国桥梁的华人可以利用自己的专长和资源有力地推动中爱经济、科技、文化的交流合作，成为中爱关系的积极推动者和受益者。

作者简介：庞卫东，河南牧业经济学院国际教育学院副院长、教授

①《爱尔兰工作许可政策趋紧殃及华人华报答疑解惑》，中国新闻网，http://www.chinanews.com/hr/ozhrxw/news/2007/11-21/1084031.shtml（2017-11-22），访问日期：2019年8月29日。

2020年俄罗斯侨情概览

王 祎

【摘要】2020年，受新冠肺炎疫情影响，俄罗斯经济总体下滑，但农业和零售业却取得了不错的成绩。疫情期间，中俄两国政府和人民相互扶持，守望相助，两国贸易额虽有下滑，但成果仍然丰硕。在移民管理领域，俄罗斯加强了对双边人员往来的监管。中国公民赴俄人数下降90%以上，尤其以游客降幅最甚。侨胞在两国防疫抗疫过程中作出了巨大贡献，侨团侨领起到了关键作用。大部分华商、留学生等能够按规定认真做好自我防护工作，有部分侨胞触犯防疫规定，也有部分侨胞因生活艰难而回国意愿强烈。大部分留学生以线上课程的方式学习。华文媒体在疫情期间及时发布疫情信息和提醒公告。领事保护在疫情中的重要作用得以凸显。

【关键词】疫情 华商 侨领 社团 留学生 领事保护

一、俄罗斯经济社会多次按下“暂停键”

受新冠肺炎疫情大流行和油价下跌的双重影响，2020年俄罗斯的85个联邦主体中有58个出现了预算赤字，总额达7,622亿卢布（约合105亿美元）。①2020年俄罗斯宏观经济指标均出现下滑：通胀率为4.9%，达到2016年以来的最高水平；②前10个月GDP下滑3.6%，前11个月工业产值减少3%，三季度投资额同比减少4.1%，居民实际收入下降5%；③10月，失业率为6.3%，官方登记失业人口480万；④全年私人资本净流出额为478亿美元，同比增长120%；⑤全年旅游业产值1.6万亿卢布（约合222亿美元），同比下滑60%；⑥油气出口收入减少40%。⑦

①《2020年近70%的俄联邦主体出现预算赤字》，中华人民共和国驻俄罗斯联邦大使馆经济商务处，http://ru.mofcom.gov.cn/article/jmxw/202102/20210203035849.shtml。

②《2020年俄通胀率为4.9%》，中华人民共和国驻俄罗斯联邦大使馆经济商务处，http://ru.mofcom.gov.cn/article/jmxw/202101/20210103030748.shtml。

③《2021年俄经济形势有所好转，但居民生活状况恐不容乐观》，中华人民共和国驻俄罗斯联邦大使馆经济商务处，http://ru.mofcom.gov.cn/article/jmxw/202101/20210103029830.shtml。

④《专家称俄就业率将于2022年恢复至疫前水平》，中华人民共和国驻俄罗斯联邦大使馆经济商务处，http://ru.mofcom.gov.cn/article/jmxw/202101/20210103029807.shtml。

⑤《2020年俄私人资本净流出同比增长120%》，中华人民共和国驻俄罗斯联邦大使馆经济商务处，http://ru.mofcom.gov.cn/article/jmxw/202102/20210203035843.shtml。

⑥《2020年俄旅游业产值同比下降60%》，中华人民共和国驻俄罗斯联邦大使馆经济商务处，http://ru.mofcom.gov.cn/article/jmxw/202101/20210103030732.shtml。

⑦《俄副总理表示2020年俄农业生产增速超3%》，中华人民共和国驻俄罗斯联邦大使馆经济商务处，http://ru.mofcom.gov.cn/article/jmxw/202102/20210203035852.shtml。

尽管如此，过去一年俄罗斯成功遏制了经济大幅下滑，取得了不错的成绩。俄罗斯经济和企业显示出极强的适应能力和排除万难、获得发展的能力。[①] 2020年俄罗斯农业生产增速超3%，主要驱动力来自猪肉、禽肉、苹果和蔬菜增产；主要畜产品实现自给，牛奶产量增长2.5%。[②] 俄罗斯银行业和零售业最早通过使用数字技术适应新形势。2020年上半年俄罗斯在线零售额增长52%，

二、2020年俄罗斯侨情新变化

表1　2020年1—12月俄罗斯联邦移民状况指标（中国公民）

迁移统计				全部	2020年	2019年	差额	同比下降
外国公民和无国籍人士迁移的实际注销人数				8,973,262	236,942	2,225,847	−1,988,905	−89.35%
其中	其中	按照出行目的划分	其他	303,325	22,675	189,744	−167,069	−88.05%
			因私	869,833	7,245	29,292	−22,047	−75.27%
			工作	2,358,827	33,582	140,084	−106,502	−76.03%
			学习	265,056	26,350	95,784	−69,434	−72.49%
			旅游	384,438	74,761	1,780,980	−1,706,219	−95.80%
		小计		4,181,479	164,613	2,235,884	−2,071,271	−92.64%
	有居所			9,340,798	214,639	2,314,364	−2,099,725	−90.73%
	有居住地			461,650	3,629	3,730	−101	−2.71%
外国公民和无国籍人士迁移的实际登记数量				9,802,448	218,268	2,318,094	−2,099,826	−90.58%
签发的签证数量				224,666	39,079	92,737	−53,658	−57.86%
发出邀请的数量				138,279	14,601	92,059	−77,458	−84.14%

资料来源：Отдельные показатели миграционной ситуации в Российской Федерации за январь - декабрь 2020 года с распределением по странам и регионам（俄罗斯联邦2020年移民状况分解指标），俄罗斯内务部官网，https://xn--b1aew.xn--p1ai/Deljatelnost/statistics/migracionnaya/item/22689602/，访问日期：2021年2月24日。

根据俄罗斯联邦内务部最新国际人口迁移数据，2020年，俄罗斯共发给中国公民约3.9万份签证，实际落地登记的人数约为21.8万，整体下降90.58%。其中，在俄罗斯有长期居住地的中国公民有3,600多人，同比下降2.71%，降幅不大；赴俄旅游的中国公民有74,761人，同比下降95.8%；赴俄学习的中国公民有26,350人，同比下降72.49%；赴俄工作的中国公民有33,582人，同比下降76.03%；因私赴俄的中国公民有7,245人，同比下降75.27%。

目前，俄罗斯境内约有15万中国公民。其中，中资企业工作人员有1万多人，个体华

①《俄工企联盟主席评2020年俄经济和企业受疫情影响情况》，中华人民共和国驻俄罗斯联邦大使馆经济商务处，http://ru.mofcom.gov.cn/article/jmxw/202102/20210203035952.shtml。

②《俄副总理表示2020年俄农业生产增速超3%》，中华人民共和国驻俄罗斯联邦大使馆经济商务处，http://ru.mofcom.gov.cn/article/jmxw/202102/20210203035852.shtml。

商5万—6万人，留学生2.7万人。[①] 截至5月，在远东地区的中国公民总数为13,400余人（综合远东联邦区3个中国总领事馆——驻符拉迪沃斯托克总领事馆、驻哈巴罗夫斯克总领事馆、驻伊尔库茨克总领事馆的统计数据）；中国驻符拉迪沃斯托克总领事馆领区（包括滨海边疆区、萨哈林州、堪察加边疆区、马加丹州和楚克奇自治区）的中国公民有6,730多人，平时中国留学生有2,500人左右，当时留在学校的有447人；另外，远东联邦大学孔子学院还有21名中方教师。领区内的留学生和华商情绪平稳，有1名中国公民感染新冠肺炎后已痊愈。[②]

（一）大部分旅俄侨胞积极投入两国抗疫战场，但华商处境堪忧

1. 侨领社团在两国防疫抗疫过程中发挥了组织引领作用

在为中国筹集防疫物资方面，侨领社团充分发扬了爱国爱乡的传统，体现了极强的组织协调能力，第一时间组织侨胞“人肉”背回防疫物资，分发到国内各地。1月29日，通过浙江省归国华侨联合会联系的第一批捐助物资从莫斯科运抵杭州萧山机场。由于事发突然，由嘉兴市侨商会常务副会长、浙江海卡飞宏航空技术有限公司董事长邓惠燕等侨领组织捐赠的244个箱子共2吨的医疗物资是通过旅客随身携带的方式运回杭州的。[③] 该批医疗物资首先集中到浙江省疾控中心，之后部分物资捐赠给衢州江山、嘉兴海宁、温州乐清等地。[④] 俄罗斯中国总商会倡议并组织向国内捐赠抗疫物资。倡议提出后得到了会员单位、侨胞、留学生的积极响应。格林伍德国际贸易中心、中国国际航空、海南航空、中国建设银行、申通物流、柳工机械等部分骨干企业抽调骨干力量，腾出现有仓库，协调航空舱位和运力，动用一切资源筹备口罩、护目镜、防护服等医疗物资和钱款，踊跃捐赠。1月30日，俄罗斯中国总商会向湖北省红十字会发出首批捐赠的医用防护物资，重约6.5吨，主要包含口罩、手套、防护服、护目镜等医用防护设备。[⑤] 截至2月7日，商会共筹集近14吨、约346.5万件的医疗物资，并在第一时间将其运送到抗疫最前线。[⑥] 2月2日，6.6万只医用外科口罩从圣彼得堡运抵成都海关，并由顺丰转运至宁波，捐赠给宁波两所防治新冠病毒定点医院。[⑦] 俄罗斯圣彼得堡华侨华人协会会长、圣彼得堡龙行律师事务所律师李晓旭时刻关注疫情的发展情况，看到国内缺少口罩等医用物资，便组织协会会员利用在当地的影响力，发动海外侨胞的力量，第一时间积极组织大家捐款、捐赠口罩等医用物资；帮助国内医疗

---

①《俄将迎疫情高峰？在俄侨胞安心防疫莫恐慌》,《俄罗斯龙报》, http://www.dragonnewsru.com/news/glo_news/20200413/108192.html。

②《中国驻符拉迪沃斯托克总领事闫文滨就疫情等问题进行答问》,《俄罗斯龙报》, http://www.dragonnewsru.com/news/glo_news/20200521/110214.html。

③《跑药店、找工厂、跨境买 海外侨胞总动员战疫情》,《俄罗斯龙报》, http://www.dragonnewsru.com/news/glo_news/20200207/104674.html。

④《侨援八方：“自驾”送货、“人肉”带货的浙江侨商缩影》，中新网，http://www.chinanews.com/hr/2020/01-30/9073792.shtml。

⑤《多国侨学界募款捐物 持续支援武汉战“疫”》，中新社，http://www.chinanews.com/hr/2020/01-31/9074463.shtml。

⑥《抗击疫情 众志成城——俄罗斯中国总商会倡议并组织向国内捐赠抗疫物资》，中央广播电视台新闻客户端，http://m.news.cctv.com/2020/02/12/ARTIZNDz0EYCzkQ8e2Qdbw8g200212.shtml。

⑦《旅俄华人贩卖假冒口罩牟取暴利 俄或严打非法经营医用品现象》,《俄罗斯经济评论》, https://mp.weixin.qq.com/s/z9FVoshEhIvOY0iTJu6AmQ。

机构寻找急需的医疗用品。[①]俄罗斯远东华人工商联合会主席孙雷带领会员在湖北发生疫情时第一时间发起告同胞倡议书，组织当地侨胞捐款捐物，支援湖北疫区。联合会在俄罗斯采购了6万副医用乳胶手套、2,200只口罩，分两批送达湖北疫区。[②]俄罗斯浙江商会了解国内疫情后第一时间联系了俄罗斯口罩供应公司，帮助国内机构组织采购货源，收集了500多万只口罩，为了赶时间大多通过现金进行交易，这是对侨胞快速反应的一个考验。[③]莫斯科华侨华人联合会于1月26日向在俄华侨华人发出倡议书，呼吁向中国捐款、捐物。截至1月30日，共收到捐款543,566卢布（约合人民币5.9万元）。联合会用这笔捐款购买了3M口罩（FFP2型）8,640个、防护服255套，并于2月1日将这批物资送上飞机，由重庆红十字会派人在机场接收。[④]

在正确引导媒体舆论方面，侨领发挥了重要的沟通协调作用。3月12日，俄罗斯当地有关媒体在其网站报道总理米舒斯京讲话时，误将“新冠病毒”写成“中国病毒”。俄罗斯华侨华人青年联合会会长吴昊看到报道后，立即与该媒体进行沟通和交涉，5分钟之后该网站便把文字更改为“新冠病毒”。

在连接使领馆与侨胞方面，侨领第一时间带领侨团组织成立应急预案小组、开通热线，协助使领馆为侨胞（尤其是困难侨胞）提供法律和人道援助。

在救助侨胞方面，侨领积极组织捐款捐物，配合大使馆看望被隔离的侨胞，及时为他们送去生活物资；俄罗斯华侨华人青年联合会会长吴昊与社团成员开车挨家挨户为侨胞分发防疫物资，在不便接触的情况下，为居住在高层的侨胞用吊绳的方式递送物资。[⑤]俄罗斯中医药学会会长李云海联合多位在俄中医师发起成立了俄罗斯中医抗疫专家团队，通过微信线上问诊指导侨胞预防、治疗新冠肺炎。20多位中医为侨胞们提供了上千次义诊，[⑥]为当地华侨华人免费提供各类健康咨询、心理疏导，治疗已确诊病例50余人次，辅助治疗疑似病例200余人次，重症转轻症10余例，治愈20余人次。[⑦]为做好留学生群体防疫工作，俄罗斯华侨华人青年联合会向在俄留学生捐赠了2,000套防护服。[⑧]俄罗斯中国总商会组织在俄中资企业召开视频研讨会，围绕常态化疫情防控下的中俄两国经贸合作、企业复工复产等问

①《侨领李晓旭：尽自己的绵薄之力，为抗击疫情贡献力量》，《俄罗斯龙报》，http://www.dragonnewsru.com/news/glo_news/20200309/106254.html。

②《俄远东华人工商联合会主席孙雷：组织华侨华人捐款捐物》，《俄罗斯龙报》，http://www.dragonnewsru.com/news/glo_news/20200309/106252.html。

③《浙江海外侨胞满世界“找口罩”募集医疗资源》，中新网，http://www.dragonnewsru.com/news/glo_news/20200129/104144.html。

④《莫斯科华侨华人联合会向重庆发出医用物资抗击疫情》，中新网，http://www.chinaqw.com/hqhr/2020/02-01/244577.shtml。

⑤信息来源：5月9日清华大学华商研究中心与中国华侨华人研究所共同主办的“海外华商谈抗疫”在线系列观察活动俄罗斯专场会议。

⑥《俄罗斯中医专家团为侨胞线上义诊：治病更疗心》，中新社，http://www.dragonnewsru.com/news/glo_news/20200511/109580.html。

⑦《俄新冠肺炎防治中医专家团为侨胞提供免费义诊》，《俄罗斯龙报》，http://www.dragonnewsru.com/news/glo_news/20200414/108266.html。

⑧《在俄华侨华人多措并举齐心抗击疫情》，《俄罗斯龙报》，http://www.dragonnewsru.com/news/glo_news/20200428/109008.html。

题进行交流研讨。①吉林省通过俄罗斯吉林省华侨华人联合会暨俄罗斯吉林省商会，向在俄吉林籍侨胞发放了口罩、消毒剂、体温计、利巴韦林颗粒、连花清瘟胶囊等防疫物资。会长周振远带领团队进行统计，第一时间为侨胞累计发放或邮寄了数百份防疫物资。②

在自身成就方面，俄罗斯华侨华人青年联合会会长吴昊还于12月18日被俄罗斯自然科学院授予外籍院士称号。作为莫斯科高尔基文学院博士、《中国新闻周刊（俄文版）》负责人，吴昊长期致力于推进中俄民间友好交流和合作，参与组织了一系列中俄间的重大活动并翻译了《斯大林传：命运与战略》一书。该书获得“2014年度俄罗斯最佳图书和出版社国家奖”中的“最佳俄罗斯文学翻译奖”。俄罗斯自然科学院院士资格评审委员会对吴昊在俄罗斯文学、历史等领域的学术研究成果予以充分肯定，对其长期致力于推动中俄文化、教育等领域的民间交流和合作给予高度评价和认可。③

2. 大部分侨胞积极自我防疫并帮助当地抗疫

一些在俄罗斯当地居家防疫的侨胞各尽所能，让生活过得更充实、更有意义。3月中旬以来，在俄罗斯马加丹东北国立大学语言系教汉语的李海霞和同学们一起居家隔离、防疫抗疫。在俄罗斯，居家隔离的禁令并没有引发抢购现象，超市里的物品供应充足。为了减少出门次数，她在附近的超市买了足够的米、面、油，还有牛奶、鸡蛋、水果、蔬菜等。3月18日开始，停课不停学，大学生们在家里上网课。李海霞会在上课的时候鼓励学生，并介绍一些中国的抗疫经验，把浙江大学医学院附属第一医院医务工作者编写的《新冠肺炎防治手册》中俄对照电子版（由志愿者译成俄文）发给同学们。④为了支援俄罗斯政府抗疫，一边已在创业、一边在莫斯科大学读研究生的余炳乐出资购买了2,300个圆柱形蛋糕、1,000包荞麦等食品，委托当地政府专员采购并赠送给俄罗斯当地的孤寡老人、残疾人、孤儿及多子女家庭，让他们在最艰难的时候收到来自中国乐清商人的关爱。余炳乐还为莫斯科华商发去1,000套防护服，向学校发去口罩、体温计等防疫物资。⑤

3. 不同地区侨胞对疫情的感受有所不同

莫斯科和圣彼得堡的侨胞情况有较大不同，这与其所在的职业环境有很大关系。圣彼得堡的侨胞主要从事旅游、餐饮业，大部分人有安居乐业的心态，能够积极响应两国防疫号召，自觉居家隔离。7,000多名圣彼得堡侨胞、留学生和中资机构人员无一人感染。然而在莫斯科，由于前期防疫意识不强，尤其在柳布利诺和萨达沃两个大市场附近群居，一些人出现了交叉感染，给整个华商群体带来了恐慌；加之这些华商语言不通、法律意识较淡薄，在俄罗斯相关部门采取防疫措施时，首选回国避险。在远东地区，虽然侨胞数量不多，但有不少滞留在俄罗斯各地的华商或者务工人员俄语不好，交流困难，批发市场被封闭后，

①《俄中国总商会研讨“常态化疫情防控下的中俄经贸合作”》，俄罗斯龙报，http://www.dragonnewsru.com/news/glo_news/20200527/110580.html。

②《俄罗斯吉林省华侨华人联合会向在俄华侨华人发放防疫物资》，中新网，http://www.chinanews.com/hr/2020/11-23/9345300.shtml。

③《俄华侨华人联合总会秘书长获授俄自然科学院外籍院士称号》，中新网，https://www.chinanews.com/hr/2020/12-27/9372123.shtml。

④《在俄中文老师讲述居家抗疫的日子》，俄罗斯龙报，http://www.dragonnewsru.com/news/glo_news/20200518/109934.html。

⑤《浙江乐清母子在俄“战疫”：俄罗斯加油》，俄罗斯龙报，http://www.dragonnewsru.com/news/glo_news/20200424/108854.html。

没有收入又不能出门赚钱，回国是无奈之举，于是取道远东回国，导致短时间内华商大量涌入，给当地防疫工作带来了较大压力。①

4. 部分中国公民在俄不遵守防疫规定导致受罚

1月，中国禁止旅游团出境旅游，但在莫斯科街头竟不只一次出现了20多人的旅游团队。2月20日，23名中国旅游者违反隔离规定，擅自出门乘旅游大巴前往剧院看戏，在途中被警察拦截，全车被检查。警察发现这些旅游者19日入境，在刚到莫斯科的第二天就开始出门旅游。2月24日，一个从中国香港来俄的旅游团被举报。警察根据马戏票售票员的报警信息，拦截了这个未经医生许可擅自出门的旅游团。在俄罗斯教育部和中华人民共和国驻俄罗斯联邦大使馆（简称"大使馆"）已经发布了留学生3月2日返校通知的情况下，还有很多学生2月就飞抵莫斯科。2月20日，俄罗斯又临时限制持工作、私人访问、学习和旅游签证的中国公民入境，但一些2月20日以后入境俄罗斯的商务人员在刚到俄罗斯的第二天就去参加展会，还在柳布利诺市场附近行走，结果被执勤警察发现。还有许多华商连续不断地返回莫斯科，回到自己的经营场所。一时间，入境俄罗斯的部分中国公民藐视防疫法令、不听劝告、违反隔离规定、擅自出门的现象屡见不鲜。在俄罗斯政府发出禁令后，全俄开始全面清查境内中国公民的行踪，莫斯科的清查力度尤为严格。在地铁里，几乎所有乘坐地铁的中国公民都遭遇了检查护照和人像采集。很多中国公民每天都被重复检查，影响到了出行。为此，大使馆2月24日正式照会莫斯科市政府，强调中方理解俄方采取防疫措施的必要性，但希望有关措施适度、非歧视性。然而，莫斯科市政府在得到照会4天后，也即2月28日，下达了严酷的"逐客令"。80名违反强制隔离规定的中国公民将被严惩。80名涉嫌违反自我隔离规定的中国公民集中在察里津诺康复中心等指定地点进行隔离，并被罚驱逐出境。②

在大多数侨胞全力搜集口罩支援中国抗疫前线的紧要关头，一小部分人竟然发起了国难财。凤凰卫视驻俄罗斯记者卢宇光在自己的社交网站上揭示了两名中国留学生图财害命的丑闻：有两名中国留学生合伙以工业防尘服和口罩冒充医用防疫专用品进行贩卖。据不完全统计，至少有3起假合同与这两名留学生有关。还有一些当地黑心商人把防尘服当成医疗用的防护服卖给中国留学生，然后中国留学生再倒卖给华商，华商继而倒卖回国内。这些出厂价只有一二百卢布的工业防尘服经过层层加价，到达国内后直接变成身价暴涨的"废品"。此外，还有趁火打劫的骗子也十分猖獗，2月，莫斯科的一位中国公民为买口罩支付了1,000万卢布，结果被骗。③

5. 华商经营雪上加霜

在大市场经营的华商们不仅遭遇了新冠肺炎疫情带来的经营损失和心理恐慌，而且还

①信息来源：5月9日清华大学华商研究中心与中国华侨华人研究所共同主办的"海外华商谈抗疫"在线系列观察活动俄罗斯专场会议。

②《违法者绝不姑息，含冤者定将昭雪！在俄80名中国公民将被遣返事件权威解析》，《俄罗斯经济评论》，https://mp.weixin.qq.com/s/jRJRZY0CBULfhNg_3ng3uw。

③《旅俄华人贩卖假冒口罩牟取暴利 俄或严打非法经营医用品现象》，《俄罗斯经济评论》，https://mp.weixin.qq.com/s/z9FVoshEhIvOY0iTJu6AmQ。

承受着市场管理方的不规范经营和固有利益群体的盘剥与欺压。

华商们承受着被感染的风险以及巨大的心理压力。大市场从3月26日放假以后，4月2日普京把全国假期延长到4月底，华商们留俄经营的幻想破灭了。4月初以来，从莫斯科长途奔袭回国的中国公民中已经有几百人被测出感染新冠肺炎（包括无症状感染者）。4月7日山西省新增境外输入确诊病例25例，均为乘坐莫斯科—北京（CA910）国际航班4月6日在太原武宿国际机场海关入境的旅客。4月2日之后，陆陆续续有很多华商开始决定回家。俄罗斯的国际航班已经停飞，但中俄边境的口岸还可以正常通关。因此，4月3日之后边境口岸的人流量增加，造成中国口岸城市防疫压力加大。尤其是4月8日，坐落在柳布利诺大市场的友谊宾馆被当地政府强制封楼，所有住宿人员都被要求隔离。市场内其他宾馆也被强制封楼隔离。隔离的时限开始是14天，后来又延长到5月初。华商群体开始出现恐慌和不安，出现一些负面情绪和谣言，产生取道远东边境陆路口岸回国的问题。[①]通过陆路经绥芬河口岸入境人数激增。3月21日至4月7日24时，绥芬河口岸累计入境2,443人。截至4月7日24时，该口岸累计确诊输入性病例84例、无症状感染者127例。经绥芬河口岸入境的84名确诊病例中，大部分是在俄的个体华商。4月8日，内蒙古连续2天新增5例俄罗斯入境新冠肺炎确诊病例，满洲里至后贝加尔斯克公路口岸客运通道临时关闭。4月8日，黑龙江新增从俄罗斯输入的中国公民确诊病例40例，新增输入无症状感染者23例。[②]4月下旬，有300名在俄中国公民自愿接受核酸检测排查，有90人被检出阳性。宾馆内的侨胞受到当地医疗机构的监控，疫情得到控制。但散居在民宅的侨胞疫情不容乐观，他们中很多人有了疑似症状之后不愿意寻求当地的医疗救治，因为他们大部分人不会俄语，对俄罗斯医院不信任，更受某些传闻的影响对当地医院有恐惧心理。[③]莫斯科大市场华商疫情暴发主要的问题就出在公用厨房上。在莫斯科大市场附近的华商有密集群居的特点，在民宅居住的华商住得也很密集。他们为了节约成本，多人共租一间房子。除了莫斯科，俄罗斯其他城市也有类似的市场，同样有市场内群居的华商。4月6日，乌苏里斯克中国大市场被当地政府关闭，330名华商被勒令隔离在市场内不同的宾馆里。在远东地区，有种植蔬菜和采伐木材的华商老板为工人提供的居住条件也是密集居住的简陋住房。[④]

部分华商不仅受到疫情困扰，而且遭遇市场管理方的盘剥。[⑤]自2020年7月1日起，俄罗

①《莫斯科多名华人确诊新冠肺炎 患者曾接触人群有暴发疫情风险 口岸防疫形势严峻相继临时关闭 俄罗斯政府拟包机送中国人回国》,《俄罗斯经济评论》，https://mp.weixin.qq.com/s/oiEzri5naQPDEDib0urE0w。

②《莫斯科友谊宾馆发现中国籍感染者 华人逾千人被强制隔离或医疗观察 疫情暴发当精诚团结方能共克时艰 医学专家和社团向隔离者伸出援手》,《俄罗斯经济评论》，https://mp.weixin.qq.com/s/RVh5d2hLPqvJxKJr6ojQvA。

③《莫斯科多名确诊中国患者康复出院 俄华人群体抗疫形势依然严峻 国家救助海外防疫公民应常态化 或应输出防疫力量抗疫援俄保家乡》,《俄罗斯经济评论》，https://mp.weixin.qq.com/s/wN_j7bb-D aB8lD52l_mX_Q。

④《莫斯科多名确诊中国患者康复出院 俄华人群体抗疫形势依然严峻 国家救助海外防疫公民应常态化 或应输出防疫力量抗疫援俄保家乡》,《俄罗斯经济评论》，https://mp.weixin.qq.com/s/wN_j7bb-D aB8lD52l_mX_Q。

⑤《战疫胜利之后一个被遗忘的群体——旅俄华商，疫情之下围城内外，返乡受限出国遇阻》,《俄罗斯经济评论》，https://mp.weixin.qq.com/s/yJWCFHj00Ij81nHiQQyNqw。

斯政府开始对鞋类商品实施强制电子标签政策。未粘贴电子标签的进口鞋类商品将面临罚没风险，经销未粘贴电子标签的鞋类商品的企业也将受到处罚。该项政策影响了鞋类进出口流通领域的所有参与方，包括鞋类生产商、进口商、经销商、批发商和零售商在内的所有上中下游企业。6月，两大市场解禁后，市场方面决定免收疫情期间不营业的两个月的摊位费，这让华商感到如释重负，卸掉了几十万卢布的包袱，但从事鞋业的华商们却又被电子标签所牵绊。从3月开始，市场管理方面"提早"要求每个鞋商必须从市场购买每个售价15卢布的电子标签，并要求无论是样鞋还是整箱的货物，每双鞋都需要加贴标签。每家商户都被要求购买1000—5000张市场提供的"通用标签"。但时隔几日，市场管理方又否定了鞋底贴签的规定，改为枪打标签。管理者要求鞋商撕掉鞋底的标签，购买打签枪重新把纸质电子标签射钉在鞋上。市场管理部门的一次"改革"，让鞋商们浪费了几千张标签的钱。3个星期后，市场的标签制度又"改革"了，要求把钉在鞋上的标签撕下来，贴到鞋里面。6月，华商迎来市场重新开业后，在俄罗斯政府实行鞋类电子标签制度的前两个星期，柳布利诺市场又开始新一轮"改革"，鞋商被要求应季的凉鞋都补贴标签，3月的标签不适用于夏季的凉鞋，需要重新购买新的凉鞋专用的标签，每个商户又需购买几千张新标签。3—6月，华商们就遭受到市场管理方的4次盘剥，柳布利诺市场利用俄罗斯国家政策强卖"通用标签"牟取暴利，极大地损害了华商的利益。"通用标签"只是市场剥削华商的一个手段，并不符合俄罗斯政府的规定。市场方面要求"通用标签"绝不能出市场，因为这种伪标签经不起推敲，如进入流通渠道就会露馅。为了顺从市场管理方，商户们需要在出货时把鞋子上贴的市场摊派的"通用标签"一一撕下来，以免非法标签流出市场。这种无度摊派使华商叫苦不迭。[①]

从4月20日至5月初，《俄罗斯经济评论》做了一项调查，统计结果显示，在参与问卷调查的1,949人中，有1,163人想要回国，约占59.7%；有536人决定留在俄罗斯，约占27.5%；有250人不知道该怎么办，约占12.8%。4月8日以前，在俄罗斯的中国人除了可以乘坐每周一次的中国国际航空公司（简称"国航"）航班回国外，还可以从陆路口岸过境回国。但4月8日之后中俄两国之间的陆路口岸全部关闭，他们只能通过空中航线回国。但每周一班飞机的运量完全满足不了所有想要回国的中国人的愿望。于是，包机回国的呼声开始一浪接着一浪。[②]滞留在俄罗斯边境城市布拉戈维申斯克的多名中国公民无法回国，只能冒着极大的风险在俄罗斯加入群体防疫。[③]

远东地区营商环境更加堪忧。在远东地区投资的华商，尤其是经济实力突出的华商，投资经营需要更加谨慎。10月，长达3年的沈永跃行贿案二审仍维持原判。该地法院二审

①《莫斯科大市场强卖商户鞋类"通用标签"贴鞋底、鞋面、鞋里规定花样翻新华商叫苦连天》，《俄罗斯经济评论》，https://mp.weixin.qq.com/s/2que5Kdba8DRV5AdY46Beg。

②《向着紧闭的国门高喊一声：祖国！疫情之后再见！！！》，《俄罗斯经济评论》，https://mp.weixin.qq.com/s/YlBrAUAm8MEYoxA7PAIOvw。

③《俄罗斯结束假期逐步解禁复工 自然群体免疫模式正式开启 旅俄华人：就地防疫战线已经崩溃！这场战疫接下来怎么打？请求上级指示！》，《俄罗斯经济评论》，https://mp.weixin.qq.com/s/r02b3yBoWdSt2k0ToSfVSA。

决定，沈永跃行贿罪名成立，判处有期徒刑9年，罚款2,500万卢布。沈永跃是绥芬河跃进公司董事长，案发前，在符拉迪沃斯托克市建设了工业园和酒店。当地政府相关程序的拖延影响了酒店投入运营。为了保障酒店能够早日启动，沈永跃在协调此事的过程中遭遇钓鱼执法，并在狱中被迫同意查封自己所有财产。这一事件提醒已经在俄罗斯远东地区经营或即将赴该地经商的侨胞需要异常警惕该地的营商环境，规避黑恶势力和官商勾结带来的风险，避免遭受人财两空的打击。[①]

6. 律师事务所在疫情中贡献智慧

6月，为了更好地服务在俄罗斯有商业利益的华商，在俄罗斯落地的第一家中国律师事务所——北京德和衡律师事务所发布了《在俄罗斯遇难题你可以获得律师帮助——100个日常＋20个疫后法律问答》。该书信息来源时限截至2020年5月，分为11篇共120个问题。第一部分内容为10篇，包括入境篇、交通篇、居住篇、旅游篇、留学篇、工作篇、经营篇、司法保护篇、领事保护篇、离境篇。内容不仅适用于在俄罗斯长期生活和工作的华商、留学生、中资企业员工，也适用于短期到俄罗斯旅行、进行商务活动的中国人。其中的“经营篇”内容最为详尽，为在俄罗斯的中资企业解答了常见的问题和难点。第二部分为新冠肺炎疫情特别篇，针对俄罗斯在疫情期间出台的一些法令和政策，以及疫情给各个领域带来的不同程度上的影响，从合同履行、贸易进出口、税务、租赁关系、劳工关系、外国人出入境等方面给读者提供了常见问题的解答。[②]

7. 旅游从业者谋求转型升级

2020年突发的疫情让许多导游纷纷转行，有的改送外卖，有的去餐馆打工。莫斯科太平洋国际旅行社尝试将原来公司承接的展会地接业务转为线上展会的形式。在中国国内抗疫形势较为平稳的时期，旅行社一度尝试将业务转移到国内，但效果也不理想。[③]公司着重设计旅游行程，在朋友圈打广告，随时做好复工准备。旅行社着眼“健康旅游”概念，计划在疫情后把“健康旅游”概念做起来，在日后接待旅游团时为游客普及健康知识，将健康概念融入到团餐中。[④]

（二）中资企业业务逆势增长，助力抗疫

1. 阿里巴巴集团在疫情期间业务快速增长

6月15—21日全球速卖通“6.18”年度促销活动期间，共有约300万名俄罗斯消费者在该平台购物，消费共计73亿卢布，是2019年同期的1.6倍。居家隔离后俄罗斯消费需求增长，6月订单大幅超出前几个月。1—4月，跨境电商市场需求略有下降，但5月以后消费需

---

①《俄远东地方势力迫害沈永跃入狱 案件审理长达三年二审维持原判 经商环境恶劣黑恶势力猖獗 请华企业谨慎考虑向该地区投资》，《俄罗斯经济评论》，https://mp.weixin.qq.com/s/lCrCFe4vgR_kVmwQ87sTaw20201017。

②《在俄中国律师事务所出版疫后法律指南》，俄罗斯卫星通讯社，http://sputniknews.cn/russia_china_relations/202006131031629617/1。

③《疫情下华人旅游业者艰难求生，疫苗何时才能让旅游业重振？》，中国侨网，http://www.chinaqw.com/hqhr/2020/12-22/280427.shtml。

④《疫情下遭受重创 华人旅游业者如何“活”下去》，《俄罗斯龙报》，http://www.dragonnewsru.com/news/glo_news/20200429/109062.html。

求大幅提高并保持稳定增长。①

6月，阿里巴巴集团与物流合作伙伴PA及MD-Insight共同在俄罗斯启动了Sprout Up Project计划，帮助俄罗斯中小企业开设在线商店并在国外寻找采购商。该计划主要针对机械设备、冶金、农业生产企业，以及国外在售食品和饮料品牌的制造商。②

2. 滴滴公司部署俄罗斯市场

7月，滴滴公司宣布进入俄罗斯市场的计划。喀山将成为滴滴进入俄罗斯市场的突破口。9—12月，滴滴公司开发了叶卡捷琳堡、下诺夫哥罗德、莫斯科和圣彼得堡的业务。③

3. 中国铁建国际集团在俄罗斯开辟新战场

11月5日，中国铁建国际集团（简称“中国铁建”）欧亚区域公司签约俄罗斯圣彼得堡阿罗城房建二期项目第二阶段，合同金额为172亿卢布，继9月30日签约该项目二期第一阶段后已累计签约202亿卢布，约合人民币17亿元，是中国铁建在俄罗斯签约的最大房建项目，也是中国铁建在圣彼得堡的首个基建项目。④

4. 中油国际俄罗斯等公司妥善部署疫情防控，并为国内筹集防疫物资

为了保护员工健康，有效防控疫情，中国石油国际勘探开发有限公司（简称“中油国际”）俄罗斯公司部署“十项应对措施”，组织制定《中油国际俄罗斯公司新型冠状病毒防控手册》（中俄双语），在中国石油天然气集团驻俄企业中推行。升级对公共空间的消毒和管理；部分施工单位在现场坚持每天由专人测量员工体温，具备条件的单位专门为员工组织远程办公培训，各专业板块保持经常性的视频连线会议。截至2月12日，中国石油天然气集团驻俄企业还采购应急物资驰援国内。2月12日，中油国际俄罗斯公司、中国石油技术开发公司（简称“中技开”）驻俄办事处分别采购的1.5万只、40万只一次性医用口罩运抵北京。同时，华油集团华铭公司2月11日采购的100万只一次性医用口罩也分两批运送回国。⑤

（三）留学生的主题曲：在线学习、参与抗疫

1. 在线学习交流成为留学生的主要学习方式

1月，大使馆举办了俄罗斯中国留学生春节联欢会。中国留俄学生总会及各地区分会通过视频方式表达了对祖国的祝愿。⑥但喜庆祥和的气氛尚未消散，一场新冠肺炎疫情便开始在全球蔓延。受新冠肺炎疫情影响，一些中国留学生无法按时返俄继续学业。对此，许多俄罗斯高校均推出“远程教学课程”，尽量帮助无法按时返校的中国学生完成学业，这也给

①《618促销活动当周，俄罗斯消费者在阿里速卖通消费73亿卢布》，中华人民共和国驻俄罗斯联邦大使馆经济商务处，http://ru.mofcom.gov.cn/article/jmxw/202006/20200602977426.shtml。

②《阿里巴巴集团将帮助俄罗斯中小企业开拓新市场》，中华人民共和国驻俄罗斯联邦大使馆经济商务处，http://ru.mofcom.gov.cn/article/jmxw/202006/20200602977425.shtml。

③《滴滴进入俄市场本土竞争对手毫无惧色 当地华人或将成为首批忠诚客户群体》，《俄罗斯经济评论》，https://mp.weixin.qq.com/s/RSPatlYnzWmTG6_GNPiaYg。

④《中铁建国际签约俄罗斯圣彼得堡房建项目》，人民网，http://world.people.com.cn/n1/2020/1106/c1002-31921333.html。

⑤《中国石油驻俄企业筹集140万只口罩陆续运达》，中新网，http://www.chinanews.com/business/2020/02-17/9094137.shtml。

⑥《海外机构、华侨华人举办多种形式活动迎新春》，《俄罗斯龙报》，http://www.dragonnewsru.com/news/glo_news/20200128/104062.html。

他们吃下了“定心丸”。①

一些俄罗斯高校为预科班的中国留学生开设了一系列在线课程。托木斯克国立大学预科系为重庆市合川实验中学的申请者开设了在线课程，分3个方向：人文学科、经济学科和生物医学。喀山联邦大学也开发了类似的课程，为即将入读预科班的学生提供免费俄语远程视频课程，而基础教育课程的申请人可参加入学考试培训在线研讨会。喀山联邦大学为留学生们举行中文在线活动，主要介绍培训领域、录取程序和进行现场答疑等。远东联邦大学还举办了一系列在线见面会和在线研讨会，提供在线提交所有入学文件的便利。南乌拉尔国立大学也举行了在线夏季俄语班。②据不完全统计，在圣彼得堡的加工、列大、师大、航大、财大等高校，无法按时返校的中国留学生近千人。针对这些学生，俄罗斯很多高校也都推出了远程教学课程帮助他们完成学业。③5月9日是卫国战争胜利75周年纪念日。受新冠肺炎疫情影响，2020年的胜利日庆祝活动没有往年热闹，绝大多数中国留学生都在宿舍通过网络或电视观看空中阅兵和关于第二次世界大战的电影，参加学校组织的线上交流讲座等。④

一些留学生受疫情影响较大：一是心理压力大，孤身一人在外，尤其疫情期间不能出门，留学生们会更加想家；二是开销压力大，一些自费留学生平时会通过做兼职减轻家里的负担，但疫情使兼职的机会大大减少；三是学业压力大，纯网络授课，在群里打字与老师和同学交流，学习效果不甚理想。⑤

2. 留学生在校安全问题应引起各界关注

在俄罗斯滞留的绝大部分中国留学生都集中居住在宿舍里，一般是2—4人一个房间。一般宿舍只有公用厨房可以做饭。中国留学生们普遍严格遵守俄罗斯的防疫规定，尽量留在房间里，但做饭时却仍然需要去公用厨房。住在宿舍里的不只有中国留学生，也有俄罗斯本国和其他外国留学生，很多其他国家的留学生并不遵守防疫规定，仍然我行我素，给中国留学生的生命健康带来了极大的隐患。⑥

此外，随着中国赴俄罗斯留学人数的逐年增长，保证留学生的人身安全成为各界关注的焦点。2019年12月中旬，一名16岁中国女留学生在莫斯科的学校宿舍内死亡，引发广泛关注。⑦2020年5月，远东联邦大学一名中国女学生从宿舍窗口坠亡。⑧类似事件的发生受到

①《在圣彼得堡的中国留学生讲述疫情下的学习、生活、心态》,《俄罗斯龙报》，http://www.dragonnewsru.com/news/glo_news/20200311/106454.html。

②《俄高校将对预科班中国留学生进行在线教学》，中新网，https://www.chinanews.com/hr/2020/06-01/9199927.shtml。

③《俄滨海边疆区大学的中国留学生将继续远程上课至4月1日》，俄罗斯卫星通讯社，http://sputniknews.cn/russia/202003041030935176/。

④《留俄学子讲述疫情之下庆祝俄罗斯胜利日的感受》，中国侨网，http://www.chinaqw.com/hqhr/2020/05-11/256211.shtml。

⑤《俄将迎疫情高峰？在俄侨胞安心防疫莫恐慌》,《俄罗斯龙报》，http://www.dragonnewsru.com/news/glo_news/20200413/108192.html。

⑥《莫斯科多名确诊中国患者康复出院 俄华人群体抗疫形势依然严峻 国家救助海外防疫公民应常态化 或应输出防疫力量抗疫援俄保家乡》,《俄罗斯经济评论》，https://mp.weixin.qq.com/s/wN_j7bb-D aB8lD52l_mX_Q。

⑦《中国留学生在俄罗斯学校宿舍死亡，如何自我保护?》,《人民日报（海外版）》，https://baijiahao.baidu.com/s?id=1653030348577823918&wfr=spider&for=pc。

⑧《俄远东联邦大学一名中国留学生从宿舍坠窗身亡》，俄罗斯卫星通讯社，http://sputniknews.cn/society/202005061031366665/。

了俄罗斯警方的高度关注，并加强了针对相关犯罪活动的打击力度。留学生群体也应高度警惕，加强自我保护和互助。

3. 留学生会等组织积极帮助学生渡过难关

圣彼得堡中国留学生会在中国驻圣彼得堡总领事馆教育组的指导下，迅速成立了“冠状病毒抗击小组”，帮助在各个学校的同学解决相应问题。为帮助学生顺利返俄，学生会以最快的速度联系海航、俄航、芬航、乌拉尔航空等10多家航空公司，并发布确切航班信息，供大家参考。学生会还联系列大、加工、师大等20多所高校外办，咨询关于“中国留学生返俄注意事项”等热点问题。同时，学生会还帮助无法按时返俄的学生尽快联系各个学校外办，与学校及时沟通。①

疫情期间，一个由中国留学生黄文琪和弟弟黄俊峰发起的旨在援助抗击疫情的青草国际救援群成立。其成员既有正在读书的中国留学生，也有在俄罗斯工作的中国人。2月，青草国际援助群筹集到6,000多只一次性医用口罩、N95口罩等医疗物资，并捐给湖北省远安县中医医院、湖北省广水市第一人民医院等单位。②

（四）中文学习变得更加重要

1. 中文教育是跨国家庭子女的刚需

跨国家庭中混血儿对中文教育的需求十分强烈。很多跨国家庭中的父母会要求子女背古诗，去中文学校系统学习读写知识。越来越多的俄罗斯人学习中文，俄罗斯将中文加入高考的备选语言科目，也是对跨国家庭子女学习中文的一种激励。③

在跨国家庭中，如果母亲是中国人，那么子女的中文水平相对来说要好于父亲是中国人的跨国家庭子女。但跨国家庭子女要实现“有多俄罗斯就有多中国”的愿望却很难。跨国家庭的家长通常会每年抽出一段时间带着子女回中国生活，让孩子熟悉中文环境。同时，家长还通过各种方式不断培养和激发子女对中文的兴趣，如教他们中文儿歌、陪他们看动画片等。随着年龄的增长，跨国家庭的子女往往可以实现在中俄双语之间自然切换。④

2. 掌握中文的人在俄罗斯劳动力市场中更有竞争力

俄罗斯多家招聘公司近日表示，中文在俄罗斯越来越受欢迎，掌握中文在劳务市场可以获得更高的薪水。会中文的人才平均收入比会欧洲语言的人才高10%—15%。当今在俄罗斯采购工业产品、日用品和药品以及物流等领域，会中文的人才最为抢手。中文在俄罗斯仍然是小语种，精通中文的俄罗斯翻译员只占翻译员总数的7%。随着俄罗斯统一考试开设了中文科目，中文家教的需求更是不断增长。

有需求就有供给。目前，俄罗斯学习中文的人数在6万—8万。2020年是中文列入俄罗

①《在圣彼得堡的中国留学生讲述疫情下的学习、生活、心态》，《俄罗斯龙报》，http://www.dragonnewsru.com/news/glo_news/20200311/106454.html。

②《在俄中国留学生：成立国际群 援助一线》，《俄罗斯龙报》，http://www.dragonnewsru.com/news/glo_news/20200228/105840.html。

③《俄罗斯华人孩子如何学中文？》，《俄罗斯龙报》，http://www.dragonnewsru.com/news/glo_news/20200731/114796.html。

④《“有多俄罗斯就要有多中国”中俄混血能做到吗？》，《俄罗斯龙报》，http://www.dragonnewsru.com/news/glo_news/20200731/114828.html。

斯国家统一考试后的第二次全国考试，来自俄罗斯37个地区的180名高中生参加了中文考试，其中，莫斯科考生人数最多，达67人。而2019年参加中文考试的仅有80人。①

在俄罗斯的孔子学院也在积极推广中文教育。托木斯克国立大学孔子学院启动了一项针对12岁以上中学生的3年期中文学习试行计划。新年级首批学生分别来自托木斯克、克麦罗沃、新西伯利亚。②

（五）中文媒体及时报道抗疫新闻

在疫情中，俄罗斯当地中文媒体能够及时、客观、真实地报道中俄疫情，对中国疫情进行声援，并积极报道中国驰援俄罗斯的信息。中文媒体通过专访侨胞和使领馆外交官、报道中俄民间友谊故事等多种方式，为侨胞及时提供抗疫相关信息，稳定侨胞的心。《俄罗斯龙报》专题报道了《中国小伙自驾穿越欧亚，"遭遇"俄式隔离》等纪实新闻，用真实案例证实了俄罗斯相关机构对外国人的善待。③

疫情期间，《俄罗斯龙报》、俄罗斯旅游中文网、《俄罗斯经济评论》微信公众号、中俄法律网微信公众号等媒体均及时发布俄罗斯疫情信息、提醒公告以及旅俄侨胞动态，使当地侨胞和国内相关机构、热心人士能够了解两国防疫抗疫信息和各界侨胞状况，有针对性地为所需之人提供援助。

（六）使领馆积极开展领事保护

使领馆在中俄共同抗疫过程中发挥了重要作用。疫情中，领事保护的主要内容是提醒公告、慰问安抚、发放物资、线上答疑、签证协助、奖学金发放等。④为防范中国公民感染新冠病毒，使领馆做了大量工作。

1. 及时发布疫情防护提醒，对重点人群强化提醒

使领馆会发布每日疫情通报、当地最新防疫措施及要求等重要信息。针对华商经营和生活条件的特点，使领馆进行重点提醒、强化提醒，并在每条提醒信息最后附上相关联系电话，以便中国公民能及时有效联系到使馆以求帮助。中国驻符拉迪沃斯托克总领事馆公布了2家可以进行商业性新冠病毒检测的医疗机构的详细信息，还专门安排多位留学生志愿者为打算进行病毒检测却不懂俄语的中国公民提供翻译服务。

2. 与中俄相关机构和部门保持紧密沟通

4月初起，中国驻符拉迪沃斯托克总领事馆公布了从绥芬河入境的每例输入型确诊病例和无症状感染者在俄罗斯活动的轨迹，提醒领区中国公民进行自我排查，同时，还把从黑龙江省提供的病例必要信息提供给俄方，以方便俄方迅速和全面筛查其密切接触者，进而

---

①《中文在俄罗斯越来越受欢迎 掌握中文能获得更高薪水》，中国侨网，http://www.chinaqw.com/zhwh/2021/02-18/286330.shtml。

②《中文在俄罗斯越来越受欢迎 掌握中文能获得更高薪水》，中国侨网，http://www.chinaqw.com/zhwh/2021/02-18/286330.shtml。

③信息来源：5月9日清华大学华商研究中心与中国华侨华人研究所共同主办的"海外华商谈抗疫"在线系列观察活动俄罗斯专场会议。

④《俄将迎疫情高峰？在俄侨胞安心防疫莫恐慌》，中国侨网，http://www.chinaqw.com/hqhr/2020/04-12/253168.shtml。

降低领区内中国公民的感染风险。[①]中国驻符拉迪沃斯托克总领事馆与领区所有政府部门、高等院校保持密切联系，专门请他们关照中国公民，特别是留学生群体，安排专人负责与学生联络，及时了解他们的需求，并同符拉迪沃斯托克中国学生学者联谊会一道制定了详细的应急预案，把为留学生提供防疫物资支持作为一项优先工作。

3. 及时发放防疫物资、看望侨胞并进行视频连线指导

从3月底到5月中旬，中国驻符拉迪沃斯托克总领事馆陆续向统计到的领区全体中国公民派发了防疫物资，总计发放130,075只普通医用口罩、9,075只N95口罩、8,160瓶消毒洗手液、8,607包消毒湿巾、9,054盒连花清瘟胶囊。其中，5月初共向2,209名华商每人提供1个“大健康包”，并在5月中下旬向因故未领取“大健康包”的1,500余名华商补发。

使领馆还组织医疗专家进行视频连线，开通24小时热线电话，在线帮助华商解决防疫问题。如驻俄大使张汉晖通过视频连线，慰问在俄华商和侨团代表，并与赴俄抗疫医疗专家组共同在线为侨胞解答防疫问题。驻俄大使馆领事保护部门开通24小时服务热线，解答中国公民关心的各类问题，专人值班接听留学人员或家长电话，以提供必要的帮助。[②]张汉晖大使先后两次亲赴莫斯科市“柳布利诺”市场看望慰问华商、侨团代表。[③]在疫情防控期间，80多名中国公民因违反俄罗斯有关隔离规定，被莫斯科市地区法院判处驱逐出境。对此，大使馆一直通过外交途径做俄罗斯外交部、消费者权益保护和公益监督署、科教部、莫斯科市政府等部门的工作，与俄罗斯有关高校密切沟通；向中国公民了解具体事实，为他们提供必要的领事保护和法律援助，积极维护中国公民合法权益。同时，大使馆与上述中国公民保持密切联系，及时探望，送去食品、水果、充电设备等慰问品及生活必需品，并派员旁听庭审。[④]中国驻哈巴罗夫斯克总领事馆特向领区侨胞、中资机构和留学人员提供“新冠肺炎实时救助平台”，为他们免费提供线上诊疗咨询、心理援助和防疫知识科普服务。[⑤]

4. 为确有困难、急需回国的留学人员协调临时航班

大使馆、驻圣彼得堡总领事馆、驻伊尔库茨克总领事馆等，积极联系航空公司，为急需回国的留学人员提供登记、发放机票等服务。[⑥]

三、总结

（一）旅俄侨胞充分践行了人类命运共同体理念

新冠肺炎疫情暴发之初，旅俄侨胞以赤子之心迅速响应、倾力驰援，助力中国抗疫；

①《中国驻符拉迪沃斯托克总领事闫文滨就疫情等问题进行答问》，《俄罗斯龙报》，http://www.dragonnewsru.com/news/glo_news/20200521/110214.html。

②《俄将迎疫情高峰？在俄侨胞安心防疫莫恐慌》，中国侨网，http://www.chinaqw.com/hqhr/2020/04-12/253168.shtml。

③《俄将迎疫情高峰？在俄侨胞安心防疫莫恐慌》，中国侨网，http://www.chinaqw.com/hqhr/2020/04-12/253168.shtml。

④《中国驻俄罗斯大使馆高度关注中国公民被遣返事》，《俄罗斯龙报》，http://www.dragonnewsru.com/news/glo_news/20200306/106208.html。

⑤《中国驻哈巴罗夫斯克总领事馆向华侨华人提供新冠实时救助平台》，《俄罗斯龙报》，http://www.dragonnewsru.com/news/glo_news/20200318/106796.html。

⑥《中国驻俄大使馆发布确有困难、急需回国留学人员临时航班计划及登记通知》，《俄罗斯龙报》，http://www.dragonnewsru.com/news/glo_news/20200617/112028.html。《6月圣彼得堡、伊尔库茨克总领事馆领区临时航班航线》，中华人民共和国驻圣彼得堡总领事馆网站，https://www.fmprc.gov.cn/ce/cgstp/chn/lsxx/t1794150.htm。

疫情在俄罗斯蔓延之后，侨胞在祖国的帮助下，不仅能做好自我防护，而且积极帮助当地居民防疫抗疫。无论是疫情之初侨领侨胞们以手背肩扛的方式为祖国抗疫一线带回宝贵的防疫物资，还是中国各级政府向旅俄侨胞送去的“大健康包”，都体现了在重大历史事件发生时祖国与侨胞始终紧紧相连的血缘和亲情；更体现了侨胞为战胜灾难不分种族、不分国界、守望相助的共同体意识。侨胞们在关键时刻表现出大爱无疆、全力救助、倾力奉献的优秀品质，为中国和住在国战胜困难、共同发展作出了不可磨灭的贡献。

（二）疫情踩下人员流动的“刹车”，但两国合作却未停滞

虽然疫情停止了两国间人口迁移的脚步，使赴俄中国公民人数整体下降了90.58%，旅游人数下降了95.8%，但基于政府间以及国有企业间的合作却未受太多波及。从农业到建筑业的合作始终没有停顿过，中国仍然是俄罗斯农产品进口第一大国，电商领域甚至呈现逆势增长。本币结算在中俄贸易中的比例也在稳步上升，在医疗领域的合作更是可圈可点。可见，基于互惠互利、彼此需要的坚实基础，两国合作关系的抗风险能力坚不可摧。维护和加深彼此利益的系结，增加互惠互利触点的连接，才能使彼此在扶持中更有定力。

（三）各界侨胞对疫情感受有所不同

在防疫抗疫的全过程中，各界侨胞的处境和感受不尽相同。侨领侨团以身先士卒的姿态，扮演着一个引领者的角色。留学生们虽被视为弱势群体，但仍竭尽全力贡献力量。从事服务业的华商纷纷寻求转型，一些华商危中求机，甚至实现了突破。在批发市场从业的基层个体商户是受影响最大的群体。他们的少知、无助、无序在危机中体现得淋漓尽致。如何规范和管理好这一群体，是值得两国政府关注和重视的问题。

（四）侨领和领事保护在抗疫过程中发挥重要作用

谈到海外侨胞，就不能忽视领事保护这一重要存在。尤其是在海外侨胞遭遇危险时，领事保护是其重要的后盾和保障。在这次新冠肺炎疫情的防控中，中国驻俄各使领馆做了大量工作，尽其所能开展协调、联络、保护、服务等工作，为侨胞撑起了遮风避雨之保护伞。在中俄所谓“上热下冷”的关系中，延长领事保护的触手，通过侨领侨团的力量使保护力量尽量下沉到基层，或可解决底层华商的陈年问题。

作者简介：王祎，温州大学华侨学院副院长、副教授

公共卫生危机下法国华人的应对

詹 娜 孔 越

【摘要】公共卫生危机暴发以来，法国经济发展受挫，社会动荡不安、暴力袭击频频。法国媒体歪曲和抹黑中国的报道屡见不鲜，种族歧视和排外行为泛滥，尤其是针对华人的歧视，使得华人面临多重危机，处境艰难。面对危机，华人不做“哑裔”，抵制歧视，力图降低法国社会对中国的负面印象；抱团互助、共克时艰，开展慈善捐赠，分享抗疫经验，塑造正面的中国形象，传播积极的中国声音。然而，自难民危机加剧后，以反移民和排外为特征的极右翼政党在法国方兴未艾，中文主流媒体作用有限，华人公共外交意识有待提高。因此，需要打破隔阂，整合力量共同行动，突破地理与文化的边界，以便更好地应对危机。

【关键词】公共卫生危机　法国华人　应对

一、引言

公共卫生危机已蔓延至世界各地，各国医疗系统都面临着巨大的挑战，给人们的生命健康安全带来了巨大威胁，加剧了国家之间的政治冲突与经济摩擦，种族问题和排外主义也逐渐抬头。欧美国家在传染病史上惯有的种族主义死灰复燃，法国境内的民粹性民族主义流行，大众媒体舆论煽动了对中国的污名化行为，种族主义者和反华政客借机丑化华人。

自公共卫生危机暴发以来，法国媒体就不断对中国进行污蔑。首先，他们将病毒与特定地区联系起来，污名化疫情发生地及其人民。法国《皮卡尔信使报》(Le Courrier Picard）发表了带有明显歧视性标题的文章——《黄色警告》(Alerte Jaune）和《黄祸？》(Le Peril Jaune?)。[①]2020年1月29日，在《费加罗报》发表的题为《中国病毒：人们对武汉的担忧与日俱增》的电台采访中，新型冠状肺炎被称为“virus chinois”(中国病毒）[②]。右派报纸《费加罗报》、左派报纸《解放报》，以及法国第一大报《法国西部报》都在新闻标题中频繁使用“中国病毒（virus chinois)”字样,《中国病毒：我们对国内外疫情的了解》《中国病毒：死亡人数上升到106人，各国有组织地疏散外国人》等污名化中国的报道屡见不鲜。其次，法媒不只在病毒源头上抹黑中国，还散布阴谋论。以《费加罗报》为首的右翼报纸多次污蔑中国，如2020年6月9日的《病毒可能在2019年夏天就出现在中国》根据来源不明的互联网搜索记录和真伪难辨的医院就诊情况认为病毒于2019年8月就在武汉出现；[③]2021年5月3日的

①《隔绝病毒，不隔绝爱：中国小伙意大利街头收获爱的拥抱》，https://m.sohu.com/a/371818390_120265125，访问日期：2020年2月10日。

②《Virus chinois: l'inquiétude grimpe à Wuhan》，https://video.lefigaro.fr/figaro/video/virus-chinois-l-inquietude-grimpe-a-wuhan/6126165304001/，访问日期：2020年1月29日。

③“Le coronavirus pourrait être apparu dès l'été 2019 en Chine”，https://www.lefigaro.fr/flash-actu/le-coronavirus-pourrait-etre-apparu-des-l-ete-2019-en-chine，访问日期：2020年6月9日。

《武汉P4实验室重返争议中心》[①]、2020年4月17日的《武汉实验室的秘密》[②]、《实验室泄露是唯一有意义的假设》[③]等文章影射武汉P4生物实验室长期从事危险的致命病毒研究，将疫情的起源归为别有用心的阴谋。在《病毒的起源：中国实验室起源论变得清晰》[④]、《一年后，对病毒起源的调查仍在艰难进行》[⑤]中，法国媒体无端甩锅称流行病暴发已一年之久，病毒的起源之谜仍未解开的原因在于中国存在太多"灰色地带"，且拒绝提供初期的医疗统计数据，在溯源问题上缺乏透明度，中国边境的封锁阻碍了外交官、外国记者以及科学家对病毒起源的调查。最后，法国媒体政治化解读疫情，将中国对其他国家善意的援助丑化为"口罩外交"，还将中方抗疫物资中可能存在的极少数质量问题放大。[⑥]

二、公共卫生危机下法国华人的艰难处境

2021年7月中旬法国官方累计确诊病例突破590万，累计死亡病例11.1万。病毒不分国界，疫情不分种族，在突发性公共卫生危机前，华人同样面临生命健康的威胁。两次封城，华人的正常生产生活被打乱、经济遭受损失。恐怖袭击和暴力行为都影响着他们的安全。同时，种族歧视和排外行为，尤其是针对亚裔（泛指来自亚洲的移民及后裔）的歧视越来越频繁，也极大影响了法国社会对华人的认知和理解。

（一）针对亚裔的语言暴力、排外行为以及种族歧视不断激增

社交媒体上针对亚裔的攻击信息成倍增加，如推特上出现亚裔在街上被称为"Corona""回到你们的国家，不要让病毒进入我们国家……"[⑦]、"攻击在街上的每一个华人"等过激的言语。《解放报》发文称：从疫情暴发起，针对亚裔的种族主义行为和言论在法国大量涌现。健康危机催生一种恶毒且直白的种族主义，散布所谓"穿山甲的故事"，对亚裔唯恐避之不及，或在公共交通上对亚裔大加指责。[⑧]法国社会出现了"好像病毒只由华人携带"的偏见[⑨]，将矛头指向所有亚裔，指责他们是"肮脏的华人"等。据报道仅在2020年2

① "Le laboratoire P4 de Wuhan revient au cœur de la polémique", https://www.lefigaro.fr/sciences/covid-19-le-laboratoire-p4-de-wuhan-revient-au-coeur-de-la-polemique，访问日期：2021年5月3日。

② "Les mystères du laboratoire de Wuhan", https://www.lefigaro.fr/international/les-mysteres-du-laboratoire-de-wuhan-20200417，访问日期：2020年4月17日。

③ "Covid-19: Une fuite de laboratoire, à ce stade, c'est la seule hypothèse qui ait du sens", https://www.lefigaro.fr/international/david-asher-une-fuite-de-laboratoire-a-ce-stade-c-est-la-seule-hypothese-qui-ait-du-sens，访问日期：2021年6月4日。

④ "Origine du Covid: la piste du laboratoire chinois se précise", https://www.lefigaro.fr/international/joe-biden-relance-l-enquete-sur-l-origine-chinoise-du-covid-19，访问日期：2021年6月4日。

⑤ "Un an après, l'enquête sur les origines du Covid avance avec difficulté"https://www.lefigaro.fr/sciences/covid-19-le-laboratoire-p4-de-wuhan-revient-au-coeur-de-la-polemique，访问日期：2021年5月3日。

⑥ "La Chine lance sa grand-messe pour l'après-virus ", https://www.ouest-france.fr/monde/chine/la-chine-lance-sa-grand-messe-pour-l-apres-virus-6841674，访问日期：2020年5月20日。

⑦ "Je Ne Suis Pas Un Virus. Des internautes dénoncent la multiplication des actes et des propos racistes liés au coronavirus en France", https://www.ouest-france.fr/sante/virus/coronavirus-chinois-les-actes-et-propos-racistes-se-multiplient-contre-les-asiatiques-en-france-6712270，访问日期：2020年1月29日。

⑧《针对法国网民号召报复华人行为 百余议员联名投书声援亚裔》，http://www.oushinet.com/static/content/europe/france/2020-11-11/app_781850706951798784.html，访问日期：2020年11月11日。

⑨ "Coronavirus: les Chinois de France victimes de racisme", https://www.sudradio.fr/societe/coronavirus-les-chinois-de-france-victimes-de-racisme/，访问日期：2020年1月29日。

月9日至3月7日，亚裔遭受排外袭击的媒体报道就上升了50%。[①]这只是冰山一角，因为只有较为恶劣的事件才会被报道出来。身处法国的华人不可避免地遭受了歧视与侮辱。

（二）疫情引起的经济萧条仍在持续，失业冲击不断扩大

公共卫生危机为全球经济按下了暂停键，法国的两次封闭管理使国内经济发展遭受重创，华人不可避免地受到极大影响。2月，法国亚洲餐饮同业联合会（UCHRA）500名会员的营业额平均下降了50%—60%。除餐饮业之外，全法华人旅行社协会大部分会员单位业务处于停滞状态，5%的会员社选择企业停产休眠，等待疫情结束再重新启动；20%的会员社业务量仅为2019年同期的1%—15%；剩下的会员社完全没有业务收入。[②]海关停运、客机禁飞、全国宵禁使得华人的旅游业以及餐饮业短期内前景不容乐观。

（三）暴力袭击频繁，防范意识不能松懈

自公共卫生危机暴发以来，法国境内诸多社会问题持续发酵。2020年9—10月法国经历了3次恐怖袭击：9月，《查理周刊》原址附近发生暴力冲突致使2人受伤；10月中旬，中学历史教师帕蒂在巴黎郊区遭到极端分子斩首；10月29日，3人在尼斯大教堂恐怖袭击案件中被杀害。多重因素叠加导致法国在未来一段时间内发生恐怖袭击的风险仍然很高。疫情期间，对华人的暴力事件也不断增多，如在巴黎北郊的暴力抢劫案激增，一些见义勇为的青年自发组成了“华人社区联盟”。6月13日，“华人社区联盟”的分支“兄弟连救援队”利用业余时间义务接送地铁站的华人时与犯罪团伙相遇，该团伙对“兄弟连救援队”成员大打出手，造成多名华人受伤。[③]法国社会针对华人的种族歧视严重，华人遭受公共卫生危机与经济危机的双重打击，处境艰难，面临的危险升级，部分法国人的过激反应折射出疫情下华人遭受的偏见和误解。

三、法国华人的应对

法国华人作为中国与法国沟通的“桥梁与纽带”，在公共卫生危机期间充分发挥了解当地社会的优势，在保证自身防疫的同时积极捐赠物资，回馈住在国、分享中国的经验，帮助法国人民抗击疫情，共克时艰，一方面消弭法国社会对华人的负面印象，另一方面也加强了中法之间的友好交流合作，形成理解包容、拉近距离、共享发展的双赢模式。

（一）勇敢发声

公共卫生危机期间法国社会种族歧视的危害巨大，一方面妨碍了对疾病的认知和应对，加剧了疫情的传播和扩散，另一方面破坏了中法两国之间的友好关系，阻碍了各国合作预防的进度。在全球化背景下，种族主义极大地阻碍了人类命运共同体的认同，给人类的健康安全带来挑战。对此，法国华人理性发声，合法维权，借助互联网、主流媒体等方式对种族歧视展开反击，还通过请愿、网络会议、参加选举等方式积极表达诉求，争取合法权益。

① “Spit On, Yelled At, Attacked: Chinese-Americans Fear for Their Safety”，https://www.nytimes.com/2020/03/23/us/chinese-coronavirus-racist-attacks.html，访问日期：2020年3月23日。

②《从受疫情打击到被歧视，法国侨胞这样做》，https://m.chinanews.com/wap/detail/zw/hr/2020/11-09/9334281.shtml，访问日期：2020年11月9日。

③《法国法院对专抢亚裔的三名罪犯加重判决》，http://www.oushinet.com/static/content/qj/qjnews/2020-11-16/app_782937467404681216.html，访问日期：2020年11月16日。

互联网与主流媒体是华人展开公共外交的重要平台。针对在法国不断发生的种族歧视事件，华人发表请愿书，向法国社会传达群体的声音。2020年10月末，随着法国第二次封城在即，推特上“我呼吁攻击每一个在街上的亚裔”言论引起华人的不满和抗议。法国亚裔社团联盟主席孙文雄在接受俄罗斯卫星网采访时表示：“类似引发仇恨的言论传播面甚广，政府应该尽快采取措施，限制网络仇恨言论的传播。”法国华人男演员周本雄在社交媒体上呼吁其粉丝向互联网非法内容监管平台（Pharos）举报在社交网络上发布类似仇恨言论的网民：“这样做简单快捷，可以匿名，也可以实名。这样做的目的就是避免在仇恨言论面前限于被动，要让这些人对自己的言行承担责任。”①为了与这种新形式的种族主义做斗争，一名不愿透露姓名的年轻女性在推特上发布了“Je ne suis pas un virus”（我不是病毒）的标签，谴责对亚裔日益增长的排斥：“法国的亚裔社区里不一定感染病毒，但这个伟大的社区需要支持和团结。”法国卫生部部长阿格尼斯布津称：“由于这种病毒，一种不加考虑的恐惧席卷了法国，但人们仍然需要冷静。”法国极右党派“国民联盟”领袖勒庞发推特指出：“完全没有理由让我们的亚裔居民因为病毒而成为遭怀疑的受害者，他们与此无关，让我们保持理智和手足情谊。”②在法国华人的多方联合、努力申诉下，法国多个党派的100多名议员联名在法国《解放报》发文支持亚裔：“在第二波疫情下，我们的亚裔居民前所未有地被人指摘，我们和他们并肩站在一起，行动起来，保护他们。共和理念之下的一视同仁，必须始终成为我们的行事指南。”③华文媒体在法国华人的维权中也起到了积极作用，《经济日报》和《欧洲时报》分别发表题为《反亚裔种族歧视的病毒不能再蔓延》和《欧洲侨胞成立反歧视小组团结发声》的文章以声援亚裔。法国《费加罗报》《世界报》、法国新闻电台（Franceinfo）等主流媒体纷纷在头版发文辟谣“接触在法华人并不会被传染”。华人代表们求同存异，力求与法国主流社会在反对种族歧视问题上同频共振。

寻求警方的帮助是华人维权的重要途径。法国时间2020年10月29日早上7点多，在欧拜赫维利埃市华商批发区（Aubervilliers）旁边，山东籍华人被歹徒殴打导致头部重伤，当场昏迷。④法国华人青年协会（AJCF）与“反暴力，要安全”组织（Sécurité pour Tous）一方面通过网络向华人预警，另一方面与国际反种族主义、反犹主义和反LGBT（女同Lesbian、男同Gay、双性恋Bisexual、跨性别者Transgender）群体的跨部代表团（DILCRAH）等机构联系，并向警察局报警。“93华人安全与融入委员会”⑤也立刻致信巴黎警察总局、欧拜赫维利埃市警察局，介绍案件情况，要求警方加派人手，加强管理，保护华人。法国国民议会议员、国民议会反歧视工作小组成员兼秘书陈文雄在了解到这一暴力事件后，立即与内

---

①《法国社交媒体出现攻击亚裔仇恨言论 亚裔演艺界名人谴责》，http://wap.oushinet.com/qj/qjnews/20201105/367786.html，访问日期：2020年11月5日。

② “Je Ne Suis Pas Un Virus. Des internautes dénoncent la multiplication des actes et des propos racistes liés au coronavirus en France”，https://www.ouest-france.fr/sante/virus/coronavirus-chinois-les-actes-et-propos-racistes-se-multiplient-contre-les-asiatiques-en-france-6712270，访问日期：2020年1月29日。

③《针对法国网民号召报复华人行为 百余议员联名投书声援亚裔》，http://www.oushinet.com/static/content/europe/france/2020-11-11/app_781850706951798784.html，访问日期：2020年11月11日。

④《法国再遭恐怖袭击后，他们又把刀刃对准了华裔》，https://3g.163.com/dy/article_cambrian/FQ7FLJQ00512856T.html，访问日期：2020年10月30日。

⑤“93华人安全与融入委员会”是华人在欧拜赫维利埃市（Aubervillier）建立的互助机构，主要负责安全和社区治安管理方面的工作。

政部、巴黎警察总局以及大巴黎地区相关各省省长联系，共同关注案件情况。人权观察组织（Human Rights Watch）亚洲部门负责人西夫顿（Sifton）呼吁各国应该针对涉嫌种族仇恨犯罪的人员积极展开调查，并对其犯罪行为进行司法诉讼。目前，巴黎检察院以“煽动种族主义，损害人身安全，公开挑衅”为由立案展开调查。[①]危机面前，华人群体寻求政府当局的保护，捍卫自身权益。

参政议政是华人融入主流社会、表达政治诉求的重要途径。公共卫生危机期间，在法华人积极参加法国政要组织的各种活动，反映自身遭受的歧视与经济问题，献言献策。2月6日，巴黎大区议会主席瓦莱丽·佩克雷斯（Valérie Pécresse）与多位亚裔代表座谈，就华人所受到的种族歧视和公共卫生危机的影响（餐饮、旅游、商贸等）展开交流。听取了与会代表的介绍后，佩克雷斯对大区亚裔为应对疫情所采取的行动表示赞赏，并提出三点支持方案：①大区提供物资援助，大区议会接下来将提议拨专款用于购买口罩、防护服等重要物资援助中国；②企业可向大区求助，受影响企业可向大区寻求拨款、减税等扶持；③抵制歧视现象。[②]佩克雷斯还表示自己将前往中餐厅就餐，以表示对华人的支持。因公共卫生危机而延后举行的2020年市镇选举在法国当地时间6月28日举行，法国华人积极参与投票。法国国民议会法中友好小组主席陈文雄在接受采访时强调：“这次市镇选举，法国华人的参与度空前高涨，这是法国市镇选举历史上从来没有过的。很多华人年轻一代参与到市政选举中来，参与到政治生活中来，反映出华人对法国社会融入度的不断加强，对增强话语权越来越重视。”[③]2021年6月15日，法国疫情后法华商业俱乐部重启，华为法国公司总经理施伟亮应邀作主题演讲，表示愿意与各工商企业建立更加紧密的联系与合作，共同为法国科技、社会事业的发展贡献力量。在全球贸易保护主义抬头，世界贸易遭遇壁垒之际，在法中企努力同本地企业建立联系、打造桥梁、求同存异、深入合作。华人努力融入当地、共谋发展、共商出路。

法国华人还通过远程会议、请愿写信等方式表达诉求。2020年11月13日，瓦莱丽·佩克雷斯与亚裔代表举行视频座谈会，就第二波疫情对亚裔群体带来的影响倾听亚裔的心声，商界代表集中表达了盼望获得援助以恢复经济的需要，还具体介绍了中国的抗疫经验——大规模的病毒检测和严格的封城措施等，为法国政府提供借鉴。亚裔代表踊跃发言，会议议题丰富，不仅表达了反对种族歧视的政治诉求，还有对华人餐饮、旅游业的救济，留学生求学，介绍中国抗疫经验，以及中国游客入境等多方面内容。2021年法国国民议会议员陈文雄向法国男女平权、多元化及机会均等部长级代表伊丽莎白·莫雷诺（Élisabeth Moreno）提交了一份历时9个月完成的法国国民议会“反种族歧视调查报告”，就法国社会存在的种族歧视问题展开了深入调查。[④]2020年11月21日，法国亚裔共和联盟

①《旅法华侨华人对种族歧视言论反应迅速议员在社交媒体上声援》，http://wap.oushinet.com/qj/qjnews/20201103/367516.html，访问日期：2020年11月3日。

②《巴黎大区议会主席与亚裔代表座谈交流疫情影响》，http://www.chinaqw.com/m/hqhr/2020/02-11/245433.shtml，访问日期：2020年2月11日。

③《法国市镇选举第二轮华人踊跃参与谈巴黎前景》，http://wap.oushinet.com/qj/qjnews/20200628.html，访问日期：2020年6月28日。

④《法国会反种族歧视报告提交部长级代表与法亚代表座谈》，http://www.oushinet.com/static/content/france/2021-03-24/app_824517868027912192.html，访问日期：2021年3月24日。

（Rassemblement Républicain France-Asie）主席阮福旺、名誉主席何福基和联盟成员在巴黎北部聚首，就敦促法国政府尽早准许餐饮小商业复业等事宜进行了商议，并向巴黎大区议会主席佩克雷斯（Valérie Pécresse）、法国前总统萨科齐和法国参议院议长拉歇（Gérard Larche）等政界人士致信请愿。[①]通过网络会议和请愿等方式，华人将遇到的问题和困难与政府当局沟通，寻求理解，求同存异，拉近法国政要与华人群体之间的距离，谋求共同发展。

（二）慈善捐赠

有言道：中国抗疫打上半场，国外抗疫打下半场，海外华人打全场。这一点在口罩战役中充分表现出来。国内公共卫生危机严重的时候，海外华人筹集医疗物资，援助祖国；在法国疫情急转直下时，他们又投入到支援法国防疫抗疫的活动中，急所在国所急，协调沟通，将口罩、防护服和特效药等医疗资源捐给法国，送往医院、警察局、药房等抗疫一线部门。

表1　2020年3—6月法国华人社团对当地的捐赠情况（部分）[②]

时间	捐赠单位	受赠单位	捐赠内容
3月	法国福州十邑同乡会 法国福建工商联合会	中国驻法国大使馆 巴黎13区政府	30,000只医用外科口罩
4月	洛林地区华人社区	洛林当地医院	31,200只医用外科口罩；捐款$8472
4月	法国亚洲餐饮联合会	巴黎11区	2,000只医用外科口罩
3月	法国河南同乡会	里昂市民医院（Hospices Civils de Lyon） 圣约瑟夫医院（Centre hospitalier Saint Joseph Saint Luc ）	1,500只医用外科口罩
4月	法国河南同乡会	巴黎92省热纳维耶市政府	1,500只医用外科口罩
4月	中法妇女商会	法国卫生部公共卫生机构（SANTE PUBLIQUE FRANCE）法国大众救助慈善协会（SECOURS POPULAIRE FRAN.AIS）	66,000只医用外科口罩
5月	法国福建同乡联合会	巴黎近郊94省塞纳河畔维特里市；巴黎第93省警察总局	3,500只医用外科口罩
4月	法国东方华人协会	米卢兹医院；米卢兹国家警局	3,000只医用外科口罩
4月	法国华人服装业总商会	“展望与创新”基金会	160,000只医用外科口罩
4月	法国华人服装业总商会	巴黎11区政府	2,000只医用外科口罩
6月	欧拜赫维利耶多名华商	巴黎大区百家协会	60,000只医用外科口罩

①《法亚代表致信政界人士 要求餐饮中小商业复业》，http://www.oushinet.com/static/content/qj/qjnews/2020-11-23/app_782937657125634048.html，访问日期：2020年11月23日。

② http://www.oushinet.com/static/content/qj/qjnews/2020-04-22/app_782929988167925760.html；http://www.oushinet.com/static/content/qj/qjnews/2020-05-04/app_782930489097846784.html；http://www.oushinet.com/static/content/qj/qjnews/2020-04-20/app_782929878126166016.html；http://www.oushinet.com/static/content/qj/qjnews/2020-04-15/app_782929673725149184.html；http://www.oushinet.com/static/content/qj/qjnews/2020-06-22/app_782932706961915904.html。

如表1所示，法国华人社团、协会和同乡会是捐助的主力。疫情来袭后，各协会积极行动，援助法国社会，抗击疫情，树立了良好的中国形象。除了协会捐赠外，各个省份在法华人都在行动。2020年3月中国疫情向好、欧洲疫情吃紧的时候，浙江省丽水市就及时启动了“就近援助”“以外援外”的驰援行动，筹集了10万只口罩支援法国侨胞。[①]从3月底到6月中旬，法国河南同乡会从国内募集3批捐赠物资，共计838公斤，价值约人民币75万元，将抗疫防疫物资及时捐赠给旅法同乡，对当地政府和医院予以特别关照。[②]国有企业也同样倾情相助，3月18日中国工商银行巴黎分行在中国驻法大使馆和中国工商银行总行的指导部署下，向巴黎专门收治患者的急救中心（SAMU）和皮提耶·萨尔佩特里尔（Pitié-Salpêtrière）医院无偿捐赠4万只N95医用口罩。法国疫情暴发后，在协会会长以及热心人士的推动下，各区纷纷成立了抗疫物资捐赠团，负责采购、验货、物流以及配送，保障医疗物资如期顺利抵法。

华人个体也在行动。法国洛林大区华人协会会长李凤玉调动所有人脉，前后成功订购了46万只口罩，还从武汉一家医院借到了3台呼吸机，并在大东区华人社区筹集了5.7万欧元以救济当地。[③]据《巴黎人报》报道，中国奥瑞金包装集团董事长、法国欧塞尔足球俱乐部中国东主周云杰向俱乐部所在大区医院赠送外科口罩和FFP2口罩共10万只、防护服5,000套、调剂盒20,000只。周云杰此前常常乘坐私人飞机前往欧塞尔观赛，对俱乐部感情很深。疫情暴发后，他调集物资帮助俱乐部所在的大区解决防疫的燃眉之急。据《梅斯报》报道，梅斯工程师学校得到了中国合作院校的支持，购置口罩送给医护人员。梅斯工程师学校于2015年在江苏省南京市建立了合作院校，目前在校生450人，文凭得到法国政府的认可。梅斯工程师学校与南京合作学院的师生通力合作，向梅斯医院共援助了3批物资，每次约有1.2万个外科口罩和1.2万副外科手套等。[④]

巴黎11区区长沃格兰代表区政府接受了法国华人服装业总商会的捐助，并向商会表达衷心的感谢。他称赞法国华人服装业总商会与区政府的密切联系，为当地的经济繁荣和人文交流作出了巨大贡献；商会为商家与区政府之间的联系搭建了很好的平台，促进了居民之间的和睦共处。中法打破种族壁垒共同抗击疫情，华人以实际行动为法国的防疫抗疫工作添砖加瓦，彰显了高度的社会责任感和兼济天下的情怀。

（三）分享抗疫经验，共克时艰

1. 华人医生利用媒体讲座传播抗疫知识

纳娜是巴黎最大的公立医院——皮提耶—萨尔佩特里尔医院的急诊科华人医生，也是

①《浙江丽水政府为欧洲青总会捐助口罩用于抗疫》，http://wap.oushinet.com/qj/qjinews/20200702/355341.html，访问日期：2020年7月2日。

②《法国河南同乡会参与中法抗疫纪实》，http://wap.oushinet.com/qj/qjnews/20200622/354368.html，访问日期：2020年6月22日。

③《法媒：疫情带来“双重困境”法国华人群体团结应对》，http://wap.oushinet.com/qj/qjnews/20200508/239409.html，访问日期：2020年5月8日。

④《中国团体捐赠口罩法媒：非常可贵》，http://wap.oushinet.com/ouzhougnews/20200417/347113.html，访问日期：2020年4月17日。

法国病例的最早发现者之一。疫情期间她开设了“华人热线”，帮助华人防疫抗疫。在疫情初期，纳娜接受了《欧洲时报》等中、法媒体的多次采访，应邀为侨胞、留学生等举办讲座介绍新冠病毒防疫知识、措施，同时也通过法国媒体的采访，向法国公众介绍武汉成功防疫的经验和举措，从文化角度正确对待口罩等。[①]纳娜对新冠病毒预防措施的科普，加强了法国社会对疫情的了解，为法国人民打了一剂思想预防针。

2. 华人社团向当地捐赠特效药

在中国抗击疫情的过程中，连花清瘟胶囊被证明是对抗轻症的特效药。中国驻法大使馆在法国疫情开始的时候就陆续向在法留学生无接触配送口罩、连花清瘟胶囊、防护服和护目镜等抗疫爱心包裹。2020年11月25日，贴着中国国旗的3,060盒抗疫中药——连花清瘟胶囊，由温州市人民政府外事办公室捐赠给法华工商联合会领事保护服务站。联合会会员在收到中药后分发给各个会员，还给当地社区捐赠了一些，帮助当地人共渡难关，展现了华人在全球抗疫背景下的表率和担当。

3. 通过网络云直播分享防疫抗疫经验，助力华人抗疫

面对席卷全球的新冠肺炎疫情，在国家卫生健康委员会人才交流服务中心指导下，“一带一路”医学人才培养联盟携手四川科伦药业股份有限公司共同开启了“命运与共，携手战疫”的云直播，向海外华人及世界共同分享防控经验，提高对疫情的科学认识，积极主动做好隔离和防护，有效应对疫情带来的风险。

四、限制法国华人应对危机的因素

2015年难民危机以来，欧洲各地民粹主义和排外主义复兴的浪潮持续，中法之间的文化差异、华人公共外交意识欠缺、阶级分化严重、媒体资源单一等都是制约华人应对危机的因素。

（一）欧洲的民粹和排外主义浪潮

在欧洲一些难民集中的国家，国内民众对难民和外来移民的排斥情绪不断加强。在法国，2015年10月伊福普民调所（Ifop）为大西洋网站（Atlantico）做的一项民调结果显示，逾半数法国人（53%）反对接待抵达欧洲海岸的移民。[②]在民粹性民族主义日盛的法国社会，对华人的歧视和排斥事件一直都在发生，具有浓厚的种族主义色彩。位于法国首都巴黎东北部的华人聚居区——美丽城（Belleville是法国首都巴黎的一个片区，处于巴黎10、11、19和20区的交界处）常年遭受卖淫和暴力等社会治安问题的困扰，当地华人多为受害对象。从2015年12月11日开始，一伙劫匪在欧贝维利耶市的几条街道上疯狂实施“暴力”抢劫，两个月里作案23起，主要目标就是“习惯随身携带大量现金”的华人。[③]2016年8月7日，

①《纳娜：法国疫情中华人医生最美逆行者》，http://wap.oushinet.com/qj/qjnews/20200619/354152.html，访问日期：2020年6月19日。

②《逾半数法国人反对接待移民 国阵支持者中反对比例达93%》，http://www.oushinet.com/static/content/europe/france/2015-10-26/app_795966242669199365.html，访问日期：2015年10月26日。

③《巴黎东北郊华侨华人被抢案频发引关注》，http://www.xinhuanet.com/world/2016-01/07/c_1117695869.htm，访问日期：2016年1月7日。

49岁的华人张朝林在巴黎近郊街区行走时突遭3名青年男子暴力殴打，连续5日昏迷不醒，于8月12日去世。[①]2017年中国籍男子刘少尧在巴黎19区家中杀鱼，被破门而入的警察一枪打死，事后法国华人先后组织几次抗议和静坐行动，却被警方以非法聚会的名义驱赶，一些华人被警察打伤，还有华人被捕。[②]更令人难以忍受的是《巴黎人报》头条刊登了《刘少尧之死：巴黎事件秘密文件》称：华人声援刘少尧的集会已变成了“骚乱”，其幕后由“多股势力”操控。2020年巴黎南郊出现了一个专抢亚裔妇女的犯罪团伙，警方记录在案的28件抢劫案件中26起的受害人是亚裔女性。[③]可见，法国华人作为少数族裔和外来移民在难民危机之后受到主流社会不同程度的排斥。

（二）中法文化差异和单一的媒体资源

中国与法国之间在意识形态、价值观念、文化理念等方面存在差异。疫情期间中法文化差异最为直接的体现就是戴口罩一事。法国卫生总干事在视频采访中宣称口罩并不是预防病毒的唯一保险，忽视口罩在传染病防护过程中的重要作用。[④]就媒体资源来说，虽然中国侨网、《法国侨报》以及《远东半月刊》等华文媒体积极声援华人，但作为法国社会的非主流媒体，影响力确实有限。在20世纪末，中国形象被法国涉华报道“妖魔化”，法国主流媒体中涉华负面报道近60%。[⑤]由于华文媒体的影响力有限，华人开展的很多慈善救济都没能得到法国主流媒体的报道，法国民众的关注度也不够。

（三）华人公共外交意识薄弱

法国华人由于教育背景、社会地位的参差不齐，各行其是，华商、留学生与务工人员之间缺乏沟通与交流，不能整合力量共同行动。虽然疫情期间华人大都投身慈善救济活动，改善华人形象，但也有部分华人公共外交与维权意识薄弱。2020年6月13日晚在拉库尔纳夫市地铁站附近，“兄弟连救援队”成员遭受围攻，法院开庭审理该案件时，却只有少数受害人出庭作证。5月，克雷岱耶法庭审理此案，受害的30多人中仅一人出庭作证；而在9月3日博比尼法院庭审时，没有一个受害人在现场露面。[⑥]法国国民议会法中友好小组主席陈文雄也称：亚裔群体在法国社会中遭受歧视以及暴力袭击之后，不怎么在公众场合发声，不少人都采取息事宁人的做法。[⑦]面对暴力事件消极回避导致自身合法权益被主流社会忽视，从而纵容了种族歧视和排外主义的泛滥。

①《法五万华人示威“反暴力要安全”用游行融入社会》，http://www.chinaqw.com/m/hqhr/2016/09-06/102192.shtml，访问日期：2016年9月6日。

②《巴黎华人控诉日常性歧视和暴力，融入法国需要“几代人时间”》，http://www.oushinet.com/qj/qjnews/ 20170330/259186.html，访问日期：2017年3月30日。

③《法国法院对专抢亚裔的三名罪犯加重判决》，http://www.oushinet.com/static/content/qj/qjnews/2020-11-16/app_782937467404681216.html，访问日期：2020年11月16日。

④ “Le masque n'est pas une assurance contre le coronavirus”，https://video.lefigaro.fr/figaro/video/le-masque-n-est-pas-une-assurance-contre-le-coronavirus-affirme-jerome-salomon/6147797837001/，访问日期：2020年4月7日。

⑤ 王露露：《欧洲法语媒体中的中国形象》,《中国记者》2013年第7期。

⑥《涉情节严重种族犯罪法国法院对专抢亚裔的3名罪犯加重审判》，http://wap.oushinet.com/qj/qjnews/20201116/368700.html，访问日期：2020年11月16日。

⑦《法国会反种族歧视报告提交部长级代表与法亚代表座谈》，http://www.oushinet.com/static/content/france/2021-03-24/app_824517868027912192.html，访问日期：2021年3月24日。

综上所述，全球突发性的公共卫生危机加剧了世界经济衰退、政治摩擦和排外主义。疫情期间，法国华人处境更是难上加难——除了疾病对生命健康的威胁，还要面对法国社会的种族歧视以及偏见。他们勇敢发声，积极应对，开展各种慈善捐助回馈住在国，分享抗疫经验，共克时艰。一方面，法国华人在遵守法国政府的制度规范、积极履行社会责任的基础上，还要提高公共外交意识，参与法国公共事务，树立良好的华人形象，力图消弭法国社会对中国的负面印象。另一方面，不论是华人议员还是华文媒体都要力争融入法国主流社会，掌握一定的话语权，逐步塑造正面形象，才能提升生存和发展能力，进一步开拓发展空间。法国华人还要与祖国保持密切联系，做到真正的双边嵌入，积极传播“中国声音”，为构筑人类命运共同体发声。

作者简介：詹娜，华中师范大学历史文化学院副教授；
孔越，华中师范大学历史文化学院硕士研究生

疫情与温州及海外温州人

徐 辉

【摘要】本文是笔者结合自己目前所从事的工作和在查阅相关文献资料的基础上完成的一篇调研报告。目的是让更多的人在了解温州侨情的基础上进一步了解温州和海外温州人在本次抗击疫情过程中的贡献、感人事迹和敢为人先的温州精神，为海内外疫情防控服务。

【关键词】新冠肺炎疫情 温州 海外温州人

一、引言

笔者2021年3月开始在温州市侨联联络维权部挂职锻炼，主要工作是对接和服务海外温州人、归国侨眷以及了解侨资企业，帮助解决存在的问题、困难等。目前国内新冠肺炎疫情基本上得到了较好的控制，但外国（特别是温州人聚集的欧洲各国）的疫情还在持续蔓延，侨胞还处于疫情防控第一线。

许多学者从不同的视角对海外侨胞在疫情期间的活动进行了研究。本次疫情中，海外侨胞以自己独特的方式积极投身于抗疫行动之中，并作出了特殊的贡献。邢菁华等借助行动者网络理论，对巴西、澳大利亚、法国、意大利4个国家侨胞的抗疫行动开展了在线调研与跟踪访谈，探讨了在抗疫行动中侨胞如何组织与分工，如何有组织地面对“污名化”的偏见与歧视，以及华商及其经营的企业如何抉择以化解困境。①陈奕平等从宏观的角度论述了侨胞在全球新冠肺炎疫情防控中的贡献、挑战与政策建议。②首先，文章认为侨胞是全球疫情防控的独特力量，侨胞参与全球新冠肺炎疫情防控大致分为支持祖国抗击疫情和参与在住国的疫情防控，主要体现在捐款捐物、提供志愿服务和传递战胜病毒的信心等方面；其次，文章强调疫情会带来一系列的问题和挑战，如严重影响经济，出现歧视华人的现象，以及由于文化差异而带来的一些不好的影响等；最后，文章也提出了一些克服以上问题和挑战的建议和政策，如进一步完善涉侨机构的应急救济协调机制，加强网络平台建设，注重侨胞、祖国、住在国和国际社会的合作共赢等。张一力的《小世界大网络：抗疫的世界温州人模式》一文可以说是有关温州人与疫情的研究中出刊比较早的一篇文章。张一力在文章中指出，在那么短的时间内和医疗物资全国极度紧缺的情况下，温州完成了一个几乎不可能完成的任务，世界温州人网络起到了巨大的作用。张一力同时强调，温州人在本次抗击疫情的过程中既保持了2003年温州人抗击非典疫情中原有的网络的自发性、全球性、向心性，也表现出了网络质量改善、节点专业性得到加强、子网络的多极聚合、网络节点更常态等4种新特征，从而使得全球温州人组成了一个小小的世界，却构建了一个大大的

①邢菁华、龙登高、张洵君：《抗击新冠疫情中的海外华侨华人》，《民族研究》2021年第1期。

②陈奕平、尹昭伊、关亦佳：《华侨华人与全球新冠肺炎疫情防控：贡献、挑战与政策建议》，《华侨华人历史研究》2020年第3期。

网络，随着节点数量的增加和质量的改善，加上网络结构的提升，网络迭代动能愈发强劲，走出了疫情的阴影。①

面对本次新冠肺炎疫情，侨胞空前团结。在调研中，有83.68%的侨胞对本次中国的新冠肺炎疫情防控工作表示"非常支持"，11.89%的侨胞表示"一般支持"。②在本次疫情防控中，社团、华商、领事馆、民间组织、医院、企业等也发挥了一定的作用。本文是笔者结合自己目前所从事的工作和在查阅相关文献资料的基础上完成的一篇调研报告。目的是让更多的人了解温州和海外温州人在本次抗击疫情过程中的贡献、感人事迹和敢为人先的温州精神，更好地为海内外疫情防控出一分力。

二、温州侨情及为侨服务"全球通"

（一）温州侨情

温州是全国重点侨乡，侨界资源非常丰富。温州侨情具有"久、多、广、新、强、大"等六大特点。

1. 历史久

据史料记载，温州人出国最早可追溯到宋咸平元年（998年），温州人周伫放洋北上，到达高丽③，后弃商入仕，官至礼部尚书。

2. 数量多

据2014年侨情普查，温州市现有华侨华人、港澳同胞68.8万人，占浙江省1/3多，另有归侨侨眷34.4万人。在海外有规模、有活力、有影响的温州人社团约有350个，侨校约70所，侨报（媒体）44家。

3. 分布广

海外温州人分布在世界五大洲131个国家和地区，形成了"温州人足迹遍天下"的态势。

4. 结构新

海外温州人绝大多数是改革开放后通过多种途径远赴海外的移民，约占总数的90%。

5. 实力强

据2014年侨情普查，全市侨资企业有3,784家，总投资超百亿美元，占三资企业总数及总投资额的80%，外贸出口总额的80%直接或间接来自侨胞和侨资企业。有38万温州人分布在"一带一路"沿线57个国家，建成了3个国家级境外经贸合作区和1个省级境外经贸合作区，入驻中国企业228家。

6. 影响大

政治上有地位、经济上有实力、科技上有专长的海外温州人为数不少。在2020年受邀出席全国政协十三届三次会议的40位海外委员中有5位是温州人。

①张一力：《小世界大网络：抗疫的世界温州人模式》，《温州人》2020年第5期。

②《华侨华人为疫情防控贡献独特力量》，http://ex.cssn.cn/gd/gd_rwhn/gd_ktsb/zgzzdyyqfkzjz/202004/t20200407_5110269.shtml，访问日期：2020年4月7日。

③朝鲜半岛古代国家之一，建立于918年，亡于1392年。

（二）为侨服务“全球通”

2018年8月24日，中共温州市委、温州市人民政府出台《关于建立为侨服务“全球通”平台 全力打造“最多跑一次”改革海外升级版的实施方案》，按照“功能集成化、系统统一化、事项标准化、布局合理化、服务规范化”的思路，进一步梳理整合各地各单位涉侨服务事项，优化拓展温州为侨服务“全球通”海外联络点（以下简称“海外联络点”）设置，规范海外联络点的运作和管理模式，建立支撑跨境远程办事的统一网上办事服务系统，形成全市一体化、线上线下高度融合的为侨服务“全球通”平台，实现让侨胞不用回国，就近“最多跑一次”“进一个门”“上一张网”就可以办理涉侨事务，努力将为侨服务“全球通”平台打造成为我市“最多跑一次”改革的特色品牌和全国为侨服务的温州样板。

目前，为侨服务“全球通”平台已在法国、意大利、西班牙、葡萄牙、德国、荷兰、巴西、俄罗斯、南非、阿联酋等10个国家共13个城市设立了15个海外服务点，海外温州人覆盖率达82.5%，已办理事项和答复咨询7,900多件。“全球通”平台涵盖政务、司法、信访“三大服务”共67个事项。温州市归国华侨联合会与温州市中级人民法院联合聘请侨胞为调解联络员，在意大利、美国、法国、荷兰等国设立海外调解联络点；与公安部门联手成立“警侨之家”，与司法部门联动设立“海外公证”联络点；“检侨驿站”的成立意味着温州进一步延伸和拓展为侨服务“全球通”职能，实现了公检法司系统为侨服务工作全覆盖。

当前，“全球通”的服务事项还在不断扩增。2020年疫情暴发时，依托为侨服务“全球通”平台，创新“原点支撑+圈层辐射”模式，构建线上政务、应急联动、远程医疗、物资捐赠四大服务场景，助力侨胞当地抗疫。第一，建立重点疫情国家（地区）侨团会长应急群，已建会长群34个，入群会长及负责人达491人。第二，成立抗击疫情为侨服务律师志愿团，为海外社团及时提供专业法律支持，提升其防范风险的能力。第三，成立抗疫为侨服务医疗专家团，面对面、点对点为海外侨胞提供视频咨询就诊，已建立207个微信群，进群咨询和看病人员达6万多人；网上“方舱医院”累计注册会员达750人，已为600多位侨胞开出药方。第四，定期召开会长视频座谈会，了解社团、侨胞生产生活、经商经营、防疫感染情况，通报家乡经济社会发展情况。第五，协调市内多所优质学校联合安排“云上”课程，为侨胞子女线上授课。第六，向海外温州人通报家乡疫情，目前已编发防疫手册21期，健康云讲坛5期，点击量达30万次。

温州为侨服务“全球通”助力侨胞抗疫入选2020年“浙江省改革创新十大最佳实践案例”。目前，为侨服务“全球通”已纳入浙江省数字化改革“152”工作体系，依托浙江省城市大脑，进一步优化服务功能、平台功能、办事功能，探索从点到面、逐步推广的数字化改革道路，让平台惠及更大范围的侨胞，真正成为我省为侨服务的重要窗口。

三、海外温州人抗疫案例[①]

新冠肺炎疫情暴发后，海外温州人和社团积极响应家乡政府号召，自发组织为家乡捐

① 以下案例均来自于温州市归国华侨联合会主办的《温州侨联》（内部资料）2020年第1、2、3期。

款捐物，实施“世界温州人驰援家乡”行动，共收到来自全球45个国家472个侨团（企业）捐款4,875.48万元，累计收到医疗物资等捐赠品2,385.37万件，其中各类口罩1,338.05万只、防护服40.13万件。[①]在国内外疫情防控中，涌现出了一批又一批优秀的侨胞及社团。

案例1：“史上最长托运单”

意大利米兰侨领急筹10万只口罩、2,000件防护服打包成103件行李，委托永嘉小伙傅勇克带回温州市文成县。“紧急求助：明后天有人从米兰飞往温州吗？有一批防疫物资急需带往文成县……”。2020年1月29日上午，意大利“华人街”网站登出一条帖子……前一晚，突然紧张的形势让大家无心合眼，召开紧急会议之后，7人决定：“如果小傅明天决定不走，我们就‘抓阄’，谁中了，就无条件放下手头工作，带物资回国。”他们每个人口袋里都揣着各自的护照……北京时间2月1日上午10时30分，103件行李安全抵达温州！侨领赵建斌：“这一定是史上最长的单人行李托运单！”[②]

案例2：“掏空家底为抗疫”

迪拜之家90后小伙（温州人）捐资300万，购买25吨医用物资运往湖北和浙江温州帮助抗疫，始终不肯留姓名。

案例3：“千里走单骑”

苍南15岁少年赵珺延只身从印尼“人肉”背回1.5万只口罩送温州市苍南县。

案例4：“蚂蚁搬家买空美国商店”

旅居美国50年的黄根弟一声号召，买空美国超市和药房的口罩。

案例5：“预订日本企业库存”

旅居日本的唐克升提前预订日本一家企业库存25万只医用口罩，送达温州防疫一线。

其他案例如30多名巴西侨胞踊跃捐款，紧急采购450多万只口罩、1.1万个护目镜、7,500多套防护服驰援家乡；新西兰侨胞陈安生第一时间组织社团向国内疫区捐赠32万只口罩和4.5吨奶粉；泰国的温州商人紧急运来了2万只口罩、1万套防护服、10万双手套等。国外疫情期间，温州市又联合实施“携手抗疫，为侨服务”五大行动，共向海外20多个国家援助防疫物资700余万件，累计为约9万名侨胞提供线上医学咨询诊疗服务。

四、抗疫中的温州做法

在本次抗击疫情过程中，温州市侨务部门开展了一系列的抗疫活动。

（一）推进物资筹措和协调转运

截至2020年3月10日18时，疫情严重的9个重点国家侨胞近14日累计回温1,865人；近一周拟回国1,186人。严格落实“一劝二知三落地”，市县共建立微信群78个，入群侨胞3万人，与9个国家182个在外社团中的167个进行了沟通，已对接侨领6,507人、归侨侨眷12.3万人，共劝导侨胞暂不回温4.2万人（温州市归国华侨联合会内部材料）。截至3月11日，温

① 张一力：《小世界大网络：抗疫的世界温州人模式》，《温州人》2020年第5期。
② 《人民日报（海外版）》2020年2月5日。

州市驰援海外212万个口罩、1,400副护目镜、1,000套隔离服、31万只一次性手套、1,500瓶消杀物资、4,000包中药，第一批已搭乘省里联系的航班统一发往意大利。

（二）助推侨爱网上医院推广运行

协调卫健委市县联动开设集合25家医院、24小时专班接诊的互联网医院。前期只有医院挂号的链接，实用性、针对性不够强。目前已根据侨胞的需求，协调卫健委整合平台功能，依托"健康温州"微信公众号平台搭建，设立面对侨胞的"医疗咨询""疾病预防""心理咨询"等3个服务模块，特别是建立了由22个医务人员组成的专班，开通24小时在线医疗服务通道，已接受海外问政咨询1,200多人次，有效稳定了侨心。

（三）广泛建立世界温州人防疫大联盟

通过"温州统战""世界温州人家园"等微信公众号，向侨胞提供以权威政策解读、法律风险告知、防控温馨提醒为主要内容的防疫手册，目前已编发5期，点击量达到16万人次。同时开设"健康云讲坛"，邀请传染科等医疗专家为侨胞送上防疫锦囊，《浙江日报》新闻客户端共发布5期，积极与6家海外华文媒体对接，形成重要信息推送媒体矩阵。

（四）大力拓展社团和联盟微信群覆盖面

在疫情较重的7个国家（地区）建立了7个"社团会长应急微信群"和71个"海外温州人健康大联盟"。由中共温州市委统战部、温州市归国华侨联合会领导+联系员+在温海外侨领+社团会长（侨领）组成的"社团会长应急微信群"和"海外温州人健康大联盟"，24小时沟通联系，已经根据地区分配16名温州市中心医院参加过2020年新冠病毒救治的专家医生入群担任侨胞专属健康顾问，对侨胞提出的问题进行答疑。同时，第一时间掌握侨胞动态信息，第一时间做好情绪疏导、政策解释。目前侨胞的呼声重点是对意大利政府疫情防控政策信心不足，种族歧视在疫情中也会进一步蔓延，意大利一些底层生活困难人群可能会制造打砸抢烧等恶性事件，要求国内提供医疗和物资支援等。

（五）发动做实劝导管控基层网格

推动属地责任落实，发挥"五人小组"实质性作用——乡镇（街道）书记+乡镇（街道）统战委员+村支部书记+基层侨联负责人+网格员进村入户排查。派出3,000名基层干部，实地走访9万人次，信息平台累计录入3万人，排摸近14天有意向回国人员2,164人。同时，优化机场驻点协同、隔离点跟单服务、常态化暖侨服务。

（六）开展留学生爱侨护侨活动

针对留学生爱侨护侨活动，主要开展了以下3项服务。

1. 为海外侨胞开展远程援助服务

成立"护侨工作群+侨团会长应急群"，及时掌握海外侨胞呼声诉求，助力海外援助，现已建立38个会长群，入群的会长及负责人达555人；建立"世界温州人健康大联盟"，邀请152名资深医生担任"专属健康顾问"，入群提供点对点"群聊问诊"服务，现已建立211个微信群，进群人员达6万余人；引导组建海外志愿服务队，采取"以侨帮侨"的方式开展援助服务。

2. **为海内外留学人员开展关心关爱活动**

联合海外社团组建留学生联合会互助群，为海外学子发起募捐，筹集、配送防疫物资，开展服务热线、心理辅导、远程医疗救助等帮助，在14个国家建立近200个留学生联合会互助群。同时，为留学回国人员举办“海燕集结”系列活动，如“缘定温州 海燕集结”——2020温州市第八届留学青年联谊活动，“海燕集结”——温州留学生创业创新对话会，“海燕集结”侨界精英创新创业思享会等。这些活动以国内为主场，在英国、法国等8个国家设立分会场，组织留学人才进行线下线上创新创业思考、分享。

3. **为即将出国的留学人员和侨胞做好疫苗接种工作**

于9月底开始疫苗接种预登记工作，共登记留学人员和侨胞接种信息500多条。与市卫健委先后对接数次，先后争取了5批次疫苗接种名额，共接种了119人次。后引导县（市、区）侨联开设新的疫苗接种点。2020年12月初，11个县（市、区）和浙江产业集聚区均开设了新的疫苗接种点，为出国留学人员和侨胞接种疫苗提供了更便捷的渠道和更多的申请机会。全市已有3,700名留学人员和侨胞接种。

温州和海外温州人虽然在抗击新冠肺炎疫情中做了很多事情，但是由于各种各样的原因，始终存在一些问题。如在国内相关部门、组织、企业等将相关抗疫物资、药品邮寄给海外社团或个人的过程中，经常出现寄出的抗疫物资和药品被所在国海关扣押，无法送达侨胞手中，从而出现了一些误解。此外，温州部分地区目前还不能出具针对出国留学人员和侨胞在接种疫苗后的外文证明，导致很多打算出国或不得不出国的留学生和侨胞不能按时出国的现象。以上问题，希望政府部门、社会各界能够给予关注。

作者简介：徐辉，温州大学外国语学院副教授

副文本视角下东南亚中国古代小说的译介研究

林 澜 李 营

【摘要】本文运用热奈特的副文本理论阐释中国古代小说东南亚土生华人译本中的副文本现象，通过分析译本的前言、译序、注释、评点、插图、附录等，深入探究土生华人译者对中国古代小说的译介。殖民时期的东南亚土生华人浸染着中、西和土著文化。他们的翻译风格呈现出杂糅性、独创性和灵活性。由此可知他们为传播中华文化不遗余力。

【关键词】东南亚 中国古代小说 翻译 副文本

一、副文本与翻译研究

“副文本”（paratext）是法国文艺理论家杰拉德·热奈特（Gérard Genette）提出的重要概念，指那些伴随着文本而存在的各种言语或其他形式的材料，环绕和拓展文本，以便呈示文本，确保文本在世界上的“在场”，并以书的形式被接受和消费。①热奈特把副文本比作进入文本的“门槛”，并将其分为内副文本（peritext）和外副文本（epitext）：内副文本指封面、标题页、作者姓名、副标题、题词、前言、序言、注释、跋、后记、致谢、扉页上的献词等；外副文本包括作者的日记、访谈、书信以及出版社的广告、海报等。除了言语副文本外，多数出版物包含一定的非言语副文本，如插图、封面设计、字体、分段、排版等。②他甚至认为：“任何围绕文本的语境都可作为一种副文本。”③这种无所不包的定义从一个方面说明副文本概念的复杂性和流动性。

对于作者来说，副文本是他们经营文本的特殊策略；对于读者来说，副文本是进入正文本的必经之路；对于文论批评家来说，副文本是解构作品的切入点。④同时，副文本是文化的重要载体，具有丰富的文化特性，是建构翻译文化的重要组成部分。

副文本理论引起了翻译学者的极大兴趣。副文本在翻译研究中的涵义被重新界定：“我们将副文本视为任何与核心文本关联、附加或者外在的材料。它们的作用在于解释、界定、指示，或者支持、补充背景信息，以及学者、译者与评论者的相关观点和态度。”⑤副文本对于翻译文学的研究具有多重价值。首先，副文本是偏于历史性的文本，是重要的史料来源。副文本概念的提出实际上是为翻译文学研究和翻译文学史写作另辟了一块有价值的史料园地。其次，副文本更是进入正文本的阐释门槛，具有阐释学的价值。最后，副文本还是文本经典化的重要推手。一般来说，经典化有内外两个层面。内在的层面是经典文本的原创

① Genette, Gérard, *Paratexts: Thresholds of Interpretation*, Jane E. Lewin (trans), Cambridge University Press, 1997, pp.1-3.

② Pellatt,Valeriet, *Text, Extratext, Metatext and Paratext in Translation*, Cambridge Scholars Publishing,2013,p.2.

③ Genette, Gérard, “Introduction to the paratext”, *New Literary History*, No.2, 1991, pp. 261-272.

④ 邵霞：《副文本与翻译研究——从序跋角度窥探小说翻译》,《西华大学学报（哲学社会科学版）》2016年第5期。

⑤ Pellatt,Valeriet,Text,Extratext, *Metatext and Paratext in Translation*,Cambridge Scholars Publishing,2013,p.1.

及其赋有的经典品质。这取决于作者的艺术才力和思想深度。外在的层面是读者的阅读、学术权威的认同、传播机制的作用等。这取决于读者、研究者、裁决者、传播者（包括译者）的眼光和标准。①

关于副文本与翻译的研究主要有翻译文学作品的个案研究或纯理论研究，如芬兰学者额泼·科瓦拉（Urpo Kovala）首次将副文本概念用于研究翻译问题。②也有研究者通过副文本观察文本置身其间的复杂的意识形态争夺，以及文本所受到的意识形态挪用。③也有研究以某个阶段的翻译文学的个案为例，阐发副文本对翻译研究（特别是翻译史研究）所具有的方法论意义。④论文集《翻译边缘：翻译中的副文本元素》（*Translation Peripheries: Paratextual Elements in Translation*）从多个角度研究副文本现象。《翻译中的文本、外文本、元文本和副文本》（*Text, Extratext, Metatext and Paratext in Translation*）考察翻译活动中各种施为者制造副文本要素的方式。⑤中国的个案研究：林纾翻译小说的副文本，罗慕士译《三国演义》的副文本，傅雷译本的序言、献辞、译者注释等副文本，周瘦鹃早期译作的译注，汪榕培《牡丹亭》英译本的副文本，等等。⑥中国的纯理论性研究：耿强对翻译中的副文本的理论、方法、议题和批评进行了探讨；⑦蔡志全在《"副翻译"：翻译研究的副文本之维》中阐述了西班牙"维戈学派"提出的"副翻译"研究，认为"副翻译"开辟了研究围绕在译著文本周围的副文本翻译的新领域，具有较大的应用价值；⑧金宏宇对中国现代文学的副文本研究甚为系统、全面；⑨何诗涛归纳出具有中国民族特色的副文本类型，如凡例、笺注、评点以及标识出版信息的牌记等。⑩

"土生华人"乃15世纪开始在今马六甲、新加坡和印尼群岛一带落地生根的华人后裔，涵盖华人移民与当地人通婚所生的后裔。他们兼受马来文化与华人文化影响，男性后裔称为"峇峇"（Baba），或被称为"侨生华人"（peranakan），女性称为"娘惹"（Nyonya）。本文使用"土生华人"和"峇峇"指称荷属和英属时期的华人混血后裔。土生华人大多数不会讲

① 本部分主要参考金宏宇：《中国现代文学的副文本》，《中国社会科学》2012年第6期。

② Pellatt, Valeriet, *Text, Extratext, Metatext and Paratext in Translation*, Cambridge Scholars Publishing, 2013, p.124.

③ Watts, Richard, "Translating culture: Reading the Paratexts of Aime Cesaire's Cahier d'un retour au pays natal", *Traduction, Terminologie, Redaction*, vol.2, 2000, pp.29-46.

④ Tahir-Gürçaglar, Sehnaz, "What texts don't tell: The Uses of Paratexts in Translation Research", Theo, Hermans, *Cross-cultural Transgressions, Research Models in Translation Studies. II Historical and Ideological Issues*, Foreign Language Teaching and Research Press, 2007, pp. 44-60.

⑤ Pellatt, Valeriet, *Text, Extratext, Metatext and Paratext in Translation*, Cambridge Scholars Publishing, 2013, p.1.

⑥ 周小玲：《林纾副文本的文学思想》，《求索》2010年第5期；赵常玲：《互文性视角下的罗译〈三国演义〉副文本研究——以跋及注释为例》，《北京科技大学学报》2013年第10期；修文乔：《从傅译副文本看傅雷的翻译观和读者观》，《广东外语外贸大学学报》2008年第11期；杨振、许钧：《从傅雷译作中的注释看译者直接阐释的必要性——以〈傅雷译文集〉第三卷为例》，《外语教学》2009年第3期；李德超、王克非：《译注及其文化解读——从周瘦鹃译注管窥民初的小说译介》，《外国语》2011年第5期；张玲：《汤显祖戏剧英译的副文本研究——以汪译〈牡丹亭〉为例》，《中国外语》2014年第3期。

⑦ 耿强：《翻译中的副文本及研究：理论、方法、议题与批评》，《外国语》2016年第9期。

⑧ 蔡志全：《副翻译：翻译研究的副文本之维》，《燕山大学学报（哲学社会科学版）》2015年第12期。

⑨ 金宏宇：《文本周边——中国现代文学副文本研究》，武汉大学出版社，2014年。

⑩ 何诗涛：《作为副文本的明清文集凡例》，《文学评论》2016年第3期。

中国方言或华语，也不会用华文写作。因同时受父、母亲双方的影响，他们大都使用一种通俗马来语和闽南话相混合的语言，在海峡殖民地（包括今新加坡、马六甲、槟榔屿）的峇峇华人社会中即为峇峇马来语。在19世纪末吧达维亚（今雅加达）则演变出一种吧达维亚马来语。土生华人翻译的文学作品基本是用这样的语言。[①]19、20世纪，东南亚土生华人或峇峇翻译文学曾盛极一时。荷属东印度（今印尼）群岛译自汉文的马来文译著总共不下759部，马来半岛的峇峇马来文译著不下70部。它们的副文本类型繁多，为我们研究译者及其他主体的翻译目的、文化态度、翻译策略选择等提供了丰富的材料。但关注这一方面的研究还很少。本文运用热奈特的副文本理论阐释中国古代小说东南亚土生华人译本中的副文本现象，通过分析译本的前言、译序、注释、评点、插图、附录等，深入了解土生华人译者对中国古代小说的翻译与传播。

二、副文本视角下东南亚中国古代小说译本的翻译风格

东南亚土生华人的中国小说译本的副文本世界体现出较为明显的特征，即掺杂着马来语、爪哇语（Basa Jawa）、英语、汉语等多种语言，交集着马来、爪哇、中国、英国、荷兰等多种文化背景，有着土生华人争强好胜又淡泊名利、心系祖籍国又喜爱居住地的复杂心态和思想，反映出他们翻译的杂糅性、独创性和灵活性。

（一）杂糅性

1. 封面

马来半岛土生华人翻译作品的封面设计有一个共同特点，那就是在马来文书名下附加一个华文及马来文副标题。如《西游》译本书名为“CHRITA SEH YEW”，再附上华文副标题“唐朝猴齐天与唐太子至西天取经”和马来文副标题“PASAL KAO CHEY THIAN Di Zaman Tandun, dan TONG THYE CHU Pergi Di Negri SHE THIAN C’HU KENG Di Zaman TONG TEOW”，也可能只有马来文副标题。副标题提供了尽可能多的信息，还可以帮助不谙华文的读者初步了解小说的内容。[②]译本封面还出现了不少英文信息，如“Volume”（卷、册）、“Proprietor”（所有者）、“All Rights Preserved”（版权所有）、“Complete Story”（完整故事）、“First Edition”（第一版）和出版社英文名称等。[③]

2. 插图

替峇峇翻译家曾锦文《三国》画插图的陈璧光所画的人物绘像一般用华文和马来文标注姓名。在印尼，梁祝故事的爪哇语和巴厘语（Basa Bail）译本所附的插图中，梁祝都是

① 有关研究参见克劳婷·苏尔梦编《中国传统小说在亚洲》，颜保等译，国际文化出版公司，1989年，第328—329页；廖建裕：《现阶段的印尼华人族群》，新加坡国立大学中文系、八方文化企业公司联合出版，2002年，第81页；廖建裕：《马来西亚的土生华人：回顾与前瞻》，何国忠主编《百年回眸：马华文化与教育》，马来西亚华社研究中心，2005年，第22—25页；陈志明：《关于被涵化的马来西亚华人的若干问题》，何国忠主编《百年回眸：马华文化与教育》，马来西亚华社研究中心，2005年，第37页。

② 梅井：《峇峇翻译文学与曾锦文》，《亚洲文化》总第2期，1983年；黄慧敏：《新马峇峇文学研究》，台湾政治大学硕士学位论文，2004年，第96—97页。

③ Yoong, S.K., Zainab, A. N. “The Straights Chinese Contribution to Malay literary Heritage: Focus on Chinese Stories Translated into Baba Malay”, *Journal of Educational Media and Library Science.*,Vol.42, No.2, 2004, 179-198.

清朝男子的装扮，马都拉文（Madhura）插图的祝英台穿的是洋装，披一头卷发。①李云英的《三国》译本在第41册封面的图画画的是一个穿着及打扮得很洋气的女子站在树下看手里捧着的书。②

（二）独创性

1. 注释

注释是对文本最基本的阐释，会对文本中的深文奥义、典故、风俗、方言、外语等作明确注解，扫除阅读和理解的障碍，使文本在最基本的语义层面不会被误读，或避免理解的盲点，实现文本意义的增殖。③由于中国古籍编纂及出版的独特性，凡例、笺注、评点以及标识出版信息的牌记等具有民族特色的副文本也是重要的类型。尤其古代小说评点成风，导致译者往往在注释或在翻译原著的评点时忍不住加上自己的评论。

如曾锦文在翻译《三国》刘后主与刘琰结怨部分时没有完全翻译毛宗岗的评点，在有些地方添加了自己的解释，糅合在译文中。译文与原文对比如下：

曾锦文译《三国》第24卷（括弧内容为译者评点）：	《毛批三国演义》第115回（括弧内容为批注者毛宗岗评点）：
刘琰有所怀疑，以为其妻与刘后主有染（大臣之妻到王宫住宿，成何体统？刘后主正看顾菜园，又哪有时间去耕田？），于是命令手下把妻子绑起来，用鞋子刮她耳光，致使她昏晕数次，但终又苏醒过来（这跟脸有何关系？已打错地方矣）。刘后主一听到消息，异常愤怒，马上命令判官审判刘琰的罪状（人家打老婆，奸夫反而大怒，真怪事！）。判官审讯后下判词说："官员不该打老婆（不如说是不能打皇帝的姘妇），脸孔不该是受打之处（大臣之妻不该进入王宫，王宫寝室不是大臣之妻度假之处）；应依法处死"（对！杀其夫，然后得其妻；这一个大判官，无异于乌龟。）。④	琰疑其妻与后主私通（命妇留宫一月，原无此体，但后主南道方盛，北道恐未暇及此。），乃唤帐下军士五百人列于前，将妻绑缚，令军以履挞其面数十，几死复苏（与面何干？想怒其冶容诲淫也。）。后主闻之大怒，令有司议刘琰罪。有司议得：卒非挞妻之人，面非受刑之地（命妇非入侍宫禁之人，宫中亦非命妇游翔之地。君臣皆失也。）；合当弃市。⑤

比对原文与译文，曾锦文的评点有的确实是对原评点的翻译解释，如原文"但后主南道方盛，北道恐未暇及此。"晦涩难懂，曾氏的翻译基本是解释清楚了。有些地方他忽略不译，如原文"想怒其冶容诲淫也"。可能女子装饰妖艳容易招致奸淫的事是儒家文化较独特的看法，非此文化圈的人不易理解，故曾锦文没有翻译。有的是他自己添加的议论，如"人家打老婆，奸夫反而大怒，真怪事！""不如说是不能打皇帝的姘妇""对！杀其夫，然后得其妻；这一个大判官，无异于乌龟。"等，明显添加了译者的主观情感。原评点者那句

① Yoong, S.K., Zainab, A. N. "The Straights Chinese Contribution to Malay literary Heritage: Focus on Chinese Stories Translated into Baba Malay", *Journal of Educational Media and Library Science*.,Vol.42, No.2, 2004, p.306, p.410, p.442.

② Yoong, S.K., Zainab, A. N. "The Straights Chinese Contribution to Malay literary Heritage: Focus on Chinese Stories Translated into Baba Malay", *Journal of Educational Media and Library Science*.,Vol.42, No.2, 2004, p.8.

③金宏宇：《中国现代文学的副文本》，《中国社会科学》2012年第6期。

④梅井：《峇峇翻译文学与曾锦文》，《亚洲文化》总第2期，1983年。

⑤《毛批三国演义》，天津古籍出版社，2011年，第856页。

“君臣皆失也”的判语被曾锦文删去不译，可能他并不认同原评点者的观点。

再以钱仁贵、李云英的两种译本为例。译者除了为当时荷属东印度群岛的读者提供了一些词语的注释外，还翻译了不少毛宗岗的批语。但钱仁贵、李云英都将毛批误以为是金圣叹，故译本中的注释都是以《金圣叹》为题或打着金圣叹之名进行[①]，往往注释和评点不分。

钱译本翻译了原著的评点。译者认为抄译注释和评点比抄译文本本身要难，因为他要根据不同读者、不同时代和不同地域进行注释。如钱译本第124回对“赤壁河”的注释其实是译者本人的创作：

> 为了不让我们《三国》的读者感到困惑，在这里我们要说明一点：东吴军队与曹操军队将要打仗的地方，是在赤壁河，在以后的故事中将再讲述。
>
> 赤壁河（现在在湖北省嘉鱼县），湖北。在长江中，或者现在被称为扬子江。
>
> ……
>
> 因此该河很大，所以可以成为战场。
>
> 在现代，扬子江已成为中国的一个商贸重要区。
>
> 一辈子住在江边的老百姓不少于一千万人。[②]

这样略带现代气息的注释似乎是译者在现代文化背景下所注，而非译自毛宗纲的评点。又如，1962年梁友兰改编的《三国故事的顶峰》第1回的注释非常详尽地阐述了改编者对貂蝉的看法，还结合了当时印尼、中国乃至整个世界的现实来阐发改编者的观点：

> 为了拯救国家，貂蝉牺牲了她自己的贞洁。这件事到现在都还震撼着中国人。
>
> 她是中国四大美人之一。其余的三个是西施、王昭君和杨贵妃。Shu Chiung（苏琼，伍连德夫人）曾经写过一本有关4个美女中的3个人的书，书名是“Hsi Shih, Beauty of Beauties, Chao Chun, Beauty in Exile”和“Yang Kuei-fei, Most Famous Beauty of China”，在太平洋战争爆发之前在上海出版。
>
> 貂蝉的故事也是中国戏剧中的故事，在太平洋战争爆发之前在印尼也曾上演过貂蝉的戏剧。
>
> 中国的四大美人都与政治有关系。其不同之处，其中的3个女人有高尚的品格，而另外一个人，杨贵妃，其品行恶劣，并因此置她于死地。
>
> 至今貂蝉的名字都还存活在现代文学家的语言中。比如曹禺在1935年写作的《日出》被翻译成英语名为“Sunrise”的话剧中（Peking, Foreign Languages Press, 1960），描述一所低级的妓女院的室内摆设时，写道：在那个房间里，有一面旗写着“她的脸是重回世间貂蝉的脸”（第100页）。

①李莉妹：《〈三国演义〉在印尼的翻译与改编》，南京大学硕士学位论文，2014年，第38、39、41页。

②李莉妹：《〈三国演义〉在印尼的翻译与改编》，南京大学硕士学位论文，2014年，第39页。

> 如果说貂蝉一直活在中国人的心里，这并不惊奇。毋庸置疑，貂蝉的爱国热情非常强烈。
>
> 《三国演义》的这部分，说明了古代的女性们在为国家而奋斗时也不愿输给兄弟们。这点可以从貂蝉的故事中看出，是她自己推荐自己成为政治工具的。①

译者在注释里发挥甚多，并阐述了自己的观点。根据他的注释，我们明白了印尼土生华人眼中的貂蝉乃至中国四大美女，与中国传统观念对她们的解读是不一样的。在中国人心目中，貂蝉、西施、王昭君和杨贵妃似乎没有好坏之分，都不过是供男性利用的工具，或作离间之用，或令敌人丧失斗志之用，或起和亲之用，或起慰藉年老皇帝情感生活之用。貂蝉是因为司徒王允有恩于她才答应去完成除掉董卓之大任的，并不是那么主动自荐。杨贵妃因其貌美受宠，加上不少文人创作了歌颂她和唐玄宗缠绵爱情的诗作，因而受到中国人的喜爱和羡慕，对她被赐死心生怜悯，并不认为其品行恶劣。

2. 插图

印尼和马来亚译本有些插图所画的人物不是小说里的人物。这就背离了中国传统小说插图一般都是小说人物与故事情节的特点。如在曾锦文《三国》译作的序言里，译者将日本1894年侵略朝鲜②和进攻中国的起因、经过作了详细的报道和评述。他把参与这场战争的中国、日本和朝鲜形容为“咱们时代的三国”。文中附有多幅讽刺日本的漫画。其中一幅漫画画的是一只肥壮的公鸡正在与一只瘦小的公鸡打斗，不远处还站着一只瘦弱的公鸡。肥壮的公鸡指中国；瘦小的公鸡指日本，虽然脚上配有刺刀，但是翅膀已被剪断；而瘦弱的公鸡指朝鲜。③漫画表明译者坚信中国必胜的态度，也说明曾锦文非常关心中国的大事，具有浓烈的中华情怀。也有的插图画的是译者等相关人员，有时是为了逗趣。如为曾锦文《三国》译本插图的陈璧光，把自画像加进《三国》和《五美缘》中，还把一张曾锦文的画像也放到《三国》译本里，再由译者自我调侃为“垃圾仙峇抵彦东”④——“峇抵彦东”是曾锦文的笔名。还有《三国》第30卷内页之后附加的一幅“循环盛衰图”，配了英文标题“人生的演变”。该图以北为起点，往右边按顺时针方向分别是祸变、淫暴、豪奢、骄满、富足、积贮、节俭、勤苦、悔悟、困穷。这张“循环盛衰图”与原作没有什么太大的联系，更像是曾氏在宣扬中华传统文化⑤。

3. 前言、译序或后记

（1）译者自己创作诗歌，加到译序或后记中，有的还进行了在地化处理

曾锦文的《三国》译本几乎每卷都以一首自己创作的英文诗开头。其中之一为“峇抵彦东独白”（Batu Gantong's Soliloquy），出现了译者及读者熟悉的“马六甲”：

---

①李莉妹：《〈三国演义〉在印尼的翻译与改编》，南京大学硕士学位论文，2014年，第127页。

②即朝鲜王朝（1392—1910年），又称“李氏朝鲜”，朝鲜半岛历史上最后一个统一的封建王朝。

③杨贵谊：《马华文化论丛》，马来西亚华社研究中心，2014年，第99—100页。

④参见杨贵谊：《马华文化论丛》，马来西亚华社研究中心，2014年，第70页。陈岗龙、张玉安：《〈三国演义〉在东方（上卷）》，北京大学出版社，2016年，第256页。

⑤陈岗龙、张玉安：《〈三国演义〉在东方（上卷）》，北京大学出版社，2016年，第264—265页。

Light of renowed Khong Beng! May it shine
On land remote– The Straits
May it impart doctrines divine
Or knowledge of Three States.

Oh the times! When Siok, Gwi, Gor
Played so a part
On the World's stage none of us e'er saw,
Either the end or the start. ①

愿伟人孔明的智慧之光
照到远方马六甲海峡上！
让他传我们以神机天理，
或授我们以《三国》知识。

啊那战火连绵的时代！
蜀、魏、吴各霸一方，
世界舞台上的角逐，
谁也不知帷幕何时升降。②

望加锡③的林庆镛在译作后面附加一首自传体诗："乌戎潘当，我出生的地方，/我在两门街度过了幼年的时光，/我把住所迁移了，/马来区（Kampung Melayu）成为我的棚户草堂。"④诗里的"双门街"指的是街两端的两道栅门。每天太阳落山后两道门就关起来以限制华人的来往。荷兰人统治时期，这里也叫"观音寺街"。"乌戎潘当"其实是荷兰人统治时期望加锡一个碉堡的名字。"马来区"是望加锡市的一部分，19世纪大部分居民是华人和马来人。⑤

（2）译者把读者对译本的各种反馈意见都刊登在前言或译序中

曾锦文把读者的赞誉、责备、鼓励和建议全都照登出来，似乎意在把各种反馈意见提供给读者，让读者自己进行判断。如其好友峇峇陈谦福赞扬他在事业上的成就和贡献的函件，刊在《西游》译本的前言。在《三国》第13卷的《序言》中，刊登读者指责和讥讽他抽鸦

① Salmon, Claudine., *Literary Migrations: Traditional Chinese Fiction in Asia (17th-20th Centuries)*, International Culture Publishing Corporation, 1987, p.283.

② 中文为本书作者所译。"renowed"一词恐有误，似应为"renowned"。

③ 印尼语为Kota Makassar，为印尼南苏拉威西省的首府，是苏拉威西岛上最大的城市。

④ 克劳婷·苏尔梦：《中国传统小说在亚洲》，颜保等译，国际文化出版公司，1989年，第426—427页。

⑤ 克劳婷·苏尔梦：《中国传统小说在亚洲》，颜保等译，国际文化出版公司，1989年，第436—437页。

片、玩四色牌甚至跟女人鬼混而耽误了出版工作的来信，①足见其胸怀的宽广和为人处事的淡然。还有译著价格的问题：有读者来信嫌其译作每卷要价1元太贵，也有的来信表示这个价格是合理的。译者还提到不少读者来信要他翻译孔子的著作，认为翻译孔子著作会容易些，有销路。曾锦文则认为翻译孔子的著作绝非易事，②不如翻译《列国》，因为内含很多孔子的教诲。③可见当时马来亚的华人读者层次还是很高的。他们非常喜爱中国传统文化和经典著作，也非常关心这些作品的翻译，而曾锦文对中华文化经典的了解之深也非同一般。

曾锦文在前言中也介绍了自己或其他相关之人的情况，如在《三国》和《松江》的序言中说他的马来文是在威省④学来的。他对马来文的译法也不是很拿手。⑤在《三国》第13卷前言讲述他的前任画师陈璧光有鸦片瘾，只好改用郑芳箐，但后者水准没有前者高。⑥他还把自己的照片及画像放进《三国》第3、15、24卷的前言，把陈璧光的自画像放进《三国》第3卷的前言。⑦在《西游》的《序言》中告知读者在翻译工作上给了他帮助的朋友陈谦福和谢自友（谢子佑）都是获英国殖民地政府封赐的太平局绅（Justice of the Peace），陈谦福还是他在槟城大英义学（Penang Free School）的同学。⑧

甚至还提及译者本人的私事，虽看似与作品无关，但与翻译有关。如他在《三国》第22卷告知读者自己为此书出资叻币4,879.26元，回收2,467.95元；跟读者大谈出版其译著的诸多磨难、经济上遇到的困难；对辱骂他的读者予以回应；诉说他的妻子去世后他大受打击，无力再从事翻译工作；⑨陈述四子患病、自己难过的心情；介绍长子，附上长子画的画；⑩感谢在翻译出版《三国》时给他提供帮助的人。这是译者在翻译过程中与读者进行互动，拉近与读者的距离。

（三）灵活性

土生华人翻译的灵活性在译本副文本处理上的表现就更加突出。印尼《三国》译本的一个特别之处是，钱仁贵译本和李云英译本都把原文中的评点进行了翻译。可见中国古代小说评点对印尼、马来亚译本创作也产生了影响。马来亚、印尼译本译者翻译了部分原著的评点，有些是自己做了评点。他们传承了中国古代小说融“评”“改”为一体的格局的传统，再加上“译”，融“评”“改”“译”为一体，并以批评功能和批评旨趣为评判准则，在总体上构成了“文人型”“书商型”“综合型”3种基本格局。中国古代小说的文学批评形式是随文而批，并随作品一同刊出。这种评点形式亦被译者带到了译本中。译者没有明确

---

①杨贵谊：《马华文化论丛》，马来西亚华社研究中心，2014年，第72、95页。

②梅井：《峇峇翻译文学与曾锦文》，《亚洲文化》总第2期，1983年。

③陈岗龙、张玉安：《〈三国演义〉在东方（上卷）》，北京大学出版社，2016年，第263页。

④英文为Province Wellesley，马来文为Seberang Perai，全名“威尔斯利省”，简称“威省”，今属马来西亚槟城州。

⑤杨贵谊：《马华文化论丛》，马来西亚华社研究中心，2014年，第98页。

⑥杨贵谊：《马华文化论丛》，马来西亚华社研究中心，2014年，第97页。

⑦参见梅井：《峇峇翻译文学与曾锦文》，《亚洲文化》1983年第10期；陈岗龙、张玉安：《〈三国演义〉在东方（上卷）》，北京大学出版社，2016年，第258页。

⑧杨贵谊：《马华文化论丛》，马来西亚华社研究中心，2014年，第98、72页。

⑨陈岗龙、张玉安：《〈三国演义〉在东方（上卷）》北京大学出版社，2016年，第256—266页；杨贵谊：《马华文化论丛》，马来西亚华社研究中心，2014年，第74、93页。

⑩Proudfoot, I. *Early Malay printed books: a provisional account of materials published in the Singapore-Malaysia area up to 1920, noting holdings in major public collections*, Academy of Malay Studies and the Library, University of Malaya,1993, p.25.

记载其汉文本的出处。在中国古代小说评点中，金圣叹以评点《水浒传》出名，毛宗岗父子以评点《三国演义》出名。但钱仁贵和李云英两位译者都把小说中的评点者称为“金圣叹”，如钱仁贵在其译本《三国》第14册第48回《关公过五关》结尾处有一段评点：

当阅读到这部分，我们一定会称赞曹操，因他已对关公这么好，但是我们也不要忘了曹操的假惺惺。为什么？

当关公出发的时候，曹操已经送了很多黄金、一件战袍，以及祝福一路平安，但是他为什么这么吝啬一张纸，他不想给过关文凭，让关公可以不受阻拦通过那五个关口？

如果关公真的死了，（死）在卞喜军队的手里，或者被王植烧死，那曹操一定会说：“那不是我杀了他，而是守城的（将士们）。”那么就很清楚了：曹操将会得到（人们的）赞赏，（因）已经非常有礼及尊敬地对待一个贤义之人，而那杀死了关公的罪名将落在他部属身上。曹操非常聪明，会演戏！我们希望读者不要被狡诘的奸臣欺骗了。[①]

这段似是译自《毛批三国演义》第27回“美髯公千里走单骑 汉寿侯五关斩六将”开头的批语：

吾读此回而叹曹操之义，又未尝不叹曹操之奸也。其于关公之去，赠金、赠袍，亲自送行，而独吝一纸文凭，不即给与。使关公而死于卞喜之伏兵，或死于王植之纵火，则操必曰：“非我也，守关将吏也。”已则居爱贤之名，而但责将吏以误杀之罪，斯其奸不已甚欤！以小人而行君子之事，则虽似君子，而终怀小人之心。今人但见“各为其主”之语；便啧啧曹操不置，可谓不知乌之雌雄矣。[②]

原评点放在该回的开头，译文却放到结尾。两相比较，可知译文并没有完全按照原著翻译，有些意思也没有译出，如“以小人而行君子之事，则虽似君子，而终怀小人之心。”。

李译本中的评点亦不少，译文与原文也不一定完全对应。如在李译本第9回中董卓被诛之后的夹批翻译：

在这件事中，《金圣叹》的作者写道：“十八个诸侯和他们的大军不能消灭董卓，但一个美女如貂蝉已足够消灭那个影响力很大的逆贼的性命。三个英勇的结拜兄弟，刘备、关羽和张飞不能打败吕布，但是一个漂亮的女孩子如貂蝉已能使他投降。貂蝉漂亮的衣服，可以当作战场：她的粉与唇膏相似她的战袍；她的眼波好像是利器；她甜甜的微笑好比她的弓与箭；而她的甜言蜜语好比一个很会指

① Proudfoot, I. *Early Malay printed books: a provisional account of materials published in the Singapore-Malaysia area up to 1920, noting holdings in major public collections*, Academy of Malay Studies and the Library, University of Malaya,1993, p.36

②《毛批三国演义》，天津古籍出版社，2011年，第194页。

挥大军四面包围敌人的将领。哈，面对一个女将军，人们真的应该感到恐惧。①

实际上原文是第8回的毛批，原文如下：

> 十八路诸侯不能杀董卓，而一貂蝉足以杀之；刘、关、张三人不能胜吕布，而貂蝉一女子能胜之。以衽席为战场，以脂粉为甲胄，以盼睐为戈矛，以嚬笑为弓矢，以甘言卑词为运奇设伏，女将军真可畏哉！②

这是在董卓被诛之前的评点，虽然译文放到董卓被诛之后，不过翻译还是比较准确的。但李译本中的评点并非只有译者的翻译，有时刊载该译本的周报《新报》编辑也会凑热闹。如在第34回刘备跳檀溪之后，有这样一句议论："如果这件事发生在这个时代，肯定刘皇叔将会以为，他已被飞机带着飞走了——《新报》编辑。"③在一个上千年前的古代故事中，竟然出现了现代文明的产物——飞机，貌似玩起了穿越，但也可以感受到编辑等相关人员对于译著的热情和积极参与的态度，再加上译者有时附上自己回复读者的公开信，或者在点评里经常使用与读者对话的口吻，这样就已经构成一个译者、读者、编者之间的良性传播系统。

三、结语

虽然东南亚土生华人在19、20世纪翻译中国古代小说的高潮已经成为历史，但这场活动对社会所具有的价值和意义是不容否定的。首先，土生华人翻译文学作品是对中国传统文化的继承与传播。透过这些中国通俗文学翻译作品，土生华人本身也进一步巩固了他们文化根源中的汉文化本质，而不至于因长期处于马来文化圈或爪哇文化圈、远离中华文化中心而对父祖的文化意识有所疏远。其次，土生华人的马来语翻译文学展现了土生华人文化中的涵化现象，是华、马、英国或荷兰文化交流的最佳写照。约翰·克莱默（John Clammer）认为峇峇文化出自汉文化、马来文化和英国文化的杂糅，但又高于此。④那时的马六甲、新加坡和槟城以及吧达维亚是马来文化、汉文化和西方文化相碰撞、交织之所在，于是造就了一个生机勃勃的多语现象和多元文化现象时代。最后，无论是对于中国文学，还是对于东南亚文学而言，中国小说的翻译作品都是其难以割裂的组成部分。土生华人既向东南亚地区翻译传播了优秀的中国古代小说作品以及文化，也为中国古代小说的书写与研究提供了重要的海外视野。

作者简介：林澜，北部湾大学国际教育与外国语学院副教授；
李营，北部湾大学国际教育与外国语学院讲师

①《毛批三国演义》，天津古籍出版社，2011年，第40页。

②《毛批三国演义》，天津古籍出版社，2011年，第52页。

③李莉妹：《〈三国演义〉在印尼的翻译与改编》，南京大学硕士学位论文，2014年，第41页。

④Clammer, John. R., *Straits Chinese society: studies in the sociology of the baba communities of Malaysia and Singapore*, Singapore National University Press, 1980.

1942年前新加坡华文报纸中的华人戏曲史料钩沉及其意义*

王　兵

【摘要】20世纪初至1942年之前的新加坡华文报纸，如《叻报》《南洋商报》《星洲日报》等，保存了大量的华人戏曲史料，内容主要包括剧团演出、剧团管理、戏剧评论三大部分，呈现形式则有新闻、广告、特刊、评论等，涉及专业和业余剧团数十家，涵盖区域包括新加坡、马来亚和印尼部分华人聚居的州市。这些史料较为全面地反映出20世纪上半叶南洋华人戏曲舞台演出的演进脉络，既继承传统又具在地特色的戏曲生态，以及戏曲从业者和爱好者在特殊时期筹赈济民的拳拳爱心。

【关键词】新加坡　华文报纸　华人戏曲　史料

一、引言

晚清以降，伴随着大批华人移居南洋各地，中国古典戏曲（尤其是地方戏）便在南洋落地生根，中国南方的许多知名戏班也经常受邀去新加坡和马来亚等地演出。有关新加坡的地方戏班及其戏曲演出的文献，最早见诸于19世纪40年代欧美旅行者的报告、书信、回忆录以及各类轶文之中，而最为集中记录的载体当属20世纪初至1942年初新加坡被日本占领前的这段时期的华文报纸。目前，就新加坡华语戏曲文献整理而言，除了新、马戏剧史著作的零星征引，新加坡本土文艺爱好者许永顺的报纸文献整理最为用力。2006—2019年，他先后整理出版了8部有关新加坡华人地方戏史料的书，集中搜罗了新加坡华语戏曲近几十年演出活动与发展的原始材料，且多数资料来源于华文报纸。[①]可惜的是，许氏研究的年代皆断自1963年马来西亚联邦成立或1965年新加坡独立建国之后，1942年2月15日新加坡沦陷之前的较为系统的戏曲文献整理仍付诸阙如。因此，笔者在新加坡教授戏曲课程之余，开始有意识地搜集和整理20世纪初至1941年底主要华文报纸中的戏曲文献，从而得以窥见新加坡1942年前华人戏曲发展的各个面向，感受中华传统文化（尤其是地方戏）在南洋蓬勃发展的艺术魅力。

二、勾勒华人戏曲的发展脉络

20世纪初至1941年底，新加坡发行量最大、影响力最广的3家华文报纸要数《叻报》《南洋商报》《星洲日报》。至20世纪20年代末，各家报纸陆续创设文艺副刊或专版，登载有关华人戏曲的演出信息或剧评便日益增多，其中涉及剧团演出的史料最为丰富。常见的

*本文首发于《文化遗产》2022年第4期，特此说明。

①王兵：《新加坡华语戏曲研究述评》，《民族艺术》2014年第1期。

呈现方式是三位一体之"整体推进"法，意即某剧团在公开演出之前会在报纸上登载广告；演出次日会刊登演出当日之实况；其后数日内还会发表相关剧评。换言之，1942年前新加坡华人戏曲的演出史、剧团发展与交流史以及各地方剧种的发展史，都散落在华文报纸数百则演出广告、演出实况以及演出效果评价之中。

（一）舞台演出

20世纪初的新加坡华人戏曲演出的阵容主要有两种来源。

一是本地戏班担任主力，不时聘请海外名伶来新加坡助阵。如1920年10月，新加坡庆维新班新聘名优"新白菜"南来，并定于当月15日在升平戏院登台演剧。《叻报》于当日刊登一则演剧广告："豆腐街口升平院庆维新班，近日不惜巨资，由粤省聘请名优'新白菜'南来，经已抵叻，定于今晚登台演剧。查'新百菜'乃系人寿年班之出色武生，声价极重。此次南渡，想我侨人士之欲观其声技者，必甚踊跃。"[①]正文内容极简，甚至连演出剧目也未标注。不过，《叻报》次日又刊登一则"'新白菜'演剧志闻"的报道："豆腐街口庆维新班，昨聘到粤省人寿年第一班出色武生'新白菜'登台演剧，已志昨报。兹悉昨晚到观者异常挤拥，所演之剧，为《百里奚故事》，做手唱情，并皆佳妙，加以态度雍容，神情酷肖，观者咸啧啧称善不置，谓叻地粤班中，未曾见过有此武生云。今晚所演者，为《秋湖归家》《桑园试妻》。"[②]不仅高度评价了武生"新白菜"的演技，而且提及了昨夜演出的剧目以及今晚将要演出的剧目。

二是直接邀请区域内外的戏班或剧团来新加坡进行短期演出，如同属海峡殖民地的槟城、马六甲等华人聚居地以及中国南方诸省的知名剧团。槟城广福居剧团成立于1908年，是马来亚较早注册的非职业粤剧社团。1920年4月初至5月底多次受邀来新加坡义演助学，其中5月底的义演规模最大。广福居剧团定于5月25—29日在新加坡维多利亚剧院连演5晚，《叻报》在演出前3日和演出结束前一日陆续登载《广福居剧团演剧筹助礼佛大学及华侨中学宣言》6次，叙述了该剧团为礼佛大学及华侨中学募款演出之原委以及演出剧目："五月廿五号演《西蓬击掌》《平贵别窑》；廿六号演《苏武牧羊》《刘锡放子》；廿七号演《王允献貂蝉》《凤仪亭诉苦》；廿八号演《善恶有报》《魂游地府》；廿九号演《举狮观图》《薛蛟会叔》《琵琶抱恨》。"[③]而在演出结束后的6月1日，《叻报》又登载了一篇剧评《广福居剧本之三特色》[④]，在称赞广福居剧团演出水平高超的同时总结出三大特色：①光影、布景两相辉映；②戏文上、下两半各得其宜；③演出奇幻，惊艳四座。

20世纪20年代之前的新加坡戏曲演出一般都是在传统的戏台戏院或街口庙宇里进行。较为著名的戏院有梨春园、庆维新、庆升平、怡园、哲园、同乐园、永乐园等。到了20世纪20年代，新加坡华人戏曲的演出场所发生了重大改变，即从戏台、戏院转移到综合游艺场，传统戏院的生存受到很大冲击。始建于20世纪20年代初的欢乐园（又称"老世界"）和

①《庆维新班新聘名优抵叻》，《叻报》1920年10月15日。
②《新白菜演剧志闻》，《叻报》1920年10月16日。
③《广福居剧团演剧筹助礼佛大学及华侨中学宣言》，《叻报》1920年5月22、24、25、26、27、28日。
④《广福居剧本之三特色》，《叻报》1920年6月1日。

30年代陆续新建的大世界、新世界、快乐世界（又名“繁华世界”）是当时新加坡民众最常光顾的娱乐场所。“这些‘世界’的场地大，场内不只设有戏台，还有商店、餐馆及各种娱乐设备，如弹球室及游戏摊位。顾客来逛‘世界’，可以看戏、购物及用餐，同时游乐场的入门票也远比传统戏院来得便宜。”[①]这种价格上的优势不仅缘于游艺场娱乐形式的综合性，还在于它们强大的广告营销策略。新加坡三大华文报纸《叻报》《南洋商报》《星洲日报》几乎每天都登载各大游艺场的广告，且基本能够做到每周更新表演内容和形式。若聘到海外名伶来新加坡演出或遇重大节庆，则宣传力度更大。在这些游艺场的剧场里，观众可以在一个晚间同时欣赏到京剧、潮剧或粤剧的表演，更有印度幻术、马来新剧和各种游戏可以观看、参与，一般若非剧场头等座，皆只需大门入场券二角左右，可谓物超所值。此类游艺场一直持续到20世纪80年末，成为新加坡华人戏曲演出和民众消遣的重要场所。

除了娱乐公司的上述商业演出，公益性演出也是新加坡华人戏曲的重要表演形式。公益演出主要分为助学和赈难两大类。1937年之前，新、马两地的公益演出一部分为各类学校筹集善款，另一部分为慈善机构或家乡灾民募款。前者如海南琼南演剧团1928年2月9日在新加坡永乐戏院演剧，为育才学校筹款；[②]后者如闽省水灾会在1924年8月9、10日在欢乐园举行演艺筹赈活动。[③]

1937年以后，新、马两地各重要剧团皆参与到抗日救国、筹赈祖国军民的义演活动中。这类筹赈义演一般的活动流程：首先是印发助赈宣言，向民众说明此次义演筹款的目的和意义，或在演出之前由活动方邀请的重要人士上台致辞说明；其次是邀请海内外的剧团名伶或影星助阵撑场，提高民众对于此次义演的观赏期待；最后是做好义演活动的相关配套，如售卖、认购戏票与售卖鲜花、旗子或零食饮料等相结合，尽量增加赈款数量。1938年6月，新加坡八和会馆号召本地粤剧界名伶举行定期大集会，先行印发《星洲优界八和全体大集会演剧筹款赈济难民宣言》申明：“大集会之意义，即由全星之粤剧名优联合公演，并将所有收入全数交给广帮筹赈委员会，以作赈济祖国难民之用。”[④]前两次之大集会及联合南来之电影明星胡蝶影、倩影依、赵鹭魂演剧一宵，前后共筹得叻币（新加坡当地货币）上万元。在演出之前，为扩大收入，会馆还邀请本地菊芳及群芳两姊妹团分队出发沿门劝售入场券。另外，活动现场所需之香烟、汽水、瓜子及音响、摄像等皆由企业和个人捐献。

为了因应当时的抗战形势和义演场合，20世纪30年代之后，新加坡各大剧团都将演剧筹赈作为宣传抗战、鼓舞士气的积极手段，也排演了多部新编剧。如八和会馆第三次粤剧义演时所演剧目即为集体创作的《饥餐胡虏肉》，剧名取自南宋抗金名将岳飞之《满江红》词，表达对日寇侵华的憎恨以及誓死保家卫国的决心。1939年4月12日，二南新剧团在新世界为救济琼乡难民义演，所演剧目即为新编琼剧《勿忘家乡》。[⑤]

①毕观华：《新加坡地方戏发展史略》，《亚洲文化》总第11期，1988年。
②《琼南演剧团诸君热心教育之可嘉》，《南洋商报》1928年2月3日。
③《筹赈闽省水灾会之盛况》，《南洋商报》1924年8月11日。
④《八和会馆昨如期举行粤剧界大集会筹赈》，《南洋商报》1938年6月18日。
⑤《二南新剧团救济琼难，昨晚公演爱国剧〈勿忘家乡〉》，《星洲日报》1939年4月13日。

（二）剧团史料

除了舞台演出，业余剧团的创立和发展也可在华文报纸中窥见端倪。1942年前新加坡的本地剧团，不论是职业的，还是业余的，都没有自觉保存剧团史料的意识，各大剧团的纪念特刊、演出特刊直到第二次世界大战后才陆续出版。因此，各大剧团成立初期的史料大都依赖早期的华文报纸而得以保全。如1941年成立的新加坡平社是新加坡最早研习京剧艺术的业余团体。而在平社正式成立之前，新加坡华文报纸就登载了一系列有关该社筹备工作的报道。

第一篇刊于1940年9月20日《南洋商报》的报道，在梳理京剧发展脉络及改良历程的基础上，重点介绍了新加坡戏曲同好创立平社的缘起和平剧票房的成立。“去年（1939年）闽侨各会馆联合演平剧筹赈祖国难民，侨领林庆年先生，妇女筹赈会副主席黄素云女士，票友林文治、李泽仑、王玛丽、王肃丹、刘护吉、龚清河、陈易经、徐君濂等，及马六甲晨钟励志社平剧组，均粉墨登场，为灾民请命，筹款成绩达国币20余万元，破任何筹款游艺纪录。若筹赈会后深感平剧之受人欢迎，苦无正当研究团体，且鉴于此间人士做工之余，多往俱乐部呼么喝六，作劳神伤财之消遣，此种现象，殊堪痛心。乃有组织研究平剧票房之议，以研究平剧提倡高尚娱乐为主旨，且便于义演，筹赈祖国难民。”[①]此处的“平剧票房”系指侨领林庆年创办的一群京剧票友切磋技艺的团体，可视为新加坡平社的前身。与此同时，该篇报道还预告了平社第一次筹备会议的时间地点，并原文抄录了该社起草之文言缘起。

第二篇报道则见于1941年2月23日的《星洲日报》。[②]除了再次重申创立平社的宗旨外，这篇报道主要透露了3点重要信息：①平社的注册申请已获政府正式批准，注册准字公布于1941年2月21日的当局宪报；②平社在筹备期间对于社会公益服务甚为努力，1940年12月参加筹赈会主办之援英义演，公演平剧《黄金台》《投军别窑》《贺后骂殿》《南天门》诸剧，广受欢迎；③该社筹备处已印发通告，定于1941年3月2日召开全体会员大会，选举首届理事会成员。

此后的3个月里，平社陆续召开了4次理事会议，成立大会的日期初定于5月30日，后改为5月23日，终定于6月1日。平社成立大会的前一天，《南洋商报》辟出整个版面登载《平社成立大会特刊》。[③]除发刊词外，有守衡的《戏剧史话》、苏人的《苏人乱话》、郁达夫的《看京戏的回忆》和吴仲衡的《平戏内在的艺术之我观》4篇文章。同日，《星洲日报》也登载了一篇学术剧评——《谈谈大时代中的“平剧”》，为平社的成立造势。

平社漫长而曲折的筹备过程及其细节并未登载在后世出版的社团纪念特刊上。若没有当时的华文报纸所保存的第一手资料，可以想见，类似平社之类的新、马两地戏曲团体在创建初期，乃至在发展进程和逐渐衰落的过程中，一定会有不少鲜为人知的史料被遗忘。

---

①《研究平剧提倡高尚娱乐，林庆年倡组平社票房》，《南洋商报》1940年9月20日。

②《平社将正式成立，定三月二日开会员大会》，《星洲日报》1941年2月23日。

③《平社成立大会特刊》，《南洋商报》1941年5月31日。

（三）戏剧评论

新加坡早期华文报纸上的戏剧评论大致分为两种类型：①对于剧团某场演出剧目的评价，包括角色扮演、舞台布景、场面设置等，多数为正面评价，也偶有负面批评；②对于单个剧种发展或戏剧改良的批评与思考。前者属于观后感之类的随笔点评，后者则属于系统、严谨的学术剧评。投稿者或为戏曲爱好者，或为专业剧评家。这两类评论相互补充，对照阅读便可了解1942年前新加坡的普通戏迷和剧评家对当时各大剧种发展的真实感受和评价。

在当下新、马两地华人戏曲史著作的描述中，20世纪20年代和30年代是地方戏发展的黄金时期，各个剧种的演出活动非常频繁，但其时的戏剧评论者已经清醒地认知到，带着封建思想烙印的旧剧若不能反映当下的现实生活，就必然会走向没落。不论是潮剧、琼剧，还是整体意义上的旧剧、戏曲，评论者皆在报纸上撰文评议，既有批判之言辞，也有改革之建议。

1922年1月，《叻报》相继发表了3篇《关于星洲京剧之杂谈》。[①]两位评论者就新近所观之剧目发表了不同看法，虽然意见相左，针锋相对，却也越辩越明。1925年9月，陈了然在《南洋商报》上撰文阐述《潮剧应改良之要点》，主要从表演、化妆、布景、乐歌、排场等5个方面提出具体建议。作者还从接受者的角度分析了两类戏曲观众不同的审美需求："至于喜临剧场者，大约分两派，一为观派，一为听派。观派之所好，在表演之精神。……听派之所好，在乐歌之音调。……如有意求臻完璧，须要迎合观、听二派心理。"[②]如此认知颇具见地。

20世纪30年代以降，尽管新、马两地的地方戏曲不论在内容还是在形式方面也都有所改良，如新编了许多呼应时代的爱国剧和历史剧，将旧剧演唱灌成唱片或拍摄粤剧电影等，但剧评家对于旧剧中千篇一律的题材内容和高度程式化的弊端仍多有诟病。以潮剧为例，1940年底，记者王君实发表了一篇题为《本坡的潮州戏》的调查报告，同时也是一篇关于新加坡潮剧发展的剧评。此文开篇就描述了马来亚潮剧的发展现况和受众群体："潮剧是一种非常繁的方言戏剧，虽现在已意兴阑珊，不复有昔日的茂盛，但巡回于马来亚各处的仍有十几台，直接间接依赖为生的人，为数有几百人之多。同时由于习惯传统的关系，拥有一群巨大的观众，大抵是教育程度较低的男女，和素少娱乐的劳动者，其所能享受的娱乐就是潮剧。其所能接受的娱乐，亦是潮剧。"[③]继而他从潮剧题材、剧本类型、唱曲、营业、名角等层面全面审视了新加坡潮剧的发展历史与生存现状。实际上，在1935年初，《南洋商报》就曾登载过一篇《漫谈潮州剧》的评论文章。[④]作者一针见血地指出了当时潮剧在题材内容方面的诸种问题。1941年7月，林凤翔对于当时马来亚的潮剧亦多有批评，如内容机

①分别参见痴哉仙：《关于星洲京剧之杂谈》，《叻报》1922年1月13日；鸿濛幻影：《关于星洲京剧之杂谈》，《叻报》1922年1月23日；痴哉仙：《关于星洲京剧之杂谈》，《叻报》1922年1月24日。

②陈了然：《潮剧应改良之要点（二）》，《南洋商报》1925年9月17日。

③王君实：《本坡的潮州戏》，《南洋商报》1940年12月6日。

④半春：《漫谈潮州剧》，《南洋商报》1935年2月6日。

械重复、封建意识浓厚、曲调不够刚健、演员表情固化等。与此同时，作者也提出了有针对性的改良建议："把那封建式的剧本，换上新时代科学式的剧本，同时还要把那些歌曲、词句修改，使它不要太萎靡，太颓丧，要有壮强、激烈的韵调，方能提起听者的精神。"①

颇有意味的是，南洋在将近一个世纪前关于新编戏的争论以及对于戏剧改良的看法，同样存在于当下的中国戏曲界。毫无疑问，上述专业剧评家或业余爱好者的真知灼见对于中国当下的地方戏曲发展仍具一定的启发意义。

三、还原华人戏曲的多元生态

新加坡早期华文报纸不仅保存了新、马两地华人戏曲在舞台演出、剧团发展、戏剧评论等方面的直接史料，同时也记载了与戏曲发展密切相关的间接文献，如戏曲唱片和戏剧电影的兴起，传统戏班的内部管理，以及多面向的剧团或剧员流动等。凡此种种，共同形成了新、马两地华人戏曲的多元生态。

（一）方兴未艾的戏曲唱片和戏曲电影

新加坡国立大学容世诚教授曾经将20世纪初以来的戏曲归纳为3种存在形态，即舞台上的戏曲、文本上的戏曲、唱片上的戏曲，并将戏曲唱片称之为"第三类型戏曲。"②确实，伴随着19世纪后期留声机的发明以及相关的唱片工业的兴起，20世纪以降的音乐娱乐文化也发生了巨大的改变。戏曲唱片一方面突破了现场演出的时空局限，同时也促进了戏曲艺术的广泛传播与跨国流动。尽管戏曲唱片在1900年前后就已出现，但由于当时的戏曲唱片多产自中国北京、上海和香港，新、马两地则由代理商发行销售，故直至20世纪30年代后期，新加坡华文报纸中宣传本地戏曲唱片之广告和报道才逐渐增多。

1938年9月3日《南洋商报》登载的广告《丽歌红牌唱片》就简述了新加坡金玉莲班闽剧唱片的生产和销售机制："福建戏剧，新加坡金玉莲班水月云、陈妃娥、陈玉如、杨清贤合唱《五娘抛荔枝》四只、《赵琼瑶告御状》三只、《孟姜女送寒衣》三只。上海英商电器实业有限公司出品，全马来亚总代理星洲大马路广隆栈，各埠唱片商均有发售。"③甚至连业余剧团也加入灌录唱片的行列，如新加坡陶融儒乐社，在1940年5月获聘为唱片公司灌音。"由本地士律洋行，特聘其灌音于高亭唱片，共收二十余出。"④王君实还在其调查报告中提及20世纪30年代灌制唱片的收益情况。"在那时，营业非常发达。献演一日夜，最高可收票券至七八百元，有时唱片公司灌音，每4小时取费至1,000元。"⑤即每小时250元，收入颇为可观。因此，一些名伶甚至减少登台演出次数，改作灌制唱片。粤剧名伶白驹荣1939年2月接受《南洋商报》记者采访时曾直言，其粤剧生涯已历27年，其中曾有5年不作舞台生活，专事灌片；最近5年间，则灌片、登台、电影均曾从事。⑥

①林凤翔：《谈谈潮州戏》，《南洋商报》1941年7月31日。

②容世诚：《粤韵留声：唱片工业与广东曲艺（1903—1953）》，香港天地图书公司，2006年，第8—38页。

③《丽歌红牌唱片》，《南洋商报》1938年9月3日。

④《陶融儒乐社灌音廿余出》，《南洋商报》1940年5月14日。

⑤王君实：《本坡的潮州戏》，《南洋商报》1940年12月6日。

⑥《粤剧名伶白驹荣由港抵星，谈粤剧演变经过》，《南洋商报》1939年2月17日。

与戏曲唱片不同，新、马两地在1942年前并没有本土拍摄和制作的戏曲电影。不过，中国内地和香港的戏曲电影及其明星经常会被新加坡华文报纸提及，且传达出非常值得关注的信息，即戏曲名伶一旦成为电影明星便身价倍增、广受欢迎。1939年10月9日，粤剧红伶新马师曾（邓永祥）偕夫人等一行应邵氏公司之聘，将在马来亚各埠巡演献艺。《星洲日报》《南洋商报》等都进行了追踪报道，对于新马师曾的称呼或曰“粤东舞台兼银幕明星”，或曰“粤剧巨霸兼电影明星”。在新加坡牛车水（唐人街）梨春园戏院登台表演之后，华文报纸的报道称其反响热烈，对其演技评价颇高：“首晚莅场观演者，十分拥挤。昨乃第二晚，剧目为《金鼓雷鸣》，……八时未届，而座位复告满。观是晚之演出，表情迫真，唱工亦佳，‘巨霸’之称，可当之无愧矣。”①

与此同时，一部分剧评家则将旧剧的没落归因于包括戏曲电影在内的电影对于戏曲舞台观众的抢夺。1935年3月，报纸文章在分析新加坡戏班锐减时认为：“其最大原因，电影戏院激增，影戏方面亦有名角出现，亦有唱作，且思想之变迁，观粤剧者自然日少云。”②另一部分报纸文章则有不同的观点：戏曲电影或可成为改良传统戏曲的重要途径。如1935年初粤剧泰斗薛觉先的南洋之旅并非演剧，而专为考察南洋各地之电影市场。薛氏在回答记者提问时说：“粤剧现正走入没落之途，若不从剧本改良，前途悲观。然一般伶人为衣食而演戏，尚计不及此，故彼今后决放弃登台演粤剧，而从表演有声粤音电影改良粤剧着手。”③这种戏曲改良的尝试在20世纪30年代还是颇有吸引力的，如《南洋商报》在宣传小生泰斗白玉堂担当主演的粤语影片《良心》时就曾给予很高的评价：“曲折而有味的情节，深刻而细腻的表演；声音清亮而有诗味，光线调和而有画意。……是集电影、粤剧、美术、文学、音乐各派之大成作伟大之贡献。”④

（二）传统戏班的内部管理

尽管身处异域，1942年前南洋的传统戏班依然保留了国内的部分陈规陋习，尤其在童伶管理和演剧安全方面，尚有不少亟需改善之处。如1927年8月3日的《南洋商报》就登载了一篇来自暹罗（今泰国）警察厅取缔潮剧戏班虐待童伶的通讯。文中列数了童伶遭受的诸种不当行为：“每当登台演剧，偶尔失声，或因性质过钝不就教练，与乎一切小疵细故，必遭所谓以教戏先生自居者诸多鞭责，甚至肆意毒殴，以致体无完肤。”⑤而当时新、马两地属英国殖民地，因此本地戏班的管理还须符合殖民地政府的相关规定。在20世纪20、30年代，殖民地政府相继出台了一系列旨在保护戏班演职人员（尤其是童伶）权益的法案和保护条例，并委派华民护卫司署组织成立专门委员会。

《南洋商报》在1938年4月曾经刊载过这样一则报道：“星洲潮州童伶戏班，往柔表演须呈报，以便调查童伶待遇情况。”报道中较为细致地描述了新加坡潮剧戏班的童伶问题以

①《新马师曾等在梨春园表演连晚，观众颇拥挤》，《南洋商报》1939年10月14日。

②《好景来临之今年粤剧，仍如去岁之多班；但本坡因思想变迁，粤班较去岁减半》，《南洋商报》1935年3月1日。

③《南方影片公司总理薛觉先抵埠，南来任务目的在于考察，本月七日赴马来亚各埠》，《南洋商报》1935年2月5日。

④《良心》，《南洋商报》1935年3月8日。

⑤《厅长关心人道（一）：取缔虐待剧童伶》，《南洋商报》1927年8月3日。

及当局的相关做法："此间潮州戏班，颇见盛行，班中伶优，童角居多。其属主要之角色，亦悉以幼童扮饰，因而每一潮剧班，童伶地位素为观众所重视。年来政府当局，鉴于潮剧童伶日渐增加，其在班中所受之生活待遇，殊有注意必要，兼以依照政府保护妇孺律例，此辈童伶，亦应同在保护之例。职是之故，爰于去年由华民护卫司署，饬请潮帮侨领会同潮剧班主组织潮剧委员会，以便管理。该委员会成立后，对于童伶生活待遇颇多改善，如表演时间之规定、教育机会之均等，均为详订法则，俾供遵守而尽保护之责。"[①]1931年，殖民地当局将优伶之最低年龄限制在14岁，并规定凡达法定年龄以上者，则须月给薪金，未达14周岁者则被遣返。1934年6月，新加坡两潮州戏班就有14名未达法定年龄之童伶违反规定，被华民护卫司勒令遣返回国。[②]

另外，传统戏班的安全意识也比较淡薄。据1935年3—6月的报纸报道，新加坡潮剧新荣和兴班为了便宜行事，常年使用有毒的白铅碳酸粉给童伶敷面，直至造成若干童伶中毒就医而被告上法庭。经调查，此铅粉多用作油漆书画之颜料，戏班班主及经理误以为普通水粉，因而酿成大祸。一位中央医院的医生在法庭受询时称："自举业后，已在中央医院服务5年，曾诊受粉毒（即铅粉之毒）数人，多半为梨园子弟。"[③]可见，这种情形在旧戏班中很常见。戏班管理者虽然并非有意施毒，但显然缺乏基本的安全意识。此外，酬神演剧时因戏棚坍塌、燃炮失火等造成的安全事故也屡见报端。如1921年8月14日，新加坡同善堂在演街戏时戏棚突然倒塌，致使一名童子略受损伤；[④]1926年3月1日中午，芽笼新菜市附近的戏台因酬神燃烧炮竹而酿成火灾，附近200多间民居化成灰烬。[⑤]虽未造成人员死伤，但这也是新加坡有史以来因演剧酬神燃炮竹所酿成最大之火灾。

关于1942年前新加坡传统戏班的日常生活和训练状况，华文报纸并没有直接的报道。不过，1941年7月《南洋商报》连载的文章《福州戏班之训练与生活》却可以作为一种参考。这篇文章从训练和生活两大方面描述了福州戏班传统剧员的悲惨出身、刻苦训练和艰难的生活状况，如卖身给戏班的剧员，需要经历5年4个月的艺徒生涯才能出师，艺徒期间的出入、来往、饮食、行动必须先得其师同意；艺徒出师后，因水平参差而待遇不等；遇外出表演，则风餐露宿，备尝艰辛。[⑥]

（三）不同面向的剧团或剧员流动

1942年前新、马两地的剧团或剧员流动，若按流动范围来划分，可以分为跨区域流动和区域内流动两种。前者主要是指北京、上海、福建、广东和香港等地的剧团或名伶到新、马两地表演；后者主要指当时称为海峡殖民地的槟城、马六甲、新加坡的剧团或名伶的内部流动，以及延伸至相邻的东南亚区域，如印尼的部分城市。若按流动目的来划分，则主

①《星洲潮州童伶戏班，往柔表演须呈报，以便调查童伶待遇情况》，《南洋商报》1938年4月8日。

②《当局取缔潮剧以十四岁小孩任优伶》，《南洋商报》1934年6月29日。

③《潮剧新荣和兴老板及理事人被控用有毒质之粉，伤害梨园子弟九人》，《南洋商报》1935年4月13日。

④《戏棚倾塌志闻》，《叻报》1921年8月15日。

⑤《芽笼火警续志》，《南洋商报》1926年3月2日。

⑥《福州戏班之训练与生活（一）》，《南洋商报》1941年7月3日；《福州戏班之训练与生活（二）》，《南洋商报》1941年7月5日。

要可以分为商演盈利和义演赈难两种。而当下戏曲交流中最为重要的技艺切磋反而不是当时剧团流动的主要动机。

若检视20世纪20—40年代的华文报纸，我们会清晰地看到若干中国内地剧团或香港名伶赴新、马两地演出的报道，如上海仁和戏班在新加坡和槟城的表演，粤省第一小武生靓元亨在牛车水梨春园永寿年班的戏剧改良等，不胜枚举。这些剧团在带去最先进的表演设备的同时，也由名角带去了出色的演剧技艺。因此，新、马两地的戏曲团体和观众都非常欢迎这些来自祖国的剧团或名伶的演出，如《南洋商报》曾描述了庆升平京剧班1925年7月新聘京沪名角后的演出盛况："新舞台庆升平京剧，自由京沪聘到男女名角多名，暨办到电光配景所用的种种物料抵叻后，连晚场之内外，布置辉煌，电火璀璨，五光十色，备极美观。故连晚以来，座上客非常繁盛。"[①]尤其对于上海租界名伶蒋月英的演技称赞有加："其新到之女伶蒋月英，昨晚衣古装表演《天女散花》，长袖翩跹，轻躯摇曳，大博观众之叫座，阅者称之为历来南渡坤角花旦中之巨擘。"[②]相对于新、马两地的戏曲市场而言，祖国的剧团或名伶在某种程度上就可视为本地戏班票房收入的保证。尽管戏班聘请他们的主要目的是商业考量，且为从中国流动到南洋的单一模式，但此类剧团或名伶的流动在戏曲史上仍具有重要意义。它一方面彰显了中国传统戏曲与新、马两地早期地方戏的亲缘关系，同时反映出早期新、马两地华人对于中华文化的高度认同。

而在南洋一带，地方戏最为繁盛之处当属海峡殖民地的槟城、马六甲、新加坡。这一区域内的剧团或名伶流动主要表现为两种形式：①海峡殖民地范围内戏曲社团的双向流动，如槟城广福居剧团1920年来新加坡巡演，新加坡庆升平京剧班1923年在马六甲和麻坡两埠开演等；[③]②海峡殖民地的剧团赴马来亚其他城市演出，或马来亚的剧团在印尼的部分城市表演，如潮剧新正香班1938年7月13日在柔佛州笨珍县筹赈演出，潮剧老杏天班1939年8月初在霹雳州红土坎义演五晚，占碑华侨慈善平剧团1939年底在印尼苏门答腊岛的巨港、楠榜等地义演筹款等。[④]这种流动往往是单向的，多以筹赈义演为目的。

由上述华人戏曲社团在区域内的流动情形可以看出，海峡殖民地华人戏曲在南洋一带扮演着领头羊的角色，其剧团在马来亚和印尼等地受欢迎的程度不亚于中国南方剧团或名伶在海峡殖民地的影响力。换言之，海峡殖民地在中国近代以来地方戏的海外输出中起到了中转站的作用。另外，身处祖国多灾多难的特殊年代，尤其在抗日战争全面爆发之后，这些剧团四处巡演，自觉为祖国难民义演筹款，其拳拳爱国之心天地可鉴。

①《京剧消息》,《南洋商报》1925年7月3日。

②《京剧消息》,《南洋商报》1925年7月3日。

③《观京剧者注意》,《南洋商报》1923年10月13日。

④分别参见《潮剧新正香班在笨珍报效，各界踊跃购票》,《南洋商报》1938年7月18日；《潮剧老杏花天班在红土坎义演，五晚共收坡币七百余元》,《星洲日报》1939年8月9日；《占碑平剧团在巨港公演，筹赈成绩优异，超过万盾》,《南洋商报》1940年1月5日。

四、结语

与其他史料相比，报纸中的梨园史料更加具象化，如一名学生这样描述20世纪20年代的欢乐园内景："里面摆满了许多的东西，完全都是能够给人们快乐的。又前行了几步，到了玩波亭。亭之左有船楼，我们就向船楼上跑去，从船楼跑到船尾，非常快乐。下了船楼，又向前直进，才到了运动厅，练球力、打笨、练眼力……又行了几步，有个巫人跳舞场，旁有荡秋千、溜冰、骑象，以及掷圈子。再走进了几十步，就是潮剧永正兴班在那里演戏，来宾太多，无地可容。"①另一位投稿者则如此描述20世纪30年代中期新加坡民众观赏中元节街戏的众生相："我从不远的三层楼上望下去，则见灯光明亮中，数百个不同的脸孔，个个仰面朝着戏台上，有的张着嘴巴，有的歪着头颅，有的睁大眼睛，有的哑然失笑，形态各极其妙，真个洋洋大观。"②

即使是戏剧评论，也非常口语化，通俗易懂。如笔名为"崇知"的剧评家在《戏剧漫谈》一文中如此评价潮剧："在潮剧的表演中，缺点固然很多，而优点也未尝没有，好像'诙谐的口吻''流利的辞令''豪侠的心情''英武的丰姿''热狂的动作''激越的声调''细腻的手势''忧郁的面容'常常向观众表现。可是'立场的错误''对话的冗长''结构的松懈''布景的繁重''举动不自然''曲调不清，宾白不明'都有改良的必要。"③用语简单，却极富概括力。

当然，由于出版的连续性和时效性，华文报纸登载的华人戏曲史料亦更具脉络化和系统化。如某些重要的戏曲事件，华文报纸会主动跟踪报道，或分期连载，以便读者容易了解事件的前因后果。换言之，相较于戏曲史的线性书写，那些新闻报道更具现场性和全面性。因此，专研新、马两地戏曲史方面的研究者不能忽略早期华文报纸的重要性。

作者简介：王兵，福建师范大学文学院教授

①蔡文两：《游欢乐园记》，《南洋商报》1924年8月16日。
②鲁存：《街戏》，《星洲日报（晚版）》1936年9月2日。
③崇知：《戏剧漫谈（二）》，《南洋商报》1936年3月7日。

战后东南亚华文文学中的“原乡”之思与“在地”认同

肖　成

【摘要】本文拟通过基于公民身份认同与族群记忆间的复杂纠葛，探究第二次世界大战后东南亚华文文学“原乡”之思与“在地”认同经历了逐渐蜕变的发展阶段。从吟唱童年去国之后的漂泊茫然与乡愁思恋，到吟唱文化失根、文化思乡的彷徨苦闷，再到处于政治、生存夹缝中的呐喊抗衡与自我放逐的文化诗学立场，鲜明呈现了东南亚华文文学言说中关于“身在之国”与“魂在之国”的分离与认同的迷茫。这使得第二次世界大战后东南亚华文文学中的“原乡”意识所构成的实体性与精神性二者合一的内涵，虽然具有二元性、模糊性，但已不再属于中国文学的海外叙事，而以过渡的方式明确走向了“在地”叙事。

【关键词】战后　东南亚华文文学　“原乡”之思　“在地”认同

一、引言

众所周知，第二次世界大战之后（简称“战后”）世界局势发生了深刻的变化，东南亚各国争取民族解放、独立建国的任务至20世纪50年代中后期都大致完成。东南亚各国华文文学的发展此时也面临一个重要转折点，因为东南亚民族国家的建立和民族整合之间出现了较大差异。东南亚是典型的多民族多文化地区。[①]在这种情境中，各民族的整合对于民族国家的建设无疑是十分重要的。但东南亚各国的民族整合远远滞后于民族国家的建立。这种滞后性跟西欧国家建立民族国家的情况相比更为明显。英国学者埃克里·霍布斯鲍姆（Eric Hobsbawm）曾指出，西欧民族国家建立的过程往往就是其民族整合的过程，一旦民族国家建立，“民族乃是全体公民的集称”，民族性跟近代国家的公民性得到统一，而“族群特性、历史渊源以及语言（或家中所说方言），都与这种‘民族’的概念无涉”。[②]在这种情况下，民族意识成为民族国家建设的公民资源。然而，东南亚民族国家的建立产生于殖民统治下的民族独立运动，“东南亚民族国家建立之时，其民族整合过程远未完成”，更未“形成那种兼具民族性与公民性的民族意识”。[③]正是在这种“民族性”和“公民性”脱节的情境中，族群特性、历史渊源，以及语言文化等问题得到了凸显，在反对殖民主义斗争中起凝聚作用的民族主义也开始显露其危机。

①据统计，东南亚地区人口在100万以上的民族就有27个。东南亚各国无一例外都是多民族国家。而近代中国东南沿海地区居民大规模“下南洋”的历史更是长达上百年。其中华人较多的印尼有100多个民族，菲律宾有90多个民族，越南有50多个民族。印度文化、伊斯兰文化、中国文化、西方文化等对东南亚当地土著文化都有重大影响，甚至其本身就构成了东南亚文化。

②埃克里·霍布斯鲍姆：《民族与民族主义》，李金梅译，上海人民出版社，2000年，第104页。

③陈衍德：《从民族解放运动到民族分离浪潮》，《东南学术》2003年第5期。

二、在"双乡"纠葛中探索族群身份的历史定位

东南亚华人一方面面临居住国其他民族（尤其是掌控政治权力的民族）在族群生存上的巨大压力，另一方面又不得不强化自己的族群特性、历史渊源以及语言文化等民族生存资源。这种民族性、民族意识在成为公民资源中的艰难性构成了东南亚现代性曲折展开的主要内容。换言之，"公民性"身份的确立和族群文化记忆认同之间的复杂纠葛始终是海外华文文学的根本性课题；而"民族性"和"公民性"关系的处理，既关乎华人透过具体切实的生活实践辨认出的自身身份之所属，也反映出华人在自我确认的漫长过程中受到国家、他民族对自己身份认同与否的影响。这种"原乡"之思与"在地"认同之间的复杂纠葛，自然构成了海外华文文学的一种根本性纠葛。这种纠葛在战后东南亚国家里显得格外复杂，从而也就根本性地影响着战后东南亚华文文学的格局。譬如泰国著名华文作家梦莉就是一位频繁往返于中国与泰国之间的典型"双乡"者。她在童年时回到中国，少年时重返泰国，而后又长期从事中泰跨国商务。在《片片晚霞点点帆》里，她在海滨晚霞中回忆起故乡童年时光，也将自己的"双乡"身世一并融入了其间：

> 我是在泰国出生的，刚满三岁，双亲便漂洋过海回到中国的故乡。
>
> 稍大，我离开了故乡，离开了环抱着故乡的那湾海滩；但儿时的欢乐和哀伤却深深地铭刻在我心中。
>
> 后来，我来到了泰国。这一次的到来，这里的亲朋又说我是回国——我这一生，来中国与泰国都叫"回国"……①

作者笔下的"来中国与泰国都叫'回国'"，似乎形成了一种无所适从的双向的"望乡"时空，经历过中国故乡的苦难童年与泰国商场的事业拼搏。对梦莉而言，穿梭往返时空的"望乡"意识的嬗变，如同必须习惯有时站在人生的交叉路口，却不得不被迫面对没有红绿灯指示时的无所适从，不得不在岁月变迁中不断重新形塑自我的身份，而中国和泰国也成为他人旁观与自我认同的双重家园。

后殖民主义理论认为"在殖民地世界，无论是本土人还是移民者，他们都相信高等文化和意义来自别的地方"。②在殖民地时代，以及殖民地获得独立之后，西方人一直都是殖民地历史的叙说者。印尼华文作家黄东平20世纪50年代初开始创作由3部长篇小说——《七洲洋外》《赤道在线》《烈日底下》所构成的"侨歌"三部曲。与梦莉一样，他少年时代在中国生活的经历或多或少地影响了其作品的言说和想象。他努力通过重写"父亲"来找回"父亲"创造的那个年代的真实历史。对此，黄东平在《我与侨歌》一文中曾明确地说：

> 我时时感到：华人（包括华侨和当地籍的华裔）首要之图在于谋取生活资

①梦莉：《片片晚霞点点帆》，中国文联出版公司，1993年，第8—9页。

②艾勒克·博埃默：《殖民与后殖民文学》，盛宁、韩敏中译，辽宁教育出版社，1998年，第215页。

> 料……他们就是为了生活才被迫漂洋过海；……悠悠千百年，广布各群岛，华人人口发展至千万众，直到今天，还只有各殖民地洋人记存的文字多，由华人自己写下的经历少。……可是，“荷印”时代日渐远去，当日华人的生活不为人所知。目前，尚能熟知其事的只剩老年人了。是则当日华人在殖民者压迫下那段困辛的生活，以致对这统治的仇恨和反抗，越加没有人能加以记录了；况这段时期，也是华人生活尚带着浓厚的本族特性的年代。所以，我必须把我所知道的反映出来。[①]

就理性的角度而言，黄东平就是以忆旧的方式，对华人的历史进行属于华人自己的想象和构建。黄东平既被自己“心灵深处号叫”和“撕裂精神的声音”所驱动，又被自己强烈的忆旧情结和参与“叙述”的责任感所驱动，几乎是无可逃避地“被投入”到了重写“我所知道”的“父亲”那个年代中具有“浓厚本族特性”的宏大叙事之中。虽然19世纪末至20世纪上半叶，土生华人亦曾经尝试摆脱西方的眼神和视角，尽力讲述殖民地的土生华人自己的生活与自己对生活的思索。然而，由于所使用的语言及其多种限制，其影响与作用也都有一定局限。进入所谓的后殖民时代，独立后的文学的一个重要任务就是要真正夺回话语的权力。东南亚原住民和华人也要用自己的眼光与视角，向全世界讲述殖民地的历史，向全世界讲述殖民地原住民和华人，包括他们自己的生活与自己对生活的思索，他们的历史与他们对历史的思索。艾勒克·博埃默曾说：“我们已经看到，独立后文学的特点之一就是忆旧。”[②]而黄东平创作的“侨歌”三部曲的“忆旧”，显然具备艾勒克·博埃默所谓“独立后文学”的“忆旧”指向——“关心回溯历史和重塑过去”，通过“对历史的修补，把一个民族群体成熟的过程叙述出来”，以此“获得一种对过去的控制，赋予它以一种形式”。[③]“侨歌”三部曲中这段漂洋过海、屈辱苦难的历史，对于东南亚华人来说充满了苦难、血泪及屈辱的记忆，令人感到悲愤与沉重；而一代又一代人的“望乡”情结也成了一个永远说不尽的话题。虽然作品中史实、议论与解说等诸多“非文学因素”的嵌入作为作者对历史思索的插叙，会给阅读带来另外一种艰涩与沉重，但是，当人们从悲愤、艰涩的双重沉重中穿行而出之后，一个特别营造的意象飘洋过海的“孤舟陋船”却深深地映入脑海。这“船”曾载着“父亲”离开苦难深重的中国；“船”又载着“父亲”作为“海外孤儿”开始了在殖民统治的血海中、孤苦无援的心海中的双重漂泊。从这个意义上看，“坷埠”的华人社会不仅是一艘现实意义中的“孤舟陋船”，更是一艘心灵意义中的“孤舟陋船”。而由“船”所连接的那“坷埠”与“家乡”之间，因生计所迫而不断无奈“离散”的岁月就是殖民时代海外华人的历史。

三、“冷战”铁幕下“在地”归化的复杂心态

战后东南亚各国民族生存环境的复杂性还在于东西方“冷战”格局的影响。西方殖民

①黄东平：《我与侨歌》，《短稿一集》（手抄油印本），1973年。
②艾勒克·博埃默：《殖民与后殖民文学》，盛宁、韩敏中译，辽宁教育出版社，1998年，第228页。
③艾勒克·博埃默：《殖民与后殖民文学》，盛宁、韩敏中译，辽宁教育出版社，1998年，第211页。

当局战后从东南亚各国相继撤退之前虽然无法完全控制东南亚各民族国家政权的建立，但也总会尽力做某些有利于西方意识形态及其利益的安排，加上一些复杂历史因素的纠结，东南亚一些地区爆发了游击战（如菲律宾、马来亚、缅甸等）和政治运动（如印尼），由此导致了东南亚各国华人社会阶级分化要甚于原住民族社会的阶级分化。[①]当时，华人被卷入东西方冷战对峙的意识形态中去的程度也较深。然而，当时的华人缺乏介入东南亚民族国家架构建设的充分思想准备和政治经验。这自然与当时华人的心态有关。基于生计、身份等问题的紧逼，20世纪50—70年代，越来越多的东南亚华人加入了所在国的国籍。事实上，在很长一段时间，许多华人并非主动，而是被迫入籍，甚至是身入心未入——在政治方面认同和效忠入籍国，在文化方面仍然认同与坚持来自中国的民族文化与传统；也就是说，国籍属于东南亚，精神属于“文化中国”。由此可见，战后东南亚华人的倾向已经发生了很大变化，多数华人在政治上保持低姿态。但这种变化是受动的，即便是对居住国政府的忠诚，也是出于在现实压力前讲求实际的需要。他们深深体验到：“华人必须抛弃固有的移民思想，关心居留地的政治经济，并和其他民族共同建立一个独立自主的国家，以避免遭受另一次被侵略、被掠夺的灾难。”[②]这种国家意识有取代中国意识的趋势，甚至成为东南亚华人社会体制转型的重要环节。1947—1948年关于“马华文艺独特性”的论战就是在这种背景下发生的。在这次论战中，甚至已经有下决心“割断与中国的关系”[③]的呼吁。然而，当时大部分华人还有着为双重国籍“留一条后路”的打算，华人由此开始明显分化。特别是战后出生的东南亚华人中的年轻一代，与他们的祖辈、父辈不同，已经扎根于当地社会，挥别了背井离乡的漂泊感，并且很可能不知道自己的“故乡”到底在中国何处。

经过战后10年的动荡，东南亚各国在20世纪50年代中期相继走上独立之路。这种情况使东南亚华文作家的南洋意识更为强烈，东南亚华文作家创作自成格局的“在地”状态大致形成。苗秀是第一位显示了东南亚华文小说的成熟形态并产生了国际影响的新加坡小说家。其作品从20世纪60年代起就被译成英、日、俄等多种语言出版。他的处子作《乡愁》（1953年）以赤道社会的风俗为背景，逼真地呈现了战后华人的沉重心灵。他后来获“新加坡国家书籍（小说）奖”的长篇小说《残夜行》和他创作于五六十年代的中篇《火浪》《小城忧郁》等，均以沉郁的笔调贯串了他感受、体验新加坡城和人的命运的主旋律。这使他成为华文文学史上努力刻画“新加坡这个殖民社会的历史动态”及“贯串在这历史事变中间的整个精神世界的汹涌的波澜”的第一人。赵戎的长篇《马六甲海峡》、中篇《海恋》、短篇集《芭洋上》等则以人物形象、风土习俗、作品氛围等诸多方面所呈现的浓郁的南洋风情，为作品审美价值的南洋尺度提供了一批热带风情小说的文本。谢克的都市世相小说

①20世纪70年代王赓武在《马来亚华人的政治》一文中就东南亚华人的分化所提出的“三集团说”，大致可以代表五六十年代东南亚华人的不同倾向：“3个政治集团的第一个是甲集团，与中国的政治保持着直接和间接的联系，并总是关注着自己和中国的共同命运……第二个集团由精明而讲求实际的多数华人组成，关心的是贸易和社会集团的低姿态和间接政治……第三个集团是丙集团，是一个小而不稳的集团，因为它不能把握自己的特性，但一般都抱有对马来亚的某种忠诚。”

②林水檺、骆静山编《马来西亚华人史》，马来西亚留台校友联合会，1984年，第85页。

③马华：《马来亚华侨与政制斗争》，吉隆坡《战友报》1948年新年特刊。

从纷繁喧嚣的新加坡城生存形态中提炼出了其本相，一种带有殖民烙印的商业生存环境和华族社会伦理人情的复杂纠结。多种类型华人的存在，反映出战后东南亚华人社会的复杂，也直接影响着这一时期东南亚华文文学的根本面貌。一方面，作家的创作模式开始蜕变，中国社会的沧桑变化、中华文明的悠久历史，在其创作中逐步退而成为一种背景、一种潜在的影响，东南亚社会圈内人的情感逐渐主导了其对创作对象的体验。另一方面，本土作家在血缘、地缘交织的文化环境中崛起，创作浸染于既有着传统的独立性又开始融入南洋土地的华人社会。中华文化作为他们个体生命开始前就埋藏着的集体血脉，或隐或现地影响着他们从现时的地域文化中汲取着多元的营养。换言之，东南亚本土华文作家群的诞生，表明东南亚华人社会文化传承机制的形成，其意义超越了文学本身。因为他们已经有了明确的"在地"认同，开始把反映南洋华人社会转型中华人命运的变化作为最重要的题材。这表明，在华人跟居住国政治、文化、经济的复杂纠结中，华人越加关注自己国家的问题，而追求把社会经济的公正和平等摆在华人文化和华人特性之上，使华人社会改善自身地位的视野有了根本性的转变，在推进国家公正环境的建立中来改变华人所受的不公平待遇，而不是单纯地以华人传统文化去抗衡现实，这样才有可能使中华传统文化更内在地得到传承。确实在与中国文学界几乎完全隔绝的情况下，东南亚华文作家面对的读者几乎可以说已完全"在地"化了，不再面对中国读者了。"他们中的很多人是为各自的华文社区而用华文写作的，并不是作为中国公民而写，也没有必要针对中国读者而写。……探索了一种作为华人效忠正在为建立国家而奋斗的入籍国的新感受，或者强调他们必须重新确立自己作为华裔或者华裔国民的身份。"①他们在前辈的感召和教诲下也曾经努力地加入到遥望"原乡"的行列中。这似乎告诉我们，"故乡"不仅是一种实体性的存在，还可以作为个体的精神归宿。与这种主动选择、调整的要求相适应，"中国"在东南亚华文文学的"望乡"意识中不再被视为华人自己的故乡，而已经演绎为华人及祖辈的"原乡"。这个"原乡"曾经存在于祖辈成长的经验与历史里，属于祖辈的记忆图像；现在已经虚化为一个"引以为傲、引以为荣的名字"。②这个"原乡"具有"神话"的意味，"在本质上意味着乐园形式的家乡"。③这个"原乡"作为一个抽象的历史背影，再难以承担得起遥远的乡愁，更多的是留作一种见证，见证他们的祖辈从安土重迁的中国出走海外而漂泊南洋的辛酸，也见证着他们从"归番"到"落地生根"意识的变迁，以及他们在融入"在地"遭遇坎坷与挫折时的迷茫。

由此可见，正是政治身份与文化身份的二重性才导致了东南亚华人文学"望乡"意识的分裂，即"原乡"之思与"在地"认同之间的复杂纠葛。东南亚各国已成为了他们名副其实的唯一"故乡"，承载着作家的童年和亲情。作家所在的摆脱殖民统治之后独立的"新兴国家"成为了他们唯一的祖国，承载着他们的事业和生命。然而，文化中国——具有

① 王赓武：《无以解脱的困境》，《读书》2004年第10期。

② 小四：《菲律宾才是我的乡愁》，《菲华文学（4）》，菲律宾柯俊智文教基金会，1994年，第27页。

③ 林幸谦：《狂欢与破碎——原乡神话、我及其他》，钟怡雯主编《马华当代散文选（1990—1995）》，台北文史哲出版社，1996年，第26页。

"根"与"源泉"意味的中国传统与文化仍然是华人作家的心灵与精神的皈依与"故乡"。正如马华作家林俊欣所说："对我而言，回家是一个必然，背井离乡后的必然结果。……心中一个国家、一个故乡。"①又如留学中国台湾的钟怡雯指出："相对于曾经在中国大陆生活过的祖父或父亲辈，马来西亚第二代、第三代华人最直接的中国经验，就是到中国大陆去旅行或探亲……他们不像出生于中国的祖先想回到那块土地。这些第二代、第三代的华人，在生活习惯上已深深本土化，其实已具备多重认同的身份。他们所认同的中国，纯粹是以文化中国的形式而存在。"②而1988年由新加坡文艺协会倡导，由新加坡、马来西亚、泰国、菲律宾、印尼、文莱6国的作家协会组成的亚细安华文文艺营，每二年由各国轮流主办一次文艺营活动，并特别设立了"亚细安华文文学奖"。前4届获奖作家空缺，第5—13届获奖作家中的黎毅（泰国）、黄东平（印尼）、姚宗伟（泰国）、方北方（马来西亚）、老羊（泰国）、倪长游（泰国）、陈博文（泰国）、洪林（泰国）、白翎（泰国）、曾心（泰国）、孙速蕃（马来西亚）、冰谷（马来西亚）、金梅子（印尼）、无极人（文莱）、林炳辉（菲律宾）、成君（新加坡）、范模士（泰国）、余问耕（越南），清一色都是老一辈作家。此后不久，1989年"马华文学奖"设立，前4届"马华文学奖"得主皆为老一辈南来作家（韦晕、方北方、姚拓、云里风）。这正说明了东南亚华文作家在战后华人文化重构中所起的重要作用。韦晕的长篇《浅滩》（1962年）以李金辉、张铎两个家族在南洋土地上迥异的人生沉浮，集中呈现了战后新、马两地社会的巨大变动，"颇有大河小说的浑厚气概"。③方北方的中篇小说《娘惹与峇峇》（1954年）被译成日文在东京出版，就在于其通过林娘惹及其儿孙居于"番腔十足"的峇峇文化圈内，受到多种文化的巨大压力而产生的分化，写出了华人文化认同的变迁史。姚拓这一时期所写的《德中哥与德中嫂》《二表哥》《弯弯的岸壁》等"水准奇高""令人读后刻骨铭心"④的小说，还往往以中国为背景，但也已带有既缘自汉民族历史生活，也染有华人身居异邦的现实境遇色彩的文调风格。他的散文《美丽的童年》（1962年）吸引读者的相关乡土画卷恰恰是"描述了一个较为遥远却充满跟热带的蕉风椰雨不同的世界"。⑤他的5种戏剧集或改编中国现代文学作品，或改写中国古典题材，"创作水准相当高"。⑥姚拓的创作似乎表明，在南洋土地上保存、传播故土文化，仍有可能构成东南亚华文文学生命力的一个重要方面。南来作家在东南亚其他国家战后华文文学中也都发挥着重要作用。例如泰华南来作家中，修人（许业信）所写的《一个坤銮的故事》、陈仃所写的《三聘姑娘》、倪长游等合写的《破毕舍外传》，都是战后泰华文学代表性的长篇小说。"坤銮"所象征的华人跟原住民族共患难同创业的精神，"三聘姑娘"所象征的华人传统性格，"破毕舍"所刻画的华人"二世祖"破落的形象，都浓

①林俊欣：《背井：感觉与冥思》，陈大为、钟怡雯主编《赤道形声——马华文学读本（1）》，台北万卷楼图书股份有限公司，2005年，第513页。

②钟怡雯：《从追寻到伪装——马华散文的中国图像》，陈大为、钟怡雯、胡金伦主编《赤道回声——马华文学读本（2）》，台北万卷楼图书股份有限公司，2004年，第285页。

③陈鹏翔：《马来西亚华人史新编·独立后的华文文学》，马来西亚中华大会堂总会，1998年，第305页。

④陈鹏翔：《马来西亚华人史新编·独立后的华文文学》，马来西亚中华大会堂总会，1998年，第288页。

⑤陈鹏翔：《马来西亚华人史新编·独立后的华文文学》，马来西亚中华大会堂总会，1998年，第287页。

⑥陈鹏翔：《马来西亚华人史新编·独立后的华文文学》，马来西亚中华大会堂总会，1998年，第289页。

缩了泰国华人社会的历史变迁，甚至成为泰国华人命运的一种象征。换言之，东南亚华文文学中移民“望乡”意识的这种嬗变，其呈现出来的身份认同与族群记忆间的复杂纠葛，特别是它所提供的19世纪下半叶以来中国移民的世界性生存经验和近代文化精神也有益于激发现代化的国家意识、民族意识、危机意识、自强意识。由于国与乡的涵义变得暧昧甚至分离，“望乡”意识也在嬗变中，常常是在政治的层面上指向入籍国——经验或者经历中的故乡，在文化、心理的层面上指向“我已去”或“已去我”的“原乡”——中国。

四、“公民性”和“民族性”的兼备、统一的追求

由于东南亚各国在建立民族国家进程中“公民性”滞后于“民族性”，乃至两者脱节的情况鲜明，是影响这一时期华文文学创作走向的最大因素。东南亚各国独立之后，将原住民的族群利益等同于国家利益，而无视平等、民主、自由的公民原则。在上述国家文化政策的指引下，加之华人各自的族群身份认同时常发生对峙，华人文化被严重排斥，华文书写遭到严格限制，这使得东南亚华人面临“失语”“失根”的危险。东南亚华人社会自20世纪50年代后已很难靠新移民来维系自身血脉的命脉所在。在这种情况下，华文文学成为其可以依恃的最重要的力量。新加坡作家田流是最早关注到这一点的作家。他认为：“东南亚文学的创作趋向，有着两大主流，一是现实主义，二是现代主义。而这两大主流，又同时有着‘严肃’和‘通俗’的倾向。”[①]他在五六十年代所写的短篇集《生活线上》、长篇小说《沧海桑田》等，就既有强烈的创作使命感，又有着浓郁的读者意识。这种努力反映出东南亚人文生态环境的独异性。被誉为“拉让江畔的诗人”的吴岸在1962年出版的诗集《盾上的诗篇》中以其清新、刚健的笔调留摄住了时代面影：“祖宗的骨埋在他们的乡土里，我的骨要埋在我的乡土里。”更为值得关注的是，这一时期本土作家的不少作品，如梦平的小说《摆渡老少》、梁园的小说《土地》、郑祖的小说《半菜番》、菊凡的小说《叛》等，都涉及异族题材，多写异族间沟通的艰难。东南亚华文作家在这一题材上胆识的积累、策略的探寻、叙事的深入，是密切联系着南洋华人社会在“种族两极化”间的动荡不安。但无论是南来作家，还是本土作家，其创作在战后南洋社会的剧烈变动和华人命运的巨大动荡面前都显得滞后。以菲律宾华文文学为例，1972年马科斯在菲律宾全国实行军事管制以前的战后20余年，一直被视为菲律宾华文文学的中兴时期。1951年元月成立的菲律宾华人文艺工作者联合会在此后的20年中一直成功扮演了菲律宾华文文艺运动的领导角色。60年代中期，菲律宾华文文学社团达14个之多，为东南亚华人社会之最。但如果仔细阅读这一时期的菲律宾华文文学作品，确实会感到作家“与当地社会现实保持谨慎的距离”，“进入60年代以后，文学反映社会生活的无限宽阔天地”，甚至“自我演化、萎缩为一角狭小的空间”。“尽管在这一时期里，偶尔也曾出现一些反映菲律宾华人社会困境的逼近现实之作，但从整体上来说，更多的还是对中国原乡的忆念，对往事的缠绵，对身边琐事和个人情感的抒写。”[②]这种创作格局形成的原因是很值得探究的。

①田流：《新华文学界的新气象》,《文学半月刊》总第22期，1977年。

②陈贤茂主编《海外华文文学史》第三卷，鹭江出版社，1999年，第44页。

客观地看，当时东南亚各国，原住民和外来民族双方都作出了“民族性”高于“公民性”的选择，但华人的这种选择较多地带有被动状态，是一种被拒斥状态中的选择。这就使得华文文学在承担推动华文教育、传承民族薪火等重任时，一方面激昂地承担起反映华人社会现实的重压，另一方面又小心翼翼地绕开了被视为“禁区”的许多现实存在。这种文学力量就是20世纪60年代初东南亚华文文学文坛的现代主义文学。战后东南亚华人社会遭受到的政治、经济、文化压力促使了“再移民”现象的发生，大批华人子弟向美国、加拿大、澳大利亚、欧洲和中国台湾、香港、澳门地区流失。这损害了东南亚本土华人社会，但也拓展了华人社会跟外部世界的联系，当然，无形中也伤害了东南亚华文文学的现实主义传统本身。中华民族历来是个“民族性”高于“公民性”的民族，在战后东南亚各国现代性曲折展开的环境中，华人的“民族性”必然受到巨大刺激，在华文作家身上就会表现为源于民族忧患的感时忧国。马来西亚诗人方昂的《给HCK》就在这种境遇中广泛流传：“又有人说我们是移民了/说我们仍然/念念另一块土地/说我们仍然/私藏一两条脐带/这是风雨如晦的年代/该不该我们都问一问自己/究竟，我们爱不爱这块土地/还是，我们去问问他们/如果土地不承认她的儿女/儿女，如何倾注心中的爱。”在“民族性”和“公民性”脱节的国家境遇中，国家认同往往会构成对弱势、边缘的民族文化的压抑，于是国家认同跟民族文化认同无法避免对峙。外来的种种压力迫使华人无法脱却“移民”烙印而不得不在自己的国家漂泊，漂泊中会有更强烈的文化“寻根”。而这种“寻根”又加剧了现实要剥夺华人“国民”(公民）身份的压力——这实际是民族命运的恶性循环。华文文学的现实主义追求形成于这样一种恶性循环中，就不可能不受到损害了，甚至桎梏了东南亚华文文学的自我容纳能力，也阻滞了其文学艺术质量的提升。此时中国台湾的现代主义文学思潮已经趋于成熟，又陆续有在中国台湾、香港等华文主流社会学成而归的青年知识分子进入东南亚华文文坛，于是东南亚华文文坛也逐步奔涌起现代主义思潮。其中菲律宾华文诗坛受中国台湾现代派诗的影响最深。本时期最有影响的菲律宾华文诗人云鹤的众多诗作就有着中国台湾现代诗人覃子豪、余光中影响的流脉。当然马来西亚以温任平为代表的“天狼星”诗社的现代主义诗作也是这一时期东南亚华文诗坛的风向标。

如果从战后东南亚国家建设进程中“公民性”和“民族性”之间的关系来考察，那么，这一时期东南亚华文文坛的现代主义思潮就不仅挑战了现实主义的传统，而且有着调整、改善东南亚华人社会跟所在国主流社会关系的积极作用。现代主义的艺术不仅使文学能避开政治劫杀，突入创作禁区，而且在将文学引入“人类性”探讨的层面中超越民族现实隔阂。例如，当时被视为马华文学现代主义始作俑者的杂志《蕉风》(创办于1955年）迄今已出刊600余期，是办刊时间最长久的海外华文文学刊物，也是马来西亚本土华文文学的重镇。它所倡导的现代主义既要将本土华文文学推进至“西方现代文化挑战”的“新文化应含有的民族色彩”的责任，[①]其追求进入了“公民性”和“民族性”兼备、统一的层面。譬如傅承得的诗在现代层面上强烈传达出对国家、民族命运的关切，既突入了被视为“禁区”

①高宾：《我们有救了》,《蕉风》第128期，1966年。

的某些历史层面，又丰富地留摄住了华人的心灵历程。系列长诗《赶在风雨之前》就以“我”同“你”的对诉，在历史的多个层面上剖析几代华人的心理追求，写出了华人既不忘“胎记”，又经“浴火”而得“清平心境”的历史进程。隐喻中冷却情感，反而留摄住真实的历史氛围，如“一叶虫蛀的枯黄/飘落时轻轻的叹息”(《岁暮风景》)，对“虫蛀”现实的愤懑，对民族命运的悲叹，多种历史意味都呈现于“一叶知秋寒”的图景中；而“栖鸟惊起，鲜血滴落/静谧回返的时候”(《八七年末北回有感》)，奇异地将动静黏合，将血腥下的“钳口”现实暗示得摄人心魂。这种语言的“扩张”预示出华文作家的世界将突破传统的现实主义的华人社会。自20世纪60年代起，东南亚现代主义华文小说的创作势头也相当强劲。到了20世纪70年代，子凡（游川）具有里程碑意义的诗集《回音》出版，其现代诗风被认为呈现了“一个相当完整的历史主体”。[①]这一历史主体在对华人命运的关注中全面置换了“中华性/中国性”的传统资源。其诗中的“清明”“端午”“中秋”都已有了跟“故国”不同的指涉，而真正开始了南洋土地上的历史对话。总之，对于战后东南亚华文文学而言，现代主义的涌动有着特殊意义，是在对终极的感悟中开始驱醒南洋主体意识。它既在虚实、内外交织中突入现实禁区，又在质疑、颠覆中开始呈现一种突破南洋族群情结的视野拘囿的新生命力。尽管东南亚华人仍遭受着现实不平等待遇，族群间的沟通仍有着艰难的跋涉，但直面而又超越种族对峙的文学进程已经开始。这种文学进程期待着跟东南亚华人一起迎来“民族性”和“公民性”兼备、统一的境界。

归结起来，基于公民身份认同与族群记忆间的复杂纠葛，可以看出战后东南亚华文文学“原乡”之思与“在地”认同经历了3个逐渐蜕变的发展阶段：一开始是吟唱童年的自己出国之后的漂泊、思绪与苦闷，吟唱自己文化失根、文化思乡的彷徨和苦闷。接着是一种处于政治、生存夹缝中的自我放逐与对放逐的抗衡。这既是作家的一种选择，也是一种诗学的立场。再后来，东南亚华文文学的言说可以理解为“身在之国”与“魂在之国”或称“灵在之国”的分离的迷茫。换言之，战后东南亚华文文学中的“原乡”意识所构成的实体性与精神性二者合一的内涵，虽然具有二元性、过渡性、模糊性，但非常明确的是，已经不再属于中国文学的海外叙事，已经以过渡的方式，走向了东南亚华文文学的“在地”叙事。换言之，这是一个具有新的一体化意义的“望乡”意识。

作者简介：肖成，福建省社会科学院副研究员

①陈鹏翔：《马来西亚华人史新编·独立后的华文文学》，马来西亚中华大会堂总会，1998年，第314页。

越南胡志明市华人龙狮运动近现代发展探析*

莫上崇　许婉华

【摘要】龙狮运动在全球华人社会中盛行，是华人文化的重要表征之一。胡志明市的华人龙狮运动与中国、东盟国家交流频繁。越南统一是胡志明市华人龙狮运动近现代发展的分水岭。越南革新开放前，华人龙狮组织依附所属会馆创建发展，成员多为同一行业者，华人聚集学习武术、舞龙舞狮技能。而后受阻于战乱，龙狮团多休停、解散。革新开放后，华人龙狮运动逐渐恢复，衍生各类商业活动，国际交流增加，助推社会经济发展。胡志明市华人龙狮运动共同体整体性的发展，得益于与中华艺术、医学融合，参与社会公益，关注弱势群体与华人媒体、国际传播的推动。而表演商业化的发展、对传统文化的感情与认同淡薄成为龙狮文化传承的阻碍。

【关键词】越南华人　龙狮　胡志明市　共同体

一、引言

越南与中国一衣带水，其文化与中国文化有着历史悠久的联系。“及至唐代，东西互市，设市舶于广州、泉州等处，我国商船，即由是处南航，达于越南、暹罗、马来半岛、苏门答腊、爪哇各地；船中所载，以茶叶、瓷器、丝绸为大宗，各处的土人，都非常欢迎，争相购取，中南贸易，于是大盛。今日华侨商业之发达，其良种即播于此时。故至今华侨，仍自呼为唐人；呼中国为唐山；返国曰回唐；唐之佳号，纪念至今不忘。”①

在越南境内，华人传承的民俗文化、语言、艺术、文学在越南落地生根，作为华人集体的文化记忆，形成华人共通的意义与交流空间。胡志明市也曾因华人文化的集中与传播被称为“全球最大的唐人街”。龙狮文化作为中华民族传统文化，在东南亚一带以龙狮运动作为一种民间交流的方式。近年来，全球的华人龙狮文化交流也日趋频繁，越南龙狮运动与中国国内的交流更加密切，但越南华人龙狮发展仍是学术研究的边缘体。华人文化在越南的跨文化互动中延伸出在地化的发展特色。龙狮作为一种文化，从训练、龙身、狮头、内涵而言，承载着越南华人共同的文化记忆。以一个个龙狮团作为独立的个体与社会发展相互联系，使得华人的龙狮团在艺术文化上表现为一个相通的整体。

古往今来，胡志明市的华人主要群体有广府人、潮州人、海南人、客家人、闽南人，广府话、潮州话、海南话、客家话、闽南话较为普遍。华人以地域来源建立会馆或同姓的宗祠，两者有地缘性、血源性关系的连接。会馆与宗祠形成的网络继承着华人群体所属的传统节日、文字、语言、风俗等。由于衡英堂龙狮团与周馆仁义堂龙狮团对社会与华人文

*本文首发于《八桂侨刊》2022年第2期，特此声明。

①李文海：《民国时期社会调查丛编：华侨卷》，福建教育出版社，2014年，第128页。

化艺术的发展贡献显著，2019年，华人龙狮武术艺人徐梓衡、刘剑昌获得越南“人民艺人”称号。这是越南统一以来龙狮武术艺人获得的最高国家荣誉称号。龙狮文化在越南跨文化的适应与生存中成为华人文化的重要组成部分，融合民间生活、武术、舞龙舞狮、中医，在越南生根发芽。

二、胡志明市华人龙狮团的发展

学界对国际龙狮运动的传播及龙狮文化的认同问题的研究成果并不少。对东盟国家龙狮运动的研究集中在新加坡、马来西亚华人龙狮文化。其中，黄东教、李乃琼、马新宇论述了东盟国家华人龙狮文化的表征意义；①李俊果提及胡志明市有名的龙狮团组织——仁义堂、衡英堂②；张智介绍了龙狮运动在东盟国家发展和传承的优势，以及龙狮运动发展对中国广西、东盟国家龙狮文化的促进作用；③马新宇、贺小花、李乃琼简单阐述了越南舞狮运动的起源；④陶文文阐述了越南龙文化的来源与产生，以及中国文化对越南龙文化的主要影响；⑤回达强、翁敏华认为唐朝狮子舞就开始在越南传播，深受民众喜爱，并讨论了舞狮的形态与演艺特点；⑥陈庆、游明谦认为，1982年起越南政府允许华人会馆重建舞龙、舞狮队，从那时起，华人的传统精神文化乐班（乐社）也得以恢复。⑦

总体而言，国内学者对龙狮文化的研究集中在东盟国家龙狮文化的发展、国际联系，对越南华人龙狮文化近现代具体的发展研究较少。因而，本研究通过实地调研、实地访谈与网络访谈的形式，对越南华人龙狮运动近现代历史发展、实际生存状况进行研究，从口述材料中以社会联系的整体性认识华人龙狮运动在胡志明市的发展。

经国内学者介绍，笔者联系上了胡志明市在华人群体中有显著影响力的龙狮运动社团建设者。笔者于2019年1月13—22日、11月2—27日居住在胡志明市第十一郡、第五郡，对胡志明市第十一郡、第八郡、第五郡具有影响力的华人龙狮团、宗祠会馆的理事与多个普通华人家庭进行了相关调研与访谈，走访胡志明市第五郡的五大华人会馆。具体的调研访谈情况见表1：

表1 田野调研与访谈情况⑧

访谈时间	访谈对象	访谈地点	访谈时长
2019年1月14日 2019年11月19日	衡英堂龙狮团团长、团员	胡志明市第十一郡衡英堂龙狮团、第一郡胡志明大剧院	6小时
2019年1月19日	黄馆联义堂金龙狮团团长与师兄弟	胡志明市第十一郡黄馆联义堂金龙狮团	3小时

①黄东教、李乃琼、马新宇：《东盟华侨华人龙狮文化认同》，《钦州学院学报》2018年第6期。
②李俊果：《民族文化认同视域下广西与东盟龙狮运动发展研究》，《体育科技》2018年第3期。
③张智：《内涵驱动、共享共赢——面向东盟广西龙狮运动创新发展战略》，《体育科技》2018年第2期。
④马新宇、贺小花、李乃琼：《东盟舞狮文化研究——以越南、泰国、新加坡为例》，《广州体育学院学报》2016年第2期。
⑤陶文文：《越南龙文化研究》，广西民族大学硕士学位论文，2016年，第4页。
⑥回达强、翁敏华：《越南的狮子舞与麒麟舞——兼论其与东亚其他地区狮子舞之异同》，《民族艺术》2008年第4期。
⑦陈庆、游明谦：《现代越南华人的文化要素及其与社会的融合》，《八桂侨刊》2001年第1期。
⑧表中信息来源于作者2019年1月、11月的田野调查。

续表

访谈时间	访谈对象	访谈地点	访谈时长
2019年1月17日 2019年11月25日	周馆仁义堂龙狮团团长	胡志明市第五郡周馆仁义堂医馆	4小时
2019年1月16日	精英堂龙狮团总教练	胡志明市第十一郡龙狮训练基地	3小时
2019年1月14日 2019年1月16日 2019年11月5日 2019年11月27日	太极螳螂精义堂南北醒狮金龙团团长	胡志明市第五郡团长家中、龙狮俱乐部	5小时
2019年1月21日	海南青联龙狮团团长	胡志明市第五郡琼府会馆	2小时
2019年1月21日	徐氏宗祠会长	胡志明市第五郡第九坊雄王街道	2小时
2019年11月20日	琼府①会馆理事长	胡志明市第五郡琼府会馆	3小时
2019年11月18日	《西贡解放日报》记者YDS	胡志明市第一郡Sunny World	2小时
2019年1月23日 2019年11月21日	《西贡解放日报》记者ZGJ	胡志明市第十一郡	3小时
2019年11月20日	解放前华文报排版员	胡志明市第五郡啟秀华文学校侧面	3小时
2019年11月2日 2019年11月3日 2019年11月26日	普通华人家庭	胡志明市第八郡	6小时
2019年11月14日	太极螳螂精义堂南北醒狮金龙团团员	胡志明市第五郡	3小时
2019年11月8日	三省堂曾氏祠堂祭祖	胡志明市第十一郡	2小时

《策越方针刍议》中指出：在越南华侨90余万……越盟执政以来，大肆屠杀华侨，法对华侨亦无好感，故双方作战时，华侨遭受生命财产损失，难以数计。②发展越南华人所属的文化生存空间，实际上比较困难，需要对不同的社会力量进行衡量。为了保存华人的文化，突出地域性、单一性或是典型性成为华人文化传承的一种取舍之道。在越南，大多数人都非常喜欢舞龙舞狮或者是观赏舞龙舞狮。越是华人聚居的地方，龙狮运动就越兴盛。据统计，2017年越南总人口数为95,541,000，为多民族国家，其中华人占1.13%，人数粗估约为110万，分布于全国，其中约90%密居于南部地带，尤以胡志明市最为集中，50多万人，以祖籍广东省为主。

越南华人龙狮运动的发展与变动集中在1840—1949年。这一时期，大量中国沿海地区人民前往东南亚。越南的形势对越南华人的龙狮发展影响较大，特别是南北统一战争，直接关系华人龙狮团的创建、发展与消亡。以下通过所得材料，对胡志明市部分华人龙狮团进行梳理与统计：

①“琼府”即“琼州府”，指海南。

②罗敏：《中国国民党与越南独立运动》，中国社会科学出版社，2015年，第243页。

表2 胡志明市龙狮团统计表①

成立时间（年）	名 称	始创人	所属群体
1923	黄馆联义堂金龙狮团	黄 顺	广府
1937	周馆仁义堂龙狮团	刘浩良	广府
1951	海南青联龙狮团	林明豪	海南
1953	联友龙狮团	史昌乾	海南
1954	精英堂龙狮团	赵怡文	广府
1957	国威堂龙狮团	李龙彪	广府
1958	东方古乐研究社——东方龙狮团（1982）	团 员	潮州
1968	太极螳螂精义堂南北醒狮金龙团 （陈馆精义堂南北醒狮金龙团）	陈 明	福建（闽南）
1980	胜义堂龙狮团	邓文成	广府
1986	衡英堂龙狮团	徐梓衡	广府
1992	海英堂（白眉）龙狮团	各师兄弟	广西
1995	明豪堂金狮金龙团	符湧麟	海南
2010	浩光堂龙狮团	曾纪光	海南

（一）统一前的发展趋势

在越南1975年统一之前，因学习武术技艺和团结华人社会的需要，华人龙狮团发展繁荣，以不同的姓氏、宗亲为代表，建立起了多个龙狮团。龙狮的发展以会馆、同乡之间的相互协助为主，团结华人，共同为华人群体的发展而努力。随着近代越南华人人数不断增长，华人社团组织发展迎来大好时机。“在越南被殖民之前，当地华人绝大多数是广东人，也在越南对外扩张的进程中发挥着重要作用。”②随着华人不断迁往越南，华人社团以血缘、地缘、业缘为纽带建立起不同地区华人之间的联系。越南华人会馆集中在第五郡，有穗城会馆、义安会馆、琼府会馆、二府庙会馆、霞漳会馆、温陵会馆、三山会馆、崇正会馆等数十个会馆。20世纪以来，尤其是20、30年代，越南华人的文体活动日趋活跃，常见的组织团体有音乐社、歌咏队、舞狮团等。各地华人逢年过节、庙会庆典，都有华人舞狮团来表演助兴。③华人龙狮团的发展多数以武术发展为基础，武术与舞龙舞狮结合发展，共同营造越南华人龙狮运动的发展空间。

1923年，历史最为悠久的龙狮团——黄馆联义堂金龙狮团建立。④其创始者黄顺贵在香港向钟卓南学习洪拳。黄顺贵奔赴越南后与越南当地的广府同乡们一起建立起省港钟馆越南第

①表中信息来源于作者2019年1月、11月的田野调查。

②孔飞力：《他者中的华人：中国近现代移民史》，李明欢译，江苏人民出版社，2016年，第77页。

③徐善福、林明华：《越南华侨史》，广东高等教育出版社，2011年，第208页。

④信息来源于作者2019年1月19日的田野调查。

四分馆黄馆联义堂，通过舞狮、武术、功夫等联络华人、保护华人，开展慈善和社会救助等工作。届时黄馆联义堂金龙狮团共有30多名成员，在馆里学习皆为免费。多数学员在邻近的玻璃产业和皮革产业工作。

1936年，周馆仁义堂龙狮团由广东南海九江人（今佛山市南海区九江镇）刘浩良在胡志明市第五郡建立。刘浩良曾经在家乡跟随周彪（广东新会人）学习周馆功夫，为周彪首批学徒，到越南定居后以其师傅武馆为名。作为周馆武术馆在越南的第一个分支，龙狮团建立之初有30余人。在刘浩良所带的队伍中，队员白天去工作和上学，晚上学习功夫与武术，在接近新年的时候就练习龙狮表演，参与慈善活动。其子刘剑昌在小时候就一直学习武术和龙狮。

1940年，日本入侵越南，越南全面戒严，多数民间活动都消退甚至沉寂。第二次世界大战后，太极螳螂第七代传人赵竹溪在1946—1954年到越南北部的海防（今为直辖市），立志将中国武术发扬海外。1954年，他到越南精武馆教授十二路弹腿、太极螳螂拳。1968年，赵竹溪回香港并把精武馆交付给陈明。陈明，祖籍福建，曾为越南总拳会副主席，秉承师傅志向，不断对外发扬武术和龙狮。

1954年，祖籍广东的赵义文在第五郡创建精英堂龙狮团。成立之初龙狮团有二三十人，在后期培养了几百位武术、舞龙舞狮弟子。

20世纪50年代，是海南同乡龙狮团较为稳定的发展时期。据对越南琼府会馆会长WQH与海南青联龙狮团团长的访谈，琼府会馆重视、资助同乡的龙狮团发展。1951年，林明豪在第五郡第十坊创立海南同乡最早的龙狮团——海南青联龙狮团，建立之初有五六十人。在发展过程中，其门徒创立属于海南人的其他龙狮团，如联友龙狮团、明豪堂金狮金龙团、浩光堂龙狮团。林明豪成立的海南青联龙狮团曾依附建青体育会发展起来，多数会员在体育会学习武术等技艺。后来，龙狮武术表演开始独立于体育会。

20世纪20年代初到50年代，越南华人龙狮团不断深化中国不同武术、拳术的表演，融入龙狮运动，凝聚华人群体力量，将龙狮文化发展成为越南当地较为流行的华人文化，在异乡传承民族文化，保存民族文化记忆。1956年，因军事戒严，华人龙狮团面临刑事检查，被政府没收所有与武术相关的利器和刀具。面对政治审查与社会动乱，为保全团员的清白与安全，华人龙狮团被迫休停、解散。1970年，刘剑昌继承周馆仁义堂龙狮团团长职位，并与其他师兄弟一起负责管理龙狮团。

因越南国内爆发战争，多数成年男子需要服兵役，龙狮团成年学员人员流失严重，剩余10多名儿童学员。临近统一，参加龙狮团或者是其他武术、美术等社团的一些成年学员参加兵役，或是避兵役不进行其他户外活动，具有华人特色的武术艺术团体的活动无法在非正常发展的社会中正常开展。越南咏春拳的传人阮济公的徒孙陆金回忆，自己曾因为躲避兵役心惊胆战，在战后饮酒度日，而在战乱时三天两头有人家办白事。①

（二）统一后的发展趋势

越南1975年统一后，华人民间艺术文化得到新的发展。华人龙狮团在相互学习中不断

①信息来源于作者2019年11月12日的田野调查。

兴盛，新的龙狮团如雨后春笋般涌现。20世纪80年代，第五郡倡议成立全国的龙狮团联盟，当时登记的华人龙狮团队有33家。从革新开放到现今，随着越南经济发展不断深入，龙狮运动开始衍生出其他的商业发展，势头迅猛。

1975年，精武馆的华人不断增加，武馆开始舞龙舞狮。1981年，陈明带领下的“陈明武术艺术研究所”改名为“陈馆精义堂南北醒狮金龙团”。现任团长为第九代传人郑锦河。他结合太极螳螂将龙狮团改名为“太极螳螂精义堂南北醒狮金龙团”。在收归国家管理后，武术队代表越南与其他国家进行比赛交流。

与广肇会馆相关的精英堂龙狮团、周馆仁义堂龙狮团在越南统一后继续发展。精英堂龙狮团如今在越南声名远昭，总教练为陈志贤，祖籍广东，总管高桩舞狮、传统舞狮和舞龙的训练。现今，为稳定龙狮团成员，精英堂龙狮团成立公司，生产与龙狮表演相关的产品，如制造龙狮、衣物、锦旗等，将工作岗位提供给本团成员，或为团里的成员找其他工作。2010年起，该团参与国外的舞龙舞狮运动交流，与新加坡达曼廊众俱乐部裕文龙狮团联盟发展。由于与新加坡龙狮团保持密切的联络，精英堂龙狮团聘请新加坡传统专业华人龙狮教练在越南进行训练指导。

精英堂龙狮团弟子徐梓衡在1986年于胡志明市第十一郡建立衡英堂艺术龙狮团。[①]衡英堂龙狮团共同参与者有徐氏宗祠的兄弟姐妹，成立之初有10余人，主要的传承人和负责人为徐梓衡。徐梓衡从小对武术、舞龙舞狮有着浓厚的兴趣。1975年，徐梓衡年满10岁，在闲暇参与精英堂龙狮团的习武。家境困难的他立志努力改变生活，改变龙狮团被视为黑帮活动的风气。衡英堂龙狮团培养的武术及龙狮弟子有2,000余人，分布在越南、美国、澳大利亚等地。目前，该团有60多人，约一半是华人，一半非华人。衡英堂龙狮团不断进步，积极参加表演、比赛和帮助贫困的孩子，与中国的龙狮团联系密切。2005年，衡英堂龙狮团获得来自北京的交流邀请首次出国表演。2015年，衡英堂龙狮团加入国际关圣宫同盟会。2017年，衡英堂龙狮团代表越南参加在中国香港举办的“世界龙狮日”表演，积极提高龙狮表演技能与水平。

1994年，黄馆联义堂金龙狮团在武术、舞狮的基础上顺应当地人的喜好，新增了学习和表演类别——舞龙。1995—2013年，华人黄鑑清、谭祖江、李本润先后接任团长，队员稳定在60人。李本润在1991年跟随黄馆联义堂金龙狮团学习武术和舞狮。该龙狮团发展至今已到第五代。

1995年，林明豪因年事已高、身体欠佳，将海南青联龙师团交给其子林文纪负责，至2014年交由林绍满、符清山等人担任团长。现今，海南青联龙师团有五六十人。据现今的副团长林汉盛师傅介绍，该团狮子十分有特色，其原型是由貔貅转化形成，狮头没有尖角。海南青联龙师团在发展之初主要舞狮子，在20世纪90年代才增加舞龙和南狮表演，积极参与社会服务。同是海南人的华人符湧麟自小跟随林明豪学武术。为怀念师傅的谆谆教诲与发扬传统武术，他于1995年以师傅之名创立明豪堂金狮金龙团。经过20多年的发展与壮大，除了在元旦、元宵佳节服务琼府会馆外，还在第五郡文化中心管理下的聚会点演出，积极

①信息来源于作者2019年1月13—14日的田野调查。

参与会馆内外的活动与社会服务。

现今，在地域分布上，舞龙舞狮集中在胡志明市第五郡、第十一郡、第六郡等。华人传入因地域的差异有福建（闽南）舞狮、广肇（广府）舞狮、海南舞狮，形态与舞法各有一技。为减少恶性循环，第五郡建立龙狮团俱乐部，致力于协调相互之间的演出与技术交流，减少不良的竞争，保持华人传统文化的健康发展与传播。龙狮团在越南统一后有较好的发展，不同会馆对应的龙狮团学员相对集中。周馆仁义堂龙狮团有学员100余人，职业多为酒楼厨工、市场从业人员、养殖业人员等。更为流行的是同一职业的人群会一起参加舞龙舞狮和武术的学习，形成一种同业性的阶层聚集学习。

胡志明市华人龙狮得到官方的认可，政府开始举办龙狮比赛。1982年，胡志明市开始举办全市的龙狮比赛，2013年开始组织越南全国的龙狮比赛。据越南华文报刊《西贡解放日报》报道，2019年元旦第五郡108头醒狮同时起舞，创下越南最多数量醒狮齐舞的纪录，获列入“越南健力士纪录大全”。华人龙狮文化越来越成为当地一种普遍而有特色的文化。龙狮表演在越南融入了经济发展，从身体技能的训练、对民族文化的认可和传承延伸到较为商业化的表演与营收。现今的华人龙狮团也开始吸收越来越多的非华人群体。在商业竞争的环境中，龙狮表演更加注重形式化的商业演出，舞龙舞狮极其受欢迎。在临近新年的越南，有多个龙狮团进行每年一度的点睛开光仪式，在华人聚集的街头巷尾也有大量商店售卖与龙狮表演装饰相关的商品。百事可乐（越南）公司每到新年会利用舞狮子的形象作为主要的画面进行新年庆祝与广告宣传。在社会稳定的年代，胡志明市华人龙狮发展不断繁荣。

三、华人龙狮共同体的多重融合与共生

文化融于生活，华人龙狮团在近现代发展中依附宗族、会馆、同业群体发展壮大，实现与华人社会的共生共荣。越南华人龙狮团管理性质多元，在管理与协商中，融合华人武术、医术发展华人艺术；在国内关注弱势群体，彰显华人社团的社会责任与担当；在国际交流中，寻求华人龙狮运动共同体的发展。在胡志明市，华人文化氛围浓厚，文化传播场域强大，助推龙狮运动与当地民生发展、社会生活相交融。

（一）龙狮团管理性质多元化

越南华人龙狮团以武术、舞龙舞狮为结社支撑，由群众自发组建非营利性、互益性组织，形成相互联系与发展的社团。越南华人龙师团初期从会馆或宗祠中延伸发展起来，归属宗祠或会馆管理，宗祠归属是形成社团的重要特征。随着自发性的华人龙狮团数量不断增加，其管理性质呈现多元化，形成群体性或同业性的社会团体，通过相互维护对方社团的利益，形成互助与联盟。龙狮团的管理模式也存在差异，有集权管理的私人龙狮团，也有归社团成员共同管理的龙狮团。

越南华人龙狮团中有个人集权管理、家族子承父业、集体管理、收归国家管理等几种形式。在龙狮团联盟管理的基础上，仅有胡志明市第五郡对其比较有影响力的龙狮团进行集中管理，分配新年表演任务。第十一郡衡英堂龙狮团为个人集权管理的组织形式，海南

青联龙师团和黄馆联义堂金龙狮团为集体管理形式，周馆仁义堂龙狮团为家族子承父业的形式，太极螳螂精义堂南北醒狮金龙团收归国家管理。华人龙狮团的要素有组织主体、组织目的、组织原则、组织结构、组织性质几大块。以下将对照几家龙狮团的分工对其组织机构进行图表化的呈现。衡英堂龙狮团（见图1）、太极螳螂精义堂南北醒狮金龙团（见图2）、海南青联龙狮团（见图3）、黄馆联义堂金龙狮团（注重不同类别的训练，见图4）的组织结构主要为理事会、执行委员，执行部门较为完善。

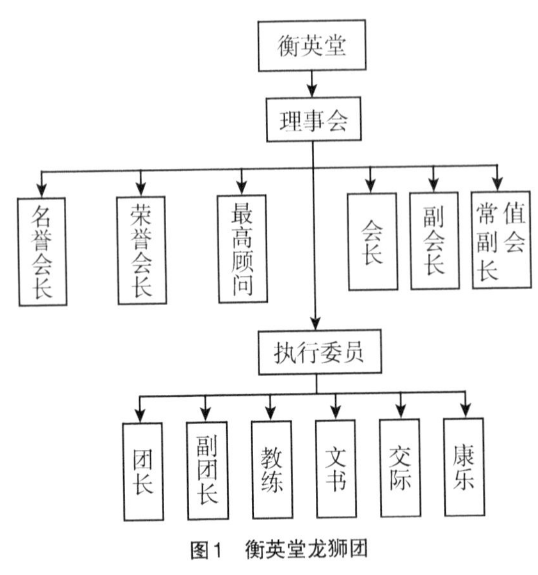

图1　衡英堂龙狮团

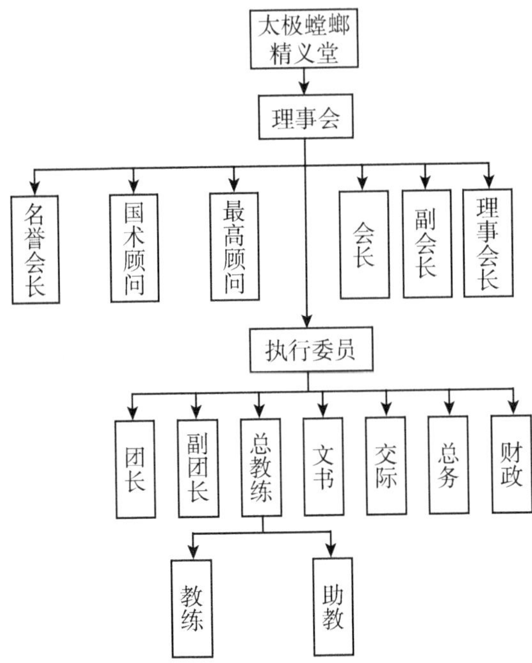

图2　太极螳螂精义堂南北醒狮金龙团

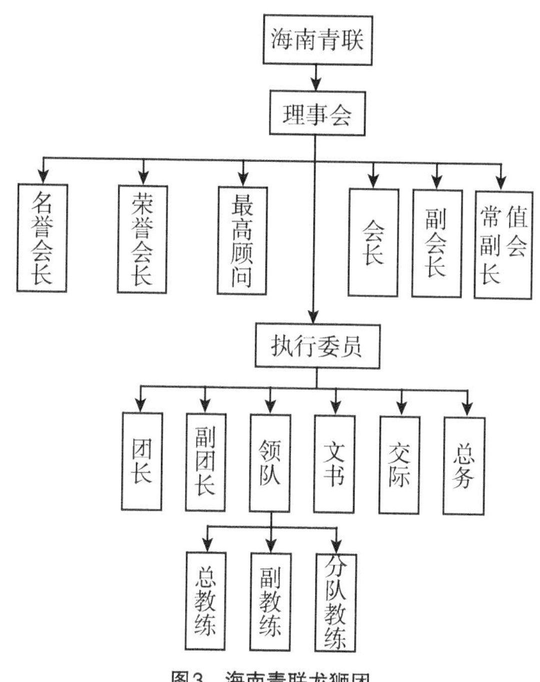

图3 海南青联龙狮团

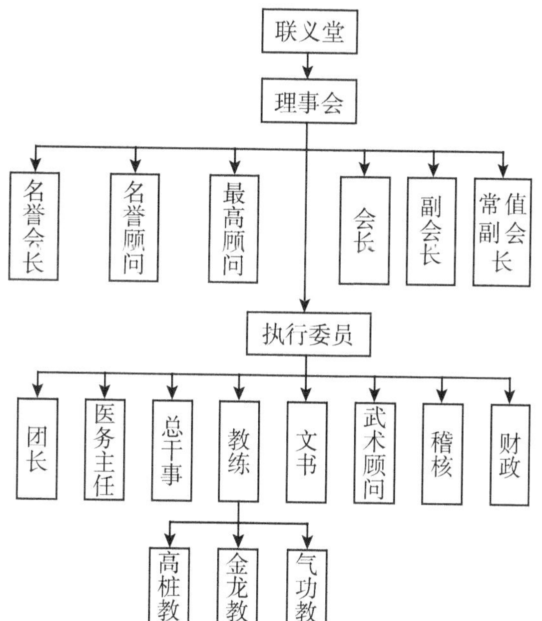

图4 黄馆联义堂金龙狮团

龙狮团以多样的社会活动进行组织和交流。华人因龙狮活动增强了彼此之间的社会互动。龙狮团之间虽然在宗旨和目标上存在差异，形成了具有不同管理性质的龙狮团，但在竞争与合作中与不同的社会群体进行互动，发展了龙狮文化，传承了龙狮精神。

（二）中华艺医融合发展

武术是华人的文化象征，也同样是华人武术精神的象征。在华人龙狮团的建设中，不同流派的武术在越南落地生根后相互学习，不断交融与发展。20世纪20年代初到50年代，越南华人龙狮团不断融合中国不同派别的武术、拳术，融入龙狮表演，满足华人的需求与团结华人，将龙狮文化发展成为越南当地较为普遍的华人文化，在异乡传承民族文化，保存民族文化记忆。

与中华传统医术、艺术交融，以武术为基底发展起来的舞龙舞狮，类似清末中国佛山黄飞鸿的“宝芝林”，从武术流派之间的相互切磋和学习，继而传承中华传统跌打外伤医术，不仅能够给成员带来紧急的救助，而且可以融合华人坚韧、刻苦的精神，以表演为外形，以道德和个人修养发展为内核，将医术与华人龙狮文化融合。这种多功能的融合与文化的发扬、保持，又在另一方面为华人优秀文化的发展注入了新鲜血液。

（三）守望相助：宗祠会馆与龙狮团的共生

华人社团被视为海外华人社会三大支柱之一，承载着悠久的历史文化。国际上大量华人社团是以地缘、血缘、姓氏宗祠组成的民间社会团体。在海外，华人社团的发展让更多的华人有了一定的依靠，更加强了华人的力量。“人们相信使用共同语言的人有着相似的思想，并以此来解释这个世界。”[①]华人以语言或者是宗祠形成相对应的网络，群体聚居的华人通过会馆与宗祠团结同乡与宗亲，在新的环境中适应并发展起来，总会带有明显的华人文化色彩，如会馆、宗祠、华语、华文、习俗等。“龙”图腾的象征及其意义，是华人深层的文化记忆与文化基因。因为有了族亲的协助与支持，才有龙狮、武术等华人艺术的发展与传承，老一辈华人对这种家乡文化情感更为浓厚。

黄馆联义堂金龙狮团、明豪堂金狮金龙团、浩光堂龙狮团受助于琼府会馆的同时，凭借与会馆和宗祠的联系纽带，积极参与社会服务或参与会馆、宗祠组织的表演活动。龙狮团是会馆一个文化输送的突出之处。会馆在前期给龙狮团的训练与表演提供场地，招募他们进行表演，保有本族的舞龙舞狮艺术特色，支持艺术人才的发展，激励艺术的传承。而反过来，在本会馆或宗祠进行特定的节日庆典之际，龙狮团会参加相应的活动，回应会馆和宗祠的资助，也外出参加表演，为会馆或同族人带来好的名声。

在婚庆、开张仪式、动土仪式、新年庆典等活动和越南游神、关公诞、妈祖诞等传统节日中，人们会邀请华人龙狮团进行表演，为活动增加吉祥如意的寓意。特别是农历春节期间，正是“醒狮出洞，神龙飞腾”迎新岁的时节，龙狮团纷纷闻鼓起舞服务群众。大街小巷都听得到锣鼓声，看到龙狮队伍走在街道上，到各庙宇进行表演。应胡志明市体育厅号召以及各公园、商场、公司、企业、商店、民户等的礼聘或邀请，春节期间各龙狮团会在阮惠步行街（Nguyen Hue Walking Street）及各公园表演。在元宵节，堤岸[②]会有众多龙狮团在街道上游行，参与第五郡文化宫的庆祝活动。

①爱德华·莫迪默、罗伯特·法恩主编《人民·民族·国家——族性与民族主义的含义》，刘泓、黄海慧译，中央民族大学出版社，2009年，第42页。

②Cholon，位于胡志明市西南部的第十一郡，是世界上最大的华人社区之一，距离第一郡（历史意义上的西贡）约5千米。1932年，西贡与堤岸合并成双联市。如今胡志明市的华人几乎都住在堤岸地区。

由于受同乡会馆资助，龙狮团多数对同乡会馆进行公益性演出。近年来，越南龙狮表演的技艺比以往有了进步，尤其是舞狮在采青上面有各种阵法的创新，汇编出不同神话故事情节进行表演，以增加舞狮的戏剧性。龙狮运动追求高难度动作，相应地增加了观赏性、娱乐性，促进了龙狮文化在越南的传播，如剪纸、扎纸风筝、写汉字等，广泛地满足了大众的观赏需要。

（四）反哺社会：参与社会公益与关注弱势群体

华人龙狮团起初与其宗祠保持着密切联系，双方互助共生。华人龙狮团进行演出或服务会馆，由会馆进行资助。在越南也同样出现华人之间的“一方有难，多方支援”。龙狮团与成员之间的互帮互助是华人团体的重要向心力，如黄馆联义堂金龙狮团有将近100年的历史，20世纪20年代成立之初，其成员多为华人同乡，成员之间相互认识，如兄弟姐妹般互助。其目标是在学习中国传统武术的基础之上增强防身之术，团结在第五郡的玻璃产业、皮革产业工作的华人。20世纪70年代，黄馆联义堂金龙狮团对远在香港重病的黄顺贵进行资助，黄顺贵门徒黄桥师傅对以往解散的成员进行重组，为黄师傅筹集医疗费。再有衡英堂龙狮团在2014年11月4日晚上不幸发生火灾，所有物品都被付诸一炬，庆幸没有造成死亡。因其收留大量的孤儿和贫困学生，由队员提供食宿，长期坚持社会救助活动，市和郡领导以及市内外远近亲友纷纷给予问候与安慰，许多远近亲友及单位伸出援手，捐助经费，发扬“同舟共济”的精神，帮助衡英堂龙狮团渡过难关。对衡英堂龙狮团进行捐助的有越南的兄弟单位，也有新加坡的兄弟单位。周馆仁义堂龙狮团的刘剑昌师傅以自己的医术帮助华人同胞们战胜疾病，保持良好的身体状态。2014年，林狮文向马来西亚的萧斐弘师傅拜师学艺，建立弘德体育会越南分馆，免费资助孤儿院，成员在表演之际会有少部分酬劳，其余经费由龙狮团管理。越南华人龙狮组织为华人排忧解难，在社会上做了一些慈善活动。在龙狮团危难时，华人也伸出援助之手，帮助华人龙狮团渡过难关。

龙狮团始终与社会发展保持着密切联系，即便其经济状况比较紧张，还是坚持“扶贫救济”，回馈社会。越南历史最为悠久的龙狮团为黄馆联义堂金龙狮团。①通过舞狮、武术、功夫等团结华人、保护华人，开展慈善和社会救助等工作。周馆仁义堂龙狮团刘浩良师傅所带的队伍在临近新年的时候就练习龙狮表演，参与慈善活动。

衡英堂龙狮团主要招收青少年或孤儿。其创始人徐梓衡在2015年被越南授予“国家优秀艺人”称号，2019年被授予“人民艺人”称号（越南最高级别的艺人荣誉）。龙狮团参与社会公益、救助弱势群体的行为，展示了华人龙狮共同体扮演的社会角色与担当的社会责任，得到了越南国家层面的认可。在这种良好的社会互动中，华人艺术在越南的声望和地位有了明显提升。

（五）社会传播：媒体与龙狮运动的联动

龙狮团是继承与传播龙狮文化的载体，能够促进传统文化的传播。舞龙舞狮在越南的发展受到不同群体的关注。在临近新年的越南，有多个龙狮团进行每年一度的点睛开光仪式，在华人聚集的街头巷尾也有多数商店售卖与龙狮表演装饰相关的商品。越南华人龙狮

①信息来源于作者2019年1月19日田野调查的统计结果。

团的对外交流不仅能够提升团体在国内的影响力，而且还可以在这些交流中不断提高自己的技能。近年来，为迎合国家融入世界大舞台的趋向，“一带一路”建设推进及中国—东盟自贸区建设进入升级发展阶段，中国与东盟在文化体育交流合作领域日益密切。舞狮艺术已从中国传统民间杂技“晋升”为国际文化交流使者。[①]2006年，时任美国总统布什访问胡志明市，观看了衡英堂龙狮团的表演，引起国内国外媒体的关注与报道。

媒体的报道大多关注华人龙狮运动与社会的同步发展。华文报纸成为推动华人社团发展的重要力量。华文版《西贡解放日报》对华人动态的关注与报道，为越南华人社团提供了即时动态信息。龙狮团团长与华文报记者保持密切联系，华文报以文字、图片的形式展示华人的文化与华人的发展动态，以媒体的传播形式推进华人文化的发展。越南电视台曾多次对衡英堂龙狮团进行报道，推动了华人龙狮文化在越南的传播。

（六）国际交流：华人龙狮共同体的联系网络

通信的发展同样使得全球华人龙狮团的交往更加频繁、便捷。东南亚的华人龙狮发展以马来西亚、新加坡为首，不断通过比赛、演出与竞技，进行华人龙狮与非华人龙狮的交流。越南华人龙狮团以胡志明市为首。在各项国际龙狮交流活动中，胡志明市的第十一郡、第五郡参与的在马来西亚、中国举办的龙狮交流比赛次数最多。“中国、老挝、柬埔寨是越南的三大边境贸易对象，而与中国的边贸额所占比重达85%。”[②]广西与东南亚的华人龙狮群体保持频繁的交流与联系。2019年，广西举办“壮族三月三 民族体育炫”中国—东盟民族传统体育表演项目和狮王争霸赛项目，[③]邀请精英堂龙狮团和印尼、马来西亚的龙狮团参赛。精英堂龙狮团近几年来积极参与国内外的交流和比赛，2018年获得越南全国龙狮比赛5项冠军，同年在马来西亚举办的首届龙狮锦标赛上荣获世界高桩南狮赛和东南亚舞狮组总冠军。衡英堂龙狮团及各个龙狮团也积极开展国际交流活动，务求与区域内的同业相互学习，以提升越南国内龙狮艺术，促进文化艺术的交流。

海外华人龙狮团之间的联盟不断加强。2015年衡英堂龙狮团加入由马来西亚麻坡关圣宫龙狮团倡导的国际关圣宫同盟总会。“舞狮搭建亚洲桥梁”活动促进了越南龙狮与亚洲之间的交流，增加了国际互动，并得到国际关圣宫龙狮同盟会盟主陈忠兴的支持。联友龙狮团与马来西亚的弘德体育会结成盟友；精英堂龙狮团则与新加坡达曼廊众俱乐部裕文龙狮团进行联盟，促进相互之间的交流。各个龙狮团教出来的徒弟也分散到各个国家，建立了龙狮团，从而传播龙狮文化。

四、越南华人龙狮运动发展的反思

2018年，中国中央电视台科教频道（CCTV10）播出纪录片《武林外传》第一季，探寻世界华人武术的传播与发展，以电视节目的形式融合武术等中国传统民族体育在世界上的

①《东盟舞狮艺人“抱团”闯中国》，中国新闻网，http://www.chinanews.com/cul/2016/12-02/8082267.shtml，访问日期：2016年12月2日。

②谢林城主编《越南蓝皮书：越南国情报告（2016）》，社会科学文献出版社，2016年，第42—43页。

③《中国藤县世界狮王争霸赛侧记》，广西新闻网，http://www.gxnews.com.cn/staticpages/20191113/newgx5dcb3e08-19031749.shtml，访问日期：2019年11月13日。

发展，受到了多方关注。笔者参与了2019年《武林外传》第二季在胡志明市的拍摄。太极螳螂精义堂南北醒狮金龙团团长郑锦河和其弟子（越南人，非华人）接受采访时提及，武术收归国家管理导致龙狮发展受限，同样，越南华人文化也随着社会的变迁而产生新的变化或消亡。“历史、土地和语言不仅形成了一种‘文化’，而且形成了关系，或者更准确地说，形成了不同‘文化’之间关系的概念。”①华人龙狮共同体的形成源于华人共同的文化记忆、文化符号，在文化共同体的基础上，通过身体表演与技术展示的形式，引发人们对文化基因传承的关注。

越南华人龙狮团的社会互动与发展，增强了自身对社会的参与，融合了多元的优秀华人传统文化。不断深化华人的文化符号的社会互动，与社会的不同群体、不同组织融合共生，给民族文化的发展带来活力。但相对而言，对越南文化的融入与本民族文化的相对遗忘、缺失，是华人特色文化发展的最大阻碍。从民族文化发展的角度来看，广府话（Cantonses）在华人中成为通行的语言，随着老一辈人的离开，语言中含有的特定文化与民族情感也在逐渐被淡化和被遗忘。以龙狮文化共同体为代表的华人文化，在建构本群体共同记忆，集合共同文化的共同体之际，也在相对遗忘一些其他的华人文化记忆与文化传统。

华人龙狮共同体发展活跃，但在其发展过程中同样受到商业化的影响。共同的文化基因与文化记忆形成了社会与团体发展的重要驱动。唯有保持多方位的联动与融合共生，与社会不断交融与互动，参与社会的互动与文化之间的相互磨合，共同生存于多民族的国家之中，华人的民族文化才能建构与保持文化主体。

作者简介：莫上崇，河池学院体育教师；
许婉华，湛江幼儿师范专科学校教师

①奥利维尔·罗伊：《排他的文化共同体》，爱德华·莫迪默、罗伯特·法恩主编《人民·民族·国家——族性与民族主义的含义》，刘泓、黄海慧译，中央民族大学出版社，2009年，第83页。

马来西亚华人社团的现代性发展与马中关系

钱杉杉

【摘要】作为马来西亚华人社会的“三大支柱”之一，马来西亚华人社团的历史十分久远。马来西亚华人社团的现代性发展与其对于马中关系的影响，主要体现在文化、经济领域，同时涉及政治、教育领域。新冠肺炎疫情对于马来西亚传统华人社团发展造成困境，但防疫措施促使网络化的社团活动组织形式与多元化的华人社团不断发展，为马来西亚华人社团的发展提供了机遇。

【关键词】马来西亚华人社团　现代性发展　马中关系

一、华人社团的历史演变

马来西亚华人移民的产生主要基于两个方面的历史原因：①1400—1850年的贸易因素；②鸦片战争和中国政局变动的“推力”因素与马来西亚劳动力缺口的“拉力”因素。至今，东南亚华人是海外华人群体中形成时间最早、总人数与占人口比例数最多、经济实力最强、影响力最大的华人社会，而马来西亚华人则是其中的重要组成部分。由此，华人成为马来西亚社会的组成部分，并且对马来西亚的发展产生了重要影响。马来西亚华人社团的历史最早能够追溯至1801年的槟城嘉应会馆。[①]早期的马来西亚华人社团主要以亲缘、地缘与方言类别进行结社，以方言群、同乡会为主，宗亲会、神缘会为次。根据刘崇汉的研究，马来西亚华人社团的历史大致分为8个阶段：①义山、寺庙、公司为代表的19世纪以前的华人机构及先导组织；②1801—1890年的草创时期；③1891—1941年的拓展时期；④1942—1945年的停顿时期；⑤1945—1956年的复兴时期；⑥1957—1969年的巩固时期；⑦1970—1989年的整合时期；⑧1990年至今的振兴时期。[②]

学界主要根据群体结构与现代性的社会功能对马来西亚华人社团进行分类。具体而言，根据不同的群体结构划分，马来西亚华人社团分为5类：①以何氏公会、江夏会馆为代表的血缘性华人社团（Consanguinity Associations）；②以福建会馆、潮州会馆为代表的地缘性华人社团（Geo-based Hometown Associations）；③以酒商公会、渔业公会、小贩公会为代表的业缘性华人社团（Occupational Associations）；④以互助社、善后社为代表的善后性华人社团（Welfare Associations / Cemetery Associations）；⑤以音乐社为代表的娱乐性华人社团。[③]而根据不同的现代性的社会功能划分，马来西亚华人社团分为3类：①业缘团体，即代表华

① Wolfgang Franke, Chen Tieh Fan. *Chinese Epigraphic Materials in Malaysia Volume 2*, University of Malaya Press, 1985, pp.770-772.

② Liew Kam Ba, *Malaysian Chinese Association*, Federation of Ka Yin Chu Association of Malaysia, 2016.

③ Tay Lian Soo, “Chaozhou Chinese Association”, Essays on *the Culture History of Chinese in Malaysia and Singapore Volume 1*, South Seas Society, 1982, p.80. Ho kee Chye, *A Study on the History of Teochew Community of the East Coast of Peninsular Malaysia and Its Associations*, Centre for Malaysian Chinese Studies, 2015, p.23.

人经济的商会社团；②文缘团体，即代表华文教育的教育、文化社团；③血缘、地缘、神缘团体，即代表华人社会发展的乡亲、综合社团。

总体而言，华人社团是马来西亚华人社会的“三大支柱”之一，是马来西亚华人群体活动的主要途径之一。1966年，马来西亚颁布社团法令，规定经社团注册局批准注册的本地社团为合法社团。至今，马来西亚华人社团数量约为9,000个。

二、华人社团的现代性发展与马中关系

马来西亚华人社团的现代性发展，以及马来西亚华人社团与马中关系，主要体现在政治、文化、经济、教育领域。

（一）政治领域

华人社团在政治领域的发展受到马来西亚历史进程的重要影响。英属马来亚时期（1786—1957年），华人社团主要参与抗日运动与左翼运动；1957年后，则主要参与华文教育运动、联署宣言运动、《南洋商报》反收购运动、“烈火莫熄”运动、“净选盟”运动等。华人社团的政治参与呈现公民性的发展趋势，即由“落叶归根”的中国意识至“落地生根”的本土意识的转向。与马来西亚华人公会（Persatuan Cina Malaysia）、人民运动党（Parti Gerakan Rakyat）、民主行动党（Parti Tindakan Demokratik）、国民阵线（Barisan National）、人民联盟（Pakatan Rakyat）、希望联盟（Pakatan Harapan）等政党或政治联盟的政治形式不同，华人社团则属于非政治形式。

在华人社团中，处于核心领导地位的是马来西亚中华大会堂总会（简称“华总”）、马来西亚中华工商联合会（简称“马华商联会”）、马来西亚华校董事联合会总会（简称“董总”）、马来西亚华校教师会总会（简称“教总”）。此外，还有“七大乡团”[①]等宗乡性组织及联合会，马来西亚华校校友会联合会总会（简称“校友联总”）等学缘组织及联合会，“八大华青”[②]等青年、文化、宗教组织及联合会。

华人社团在政治领域的现代性发展具有本土化趋势。华人社团基于公民观念的形成与族群利益的维系这双重因素，通过代表民间的方式参与政治领域，并与马来西亚华人政党合作，以非政治性的形式进行政治参与，具有两个面向：一方面，马来西亚华人政治面临政治资源有限的困境，同时具有多党化发展的机遇；另一方面，华人社团亦面临组织老化、后继无人的困境，华人社团的转型则成为关键，亟需吸引青少年华人加入。

（二）文化领域

由于冷战期间意识形态的对立以及美苏、中苏关系的恶化，马来西亚政府对于左翼力量不完全信任，华人社团的关系稍显复杂与微妙。随着冷战的结束，马中交往逐渐深入，华人社团对于意识形态的区隔采取更为理智与从容的姿态，华人社团重现相对团结的局面。

①包括福建社团联合会、客家公会联合会、潮州公会联合会、广东会馆联合会、海南会馆联合会、广西总会、三江总会于2002年成立的协调委员会。

②包括马来西亚宗乡青联合总会、马来西亚青年运动、马来西亚青年团结运动总会、马来西亚创业促进会、马来西亚大专青年协会、吉隆坡文华国际青年商会、马来西亚基督教青年协会、马来西亚佛教青年总会于2003年成立的合作联盟。

华人社团在文化领域的现代性发展，由传统意义上的中华精神的传承，转向具有中华文化特征的马来西亚公民，主要体现在华人社团与中国的文化互补与交往传承上。华人社团历史深远，在保有马来西亚公民性的同时，与中国的联系并未阻绝。马来西亚国内局势长期以来较为稳定，华人社团保有的中华文化较为完整，在20世纪八九十年代能够与中国进行文化互补。而在当今，中国积极展现文化大国的姿态，进行文化输出，建立自身是中华文化引领者的角色。马来西亚华人社团亦参与了许多中国主办的活动，其间虽然具有对外宣传的意味，但是对于华人社团自身而言仍具有意义。华人社团在文化领域的目标是保护和传承中华传统文化。面临马来西亚日渐西化，部分青少年华人逐渐脱离传统文化的局面，华人社团更需要同中国建立联系。

（三）经济领域

马来西亚华人在经济领域的发展与政治、文化领域的本土化转向一致，体现出本土化、区域化、全球化的特质。华人经济的发展模式经由原始资本累积的聚落发展形成华人城镇，拓宽至家族企业，转向多元化经营，拥有权与经营权分离。根据叶兴建的研究，马来西亚华商与华人企业历史大致分为5个发展阶段：①殖民时期；②1946—1970年的独立建国时期；③1971—1985年的新经济政策实施时期；④1986—1996年的国家经济管制淡化时期；⑤亚洲金融危机之后的时期。①

华人社团在经济领域的现代性发展主要体现在商会组织的建立与崛起上。华人社团的贡献在于华人经济的发展、马来西亚民族间合作以及马中贸易上。马来西亚各地的中华总商会在维护华商、华人企业的利益，排解纠纷，安定市场，巩固团结，制定商业、投资、联营计划，举办商展、工商课程、讲座，以及促进与联邦和各州政府、法定机构的联系上，具有重要贡献。而在马中关系上，华人社团是马来西亚华人与中国经济来往的重要媒介。一方面，参与华人社团事业的马来西亚华商具有原乡情结与经济实力；另一方面，中国经济发展不平衡，贫困地区呼吁同乡通过马来西亚华人社团联合会邀请引入外资，完成祖籍地经济结构的调整与升级。此外，马来西亚华商与华人企业亦能够帮助马来西亚政府吸引外来华资，回归本地市场。②华人社团为马来西亚与中国的贸易联系提供机遇。此外，目前中国向世界展现出了和平崛起的决心，开展“一带一路”建设，倡导经济实力与文化底蕴上的中华力量，使华人社团与原乡在经济与文化上的联系更为稳定，在国际贸易上具有更大的空间。

（四）教育领域

除了文化、经济等领域外，华人社团亦参与教育领域事务。华人社团在华文教育的发展过程中具有重要作用。第二次世界大战结束至马来西亚建国后，华人社团通过创办华文学校、创立文化协会、举办文化节、进行义演等方式，专门设立华文学校奖学金、助学金

① Ye Xingjian. “On the Development of Malaysian Ethnic Chinese Small and Medium Enterprises”, *Overseas Chinese History Studies*, 2006, No.4, pp. 46-53.

② Ho Kee Chye. “The Economic Activities and Development of Chinese Businessmen in Malaysia”, Around Southeast Asia, 2012, pp. 44-49.

等，促进了华文教育的发展。例如，自1984年起，华人社团每年举办“全国华团文化节”，共举办了9届，自1993年起改名为“全国华人文化节”，推广中华文化与华文教育。此外，马来西亚华人社团亦与政府交涉、谈判，积极为华文教育的发展谋求权益。

当今，在教育领域，华人社团中最具有影响力的是董总，其他华人社团亦有所涉及。例如，董总保送本土学生前往中国学习，同时促进中国留学生来马学习。马来西亚留学生在中国的人数有逐年增加的趋势，亦体现了华人社团在这一趋势背后扮演的积极角色。董总与中国进行积极合作，促进马中高校间的合作交流，以及举办中国教育展等。此外，华人社团多与中国国务院侨务办公室（Overseas Chinese Affairs Office of the State Council）、中华全国归国华侨联合会（All-China Federation of Returned Overseas Chinese）等官方机构进行合作，积极推广华文教育。

总体而言，华人社团的现代性发展最为主要的两大领域，与华人社团和祖籍地的联系领域相同——文化与经济。在经济领域，地缘性的华人社团多与原乡政府开展贸易合作。例如，晋江社团与晋江市[①]人民政府多有联系与合作，并成立了马来西亚晋江联合会。在文化领域，华人社团举办马中夏令营与知识问答比赛，通过实地与线上的文化交流，增进了解、沟通与互信。例如，陈嘉庚基金会主办的“全国中学生陈嘉庚常识比赛”已逾5届，疫情期间采用线上的方式，并且与中国合作，拓宽地域，成为第一届“国际中学生陈嘉庚常识比赛”。

三、新冠肺炎疫情背景下华人社团的困境与机遇

马来西亚传统华人社团的规模大小不一，组织结构不同，较小的华人社团的运作方式多是成员间相互认识，通过电话交流等方式相约线下会面，进行社团活动。在一定程度上，传统华人社团的活动方式与华人青少年趋向网络沟通、线下时间有限的状况具有较大的差异，对青少年并不具备吸引力。

新冠肺炎疫情的发生打破了华人社团旧有的线下运作模式。居家办公、减少聚会的疫情防控措施则为传统华人社团的转型提供了“被动式”的发展方向，即华人社团的活动无法面对面进行，而转向网络。马来西亚社团法令规定合法社团必须进行会员大会。因此，会员大会是华人社团最基本的活动。防疫措施促进了华人社团会员大会的网络转向，促使华人社团分派资金购买相关设备与技术资源。而在此基础上，较之于线下会议而言，华人社团线上的内部会议进行得更为频密，其他的地区性、全国性讲座、活动的举办也多在线上普及推广。网络化的发展一定程度上成为较大的华人社团转型发展的契机，使华人社团具备创新能力，对年轻人有新的吸引力，能够解决华人社团青黄不接的问题。与此同时，较小的地域性华人社团则受资金、人才所限，向网络化的转型发展面临困境，错失转型的契机。

而在华人社团活动网络化这一新的发展机遇之外，业缘性华人社团的建构亦是发展机

①晋江为县级市，由泉州市代管。

遇。与早期华人移民需要通过结社的方式守望相助寻求归属感不同，现代性华人则超越族群界限与本土各族群结成共同体。因此，传统华人社团的发展面临困境。

然而，马来西亚华人业缘性特征与行业影响力的增加，也是华人社团拓展的机遇。随着马来西亚华人参与的行业领域日益广泛，如马中贸易、华文教育等，由于能够采用线上模式，受到疫情的冲击较小，皆为业缘性华人社团的形成提供了土壤。同时，随着疫情防控带来的组织化建构的方式的推广，在传统的原乡情感、血亲宗族的华人社团之外，依托新兴的通信与媒体技术，本土性、学缘性、娱乐性、联谊性等多元化的华人社团发展渠道更为深入。

四、结论

马来西亚华人基于宗亲、方言、业缘、学缘、信仰等不同基准进行结社，形成华人社团。华人社团具有历史深远、数量众多的特征。华人社团的历史呈现出政治上的公民化与文化上的中华化相结合的发展趋势。

华人社团具有保护同乡、创造归属价值的单一功能，随时移而发展变动，广泛参与政治、文化、经济、教育等领域。同时，华人社团具有参与马中双方公共外交的资源优势，对马中关系的发展起到积极作用。华人社团与中国的现代性联系主要体现在文化领域与经济领域上，亦是华人社团主要参与的领域，尤其以地缘性的华人社团组织，如晋江，与祖籍地建立贸易合作联系，以及筹措马中夏令营等文化上的联系。

在新冠肺炎疫情的背景下，华人社团面临传统的社团活动与组织方式难以为继的危机，亦具有新兴网络模式的发展契机，能够在一定程度上解决华人社团后继无人的困境。同时，华人社团亦面临旧有的结社主要缘由并不适用于社会现实的困境。华人业缘性特质的增强与行业影响力的增强，则为华人社团多元化的生存与发展提供了机遇。

作者简介：钱杉杉，马来亚大学中国籍博士研究生

第三篇
侨务与侨乡

百年党史视域下的侨务政策和侨务工作

刘芳彬

【摘要】中国是一个侨务大国。侨务政策和侨务工作始终是中国共产党的事业的重要组成部分，也是党史研究领域中的一个学术热点。考察百年党史视域下侨务政策和侨务工作的历史演变，大致可分为4个阶段：①新民主主义时期的探索；②社会主义革命和建设时期的法制化、系统化建设；③改革开放时期的拨乱反正和创新发展；④新时代以“凝聚侨心侨力同圆共享中国梦”为主题。尽管不同历史时期中国共产党的侨务政策的内容、形式和侧重点各有不同，始终有两条相互交织的主线贯穿其中：①维护侨益、为侨服务；②团结动员广大侨胞服务于中国共产党的中心任务和国家战略大局。本文主要论述了不同时期侨务政策的时代背景和重要内涵，分析探讨了其产生的实际作用和积极影响，并进一步总结了成功经验和历史教训，试图为新时代侨务理论的发展和侨务工作的有效实践提供参考和借鉴。

【关键词】中国共产党　建党百年　侨务政策　侨务工作

一、引言

中国是一个侨务大国。侨务政策和侨务工作始终是中国共产党（以下简称“党”）在领导中国革命、建设和改革开放事业的历史进程中面临的重大理论与实践课题，是党和国家整体战略部署的重要组成部分，直接关乎国内归侨侨眷的权益保障，关乎海外侨胞的命运沉浮及其与祖（籍）国的双向互动。目前，有关党的侨务政策和侨务工作的研究集中于3个方面：①回顾一定时期内党的侨务政策。该类研究主要以重大历史事件为时间节点，阐述党的侨务政策和侨务工作的历史转变及其经验总结。②研究不同历史时期党的侨务政策和侨务工作的具体议题，集中在党的侨汇政策、侨务法制建设、华侨华人慈善救灾政策，以及统一战线背景下华侨华人与“一带一路”建设、推进构建人类命运共同体等方面。③研究国家领导人的侨务思想及其对党的侨务政策和侨务工作的重要指导。整体而言，系统梳理党的侨务政策和侨务工作的经验总结、理论思考等成果较为少见。探析百年党史视域下侨务政策和侨务工作的转变和演进历程，汲取其智慧，对于新征程上更好地开展侨务工作、汇聚实现中华民族伟大复兴的磅礴力量意义重大。

二、缘起与探索：新民主主义革命时期党的侨务工作

新民主主义时期是党逐步成长壮大时期，也是党的侨务政策和侨务工作的起步、探索时期。在国共两党合作的框架下，党从自身的宗旨出发，初步提出并制定了保护华侨权益、争取华侨援助祖国的正确政策，逐渐赢得越来越多华侨的拥护，为中华人民共和国成立后的侨务工作奠定了良好的基础。

（一）国共合作旗帜下党对华侨问题的关注

党与华侨有着密不可分的历史渊源。追溯马克思主义传入中国的历程，主要有三大路径：西欧、日本、俄国。素有爱国爱乡情怀的华侨担当了重要角色，成为马克思主义最早的传播者之一。①党的主要创始人陈独秀、李大钊等都在日本留学期间开始接触马克思主义；朱德、周恩来、邓小平、陈毅等老一辈无产阶级革命家正是在侨居欧洲的岁月里树立了共产主义理想信念；俄国华侨刘泽荣架起了共产国际和中国革命的首座桥梁；华侨杨明斋是中国共产党上海发起组和社会主义青年团的筹建者之一，对党的创立及党的早期事业作出过重大贡献。

正是由于华侨与党的不解之缘，党成立伊始就开始关注华侨命运，并从中国当时的社会历史背景出发提出了保护华侨合法权益的有效政策建议。这一政策建议最早是通过国共合作旗帜下的国民党中央有关决议案和相关领导人的讲话具体体现出来的。1925年12月25日，中共党员许甦魂作为华侨代表参加了国民党第二次全国代表大会（简称“二大”），代表广大海外侨胞的意愿和切身利益，向国民党“二大”筹备委员会提交了《以实力保护华侨案》，敦促国民政府制定保护华侨的条例、建立侨务机关以办理华侨事务。这一提案获国民党“二大”通过。为了贯彻落实《以实力保护华侨案》的精神，许甦魂主持起草了组建华侨协会的章程和相关文件，并根据革命形势的发展，以“华侨协会”的名义公开参加社会的政治活动，为团结广大侨胞支持国内革命事业发挥了重要作用。至1927年初，华侨协会在海内外已拥有会员约20万人，成为一支不可忽视的政治力量。

在国共第一次合作的革命统一战线背景下，党的早期政治活动家萧楚女在《华侨与革命》一文中对华侨政策和侨务工作进行过系统思考，提出了“发动组织华侨，在海外建立华侨革命统一战线”“联合当地弱小民族，共同反对帝国主义的压迫”的政治主张。他说：“我们首先要告诉华侨，现在的帝国主义组织是国际的，我们打倒帝国主义之革命也应该是国际的。我们应该把弱小民族的革命，和一切国家一切殖民地中的被压迫阶级的反抗运动，也看成是助我中国革命的一部分。华侨如果要求革命，便应当与海外一切的党派（只要是受帝国主义打击的）都结成亲密的同盟，以应用总理‘联合世界上平等待我之民族’的策略。”②可见，党的早期侨务工作是在国共合作的旗帜下进行的，主要是按照党的宗旨引导华侨加入反帝反封建的革命行列，并为维护自身权益而斗争。但党由于还处于成立初期，并没有形成系统的华侨政策，更缺少专门化的侨务机构来贯彻落实。

（二）抗日战争时期：党对华侨统战思想的初步形成

20世纪30年代，随着日本帝国主义对中国的侵扰加剧，中日民族矛盾逐步上升为中国社会的主要矛盾，党提出建立抗日民族统一战线的正确主张，并将华侨正式纳入党的海外统一战线，动员海外侨胞投身祖国的抗战事业。1935年，党发表的《为抗日救国告全体同胞书》和瓦窑堡会议通过的《中国共产党关于目前政治形势与党的任务决议》，郑重宣告：“保护侨胞在国内外生命、财产、居住和营业的自由”，号召“一切不愿当亡国奴的同胞们”

①刘芳彬：《海外华侨华人与马列主义的早期传播》，《广州社会主义学院学报》2013年第4期。

②许肖生：《中国共产党早期的华侨政策与侨务工作》，《暨南学报（哲学社会科学版）》1991年第3期。

和“一切关心祖国的侨胞们”都应参加最广泛的反日民族统一战线，“为抗日救国的神圣事业而奋斗”。①1938年初，毛泽东、周恩来在延安会见马来亚华侨抗敌后援会代表团时重申：“共产党是关心海外侨胞的，愿意与全体侨胞建立抗日民族统一战线。”②同年10月，毛泽东在《论新阶段》中指出：“保护华侨利益，并经过华侨努力推进各国反日援华运动。”1941年12月，中共中央发布《中央关于开展太平洋反日民族统一战线及华侨工作的指示》，进一步强调：“中国人民，中国侨胞及南洋各民族的中心任务，是建立太平洋各民族广泛的反法西斯民族统一战线。”“我们必须大大的开展南洋各地华侨中的工作，华侨工作的方针应当是团结全体华侨，团结其各阶层、各党派，共同进行反日斗争，赞助当地政府一切抗日设施，参加抗日活动。”③这标志着党对华侨统战思想的逐步确立和发展，从立足于祖国的抗战到服务于世界反法西斯战争的全局战略。党不但把华侨视为抗日民族统一战线的组成部分，还把华侨视为世界反法西斯统一战线的组成部分。

为了贯彻落实党的侨务政策，加强与海外侨胞的直接联系，中共中央设立了专门机构和组织。如1938年7月，党在延安设置南洋华侨回国服务团延安办事处。1940年，延安华侨救国联合会（简称“延安侨联”）宣布成立并通过简章，明确规定：延安侨联的宗旨是加强对海外侨胞的宣传和联系，组织华侨回国抗战并参加边区建设。1942年海外工作委员会成立，其主要任务是讨论党在日本侵略南洋时如何组织国际统一战线的战略策略问题，尤其着重讨论了南洋局势和华侨抗日武装的战略战术，以及归国难侨的安置、救济问题。这些侨务机构和侨务组织的设立为保护华侨权益、团结华侨援助抗日救亡发挥了积极作用。

此外，八路军、新四军驻香港办事处以及中共中央在南洋地区设立的“中华民族解放先锋队南洋总部”等机构，充分利用其特殊的地理位置和环境，在动员、推动侨胞和国际友人支援与参加中国抗日战争的过程中，也作出了应有的贡献。可以说，专门侨务机构的成立为党落实侨务政策提供了组织保证，极大地提高了侨务工作和海外统战工作的实效，为党团结华侨、赢得侨心作出了奠基性的贡献。同时，在抗日民族统一战线背景下，党在制定侨务政策、推进侨务工作方面进行了积极的探索，积累了十分宝贵的经验，并在解放战争时期继续发展，为中华人民共和国成立后的侨务政策和侨务工作打下了坚实的基础。

三、法治化和系统化：社会主义革命和建设时期党的侨务政策的转变

中华人民共和国成立后，党的侨务政策和侨务工作上升为国家意志和国家战略部署的重要组成部分，为侨务政策逐步向法治化和系统化转变提供了政治保障。同时，侨务政策和侨务工作的根本任务和目标也紧紧围党和政府的中心工作，服务于国家的总体部署。

（一）侨务政策的法治化提升了工作的执行效力

法治化是中华人民共和国成立初期党的侨务政策的一个重大转变。党是以“人民至上”的政党，关爱重视海外侨胞是其职责和使命。早在中国人民政治协商会议第一届全体会议

① 中央统战部、中央档案馆编《中国共产党中央抗日民族统一战线文件选编（中）》，档案出版社，1986年，第16—17页。

② 中央统战部、中央档案馆编《中国共产党中央抗日民族统一战线文件选编（中）》，档案出版社，1986年，第157页。

③ 中央统战部、中央档案馆编《中国共产党中央抗日民族统一战线文件选编（下）》，档案出版社，1986年，第587—588页。

筹备期间，中共领导人就邀请华侨和归侨代表共商国是。中华人民共和国创建之初，具有临时宪法性质的《中国人民政治协商会议共同纲领》明确提出："尽力保护国外华侨的正当权益。"1954年《中华人民共和国宪法》更是以国家根本大法的形式规定："中华人民共和国保护华侨的正当权利和利益，保护归侨侨眷的合法权利和利益。"中央人民政府华侨事务委员会（简称"中侨委"）主任何香凝在第一届全国人民代表大会第一次会议的发言中指出："把考虑和制定有关华侨的各种政策，作为国家总的政策中不可分割的部分。"正是由于党对华侨的关爱和重视，当时中共中央统战部、中侨委等制定和颁布了一系列侨务条例、法令，形成了中华人民共和国初期服务于社会主义革命和建设的侨务政策。

第一，《土地改革中对华侨土地财产的处理办法》（1950年11月6日政务院颁布）是中华人民共和国成立后正式颁布的最早的侨务法令之一，对如何处理华侨、归侨及侨眷的土地财产作了明确的规定。其思想主要是消灭地主的封建土地所有制，并适当照顾侨胞、侨眷。

第二，《中共中央关于海外侨民工作的指示》（1952年1月中共中央发布）强调，海外侨胞应严格遵守《中国人民政治协商会议共同纲领》和中国政府的外交政策，"不应参加以直接推翻当地政府为目的的活动"；并申明党不在海外华侨中建立组织，原有的组织也要最终取消；同时劝告国内各民主党派"不要建立其海外支部"。[1]该指示是党在分析国内外形势的基础上，为了更好地保护海外华侨的正当权益，对侨务政策作出的重大调整，即将侨务政策的注意力更多地转移到了国内。

第三，关于处理华侨双重国籍问题的相关规定。1955年4月，中国与印尼签订的《中华人民共和国和印尼共和国关于双重国籍问题的条约》规定，凡同时具有中国和印尼国籍的人，应根据本人自愿的原则选择其中一国国籍，选择一国国籍后即丧失另一国国籍。中国政府对华侨选择印尼国籍者表示赞赏，对选择中国国籍者表示欢迎。按此原则，中国政府相继同东南亚其他国家妥善地解决了华侨的双重国籍问题，为帮助海外侨胞融入住在国，更好地生存和发展，起到了积极作用。

此外，中共中央从华侨所处的特殊环境出发，本着照顾华侨的切身利益，还出台了《关于处理回国华侨就业问题的指示》《华侨申请使用国有的荒山荒地条例》以及关于侨汇的相关政策等，体现了党和政府的实事求是精神与对广大侨胞的关怀爱护，赢得了广大华侨的理解和支持，激发了归侨、侨眷参加祖国建设的热情。

（二）侨务机构和组织的系统化为做好侨务工作提供了保证

中华人民共和国成立后，为了动员海外侨胞支持和参加社会主义革命建设，有效落实党和政府制定的诸多能够切实维护侨胞利益、增进侨胞福祉的侨务政策、法规、制度，党和政府进一步设置并完善了相应的侨务组织和侨务机构，形成系统化态势。

中华人民共和国成立初期，在政府各级党政机构中都设有侨务组织。中侨委由著名民主人士何香凝任主任委员，由周恩来总理分管。一般省区设立侨务工作委员会，华侨众多的专区设侨务局，县设侨务科，乡镇建立侨属工作委员会或乡侨务委员会等组织。据初步

[1] 国防大学党史党建政工教研室编《中共党史教学参考资料》第19册，内部资料，第429—430页。

统计，中华人民共和国成立初期各级侨务部门的专职工作人员有1,000余人。1956年10月，中华全国归国华侨联合会（简称“中国侨联”）在北京成立，陈嘉庚任主席。之后，凡有归侨和侨眷的市、县、镇大都设立了归国华侨联合会（侨联），逐步形成了全国性的侨联组织网络。同年底，全国共有侨联组织七八十个。①各级侨务组织的建立和侨务工作者的努力，为有效落实中央侨务政策、做好侨务工作提供了重要保证，特别是在保护华侨的正当权益、维护侨界群众权益、动员引导侨界群众参与祖国的各项建设事业方面发挥了积极的作用。

四、拨乱反正与创新发展：改革开放和社会主义现代化建设时期

海外侨胞是中国改革开放的开拓者、参与者、贡献者和受益者，与中国政府实施了与时俱进的正确侨务政策、开展了卓有成效的侨务工作是分不开的。以1978年党的十一届三中全会开启改革开放新时期为标志，侨务领域冲破“海外关系复杂论”的思想禁锢，根据海外侨情的新变化、新特点，迅速打开全面调整、正本清源、引侨资侨智服务社会主义现代化建设的新局面。

（一）侨务机构和侨务组织的恢复和重建

1977年邓小平同志提出海外关系“是个好东西”的重要论断，成为侨务工作拨乱反正和制定实施侨务政策的指导思想。1978年1月，国务院侨务办公室（简称“国侨办”）成立，原中侨委主任廖承志担任主任。国侨办作为中央政府专司侨务的工作机构，行使原中侨委的职权，负责研究制定侨务工作的方针、政策、法规，协助党中央、国务院领导和管理侨务工作。随后，相应的侨务机构在各地陆续设立。在中央层面形成了包括全国人民代表大会华侨委员会、全国人民政治协商会议港澳台侨委员会、国侨办、中国侨联、中国致公党的“五侨”机构。在地方层面，全国一些重点侨乡甚至设置了从乡镇至村、街道的基层侨务机构。侨务机构和组织的建立健全成为改革开放初期侨务工作领域拨乱反正的现实基础。

1978年12月全国侨务工作会议召开，廖承志作了《认真落实党的侨务政策，为建设现代化的社会主义强国而奋斗》的报告，强调保护侨胞和归侨侨眷的正当权益，详细阐述了“一视同仁、不得歧视、根据特点、适当照顾”②的“十六字”方针。至20世纪80年代末，侨务领域平反冤假错案、落实政策的工作基本完成，极大增进了广大海外侨胞对祖（籍）国的认同和感情。在打破我国与世界隔绝的状态、实施对外开放的战略中，广大海外侨胞率先响应，发挥了重要的带头作用和桥梁作用。

（二）涉侨法律体系逐步健全

侨务立法是新时期侨务工作的一项重要任务。1990年9月，全国人民代表大会制定并通过了《中华人民共和国归侨侨眷权益保护法》(简称“侨法”)。这是中华人民共和国第一部涉侨法律，也成为我国社会主义法律体系中不可或缺的重要组成部分，标志着党和政府

①任贵祥：《略述建国初期的侨务政策》,《中共党史研究》1990年第3期。

②国务院侨务办公室编《侨务法规文件汇编（1955—1999）》，1999年，第8页。

的“侨务工作”由“政策性”推动向“法律性”推动的根本性转变[①]。1993年7月，国务院制定了《中华人民共和国归侨侨眷权益保护法实施办法》(2004年6月重新修订)。各省、市、自治区也都以地方人民代表大会立法的形式出台了实施《中华人民共和国归侨侨眷权益保护法》的具体措施。至此,《中华人民共和国宪法》《中华人民共和国国籍法》《中华人民共和国公民出入境管理法》《中华人民共和国归侨侨眷权益保护法》《中华人民共和国归侨侨眷权益保护法实施办法》以及《中华人民共和国公益事业捐赠法》等法律共同构成了一个比较完整的保护海外侨胞和归侨侨眷合法权益的法律系统，成为侨务部门制定出台侨务政策的法律依据，同时为海外侨胞和归侨侨眷维护自身正当权益提供了法律保证。

（三）侨务工作重点的转向：由“引资”到“引智”再到服务于“走出去”战略

侨务工作始终坚持与党和国家的中心工作紧密结合，始终围绕着党和国家战略部署确定自身的工作重点。十一届三中全会确立党的工作重心由以阶级斗争为纲转移到以经济建设为中心，侨务工作把以经济驱动为目标的任务摆上首要位置。

1979年，邓小平在谈到利用外资时讲到：“我国现在搞建设，门路要多一点，可以利用外国的资金和技术，华侨、华裔也可以回来办工厂。”[②]在中央和地方正确的惠侨政策和侨务部门的努力下，海外华商回国投资热情持续高涨。从1993年开始，以海外华商资本为主的外国企业来中国的直接投资总量已经居世界发展中国家第一位；从2002年开始，以海外华商资本为主的外国企业来中国的直接投资总额已经居世界第一位。截至2007年底，海外华商国内投资占我国利用外资总额的60%以上，占外商投资企业数的70%以上。海外华商是改革开放事业的参与者和贡献者。

邓小平在南方谈话中指出：“希望所有出国学习的人回来。不管他们过去的政治态度怎么样，都可以回来，回来后要妥善安排，这个政策不能变。”[③]江泽民提出广大华侨华人是促进我国对外交流和科学发展的人才资源宝库，是我国社会主义现代化建设的独特优势[④]，将引进侨智纳入我国科教兴国、人才强国战略，有力地推动了海外专业人士回到祖（籍）国创业的潮流，为改革开放新时期高新科学技术的发展提供了人才储备，对于促进我国经济战略性结构调整具有重要作用。

进入21世纪，随着中国加入世界贸易组织（WTO），中国与世界各国的经贸联系更趋紧密，侨务工作的着力点也从国内转向国外。2005年全国侨务工作会议首次提出“坚持以国内侨务工作为基础、以国外侨务工作为主导”的指导思想，明确了侨务工作为我国实施“走出去”战略服务。侨务部门通过世界华侨华人社团联谊大会、华侨华人社团中青年负责人研习班、世界华裔杰出青年华夏行、“中国寻根之旅”夏（冬）令营等富有特色的实践活动，通过奥运会、世博会、国庆庆典以及“文化中国”系列活动等重要平台，与世界各国

①齐鹏飞：《1978年以来中国共产党和中国政府对于海外华侨华人的政策及其成功经验略述》,《中共石家庄市委党校学报》2007年第5期。

②《搞建设要利用外资和发挥原工商业者的作用》,《邓小平文选》第三卷，人民出版社，2001年，第156—157页。

③《在武昌、深圳、珠海、上海等地的谈话要点（一九九二年一月十八日—二月二十一日）》,《邓小平文选》第三卷，人民出版社，2001年，第378页。

④路阳：《中国特色社会主义侨务理论浅析》,《宁夏党校学报》2014年第1期。

的华侨华人建立了广泛联系，深交了一大批有影响、有实力的朋友，拓展了华侨华人新生代、参政外籍华人和中青年侨领等群体的工作，充分激发了他们的民族自豪感和对中国的向心力，对凝聚侨力促进中国统一大业发挥了独特作用。

五、“凝聚侨心侨力同圆共享中国梦”：新时代侨务工作主题

党的十八大以来，随着改革开放的深化和中国与世界关系的变化，侨务政策和侨务工作在党和国家战略大局中得到重新定位。各级侨务部门坚持为大局服务和为侨服务有机统一，以“凝聚侨心侨力同圆共享中国梦”为主题，以完善侨务事业发展格局和健全侨务工作体系为重点，逐步推动中国特色侨务理论的创新发展，拓展新时代侨务工作的新领域。

（一）加强顶层设计，构建大侨务工作格局

以习近平为核心的党中央非常重视侨务工作，始终把侨务工作放在党和国家战略全局中谋划。习近平早在担任中共福建省委常委、福州市委书记时就提出，新时期的侨务工作要胸怀国内国际两个大局，要打破地域的界限，跳出侨务部门的范围，使之成为党和各级政府的大事，成为全社会共同关心、参与的大事。[①]中国特色社会主义进入新时代，世界正经历百年未有之大变局，侨务工作的历史方位、肩负的使命任务都发生了变化。2018年《深化党和国家机构改革方案》明确指出，“为更加广泛地团结联系海外侨胞和归侨侨眷，更好发挥群众团体作用，决定将国务院侨务办公室并入中央统战部”，由中央统战部“统一管理海外统一战线工作、统一管理侨务工作、统筹协调有关涉侨单位和群众团体”，[②]同时将海外华侨华人社团联谊等职能由国务院侨办划归中国侨联，旨在充分发挥“中国侨联作为党和政府联系广大归侨侨眷和海外侨胞的桥梁纽带作用”。[③]这一改革为理顺负责机构间关系、充分利用各自优势形成合力提供了条件，对于进一步整合资源，广泛团结海内外中华儿女，共同致力于实现中华民族伟大复兴的“中国梦”，具有十分重要的意义。

（二）“凝聚侨心侨力 同圆共享中国梦”

海外侨胞是实现中华民族伟大复兴不可或缺的重要力量。习近平强调，团结统一的中华民族是海内外中华儿女共同的根，博大精深的中华文化是海内外中华儿女共同的魂，实现中华民族伟大复兴是海内外中华儿女共同的梦。2016年12月，国务院印发《国家侨务工作发展纲要（2016—2020年）》（简称“纲要”）。纲要以“凝聚侨心侨力同圆共享中国梦”为主题，以推动侨务工作全面协调可持续发展为主线，对“十三五”时期侨务事业作出总体规划。纲要要求各地严格落实涉侨法律法规，完善党委、政府、人大、政协、民主党派等的工作协同机制；鼓励地方细化基层为侨服务工作，对困难归侨实行精准扶贫，推动“侨爱工程”的实施。在“海外惠侨工程”方面，落实侨团建设，设立华助中心，以中华餐饮、

①习近平：《“大侨务”观念的确立》，《战略与管理》1995年第2期。

②《中共中央印发〈深化党和国家机构改革方案〉》，中国政府网，http://www.gov.cn/zhengce/2018-03/21/content_5276191.htm，访问日期：2018年3月21日。

③《中共中央印发〈深化党和国家机构改革方案〉》，中国政府网，http://www.gov.cn/zhengce/2018-03/21/content_5276191.htm，访问日期：2018年3月21日。

传统中医等为载体，促进中外文化交流，助力侨胞发展。

在2018年底召开的全国侨务工作会议上，习近平指出，党的十八大以来，各级党委、政府和侨务部门全面贯彻落实党的侨务政策，依法维护海外侨胞和归侨侨眷权益，在促进国家现代化建设、促进祖国和平统一、促进中外友好合作等方面发挥了重要作用。他进一步强调，实现中华民族伟大复兴，需要海内外中华儿女共同努力。把广大海外侨胞和归侨侨眷紧密团结起来，发挥他们在中华民族伟大复兴中的积极作用，是党和国家的一项重要工作。

（三）团结动员广大侨胞助力推进构建人类命运共同体

人类命运共同体理念源于中华传统“协和万邦”的世界观，本质上追求马克思主义“真正的共同体”理想，是马克思主义与中华文明相结合的当代成果，“旨在追求本国利益时兼顾他国合理关切，在谋求本国发展中促进各国共同发展”。习近平强调：“推动构建人类命运共同体，推动共建‘一带一路’高质量发展，以中国的新发展为世界提供新机遇”，符合包括华侨华人在内的世界各国人民的共同利益，为广大侨胞发展提供了难得机遇和广阔舞台。广大海外侨胞凭借着融通中外的优势，在促进我国与“一带一路”沿线国家政策沟通、设施联通、贸易畅通、资金融通和民心相通中发挥了独特作用，实现了合作共赢。

随着越来越多的中国企业，特别是民营企业走向“一带一路”沿线国家，侨务部门动员引导海外侨胞发挥自身优势，做好中外合作的桥梁和纽带，积极为中国企业“走出去”“走进去”，为海外企业“引进来”铺路搭桥。2019年6月22日，全球首个海外“一带一路”咨询中心在菲律宾马尼拉成立。这个“一带一路”咨询中心将提供5个方面的服务：①为来菲律宾考察、投资的商人提供菲律宾与“一带一路”有关的政府和私人项目的资讯；②提供有关菲律宾投资和经商的法律资讯；③提供菲律宾相关政府部门的资料和资讯；④提供行业商会的资料和信息；⑤提供免费的相关法律咨询服务等。它的成立将为中菲交流合作提供良好的氛围，同时也为其他国家和地区的华侨华人参与“一带一路”建设、助推“构建人类命运共同体”树立了典范。

六、结语

侨务工作是党和国家的一项长期重要工作。党自成立以来，在科学把握不同时期国内外形势和精确判断侨情变化的情况下，以国家、民族和侨胞的利益为出发点，逐步制定并形成了体系完备的侨务方针政策，为党的事业的发展作出了巨大贡献。纵观百年党史视域下侨务政策和侨务工作的调整和演变，贯穿其中的核心原则就是保护华侨和归侨侨眷的正当、合法权益。这为党在不同历史时期赢得侨心奠定了坚实的基础。

党的侨务政策和侨务工作始终与时代发展同频共振。新民主主义时期，党的侨务政策和侨务工作由国共合作旗帜下关注华侨命运、呼吁保护华侨权益，到抗战爆发后变为正式将海外华侨纳入民族统一战线阵营，领导华侨为争取民族解放而奋斗。中华人民共和国成立后，党的侨务工作由之前的革命手段转变为政府行为，侨务政策也作出了相应的历史性调整：在国内，根据“一视同仁、适当照顾”的原则，分别制定了针对华侨和归侨侨眷的安置政策、土改政策和侨汇政策，最大限度地保护归侨侨眷的正当合法权益；在国外，则根据形势的变化相继制定了一系列侨务工作的方针政策，如关心和维护海外华侨的权益，推动华侨对中华人民共和国的认同和支持，解决双重国籍问题等，为广大侨胞支持和参加社会主义革命建设营造了良好的环境。改革开放以来，围绕党和国家工作重心的转移，进一步确立和完善了“一视同仁、不得歧视，根据特点、适当照顾”的侨务工作基本原则，从侨务领域的拨乱反正到引进侨资侨智服务于以经济驱动为目标，从维护侨益到推动侨务工作走上法治化轨道，团结动员广大侨胞为改革开放社会主义现代化建设作出巨大贡献。中国特色社会主义新时代，党和政府以“凝聚侨心侨力同圆共享中国梦”为主题，以海内外同胞“同根”“同魂”“同梦”为主线，团结引导侨胞参与“一带一路”建设、做“构建人类命运共同体”的践行者。

习近平在中国共产党成立100周年庆祝大会上指出：“100年来，党团结带领中国人民进行的一切奋斗、一切牺牲、一切创造，归结起来就是一个主题——实现中华民族伟大复兴。”党团结带领中国人民创造了新民主主义革命的伟大成就，创造了社会主义革命和建设的伟大成就，创造了改革开放和社会主义现代化建设的伟大成就，创造了新时代中国特色社会主义的伟大成就。在这一波澜壮阔的历史进程中，广大归侨侨眷和海外侨胞胸怀赤子之心，为中国革命、建设、改革作出了不可磨灭的贡献。这与党在不同时期制定并执行了正确的侨务政策是分不开的，更与党的正确领导息息相关。以史为鉴，开创未来。习近平总书记强调：“新征程上，我们必须坚持大团结大联合，坚持一致性和多样性统一，加强思想政治引领，广泛凝聚共识，广聚天下英才，努力寻求最大公约数、画出最大同心圆，形成海内外全体中华儿女心往一处想、劲往一处使的生动局面，汇聚起实现民族复兴的磅礴力量。”

作者简介：刘芳彬，中央社会主义学院副教授

中国共产党侨务工作的百年探索及启示*

包含丽　李昱丰

【摘要】统一战线是中国共产党领导中国革命胜利的三大法宝之一，侨务工作是中国共产党统一战线工作的重要组成部分。100年来，中国共产党把马克思主义统一战线理论同中国具体实际相结合，形成了中国特色社会主义侨务工作理论。从发展历程上看，中国共产党的侨务工作经历了以下4个阶段：①民主革命时期的起步；②中华人民共和国成立后的初步探索；③改革开放以来的继续探索；④党的十八大以来的创新发展。纵观中国共产党百年侨务工作史，可以得出3个方面有益的经验：①推动侨务工作法治化、制度化；②不断完善侨务工作的组织和机构；③有必要从国际移民的视角思考党的侨务工作。

【关键词】中国共产党　华侨华人　统一战线　侨务工作

一、引言

经过长期的探索与实践，我国已经形成了由中国共产党（以下简称“党”）领导，包括各民主党派成员、无党派人士、党外知识分子、少数民族人士、宗教界人士、非公有制经济人士、港澳同胞、台湾同胞、去台湾人员留在大陆的亲属和回大陆定居的台胞、出国和归国留学人员、海外侨胞和归侨侨眷、原工商业者、起义和投诚的原国民党军政人员等在内的广泛爱国统一战线。爱国统一战线作为党凝聚人心、汇聚力量的政治优势和战略方针，是党领导革命、建设、改革事业胜利的重要法宝。分布在世界各地的几千万华侨华人构成了我国独特的国情和发展优势，是爱国统一战线工作的重要对象。在不同的历史时期，他们都为祖国的建设和发展作出了不可磨灭的贡献。

党实事求是地根据不同时期的不同特点制定合适的侨务工作路线和任务，其中包含为了落实这些路线和任务而制定的涉及海外华侨华人以及归侨侨眷工作的各类文件、法规、条例和一系列涉侨事务行为准则。目前，对党的侨务工作的研究成果集中于某个较短的历史时期或国家领导人的侨务工作思想，很少有人从通史的角度来研究党的侨务工作。因此，在建党百年之际，系统地梳理党的侨务工作的发展历程、总结历史经验，对于我们在第二个百年征程上做好侨务工作、发动海内外中华儿女共同致力于实现中华民族伟大复兴的“中国梦”具有十分重要的理论和现实意义。从百年党史角度出发，可以将党的侨务工作的发展历程分为以下4个历史阶段：①民主革命时期的起步；②中华人民共和国成立后的初步探索；③改革开放以来的继续探索；④党的十八大以来的创新发展。

*本文首发于《八桂侨刊》2022年第2期，特此说明。

二、开天辟地：民主革命时期的起步

（一）抗日战争时期侨务工作的初步开展

统一战线是马克思和恩格斯从解决无产阶级解放运动中的自身团结统一和同盟军问题出发提出的一个基本战略。党早期的领导人非常注重宣传劳工阶级联合、民众大联合等统一战线思想。1922年，党的二大审议通过了《关于“民主的联合战线”的议决案》。这是党关于统一战线的第一个专门文件。在国民革命中，党虽然尚未认识到广大华侨也是“民主的联合战线”中的一部分，但北伐战争的胜利和国民革命的迅速发展使得党开始认识到革命统一战线的巨大作用。

抗战时期，党的侨务工作政策以马克思主义统一战线理论为基础，以联合、发动广大华侨参与中华民族抗日战争为主要任务。这一时期，党的侨务工作主要从以下几个方面展开。

1. 通过公开发布的宣言和中央正式文件向外界传递党的侨务工作主张

1931—1936年，日本先后挑起了6场局部侵略战争，侵占了大量中国领土。面对日益紧张的局势，党中央早在长征期间发表的《八一宣言》中明确提出了“停止内战，一致抗日”的主张，号召所有不愿当亡国奴的同胞“组织全中国统一的国防政府”，组织“全中国统一的抗日联军”。这是爱国侨胞第一次在党的正式文件中被列为统一战线工作的对象。1935年12月在瓦窑堡召开的中央政治局扩大会议进一步提出了建立抗日民族统一战线的新策略，并把包括爱国侨胞、民族资产阶级、国民党进步人士在内的爱国进步阶级都列入最广泛的抗日民族统一战线内。

随后，党中央在多个正式文件中明确指出要加强对华侨的统战工作，争取他们支援中华民族的抗日战争。例如：1940年7月7日，党中央在《中央关于目前形势和党的政策的决定》中指出，要加强对华侨同胞的统一战线工作，促使亚非各国独立的斗争联合起来；1941年8月9日发布的《中共中央关于太平洋反日统一战线的指示》中要求宣传部门主动向海外华侨宣传新四军和八路军的抗战精神，以“呼吁华侨能给予中共抗战的各种援助”，并做好“积极争取有关爱国华侨领袖的统战工作”。[①]

2. 成立专门的侨务工作机构来落实有关文件精神，做好、做深侨务工作

1936年，为了落实党的各项侨务工作文件精神，中央成立了由朱德担任组长的海外工作领导小组。这是党的历史上首个专事于海外华侨工作的高层领导机构，标志着延安时期侨务工作的起步。随后，毛泽东在1937年10月指派廖承志到香港开展向海外宣传党和八路军、新四军的主张和政策，转运海外支援物资到抗日根据地，搜集最新国际动态的任务。1938年1月，廖承志代表中共中央赴香港组建八路军香港办事处。1942年八路军香港办事处被撤销后，党中央为了更充分地调动广大爱国侨胞对抗战的支持，发动更广泛的爱国侨胞加入到抗日民族统一战线中，又成立了专门针对侨胞的海外工作委员会。

在长达14年的抗日战争中，广大爱国侨胞展现出了无与伦比的爱国主义精神。他们在抗战中大力呼吁为抗战捐款捐物，或者选择直接回国参战。据统计，全面抗战期间，回国

①《中共中央关于太平洋反日统一战线的指示》，《解放日报》1949年12月13日。

效力的粤籍侨胞就有4万多人；其中，南洋各地约4万人，美洲和大洋洲等地约1,000人。据学者统计，仅1939年，南洋华侨就给八路军、新四军捐献了20辆汽车、2辆小轿车、3辆救护车和大批药品。1939—1941年，吧达维亚（今雅加达）的华侨得知我国中南和西南地区恶性疟疾流行，亟需奎宁丸医治，立即成立筹赈会，在不到两年时间中发动侨胞捐献了奎宁丸、金鸡纳霜丸一亿粒以上，治愈了数万名患疟疾的同胞。①

正是在抗战期间，党充分认识到广大爱国侨胞的巨大凝聚力和向心力，越来越重视广大爱国侨胞在抗日民族统一战线中的重要作用。党的侨务工作在抗日战争的中蹒跚起步了。

（二）解放战争时期党的侨务工作继续深化

抗战胜利后，党的统一战线工作面临全新的时代背景。当时，中华民族共同的敌人——日本帝国主义已经被打败，“抗日民族统一战线”的历史使命已经结束。不过，“统一战线”作为党领导中国革命胜利的三大法宝之一的历史使命并没有结束，而是适时地转变为“人民民主统一战线”。这一时期党的侨务工作延续了抗日战争时期的政策和方针。

抗战胜利后，国民党为了维护自身腐朽的统治，不顾人民群众的和平诉求，悍然发动了内战，打破了广大人民群众和平建国的美好愿望。解放战争中，为了团结国内的民主力量，党延续了抗战时期的统战政策，领导建立了包括海外侨胞在内的最广泛的人民民主统一战线。毛泽东提出，华侨属于包括工人、农民、民族资产阶级、开明绅士、少数民族在内的“极其广泛的全民族的统一战线”②的一部分。

除了把广大侨胞纳入人民民主统一战线外，党还进一步加强了涉侨部门的建设，如新建了8个专门负责针对不同地区海外侨胞的统战工作的分部。党也十分重视对华侨合法利益的保护，要求有关部门“保护各地民营批馆、汇兑庄”，③以保护广大侨胞的财产安全。同时，党也提出要大力引进侨汇，争取爱国华侨回国开办工厂。1945—1949年，侨资企业由抗日战争时期的1,271个上升到4,687个，投资额从2,801万元翻倍至6,011万元。④

总而言之，解放战争时期，党的侨务工作政策延续了抗战时期的宗旨和原则，在解放战争胜利后也邀请了杰出的华侨代表参与到建立民主联合政府的工作中来。可以说，党的侨务工作已经取得了一定的效果，得到了广大爱国侨胞的支持与拥护。

三、锐意进取：中华人民共和国成立后的初步探索

1949年10月1日，毛泽东以中央人民政府主席的身份在北京向广大海外侨胞发出号召：“侨胞们团结起来，拥护祖国的革命，改善自己的地位。”⑤党领导下的人民民主统一战线也发生了历史性的变化。这种变化主要体现在3个方面：①党作为统一战线，已经从领导人民同反动派进行武装斗争进而取得全国政权的党，变成了掌握全国政权的执政党；②统一战

①吕波涛：《略论华侨在抗日救国斗争中的作用》，《八桂侨史》1992年第4期。

②《毛泽东选集》第四卷，人民出版社，1991年，第1225页。

③《华南人民行动纲领》，《人民报》（仰光）1949年9月1日。

④谭天星：《华侨华人与中国社会经济发展》，《八桂侨史》1994年第4期。

⑤中共中央文献研究室编《毛泽东年谱（1949—1976）》第一卷，中央文献出版社，2013年，第2页。

线的范围前所未有地扩大了，解放战争在全国范围内的决定性胜利使得包括部分国民党实力派在内的越来越多人加入到人民民主统一战线之中来；③中华人民共和国成立之初，统一战线面临错综复杂的全新国际国内环境，外有西方国家的全面封锁，内有国民党的残余势力仍未根除。同时，党内同志在看待统一战线的重要性的问题上也产生了分歧，部分人看不起民主党派人士和无党派人士，轻视统一战线工作的重要性，认为统一战线是“地主路线”。为了纠正党内存在的错误观点，推动人民民主统一战线工作，党在1950年召开了第一次全国统战工作会议，针对新时期包括爱国华侨在内的人民民主统一战线工作作了新安排，提高了党内同志对新时期统一战线工作必要性、重要性的重视。

在新的执政条件下，党的侨务工作的方针和政策也发生了变化。

（一）侨务工作的中心由主要关注政治转为政治、经济、社会发展并重

这一转变的主要原因：新民主主义革命胜利后，作为武装革命对象的国民党反动派已经基本被消灭，党的工作重心由领导武装革命转变为推动经济建设和社会生活现代化。在抗日战争和解放战争期间，党的海外工作委员会曾经担负着指导华侨运动的工作，也发展了不少华侨党员。中华人民共和国成立后，许多国家担心华侨过度参与政治会影响本国的政治生态，因而对广大华侨进行了各种限制。出于外交需要，党逐渐取消了海外支部，全面停止在华侨中发展党员。同时，民主革命胜利后，武装斗争不再是国内革命的主线，新时期的主要任务是恢复国民经济、发展工农业生产、恢复社会秩序。

（二）党更加重视对华侨资源的引进和华侨合法权益的保护

中华人民共和国成立后，党在多个正式文件中强调要大力吸引华侨来中国投资，并把他们的投资统一纳入国家计划的轨道。根据中央的相关指示，广东、福建两地也相应地完善了具体规定。同时，党也十分重视保护广大华侨的合法权益。例如：《中华人民共和国土地改革法》规定要本着保护华侨合法权益的原则，妥善地处理“华侨所有的土地和房屋”，[①]在1950年11月公布的《土地改革中对华侨土地财产的处理办法》中，明确提出在情况比较特殊的侨区进行土地改革时，要充分照顾广大爱国华侨合法拥有的土地、房屋和财产。1957年，广东、福建在总结以前经验的基础上成立了全国性的“华侨投资总公司”，在华侨比较集中的11个省份成立分支机构；同年，国务院颁布了《关于华侨投资与国营华侨投资公司的优待办法》，为华侨回国投资提供了便利。[②]

（三）侨务工作初步实现了由政策化向法治化的转变

中华人民共和国成立前，党的侨务工作主要以党中央发布的各项政策要求为依据。中华人民共和国成立后，党通过一系列法定程序将党的各项侨务政策上升为国家意志，做到了涉侨工作的“有法可依”。在中华人民共和国成立的前一天，《中国人民政治协商会议共同纲领》的第58条就规定：“尽力保护国外华侨的正当权益，保护归侨和侨眷的合法权利和利益。”[③]随后，1954年的《中华人民共和国宪法》也以国家根本大法的形式再次强调了中华

①《中共党史教学参考资料》，国防大学出版社，1979年，第160页。

②谭天星：《华侨华人与中国社会经济发展》，《八桂侨史》1994年第4期。

③中央人民政府法制委员会编《中央人民政府法令汇编（一）》，北京法律出版社，1982年，第27页。

人民共和国保护海外华侨和归侨侨眷合法权益的鲜明立场。

（四）侨务工作组织系统逐步完整化、系统化

前文提到，党在抗日战争时期和解放战争时期就已经成立了海外工作领导小组、海外工作委员会等专门机构。在新的执政条件下，党在中央人民政府之下设置了专门从事华侨统战工作的华侨事务委员会（简称“中侨委”），著名的国民党左派人士何香凝任主任委员。1956年10月，群众团体性质的中华全国归国华侨联合会（简称“中国侨联”）在北京成立，著名华侨领袖陈嘉庚担任主席。随后，在华侨和侨眷比较集中的地区大都也设立了各级归国华侨联谊会（侨联），由此形成了从中央到地方的侨联工作体系。

不过，党的八大以后，由于工作经验不足，党内部分人把“海外关系”说成是“反动的政治关系”，①认为华侨都是资产阶级分子，都是应该被打倒、被批斗的对象。20世纪70年代，党的侨务工作在周恩来的领导下得到了改善。周恩来不赞成华侨参与、组织所谓的“革命运动”。他指出：“华侨学生在国内学习回侨居国后不要多宣传。”②他主张华侨应该主动融入当地社会，再次重申了不造成双重国籍的方针，鼓励华侨与住在国本地居民通婚。他认为长期定居国外的海外华侨应当“同当地人民结合起来，鼓励他们在当地学习，学习外国人很多好的东西”。③在周恩来的主持下，党的侨务工作政策淡化了60年代中后期极强的政治色彩，转而鼓励华侨主动融入当地社会，极大地缓和了我国同印尼、泰国等传统侨居国的关系。

总之，党在新的执政条件下基本延续了民主革命时期侨务政策的基本路线、方针、政策，虽然遭遇了许多挫折，但70年代也对一些错误的侨务工作政策进行了调整。总的来说，在党积极、有力的侨务政策指引下，许多杰出的爱国华侨选择回国参与到社会主义建设中来，对中华人民共和国成立初期的经济、政治、文化建设起到了巨大的推动作用。

四、拨乱反正：改革开放以来的继续探索

（一）党的侨务工作在改革开放后重新起步

1977年十届三中全会恢复邓小平的工作以后，党的侨务工作迎来了新的转机。新时期党的侨务政策的调整主要体现在以下几个方面。

1. 实现了侨务政策思想路线上的拨乱反正

1977年，邓小平在一次侨务工作谈话中严正地批判了林彪和“四人帮”所谓的海外关系复杂论，并认为“海外关系是个好东西”④。随后,《人民日报》也在1978年1月刊登了一篇题为《必须重视侨务工作》的社论，文章明确指出新时期必须十分“重视侨务工作”“充分调动广大华侨、侨眷和归侨的积极性”。⑤同年12月，全国侨务工作会议和第一次归国华侨代

①杨学嶙、庄国土编《改革开放和福建华侨华人》，厦门大学出版社，1999年，第156—157页。

②《周恩来外交文选》，中央文献出版社，1990年，第484页。

③《周恩来外交文选》，中央文献出版社，1990年，第484页。

④《邓小平论侨务》，中央文献出版社，2000年，第6页。

⑤《必须重视侨务工作》,《人民日报》1978年1月4日。

表大会向广大侨界传递了党中央落实、解决涉侨历史遗留问题的精神，同时明确了新时期“团结、友好、爱国”和“一视同仁、不得歧视、根据特点、适当照顾”的侨务工作方针。邓小平提出，近代以来中国面临的危机和海外侨胞在国外遭受的不公正待遇使得他们有着更为强烈的爱国情怀，使他们更深刻地认识到个人的命运同祖国兴衰的密切联系。针对20世纪80年代末到90年代初西方国家对我国的封锁和制裁，邓小平认为广大侨胞是打破这些封锁的“独特机遇”，因此团结广大海外侨胞为中华民族的共同利益不断奋斗成了当时侨务工作的重中之重。这一系列论断的提出标志着党的侨务工作已经实现了思想路线上的拨乱反正。

2. 全面实行新的侨务工作政策

在历次政治运动，尤其是“文化大革命”时期，许多归侨和侨眷都被扣上了“右派分子”“地主分子”“资产阶级分子”“特务”“里通外国”等罪名，遭受了无端的迫害。改革开放以来，党开始着手平反这些冤假错案，并清理退赔“文化大革命”时期查抄的涉侨私人存款、金银珠宝等财物，归还被非法侵占的华侨个人房产。党重申了以前保护侨汇的政策，并进一步制定了大力引进侨资的政策。据统计，1973—1991年，外商对中国内地投资总额约为268.85亿美元，其中海外侨资约为15亿美元。不过，由于侨资通过香港或以外资形式进入内地，其实际金额比这要大得多。①

同时，党根据新时期侨情的特点，一方面敦促侨居国保障广大华侨的切身利益，一方面通过各级涉侨部门给予他们充分的人文关怀。例如：1978年越南当局将成千上万华侨赶至广西。经有关侨务部门的努力协调，这些华侨（又称“难侨”）被妥善安置到广西壮族自治区北海市，建立华侨渔业社（今北海市侨港镇）继续从事渔业活动，被联合国誉为国际上安置难侨的“橱窗”。②

3. 全面恢复并进一步健全涉侨工作机构

“文化大革命”时期，中侨委被冲垮，全国各级侨联的工作也陷入停滞，侨务系统陷入瘫痪。1978年，在邓小平的积极推动下，国务院成立了新的华侨事务办公室（简称“国侨办”），代替“文化大革命”期间被冲垮的中侨委的职能，并在全国各省、市、自治区陆续设立华侨事务办公室（侨办），重新建立了从中央到地方的涉侨工作部门。1978年4月，中国侨联和地方各级侨联机构也陆续恢复了正常工作，并于12月选举产生了新的侨联委员会。1981年，中国侨联被确定为全国性人民团体。

4. 进一步完善涉侨法律法规

1983年6月，全国人民代表大会成立了专门的华侨委员会，负责研究、审议和拟定涉侨议案，制定涉侨法律法规，监督侨务法规的实施，于1990年颁布了侨务工作的基本法——《中华人民共和国归侨侨眷权益保护法》。随后，国务院于1993年印发了涉侨行政法规——《中华人民共和国归侨侨眷权益保护法实施办法》，进一步补充完善了各项法律规定，为地方部门执行相关法律法规提供了切实可行的实施办法。

①张赛群：《建国初期我国侨汇政策及其实效分析》，《八桂侨刊》2012年第3期。

②向大有：《侨史研究与侨务工作》，《八桂侨史》1987年第1期。

（二）改革开放的继续深化推动中国特色社会主义侨务工作的继续发展

1978年后，在正确的路线、方针、政策的指导下，我国的社会主义现代化建设取得了极大的成就，对外开放水平有了显著的提高。1989年，党通过选举产生了以江泽民同志为核心的第三代领导集体，在深入分析国内外复杂形势、总结成功侨务工作经验的基础上，提出了一系列新的论断。

江泽民在继承邓小平侨务理论的基础上进一步提出了“优势论”和“资源论”，即“海外侨胞作为促进我国改革开放和现代化建设、促进祖国统一的积极力量，有着独特优势”①，“分布于世界各地的广大华侨华人，是中华民族一个重要的人才资源宝库”。②江泽民也十分重视广大华侨华人在维护祖国统一中的作用。江泽民深刻地认识到海外侨胞在祖国统一中的重要作用，并指出实现祖国统一“是全中国人民包括台湾同胞、港澳同胞和海外侨胞的共同愿望”。③江泽民还十分重视广大华侨华人在弘扬中国文化、密切中国人民与世界人民交流中的重要作用。在他看来，我们要鼓励广大海外华侨华人“充分利用中华文化传统的优势，来加强弘扬中华文化和华文教育工作”。④

以胡锦涛为核心的党的第四代领导集体，在继承党的历代侨务政策的基础上，也进行了许多理论创新。

第一，在党的十六大上，以胡锦涛为核心的党中央首次提出了“以人为本，为侨服务”的侨务理念。随后，中共中央办公厅和国务院办公厅印发了《关于加强新形势下侨务工作的意见》，强调新时期的侨务工作必须坚持“以人为本，为侨服务”的宗旨。从此，“以人为本，为侨服务”的理念成为党长期坚持的侨务工作准则。同时，他明确侨务工作指导思想的“三个坚持”：坚持“以人为本，为侨服务”的宗旨；坚持以国内侨务工作为基础，以国外侨务工作为主导；坚持为国家大局服务和为侨服务的统一。

第二，重视华侨华人在公共外交和华文教育在传播中华优秀传统文化方面的作用。2005年2月28日，胡锦涛在会见全国侨务工作会议代表时指出，侨务工作“在凝聚侨心、发挥侨力”“推动祖国和平统一进程”“开展民间外交、传播中华优秀文化”等多个方面大有可为。⑤胡锦涛在全国统战工作会议上指出：“加大海外中文教育工作力度，使海外侨胞对祖国的认同感和自豪感不断增强。”⑥胡锦涛认为华侨华人是中外交流的重要桥梁，并表示：“我们将扎实推进公共外交和人文交流，维护我国海外合法权益。”⑦事实上，进入21世纪后，随着经济全球化的迅猛发展，公共外交和软实力在国际关系中的作用越来越突出。中国政府也越来越意识到公共外交与软实力对中国融入国际社会、实现睦邻友好的重大意义。⑧

①《新时期统一战线文献选编（续编）》，中共中央党校出版社，1997年。

②《江泽民思想年编（1989—2008）》，中央文献出版社，2010年。

③《江泽民文选》第一卷，人民出版社，2006年。

④《论中国侨务》，国务院侨务干部学校内部资料，2010年。

⑤《民主凝聚力量团结成就伟业——十年来爱国统一战线蓬勃发展（2002—2012）》，人民出版社，2012年。

⑥《胡锦涛文选》第二卷，人民出版社，2016年，第485页。

⑦《胡锦涛文选》第二卷，人民出版社，2016年，第652页。

⑧倪志荣、李兰：《发挥侨务资源优势服务中国经济社会发展——第六届海外人才与中国发展国际学术研讨会综述》，《八桂侨刊》2011年第4期。

总而言之，随着改革开放的持续深化，以江泽民为核心的党的第三代领导集体、以胡锦涛为核心的党的第四代领导集体继承并发展了以往正确的侨务工作政策，并在此基础上进一步认识到广大华侨华人在公共外交、传播中华文化、促进祖国统一中发挥的重要作用，为习近平侨务观的继续发展奠定了基础。

五、继往开来：党的十八大以来的创新发展

习近平曾经长期在福建省和浙江省担任领导职务，两省都是全国有名的“侨乡”。在福建和浙江工作期间，习近平就非常关注侨务工作，早在1995年就已经提出了“大侨务”的概念。2006年，时任中共浙江省委书记的习近平指出浙江会继续秉持“以人为本，为侨服务”的宗旨，维护华侨和归国侨眷的权益，“努力为广大侨胞提供优质服务”。[①]习近平在继承党的历代领导人侨务工作经验的基础上，从以下几个方面提出了他的侨务工作观点。

（一）广大华侨华人是中华民族伟大复兴“中国梦”的重要力量

党的十八大以后，习近平进一步把侨务工作和实现中华民族伟大复兴的“中国梦”联系起来，将侨务工作提升到了前所未有的高度上来。习近平在参观《复兴之路》的展览时指出，“实现中华民族伟大复兴，就是中华民族近代以来最伟大的梦想”，是“每一个中华儿女的共同期盼”。[②]有的人已经加入外国国籍，有的人长期定居海外，但他们骨子里仍然是中华民族的一分子，这种血脉联系是无论如何也不可能断了的。

2014年，习近平在会见第七届世界华侨华人社团联谊大会代表时指出，广大海外侨胞在中国人民实现“两个一百年”奋斗目标和中华民族伟大复兴的“中国梦”的伟大征程中“一定能够发挥不可替代的重要作用”。[③]2017年，习近平再次指示各级侨务工作者要“最大限度把海外侨胞和归侨侨眷中蕴藏的巨大能量凝聚起来、发挥出来”，[④]为中国特色社会主义的新时代做出新的、更大的贡献。

（二）广大海外侨胞与祖国人民同根同源、血浓于水，有着共同的梦想

2010年，时任国家副主席的习近平提出“团结统一的中华民族是海内外中华儿女共同的‘根’”“博大精深的中华文化是海内外中华儿女共同的‘魂’”“实现中华民族伟大复兴是海内外中华儿女共同的‘梦’”。[⑤]这段话精辟地概括了中华民族同海内外中华儿女的关系，首次提出了“根”“魂”“梦”的重要论述。4年后，习近平在会见第七届世界华侨华人社团联谊大会代表时再次重申了“根”“魂”“梦”的观点，并强调：“共同的根让我们情深意长，共同的魂让我们心心相印，共同的梦让我们同心同德，我们一定能够共同书写中华民族发展的时代新篇章。”[⑥]在党的十九大报告中，习近平也明确提出要“广泛团结联系海外侨胞和

①周咏南：《浙江发展必将为侨胞带来美好发展前景》，《浙江日报》2005年5月7日。

②《习近平谈治国理政》第一卷，外文出版社，2018年，第36页。

③《共同的根共同的魂共同的梦共同书写中华民族发展新篇章》，《人民日报》2014年6月7日。

④孙立极：《习近平对侨务工作作出重要指示强调：凝聚侨心侨力同圆共享中国梦》，《人民日报》2017年2月18日。

⑤《习近平谈治国理政》第一卷，外文出版社，2018年，第63页。

⑥孙立极：《习近平对侨务工作作出重要指示强调：凝聚侨心侨力同圆共享中国梦》，《人民日报》2017年2月18日。

归侨侨眷，共同致力于中华民族伟大复兴”。①

习近平的这些讲话，生动、形象地说明了包括广大海外侨胞在内的中华民族之间血浓于水的关系，指出了广大海外侨胞与祖国人民不仅同根同源，还有着共同的梦想——中华民族伟大复兴“中国梦”。这为新时代开展侨务工作提出了新要求，也为各级部门开展侨务工作提供了重要的理论依据。

（三）广大华侨华人是中国联系世界的重要桥梁与纽带

2013年，习近平站在人类命运共同体的高度，提出了著名的“一带一路”倡议。据学者统计，“一带一路”沿线的国家和地区聚集着4,000多万海外侨胞，在经济、科技、政商人脉等方面都具有相当不错的实力。这无疑是我国推动沿线国家积极参与“一带一路”倡议的重要力量。同时，海外侨胞对侨居国的国情有比较深刻的了解，其中多数人又对中国抱有特殊的情感。这使得他们既能充分理解侨居国本地政府和人民的需求，又能与中国保持密切的联系。这些都是海外侨胞在传播中华文化、推动中外文明的交流互鉴方面所具有的独特优势。2016年6月22日，习近平又重申在“一带一路”倡议中应充分发挥海外侨胞的桥梁和纽带作用，让华侨华人更深入地参与到“一带一路”倡议中来。

（四）侨务工作必须坚持“以人民为中心”的理念

“为人民服务”是党自民主革命时期以来就一直遵循的根本宗旨和原则。在新时代的侨务工作中，必须一以贯之地坚持“以人民为中心”的理念。在党长达100年的革命、建设、改革中，广大华侨华人作出了十分重要的贡献，深入地参与到实现中华民族伟大复兴的“中国梦”的伟大征程中。习近平充分认可华侨华人的历史性贡献。他希望新时代的侨务工作者始终秉承“以人为本，为侨服务”的理念，积极做到“胸怀全局，坚持为侨服务，坚持改革创新，以‘凝聚侨心侨力同圆共享中国梦’为主题，当好海外侨胞和归侨侨眷的贴心人”，从而把蕴藏在海外侨胞和归侨侨眷中的巨大能量凝聚起来、发挥出来。②

六、结语

党带领中国人民开辟了中国特色社会主义道路，形成了中国特色社会主义的理论体系。在100年的伟大征程中，党的侨务工作取得了巨大的成就，也遭受过不小的挫折。深刻总结这些成功和失败的经验教训，可以得出以下几点结论。

（一）必须不断推动侨务工作法治化、制度化

政策的不稳定性和政治运动的不可控性往往不利于侨务工作的开展。反“右派”斗争时期和“文化大革命”时期党的侨务工作被严重的“左”倾错误所左右，甚至被迫中断。因此，在社会主义改革和社会主义建设时期，我们必须把实践已经证明、切实可行的政策通过法定程序上升为国家意志，推动侨务工作的法治化、制度化。

（二）要尽力完善侨务工作的组织与机构

抗日战争时期的“海外工作领导小组”和“海外工作委员会”，中华人民共和国成立后

①《中国共产党统一战线史》，中共党史出版社、华文出版社，2017年，第39页。

②孙立极：《习近平对侨务工作作出重要指示强调：凝聚侨心侨力同圆共享中国梦》，《人民日报》2017年2月18日。

的中侨委、中国侨联，改革开放后成立的国侨办，都是党设置的专门从事侨务工作的机构。在全国人大、全国政协中也有专门负责侨务工作的全国人大华侨委员会和全国政协港澳台侨委员会。可以说，在党的领导下，我国已经形成了从中央到地方、从党政侨务系统到侨众自治组织的比较完善的侨务工作组织。这是历史给予的宝贵经验。

（三）有必要从国际移民的视角思考党的侨务工作

从国际移民角度来思考和开展党的侨务工作，主要有3个方面：①侨务工作不只是简单的内政问题，还是涉及国际关系的外交问题。开展侨务工作，不能把党与侨胞的关系简单地归结为党和普通群众的关系。他们当中不少人已经加入了外国国籍，严格来说并不属于中国公民。②侨务工作不能过分强调意识形态。历史告诉我们，在侨务工作中过分强调意识形态，会造成华侨华人与住在国民众和政府之间关系的紧张，甚至可能掀起反华的浪潮。③侨务工作要充分重视人文关怀。广大华侨华人作为国际移民的一部分，远离故土多年，却仍然对中华文化有着深厚的情感，对祖（籍）国有着深厚的情感。充分重视对华侨华人的人文关怀，对于维系民族情感、保持血脉联系具有重要的作用。

当然，纵观党的侨务工作的百年探索史，有益经验还包括：①坚持与时俱进的马克思主义方法；②不断完善中国特色社会主义统一战线理论；③坚持“以人民为中心”的侨务工作理念。在党的百年历史新征程中，我们要继续发扬优点，改正不足，努力团结联系海外侨胞和归侨侨眷，共同致力于中华民族伟大复兴的“中国梦”。

作者简介：包含丽，温州大学华侨学院院长、副研究员；
李昱丰，温州大学马克思主义学院硕士研究生

“你爷爷为什么要去南洋？”

唐若玲

【摘要】海南人自古有外出寻找发展机会的传统。这也是支撑成千上万文昌人下南洋的观念。笔者的爷爷循着曾祖父的足迹千辛万苦下南洋，来到印尼一个偏僻的乡村生存，不只是为了继承曾祖父留下的产业，更重要的是守护曾祖父的神灵。

【关键词】海南　爷爷　下南洋　唐氏家族

一、引言

2017年12月，我姑姑唐兰芳（以下称“小姑”）从马来西亚回海南探亲。作为一个出生在印尼、现在生活在马来西亚的华人，她虽然没有回过海南，但对海南有着真挚的情感，对故乡亲人，不管是见过面的还是没见过面的，都有一种打断骨头连着筋的亲切。

小姑是我爷爷在印尼养育的最小的女儿，与我父亲相差33岁。论辈分，她是我姑姑，但比我小4岁。这种辈分与年龄混乱的现象现在已不多见了，在过去却是常有的事情。

小姑这次回乡，主要是探望她年事已高的哥哥——我父亲。作为她的侄女，我应该尽地主之谊，于是我和弟弟陪她和她的两个女儿在我们乡下（老家）和海南其他一些地方观光游览。看到乡下新盖的房子——堂叔家新建的二层小楼，她投去羡慕而满意的目光。从文昌（省辖县级市）到琼海（省辖县级市），从陵水（黎族自治县）再到三亚（地级市），一路上她的小女儿——我的小表妹一直叽叽喳喳，兴奋不已。在陵水清水湾的沙滩上，小姑问了我一个挺有意思的问题：“你爷爷为什么要去南洋？”

是啊，她爸爸——我爷爷为什么要去南洋呢？在她看来有点不可思议。她在海南所见、所闻、所感，完全冲垮了她原来对海南的想象，完全出乎她的意料。她不明白她的爸爸当年为什么要离开现在看起来条件这么好的地方，到印尼那么落后的地方去谋生。

这不是一个三言两语能说清楚的问题。要回答这个问题，还得从头说起。

二、家族移居史

海南唐氏渡琼始祖为唐震，广西桂林兴安县人，历任台阁、太傅、光禄大夫等职，是南宋著名的爱国将领。宋淳佑（1241—1252年）年间贬琼任琼州[①]刺史。咸淳十年（1274年），朝廷命唐震出任饶州（今江西上饶）知州。德祐元年（1275年），元兵大批抵达饶州，唐震因不愿屈服而被杀。不久，宋军将领张世杰收复饶州，通判邬宗节向元兵要回唐震的尸体埋葬。唐震被赐赠为“华文阁待制”，谥号“忠介”，庙号“褒忠”，两个儿子也被封官。唐震的长子唐叔建荫授“承信郎”，任“琼山县尉”，择地府城东厢的蕃诞村而居。自唐叔建

①唐贞观五年（631年）始设琼州府，明清时期为广东省琼州府，辖今海南岛。

之子伊始，唐氏家族便人才不断。唐叔建之子唐次道是元朝琼山①唯一的举人，广西乡试中解元，授迪功郎，任琼州户禄。唐次道之子唐闾，任琼州府学教授；唐闾之孙唐谊方（唐逊）是举人，任琼州府学训导；另一孙唐英，博通经史百家之学，却不愿为官。唐英之子唐舟，明永乐二年（1404年）登三甲进士第85名，授江西新建（今南昌市新建区）知县，官至监察御史、浙江按察等职。其子唐亮，明永乐十五年（1417年）中浙江举人，第二年察登三甲进士第156名，任泗州②判官，官至宁国府③同知。唐震九世孙唐绢于明天顺七年（1463年）中举人，成化五年（1469年）及进士第，任江阴（今属江苏省）县令。唐震十世孙唐鼐于明成化十一年（1475年）及进士第，历任都察院监察御史、山东按察使等职。唐震九世孙唐胄是中国历史上一位著名的文学家、史学家和政治家，明弘治十五年（1502年）登二甲进士第41名。曾任明朝户部左待郎，死后追赠“都察院右都御史”。《明史》对其评价：“其耿介孝友，好学多著述，乡朝有执持，为岭南人士之冠。”④其子唐穆于明嘉靖十七年（1538年）登二甲进士第21名，官至礼部员外郎。次子唐秩，府贡，任太常寺博士。唐震的后裔中，中进士、举人者共38人，其中有4对父子中举人，两对父子中进士。这在海南历史上是绝无仅有的。因唐家人才辈出，蕃诞村因此更名“攀丹村”，取意“蟾宫折桂”——“攀上蟾宫，折得丹桂”。后人曾赞誉唐家“天下无双唐氏，琼州第一攀丹”，故唐家是海南历史上名副其实的科甲望族。海南唐氏以攀丹村为发源地，逐渐向全岛开枝散叶。

我们家祖上从攀丹迁到文昌县城⑤附近的汪洋村，到清朝再迁到距离文昌县城西南方向不足10千米的小村庄，至今行政归属为文城镇南阳办事处。这里处于丘陵地带，是沙地与红土地的分界处，地力偏瘦，没有大型农业灌溉设施，农业耕作条件较差。长此以往，虽然村庄人口不算多（最多时也不超过200人），但是在生产力水平低下的年代，只能采取广种薄收的生产模式，光靠土地还是很难养活一家人的。19世纪末，村子里就有人随出洋潮到南洋谋生。

我的曾祖父叫唐名章，婚后育有两个儿子：唐辉洋和唐辉炳。唐辉洋就是我祖父，生于1911年。我的叔公唐辉炳生于1921年。到了20世纪20年代，他们两兄弟相继出生长大，但家里穷得叮当响，怎么筹钱让他们上学读书？怎么给他们筹“亲家本”？这成了他们最头痛的事情。因为文昌民间有“生子不教如饲猪，生女不教如饲牛”“人生不识字，惨过牛和猪”（海南话中“字”与“猪”谐音）的谚语，靠读书改变命运是全社会的共识，虽然家境贫寒，做父母的总想方设法让子女接受教育。我的曾祖父也不例外。再说大儿子一天天长大，眼看也要到了成家的年龄，给儿子筹“亲家本”也是父母的职责所在。他与我曾祖母一合计，决定闯一闯南洋，赚点钱让儿子接受教育，给儿子成家。于是，在20世纪20年代初，我的曾祖父抛妻别子，怀着赚钱养家的梦想，只身下南洋，到印尼谋生。

在20世纪上半叶的很长时间里，下南洋的海南人有一个约定俗成的所谓乡约：女人不许下南洋。因为男人下南洋是为了养家糊口、光宗耀祖，是要回来的；女人在家照顾孩子、

①唐贞观元年（627年）始设琼山县。古时琼山县范围包括今海口市。

②辖地大概在今天安徽省泗县、明光市、天长市和江苏省泗洪县、盱眙县一带。

③辖境相当于今安徽省宣城、宁国、旌德、泾县、南陵、黄山等市（县）。

④张岳崧篡修《琼州府志》，海南出版社，2006年，第1488页。

⑤文昌于1995年撤县设市。

赡养公婆、操持家务、田里劳作，把家照看好，让男人在外安心赚钱。再说文昌等地移民后裔“故家大半来中土”[①]，社会上男重礼俗、女守闺阁的风气影响较重，据此认为女性不宜在外抛头露面。这是一种典型的男主外、女主内的生活模式。相对于内地许多地方同样的生活模式而言，这种模式赋予女人更多的责任。侨乡的女人不但要操持家务、照顾家里老少，还要负责田里劳作，挑起家庭生产生活的重担。这样的生活模式练就了侨乡女人里里外外一把手、遇事能独挡一面的生活能力和魄力。侨乡女人，尤其是文昌女人，在一定范围和一定程度上成为贤惠和能干的代名词，在海南有一定的美誉。

由于女人不下南洋，在海南侨乡流传着许多夫妻因两地分居而饱受感情折磨的民谣。

（一）送郎去番

例 1

送郎送到码头分，眼看船去心更闷，
郎你去番坎忆侬，常回书信问冷暖。（“坎”即“要”）

例 2

送夫送到万泉河，河水倒映影双双，
夫妻都如鱼和水，鱼水分离几凄凉。

例 3

妻：送郎送到码头分，郎你去番侬心闷，（“去番”即“去南洋”）
眼汁滴到土落窟，日味看路夜看船。（“味”即“语气助词”）
夫：爹姩相送码头分，回去看仔心勿闷，（“爹姩”即“夫妻”，“仔”即“孩子”）
三年五载我欲回，年节也欲寄分文。

例 4

送郎送到后排山，夫妻离别泪洒洒，
欲问侬泪流多少，眼汁滴路滑难行。

例 5

送郎送到青草坡，手捻草尾记心上，
草如无心草也死，人欲反良命不长。

例 6

妻：今旦送夫到亭边，含泪分别夫和妻，
夫你去番坎顾体，勿做风流后怨迟。
夫：妻你送我到亭边，把话嘱一又嘱二，
话忆胸头不忘记，望妻放心勿多疑。

（二）我去番不忘故乡

例 1

妻：含泪送夫去南洋，送过椰林送过坡，

① 文昌市地方志编纂委员会编《文昌县志》，方志出版社，2000年，第41—42页。

从今南北海相隔，乐日味短闷日长。

夫：我去南洋苦奔波，定不忘记（亻赤）家乡，（“亻赤”即“咱”）

等我发财带银回，共享天伦叙短长。

例2

夫：我种丛花根不深，此去南洋不放心，

就怕花枝鸟来栖，就怕花果鸟来寻。

妻：你种丛花根已深，你去南洋请放心，

花枝单等你回弄，花果单等你回寻。

齐：去番发财回家乡，金银衣布几十箱，

闩起门来慢慢数，夫妻团圆乐心肠。

（三）思妻

例1

离妻别子去南洋，频频回头望故乡，

睡到夜半又醒起，梦里团圆割肚肠。

（四）思夫

例1

夫郎离家去南洋，一去十年无回书，

坐在石上望夫回，泪流成河浸石浮。

例2

八月十五月光光，抬头看月（亻赤）心乱，（“光光”即“明亮”）

当初郎君去番日，十八相送泪垂垂，

临行种椰相订约，椰树结籽郎才回。（“结籽”即“结果”）

只是咧——月缺月圆今又光，树大树高果累累，

天天携子依树望，不见郎君回家门。

去年椰熟娶媳妇，今年孙儿吃椰水，（“椰熟”即“椰子结果成熟”）

年年盼郎心切切，盼到何时郎才回？

例3

书寄星洲太平港，姓陈秀金你糟糠，

自小槟榔定良缘，良辰吉日成对双。

夫你自小家清贫，欠人钱债走去番，

安说要回家清还，谁料一去不复返。

忆起那夜在洞房，枕上嘱话鸡啼当，

嘱女在家守寓房，勤劳耕作莫生端。

侬照你话句句办，起早摸黑把家当，
双亲想你倚门望，牵肠挂肚知多惨。
捧起饭碗心头塞，眼汁滴滴出眼眶，
更深夜静睡不甜，只听城楼更鼓响。
安说花开随蜂恋，又怕臭名千里传，
亏你七尺男子汉，狠心让侬守空房。
稻熟不割要过冬，日后香炉谁来捧，
三纲五常古传下，还做乜人在世间。（“乜”即“什么”）
红颜薄命难度日，迟回只怕床空空，
泪珠成行细思量，盼夫赶快把家还。

我的曾祖父与当时许许多多下南洋的海南人一样，目不识丁，除了一身力气外，一无所有。他到了印尼后只能在橡胶园里打工，后来有了一些积蓄，也买了一块橡胶园来经营。他历尽艰辛，终于有点钱寄回家，并供大儿子（我祖父）到当时文昌的最高学府——文昌中学读书。但好景不长，一方面，国共合作破裂，政治局势动荡；另一方面，在南洋，曾祖父不久死于非命，祖父只读了一年不到的初中便无奈辍学了。

在印尼，曾祖父胼手胝足，也曾扬名一方。他在家乡时学过武术，有一些武术功底。一次，他用一个手指放倒了当地头人的一个保镖，从此令人刮目相看。不少人认为我们是武术世家，以致1992年父亲到印尼探亲时，大姑特意问他会不会功夫，一开始弄得他丈二和尚摸不着头脑。还在家乡的时候，曾祖父是我高祖唐尧宁的小儿子，上面有3个姐姐和一个哥哥。其中三姐夫为乡村郎中，家境稍为宽裕，吸鸦片成瘾。在他的影响下，我的曾祖父也染上了鸦片瘾。到印尼后，虽然努力工作，但终究戒不了鸦片，到印尼没几年便因鸦片瘾发作客死他乡。

祖父20岁出头便结婚了。1933年，我的父亲出生。初为人父，祖父感到了做父亲的责任，必须送儿子读书，可家里很穷，又找不到挣钱的门路，怎么办呢？此时他能想到的挣钱路子，还是我曾祖父走过的路——下南洋。

文昌社会有句民谣：“四山（取音，意为“四处”）撸撸（取音，意为“闯荡”或“活动”），桥过（取音，意为“好过”）在屋（在家）。”整句话的意思是，到处闯荡总比留在家里要有更好的发展机会。这是支撑成千上万文昌人下南洋、到社会闯荡的重要观念。我母亲的外祖父虽然不下南洋，但在20世纪20年代抛妻别子从文昌到澄迈县金江墟（今金江镇）谋生，后来也一直生活在那里，至今母亲许多表亲们仍生活在那里，成了澄迈人。

因此，当时祖父想下南洋，除了其父亲的榜样外，还有社会上普遍认可的外出谋生的氛围。可当时家里连下南洋的路费也筹不起。就在这个时候，我们村里有一户早年下南洋挣到钱的人家回乡盖新房。祖父就与其商量，由祖父无偿给他家挖地基、做力气活，他负责出路费带祖父下南洋。

就这样，1936年，在父亲3岁的时候，祖父怀着挣钱养家的念头，别离年轻的妻子和年幼的儿子踏上了下南洋之路。至今，父亲依然清晰地记得那天父子分别的场景：来接人的车子开到村边，祖母碍于情面，不忍相送，已躲开。曾祖母抱着孙子给她的儿子送行。眼看车子开动了，或许父亲意识到我祖父的一去不复返，在祖母怀里嚎啕大哭。看到儿子的哭闹，祖父不忍心，跳下已徐徐开动的车子，真情地抱了一下儿子，就跳上汽车。就这样，在儿子撕心裂肺的哭声中，在母亲（我曾祖母）恋恋不舍的目光里，我的祖父离开了生他养他的故土。不曾想，这一去他再没有机会回来。

离开海南后，祖父先到了新加坡。因为当时新加坡是中国人下南洋的一个重要集散地，当时我们村有不少人在新加坡谋生。[①] 与我祖父一同下南洋的同族兄弟唐南球因其父亲此前已在新加坡落脚，也在新加坡谋生。后来他因性格原因与其父亲关系紧张，谋求了一份海员的工作，随船四处飘荡。第二次世界大战期间，他因所在的船只被美国政府征用而为美军服务，经历了战争的出生入死，战后便被批准加入了美国国籍。40年代后期他回乡把老婆孩子带到美国去，从此在美国生活。

祖父在新加坡打工两年后，便到了新加坡对面的印尼廖内省（Riau，现在的廖内群岛省）谋生。廖内省位于苏门答腊以东、新加坡海峡之南的马六甲海峡的东南入口处。全省由宾丹岛、巴淡岛等数百个小岛组成，多山地，地面崎岖，海岸线曲折，海峡交错，多港湾。他最后生活的地方离首府丹戎槟榔市（Tanjungpiang）还有70多千米路程的“山吧”（山区），因为那里有他父亲留下的橡胶园，更重要的是他父亲长眠在那里，需要他去守望。1992年父亲去探亲的时候曾问祖父：“为什么要选这么偏僻的‘山吧’生活？”当时祖父回答：“你祖父睡在这里，我能去哪？！”

后来有一次我与父亲闲聊的时候曾开玩笑说：“当初爷爷要是留在新加坡不去印尼就好了。”父亲的回答让我感到有点意外——他说不一定。因为当年日本侵略新加坡的时候曾对华侨进行血腥屠杀，我们村就有7人惨死在日军的屠刀之下，其中全家被杀绝的唐辉建家就是我爷爷当年曾留宿过的，唐南球的父亲唐辉绪因寄住其中，也惨遭毒手。还有人在日军“大检证”中被杀害了。因为当年日军“大检证”时罗列杀害华侨的标准共有9条，其中第四条是海南人——或许在日军眼里，海南人都是抗日分子。也就是说，如果我爷爷留在新加坡，说不定也成了日军屠刀下之冤魂。当然历史不能假设，但这种可能性是很大的。我想父亲的话是有道理的。

祖父到印尼后，主要经营其父亲留下的橡胶园，也开了一间小小的杂货铺。有点积蓄就寄钱回故乡接济亲人的生活。当时，我祖父寄回来的钱会分成两份：一份给妻儿，一份给母亲（我曾祖母）和弟弟（我叔公）。也就是说，他要履行为人夫、为人父、为人子、为人兄长的责任。就这样，在祖父断断续续的侨汇中，在祖母面朝黄土背朝天的辛劳耕作下，我父亲一天天长大。

1939年2月10日，日本军国主义的侵略铁蹄踏上了海南岛，海南人民从此陷入战争的深渊之中。面对日军的淫威，祖母和父亲想到的是如何到南洋与亲人团聚以逃避战火。于

①我们村在20世纪上半叶共有四五十户人家，2/3人家有人下南洋。这些人基本分布在今新加坡、马来西亚和印尼。

是，母子俩简单收拾行装，随带路的人跋山涉水，步行近百千米的崎岖山路，在几天的颠簸后终于到乐会县（今琼海市）的博鳌港，想从那里下船到西营（今湛江），再从西营转道去南洋。这是当年逃难到南洋的大部分海南人所选择的线路。怀着忐忑不安的心情在海边苦等几天后，在一个伸手不见五指的漆黑之夜，同命相连的几十号人终于登上了出海之船。本想着到南洋与亲人相见的愿望就此可以实现，没料到乘船之人中早已混入海盗。船刚驶出港口不久，海盗们便露出狰狞的面目，将全船值钱的东西抢劫一空后扬长而去，留下一船惊惶失措的人们叫天天不应、叫地地不灵。无奈中，人们只能把船驶回港口。刚上岸不久，日军的巡逻队就过来了。对于这群人生地不熟的逃难之人来讲，真是才离虎口、又入狼窝，眼看大难临头。就在这个紧急时刻，一个不知道身份的好心人把这群不知所措的人们引到一个辟静处藏了起来，并告诉他们赶紧离开这危险地带。听到好心人的话，躲过日军巡逻队后，大家连夜起程，头也不回地往回赶。这个时候，父亲才5岁多。

这个经历对于当时急欲从日本侵略者铁蹄下逃离的母子俩来说，当然是失望之极、痛苦万分。但凡事均有利弊。父亲后来根据当时的形势分析后认为，如果当时没有海盗劫船这么一出，即使能顺利到达西营，也不一定能到南洋，且充满了无数的可能。因为当时族兄唐南理（唐南球之弟）夫妇已到了西营，但无法取得去南洋的必要手续，只好滞留当地。后来他去重庆谋职，其妻返回海南，途经琼州海峡时所乘坐的船只被日军的巡逻艇炸沉，葬身海底。由于逃难人数众多，当时的西营卫生环境恶劣，疟疾流行。如果祖母和父亲到了西营，无论遇到哪种情形，后果都不堪设想。如此，也算是不幸中的万幸。在当时错综复杂的环境中，很多事情确实说不清楚。

当然，这不是父亲唯一与死神擦肩而过的经历。另一次经历更是死神就在眼前。

我的家乡属于当年海南抗日模范乡——南阳抗日根据地的边缘。日本人对抗日根据地实行的是见人就杀、见东西就抢、见房子就烧的“三光”政策，企图以此来摧毁中国人民的反抗意志。我家与南阳抗日根据地仅一路之隔，日本人也时常到此“扫荡”。每次日本人“扫荡”时，村里人能做的只有逃进树林里躲起来。有一次，在躲日本人的时候，全村大部分人都躲到村外不远的树林中。日本人在村里找不到人，就到附近寻找。就在日本人找到跟前的时候，有一对兄弟俩因抢随身带来的茶壶喝水，不慎将壶盖碰到壶身，发出“咣”的声响。听到响声的日军马上停止行进。日本军官问：“哪里发出的声音？”躲在树林里的每个人的心都提到了嗓子眼，想着就要大祸临头。出人意料的是，日军队伍中不知是谁出于什么目的，回答了一声“是我”。日军军官就此作罢。眼看日军走远，全部人很久都没回过神来。回村后，家家户户杀鸡祭神，感谢神灵保佑，躲过一劫。

日军侵略海南期间，由于战争的原因，家乡与南洋之间通信联系不畅，亲人们都互不知道对方的状况。抗战胜利后，家乡与南洋恢复通信联系，眼看别人家的平安信（侨批）一封接一封寄回来，而祖父却音讯全无，祖母和父亲无时无刻不牵挂着远在天边的亲人，望眼欲穿却又无可奈何。

其实祖父又何尝不是呢？！只不过他想给家人一个惊喜！1947年他一次性往家里寄了5,000元。这笔钱在当时是很大的一笔钱，家乡的亲人经受战争的磨难，这么多年通信中断也没能接济上，他要报答他们！然而，谁也没有想到，当时国民政府的侨汇局负责人竟擅自扣压了这笔钱。由于当时管理不严，他把小笔汇款交给汇款对象，而把大笔汇款扣下做生意，想赚钱后再把本金还给侨汇户，做空手套白狼的生意。当然他把随钱的信也扣了下来。没想到蒋介石挑起内战后，国统区经济一落千丈，法币的价值断崖式下坠。一年后，5,000元钱几成废纸。这时他知道没办法向侨汇户交待，干脆把信与钱寄回南洋，找借口说没找到收信人。可怜祖父以为家人已惨遭日本人毒手，而祖母和父亲也误以为祖父已遭不测。于是，双方又中断联系数年。

后来，祖父心有不甘，再通过其他渠道打听，终于得知真相，双方自然喜出望外。

恢复联系后，祖父着手办理祖母和父亲去印尼的手续。没想到，父亲没有经验，把一张生活照贴到了申请表上，由于表格填写不规范，耽误了手续办理时间。后来，由于国内形势变化，去印尼一事便作罢了。

三、血脉亲情

眼看妻儿来不了印尼，祖父便在印尼重新组成了家庭。我的二祖母祖籍潮汕，原来生活在廖内省首府北干巴鲁（Pakanbaru），后来到丹戎槟榔生活，经人介绍，与我祖父组成新的家庭。在没有新家庭之前，祖父长期一个人生活，很多时候都不像一个家，方方面面都是粗线条的。二祖母来了以后，才有家的感觉。他们一共养育三女一男共4个孩子。后来我的二姑不幸得病离世，现在大姑和叔叔仍生活在印尼，小姑生活在马来西亚。

1949年，父亲在文昌中学读初中，祖父还没有钱寄回来，第一年的学费32元，是祖母卖了一头肥猪和一头黄牛攒的，当时还差10元，幸好族兄唐南理与文昌中学出纳认识，由他出面担保，才允许父亲拖欠不足之学费。上学后每个月需要的3斗5升米，也是祖母辛勤劳作的成果。

父亲初中毕业时已是20岁出头的青年，祖母想让他成家，结果遭到祖父的反对。祖父认为父亲还年轻，应该继续求学。于是父亲得以继续求学之路。祖父生活的地方交通不便，经济发展落后，当时只能靠养猪攒钱寄回来给父亲当学费，以兑现当初祖父下南洋的承诺。

到了父亲上高中的时候，也是祖父重新组织家庭后，祖父寄回来的钱就比较多了。他不但给儿子寄学费，还寄一辆由英国Raleigh公司①生产的自行车。这是当年最流行也是最好的自行车，当年全文昌县也没有几辆。可以想象父亲当年骑着这样的自行车是多么得意、洒脱。他还给父亲寄回了手表，在当年也是稀罕之物。据父亲说当时祖父对他可谓有求必应。我想这应该是父亲一生中为人子最幸福的时刻。

1955年高中毕业后，父亲到武汉地质学院的速成班学习，毕业后在地质队工作了一段时间。后因祖母在家等一系列原因，他辞去了地质队的工作回到文昌。恰逢文昌华侨中学创办，他便应聘教师，从此开始了长达30多年的教书生涯。从普通老师到中学校长，从文

① 1887年，Frank Bowden先生在英格兰诺丁汉（Nottingham）的兰令（Raleigh）街购买了一家小型自行车公司。由此，以街道的名字命名的兰令自行车公司于1890年成立。

昌华侨中学到文昌中学，从南阳中学到罗峰中学，最后到文昌教师进修学校，粉笔灰染白了他的双鬓，自然也使他“桃李满天下”。

父亲这一生虽然没能在其父膝下长大，但还是很感激其父养育之恩：没有我祖父和二祖母的侨汇，他无法完成学业；如果不是我祖父坚持让他读书，他可能早早就在社会上闯荡了，也没有机会认识我的母亲（文昌中学同窗，后就读于琼台师范学校）。他这一生无怨无悔。20世纪90年代退休后，我父母拿着国家给的不断提高的退休金，在儿孙绕膝中颐养天年。

祖父虽然能寄钱回来供父亲上学，但他在印尼住的地方偏僻，加上印尼政府长期禁止华文教育①，导致他在印尼生养的几个孩子基本没有接受到应有的教育。我的小姑只读到当地小学四年级便辍学了。现在，大姑和叔叔的几个孩子也基本没有怎么读书。父亲去探亲的时候曾跟大姑提到让孩子读书的事，大姑表示无能为力，想起来很令人心痛。

祖父居住的地方华人不多，居民主要是马来人（Malay）②。父亲去探亲的时候，他们住的是木板屋，没有电。晚上照明是自己买的小马力发电机。为了照顾父亲的感受，祖父专门买了一个蓄电池以看电视用（平时他们连电视也不看）。下午六点祖父他们就关门，直到第二天天亮才开。夜里是不能开门的，因为万一有小偷惦记就麻烦了。大姑结婚后就搬到离祖父家走路一袋烟工夫的地方居住。她们家门前有一盏灯，由自己的发电机供电，晚上关门前给发电机倒满油，等到油干，灯便灭了，其间是不敢开门加油的。

父亲探亲的时候，大姑声音嘶哑得厉害。一问才知道，因为大姑家不久前遭遇打劫，大姑拼命呼喊，拼死抵抗，窃贼才未得逞，但她也因此声音嘶哑、身心俱疲。

斗转星移，现在（2017年）离父亲到印尼探亲已有20多个年头。但据小姑讲，当地社会并没有什么大变化，依旧经济欠发达，大姑和叔叔及他们的孩子们仍在为生活忙碌。

四、结语

对于小姑提出“你爷爷为什么要下南洋”的问题，我想诸位从上面的叙述中应有了答案。这从一个侧面反映出中国改革开放40年来确实取得了巨大的成就：国家综合实力迅速提高，社会经济快速发展，老百姓的生活是芝麻开花——节节高！我想这40年，既是中国快速发展的40年，也是老百姓生活水平迅速提高的40年。我们赶上了好时代，衷心感谢这伟大的时代，伟大的人民，伟大的中国共产党。

作者简介：唐若玲，海南师范大学马克思主义学院教授

①苏哈托（Haji Mohammad Suharto）执政时期（1965—1998年），印尼政府强制关闭了所有华文学校并禁止出版、发行华文报刊和书籍。1999年之后，印尼的华文教育逐渐复苏。

②也称“马来族”，马来语为Orang Melayu，是马来半岛、婆罗洲和苏门答腊半岛东南部一个种族集团。广义上，马来人有时候也用来指整个南岛语系族群。

红色侨乡——华南侨乡的红色文化传承

王　惠

【摘要】自清末以来，沿海侨乡与其海外移民保持着密切的互动，侨乡的发展受到海内外社会的双重影响。现今，在侨乡从其内部寻求可持续发展策略的过程中，侨乡社会充分运用乡村的红色文化资源，采用多维的叙事方式，将革命与华侨华人两个元素共同作用于侨乡的社会建设中。在当代语境中，侨乡通过申请革命根据地称号、建立革命史展览厅、编写宣传册等方式，传播红色故事，成为当代红色基因传承的重要载体。侨乡对于自身红色文化资源的整合与运用，呼应了塑造国家形象的时代潮流，成为国家形象塑造的重要媒介。

【关键词】侨乡　红色故事　红色文化

一、引言

清末以降，通商口岸的设立和海上交通的发展促进了近代沿海民众与海洋世界的沟通，强化了我国沿海侨乡的形成。何为侨乡？严格意义上来讲，周聿峨、曾品元认为，侨乡需要满足以下5个条件：①该地是一定数量华侨华人的故乡或祖籍地，有一定数量的侨户；②该地的华侨华人和侨户的经济、文化、社会等综合力量有显著影响力；③在该地的经济中，海外资本（包括港澳资本）至少要占一定的比例；④该地侨务设有专门机构和专人管理；⑤该地继续产生移民并继续与世界各地华侨华人保持现实联系。[①]

早在20世纪上半叶，陈达等学者在对闽粤侨乡的社会调查中指出，在侨乡与海外华侨华人的互动过程中，后者通过侨汇、捐资修路、修建学校等多种渠道影响着侨乡的经济发展、生活方式、家庭结构、教育模式及文化资源等多个方面。[②]侨汇是侨乡与华侨华人互动过程中最为显著的联系机制。林家劲等学者将侨汇依功能分为赡家性、投资性和捐献性等。[③]柯群英（Khun Eng Kuah）对新加坡的福建安溪移民的案例研究表明，华侨华人可以通过重建祠堂、仪式参与、编修族谱等方式与侨乡产生情感与文化的联系，影响着侨乡的经济、制度与文化的转变。[④]又如广东潮汕侨乡，改革开放后，通过与华侨华人的神缘联系，促进了侨乡的慈善机构与福利事业发展。[⑤]

伴随华侨华人代际更替、全球化趋势显著，以及新时代中国特色社会主义的建设，我国呈现出传统侨乡与新侨乡共同发展的局面：一方面，传统侨乡向现代化转型，如闽粤侨乡与华侨华人以侨汇为主的经济联系机制渐弱，在转向文化传承与历史传统等多维联系方

①周聿峨、曾品元：《华侨华人与广东侨乡关系的思考》，《华侨华人历史研究》2001年第1期。

②陈达：《南洋华侨与闽粤社会》，商务印书馆，2011年。

③林家劲、陈树森、罗汝材、何安举、潘一宁：《近代广东侨汇研究》，中山大学出版社，1999年。

④Kuah K E, *Rebuilding the Ancestral Village: Singaporeans in China*, Hong Kong University Press, 2011.

⑤王惠：《海外移民与宗教仪式回传——甲午年新加坡修德善堂养心社宋大峰祖师金像百年回銮》，《华侨华人历史研究》2016年第3期。

式的同时，加强从内部寻求长期可持续发展机制；[①]另一方面，新移民、新侨乡的形成，包括传统侨乡周边的非传统移民社区和在东北、内陆省份及沿边出现的新侨乡，如吉林省延吉市、福建省明溪县、安徽省黄山市等地的新侨乡。[②]

历史上，传统侨乡的“侨”是侨乡历史脉络中的重要特征。侨乡民众具有高度的流动性，侨乡的历史是在跨境和跨国的移民史框架中传承与发展的。在当代语境中，伴随着侨乡从内部寻求长期可持续发展机制的过程，侨乡的文化资源成为重要的发展因素。而作为国家主流意识形态的红色文化，越来越成为侨乡的重要文化资源。侨乡以红色故事为主体的文化标签，融合了革命和华侨华人两个重要元素，将侨乡塑造成红色基因传承的重要载体。

二、侨乡的红色故事

（一）传统侨乡——后沟村

后沟村位于汕头市澄海区隆都镇的东南部，韩江支流南溪的西侧，下辖后沟、东沟两个自然村。其中，后沟是以许氏为主的单姓村，东沟则是以吴氏为主的单姓村。后沟、东沟虽然在现行政系统中同属于后沟村委会管辖，但乡民的日常生活及活动有联系又有区别。后沟村是潮汕地区的著名侨乡，乡亲多旅居泰国。[③]60年代时后沟村的海外乡亲中居住在泰国的约有65%，居住在越南、老挝、柬埔寨等国家的约有30%，还有一小部分居住在美国、法国、加拿大、澳大利亚、马来西亚、缅甸、新加坡等国家。1962—2010年，后沟村收到的海外捐款共有1,161万泰铢、395.3万元人民币以及46.183万港币。[④]除了海外乡亲的捐资统计与碑刻记录外，后沟村作为潮汕地区的传统侨乡，亦体现于民众集体历史记忆与口口相传中，但现在乡村中鲜有明显的海外移民或海外联系。

（二）丽泽斋——革命史展览厅

村中有一个明朝书斋。相传明万历年间后沟人许时谦登进士，为其父义行，受皇敕赐建大夫第，并配套建“有源斋”，清朝进士蔡熙于村中教书时更名“丽泽斋”。[⑤]1963年，丽泽斋被澄海县[⑥]人民政府划为第一批县级重点文物保护单位（共11处）。[⑦]1972年，丽泽斋又被澄海县革命委员会划为县级革命文化保护单位之一，建成“隆都人民公社革命斗争陈列

①杨群熙编《海外潮人对潮汕经济建设贡献资料》，潮汕历史文化研究中心内部资料，2004年，第358—365页。

②代表性成果有李勇、吴昊：《20世纪90年代以来延吉新侨乡的形成与变迁：侨乡视角的解读》，《八桂侨刊》2016年第1期；朱东芹：《闽南侨乡新移民：形成、分期与特点》，《南洋问题研究》2016年第1期；李明欢、江宏真、俞云平：《一个旅欧新侨乡的形成、影响、问题与对策——福建省三明市明溪县新侨乡调研报告》，《华侨华人历史研究》2003年第4期；汪鲸：《场域理论视角下的国际移民研究——以安徽内陆新侨乡为例》，《华侨华人历史研究》2010年第2期。

③参见“隆都镇人民政府信息网”，http://www.longdu.gov.cn/ViewPage.aspx?ID=157，信息发布日期：2004年11月2日，访问日期：2012年8月20日。

④统计数据由后沟村委会提供，时间为2012年10月。

⑤隆都镇后沟村委会编《光辉的足迹——澄海后沟村革命史略》，内部资料，2010年，第14页。

⑥1994年，撤销澄海县建制，设立澄海市（县级市）。2003年，撤销澄海市，设立汕头市澄海区。

⑦杜亭编《澄海之最》，汕头大学出版社，2004年，第331页。

室"，成为澄海县第一个基层革命传统教育点。[①]1984年，澄海县人民政府又重新公布县级重点文物保护单位，共有14个，丽泽斋为其中之一，并将其确定为迎接南昌起义军进入汕头筹备会议旧址。[②]同时，丽泽斋也是1928年潮澄饶中心县委驻地。[③]2009年，经村民与海外乡亲共同捐资重修的丽泽斋作为展览厅对公众开放，被命名为"后沟村革命史展览室"。

翌年，为顺应后沟村革命史展览室的建设与宣传，后沟村为此编写了一本44页的宣传册——《光辉的足迹——澄海后沟村革命史略》，介绍乡村的红色革命发展历程。宣传册中的故事选取，从1925年下半年国民革命军第二次东征来到潮汕起，到1949年中华人民共和国成立止。宣传册中讲道：

> 后沟人民较早接受革命道理，参加革命活动，在党的领导下，前赴后继，历经各个时期的战斗洗礼，涌现了一批党的优秀儿女，为革命解放事业作出贡献，付出牺牲。后沟是澄海革命老区村，是潮汕地区红色乡村的一个典范。[④]

同时，展览室中展示出了相关图片与寄语，并将各类书籍、刊登报道、回忆数据、人物数据等材料一一作为附件展览。

展览室叙述的革命故事选取最为突出的10位烈士的事迹。其中两名烈士为东沟人，8名烈士为后沟人（见表1）。同时，有3位烈士出生于海外或有着明确的海外关系。对于后沟村而言，10位烈士在展览厅中被历史铭记、被村民赞颂，是村民对革命的集体历史记忆，体现了当代人在革命历史记忆选择过程中的标准，同时也是对烈士个人身份背景的认同。

表1　后沟村烈士信息表

姓　名	出生年份	入党/参加革命年份	牺牲年份	出生地
许天申	1905	1926	1927	后沟
吴贾森	1906	1926	1928	东沟
许书桐	1909	1927	1928	后沟
吴惠芳	1908	1925	1928	东沟
许　铬	1909	1927	1928	后沟/泰国
许　英	1916	1938	1940	泰国
许　继	1919	1938	1946	泰国
许敦让	1921	1939	1945	后沟
许守扬	1921	1938	1945	后沟
许自榜	1926	1940	1945	后沟

①周希宪：《澄海爱国主义教育基地》，《源流》2011年第21期。
②澄海县地方志编纂委员会编《澄海县志》，广东人民出版社，1992年，第69页。
③谭健吾、蚁永森主编《澄海县地名志》，澄海县测绘地名办公室内部资料，第63页。
④隆都镇后沟村委会编《光辉的足迹——澄海后沟村革命史略》，内部资料，2010年，第37页。

（三）申报革命根据地

实际上，这一展览室的建立立足于此前历经多年而申请的“解放战争游击根据地村庄”光荣称号的基础上，体现了后沟村领导干部与村民对于其革命历史传统的重视，更是后沟村的革命历程获得的官方认可与赞许。

改革开放后，当时的隆都公社后沟大队着手处理申请评划革命老根据地。负责此事的村级领导干部在革命年代曾公开或秘密地参加过共产党的活动，对后沟的革命历程较熟悉。因此，后沟大队根据广东省人民委员会1957年4月17日关于评划革命老根据地标准的通知，于1979年底向隆都公社革命委员会提出申请，要求追认后沟大队为革命老根据地。

申报材料中叙述了两次国内战争、抗日战争和解放战争时期后沟人民在党的领导组织下开展革命的光辉传统，并以《后沟大队革命斗争简史》和《后沟大队各个革命时期为革命牺牲的革命烈士的主要传略》两篇文章为主要附件。《后沟大队革命斗争简史》以1925年为起点，介绍乡村党组织的建立、农民运动的兴起、公开的农民武装革命斗争，以及抗日战争与解放战争时期村中相关革命人物的活动。附件二的《后沟大队各个革命时期为革命牺牲的革命烈士的主要传略》则重点介绍了表1中烈士的英勇斗争。至1980年初，后沟大队在向澄海县民政局提交的申请书中指出，后沟村符合革命老区的标准，在之前的评划中被遗漏：

> 根据省人民委员会一九五七年四月十七日关于评划革命老根据地标准的通知精神，我大队符合评划标准，实属一遗漏未评划的老区。珍惜光荣革命传统的我村大革命群众，一向对这一问题具有强烈要求。为此，我们已按呈报程序，于二月正式向县民政局提出申请，待报告省民政局老根据地建设委员会。我们要求各级政府机关深入调查，尊重革命历史事实，根据革命历史事实和党的政策，予以审核批准。[①]

这次提交的申请书中增加了新佐证材料，一部分是一些参加革命的后沟村人和曾在后沟村参加革命的非后沟村人的回忆资料，另一部分是澄海县党史研究办公室的档案材料。

1983年，隆都镇后沟管理区又向澄海县人民代表大会提出追认后沟村为革命根据地的议案。但该议案很快被改革开放后的经济发展潮流所淡化，村中也再没有领导干部提出申请老根据地这件事。[②]1984年汕头市对革命老根据地进行统计，后沟村所在的澄海县共有7个村庄为红色游击区，约涉及8153人。[③]虽然1989年当地进行了一次补划老区，但是后沟村仍不在其中。

直至1992年5月，后沟村又根据广东省1991年公布的《关于开展评划解放战争游击根

①资料由后沟村委会提供，时间为2012年12月。

②被访谈人：许泽葵，1947年生，初中文化，后沟村老人组组长。访谈人：王惠。访谈时间：2013年12月21日。访谈地点：后沟村许泽葵家中。

③汕头市地方志编纂委员会编《汕头市志》第一册，新华出版社，1999年，第1122页。

据地和确定老区镇、老区县工作方案》，分别向澄海县民政局和澄海县人民政府提交评划“解放战争游击根据地”的申请报告。当年下半年，后沟村又先后两次向澄海县人民政府提交评划“抗日战争根据地”的申请报告，并逐次增加证实材料。随着提交的申请报告与证实材料的丰富，以及申报流程的逐渐制度化，经过至少7次递交申请，历时约14年，后沟村于1993年成为澄海县51个“解放战争游击根据地”之一。

此后，“解放战争游击根据地”的称号成为后沟村在发展地方经济、红色旅游和建设文明乡村的过程中不可忽视的文化资源。在后沟村申报“解放战争游击根据地”的过程中，参与编写材料的人员主要是曾经参与革命的村民与乡村干部。正是他们将发生在后沟村的革命故事以申请“解放战争游击根据地”的方式传承下来。后沟村红色故事的文化标签得到了官方认可，成为日后乡村社会发展可以有效利用的文化资源，有利于乡村红色旅游的发展。

三、广东省的老区建设

后沟村红色文化的标签是地方社会实践红色故事传承的生动代表，在更广泛的语境中，对应的是广东省为传承红色文化、扶持老区经济文化发展所采取的举措。1953年，广东省革命老根据地建设委员会成立，专门处理老区的发展问题。此机构在“文化大革命”时期被撤销，于1979年恢复工作。

（一）1957年评划革命老根据地

早在1957年，广东省人民委员会便制定了评划参与第二次国内革命战争和抗日战争的革命老根据地的标准，体现了在共产党领导下建立革命群众组织，以及群众长期积极支持、参与革命等内容。[①]同时，为了说明老区的性质，可将其分为红色根据地、红色游击区、抗日根据地、抗日游击区等。

根据此次划定标准，潮汕地区的革命老根据地村庄有669个，共计65,270户，涉及319,199人。[②]其中，红色根据地村庄有375个，涉及147,997人；红色游击区有274个，涉及134,204人；抗日游击区有20个，人口36,998人。当时的澄海县有8个红色游击区村庄，涉及5,328人。[③]隆都镇当时称为“隆都乡”，只有南溪村被评为红色游击区村庄。[④]

（二）1989年补划老区

1988年，广东省人民政府与广东省革命老根据地建设委员会为了对革命老根据地实行政策优惠、经济扶持，在全省范围内开展补划老区村庄的建设。《关于补划老区村庄的意

①广东省地方史志编纂委员会：《广东省志·民政志》，广东人民出版社，1993年，第159—160页。

②潮汕地区的具体分布：普宁县有红色根据地村庄120个，红色游击区村庄153个，抗日游击区村庄14个，共287个；潮阳县有红色根据地村庄75个，红色游击区村庄13个，共88个；惠来县有红色根据地村庄24个，红色游击区村庄28个，共52个；饶平县有红色根据地村庄113个，红色游击区村庄38个，共151个；潮安县有红色根据地村庄37个，红色游击区村庄4个，抗日游击区村庄2个，共43个；澄海县有红色游击区村庄8个；揭阳县有红色根据地村庄6个，红色游击区村庄29个，抗日游击区村庄4个，共39个；汕头市有红色游击区1个。

③汕头市地方志编纂委员会编《汕头市志》第一册，新华出版社，1999年，第1121页。在上文1984年汕头市的统计中，由于行政区划变动，澄海区（县）的红色游击区村庄变为7个。

④汕头市民政局编《汕头民政志》，内部资料，1996年，第155页。

见》中规定的补划标准：

> 第二次国内革命战争时期的老区村庄，必须具备有党的组织，有革命武装，发动了群众，进行了打土豪、分田地、分粮食、牲畜等运动，建立了工农政权，进行了武装斗争，并坚持了半年以上的时间；
>
> 抗日战争时期的老区村庄，必须具备有党的组织，有革命武装，发动了群众，进行了减租减息运动，建立了抗日民主政权，进行了武装斗争，并坚持了一年以上。[①]

此次补划工作于1989年12月9日完成，汕头市下属有7个县的部分村庄在此次补划工作中获得了相应的认证：红色根据地村庄142个，共计44,907户，涉及217,565人；抗日根据地村庄14个，共计6,046户，涉及29,645人；红色游击区村庄8个，共计1,447户，涉及6,901人。[②]后沟村所在的澄海县在此次补划工作中无任何村庄被确认为老区村庄。

（三）1991年评划“解放战争游击根据地”

在上文提及的评划了第二次国内革命战争时期和抗日战争时期的革命老根据地后，1991年广东省人民政府又通过了对“解放战争游击根据地”的划定标准。这也正是1992年后沟村提交申报材料的重要参考依据。标准指出具备以下4个条件，并且坚持一年以上斗争时间的，便可被评划为“解放战争游击根据地”：

> 第一，建立了党的组织，或在游击队、武工队的党组织领导下进行革命斗争。
>
> 第二，组织了农会、民兵组织，并在上述组织领导下，发动群众进行了减租减息斗争和其他革命活动。
>
> 第三，建立人民政权，或在党的领导下建立了革命“两面”政权，或在人民政权、革命的“两面”政权领导下进行革命斗争。
>
> 第四，发动群众参军参战，支持部队，建立了革命武装或在我党领导下开展了武装斗争，为解放战争的胜利作出了重大牺牲和贡献。[③]

根据统计，广东省在1980—1987年用于老区建设的专项资金有8,901.3万元，同时促进了地方各级政府的革命老根据地建设委员会的发展。例如，汕头的革命老根据地建设委员会于1979年恢复了工作，在20世纪80年代，得到广东省革命老根据地建设委员会706.7万元的财政拨款。[④]1993年10月15日，澄海县人民政府公布永新等51个村庄为“解放战争游

---

①汕头市民政局编《汕头民政志》，内部资料，1996年，第147页。

②这7个县分别是普宁县、饶平县、潮阳县、惠来县、揭西县、揭阳县、南澳县。汕头市民政局编《汕头民政志》，内部资料，1996年，第148页。

③中共太平镇东岸村支部委员会编《东岸村革命斗争简史》，内部资料，2004年，第117页。

④汕头市地方志编纂委员会编《汕头市志》第一册，新华出版社，1999年，第1128页。

击根据地”，号召乡村发扬革命传统，争取更大光荣，为社会主义现代化建设作出更大贡献，后沟村便为其中之一。[①]

至1994年，广东省的革命老区（第二次国内革命战争时期和抗日战争时期）共有乡镇755个、村庄20,856个，654.6万人，占全省人口的10%；“解放战争游击根据地”有村庄35,129个，1,346.8万人。[②]老区土地面积占全省土地总面积的一半以上，耕地面积占全省耕地总面积的53%。[③]

四、国家的根据地评划语境

从乡村（后沟村）到县（澄海），从城市（汕头）到省（广东），革命根据地的申请与拨款建设都紧紧围绕国家的话语体系，都是在塑造国家形象的语境下展开的。为了振兴革命老区发展，扶持地方经济，塑造国家形象，自中华人民共和国成立以来，中央便时刻关注革命老区的经济发展与人民生活。

1951年，中央派南、北方两个访问调查团到各个革命老区慰问：南方访问调查团有9个分团，39个小分队，共8,413人，分赴第二次国内革命战争时期的中央苏区、鄂豫皖区、湘鄂西区、右江区（位于今广西壮族自治区百色市）等地的209个县进行调查和访问；北方访问调查团共3,809人，分赴陕甘宁、晋冀鲁豫边区[④]等196个县进行访问和调查。第二年初，中央便成立了全国革命老根据地建设委员会，并发布《关于加强老根据地工作的指示》，以便能够要求各地政府部门可以在政治、经济及生活等各方面对老根据地进行扶持，同时下发了625万元的建设费和生活补助费。1956年，中央对老根据地进行调查访问，并在1957年的山区工作座谈会上提出了加强老根据地建设的进一步部署计划。[⑤]此后，关于老根据地的调查和建设工作因为“文化大革命”而中止。

改革开放后，在1978年9月第七次全国民政会议上，时任民政部部长程子华提出要重视老根据地。对于被划分为革命老根据地的地区，国务院于同年12月发文：“按公社或大队为单位计算，其社员1978年每人平均收入在50元以下的社、队，自1979年起，免征其企业工商所得税五年。”[⑥]翌年，民政部、财政部等部门统一制定并规范了第二次国内革命战争根据地和抗日根据地的划定标准：

> 第二次国内革命战争根据地的标准是，曾经有党的组织、有革命武装，发动了群众，进行了打土豪、分田地、分粮食、牲畜等运动，主要是建立了工农政权并进行了武装斗争，坚持半年以上时间的；

①中共澄海市委党史办公室编《澄海党史资料》总第21期，内部资料，1994年，第86页。

②中国老区建设促进会编《中国革命老区》，中共党史出版社，1997年，第922页。

③中国老区建设促进会编《中国革命老区》，中共党史出版社，1997年，第922页。

④晋冀鲁豫边区政府从1937年冬开始创建，到1948年8月与晋察冀边区合并，有着11年光辉战斗的历史。

⑤崔乃夫主编《当代中国的民政》，当代中国出版社，1994年，第96—99页。

⑥《关于免征革命老根据地社队企业工商所得税问题的通知》，《中国乡镇企业年鉴》编辑委员会主编《中国乡镇企业年鉴1978—1987年》，中国农业出版社，1989年，第185页。

抗日根据地的标准是，曾经有党的组织，有革命武装，发动了群众，进行了减租减息运动，主要是建立抗日民主政权并进行了武装斗争，坚持一年以上时间的。

根据这个标准，当时全国有革命老根据地的县、市、区共869个，涉及人口超过1.23亿。[①]国家持续关注革命老根据地的发展问题，扶持力度也不断加大。“从1981年起每年拨5亿专款，1988年增至8亿，帮助老区脱贫致富。”在国家的重点关注下，老区经济有了一定发展，人们生活得到改善，社会发展程度提高。[②]

另外，根据划定第二次国内革命战争根据地的标准，国家也对部分地区的苏区县进行评定。中央苏区县是根据1929—1934年土地革命时期以赣南、闽西两块根据地为基础而建立的，地理范围上跨赣、闽、粤三省。[③]为规范原中央苏区范围内的县市的申报程序和财政支持，国务院在2012年先后出台《国务院关于支持赣南等原中央苏区振兴发展的若干意见》（国发〔2012〕21号）和《国务院办公厅关于印发支持赣南等原中央苏区振兴发展重点工作部门分工方案的通知》(国办函〔2012〕172号)。为此，中共中央党史研究室承担了对原中央苏区范围的认定工作：已经审批确认和可以确认为中央苏区范围的县（市、区）总计97个，其中，江西省共49个，福建省共37个，广东省共11个；历史上与中央苏区有密切关系，但要明确确定为中央苏区范围尚有一定难度，建议视同中央苏区考虑的县（市、区）共4个，均在福建省；历史上按隶属关系不在中央苏区范围之内，但建议在实施有关规划时比照享受有关政策的县（市、区）共24个，分布在江西省、福建省、湖南省。[④]

而在广东省，大埔县于2009年被认定为全国第二十九个中央苏区县，也是广东省第一个中央苏区县。随后广东省共有11个县（区）被认定为中央苏区县，包括大埔县、南雄市、饶平县、龙川县、平远县、兴宁市、梅县、梅江区、蕉岭县、丰顺县、五华县。[⑤]公布的政策显示：“中央财政从2012年起每年安排广东财力补助1亿元，用于解决原中央苏区的突出困难。同时财政部、国家发展和改革委员会、住房城乡建设部2012年下达广东5,000万元补助资金，专门用于原中央苏区国家重点优抚对象等贫困农户的危房改造。”[⑥]

革命老区在战争年代的革命事业中发挥了重要作用，是党和人民军队的根。党和国家时刻关注着革命老区的发展，通过划定老区、认定中央苏区县等方式，给予拨款或减免税费等政策优惠，扶持老区的经济发展。习近平指出：“加快老区发展步伐，做好老区扶贫开发工作，让老区农村贫困人口脱贫致富，使老区人民同全国人民一道进入全面小康社会，是我们党和政府义不容辞的责任。”[⑦]特别是在2020年为实现对革命老区的精准扶贫，国家

①崔乃夫主编《当代中国的民政》，当代中国出版社，1994年，第100页。

②邵华泽主编《中国国情总览》，山西教育出版社，1993年，第1233页。

③鲁可荣：《中央苏区乡村建设思想及其历史经验》，《广西民族大学学报（哲学社会科学版）》2011年第7期。

④《关于原中央苏区县范围认定的有关情况》，渝水区史志编纂委员会编《渝水年鉴2013年》，2013年，第1—2页。

⑤南雄市现为县级市，由韶关市代管；兴宁市现为县级市，由梅州市代管；梅县现为梅州市梅县区；梅江区现为梅州市辖区。

⑥《羊城晚报》2013年8月14日。

⑦《把革命老区发展时刻放在心上——习近平总书记主持召开陕甘宁革命老区脱贫致富座谈会侧记》，《中国青年报》，http://zqb.cyol.com/html/2015-02/17/nw.D110000zgqnb_20150217_1-03.htm，访问时间：2020年11月23日。

发展和改革委员会印发了《革命老区脱贫攻坚和振兴发展2020年工作要点》(发改办振兴〔2020〕138号)，为革命老区"谋划落实重大政策，推进实施重大项目，深入开展产业扶贫、就业扶贫、消费扶贫、金融扶贫、科技扶贫，加快实施铁路、公路、水运、机场、水利、能源等领域重大基础设施项目，推进教育、卫生、文化事业和红色旅游等产业发展。"①

五、侨乡的红色故事传播

"国家形象是一个综合体。它是国家的外部公众和内部公众对国家本身、国家行为、国家的各项活动及其成果所给予的总的评价和认定。国家形象具有极大的影响力、凝聚力，是一个国家整体实力的体现。"②侨乡在发展过程中因为"侨"元素与非侨乡有着显著的不同。例如，侨乡通常与海外世界保持密切的联系，其经济发展与文化建设受华侨华人影响较大，故对于有着长期移民历史及密切海外联系的侨乡而言，参与国家形象塑造，更有利于向华侨华人展现国家形象。

同时，在侨乡的话语体系中叙述红色故事，一方面要区分侨乡的红色故事与非侨乡的红色故事，采取适合侨乡的叙述方式；另一方面要辨析侨乡的红色文化资源与侨乡的其他文化资源，融合多维文化资源，从而更有效地促进侨乡社会发展和文明建设。

（一）传统传播方式

在国家塑造革命形象的语境中，后沟村作为粤东地区一个侨乡，整合乡村的革命历史故事，通过申报"解放战争游击根据地"的方式，将自身纳入到国家形象的话语体系中。在对红色故事的传承与传播过程中，后沟村主要采取传统的传播方式——建立革命史展览室和以文字叙事的方式编写宣传册。

此外，后沟村通过深入实际的田野调查与口述访谈等方式，收集了关于其红色故事的一手资料，将其红色故事的历史传统置于宏观革命历史发展与微观个人历史记忆的框架中。作为侨乡，后沟村的红色故事中总是不乏华侨华人的影子——他们从侨居地回乡参加革命，或在革命低潮时投奔海外亲属，或在海外支持中国革命，在侨乡红色故事中扮演着重要的角色。

现如今，后沟村革命史展览室成为当地重要的爱国主义教育基地，有利于民族荣誉感和归属感的提升。同时后沟村的红色故事、革命史展览室也成为乡村发展红色旅游的有机组成部分，促进了侨乡的红色文化与红色旅游实现协同发展。而蕴含独特的潮汕文化特色的后沟村又能将"红色文化+民俗文化"融入乡村的文化建设与发展中。

（二）建立传播新模式

要在革命故事中传播红色基因，讲好红色故事，侨乡是传承红色基因的重要载体，也是面向世界实践文化传播的重要载体。在"一带一路"倡议和铸牢中华民族共同体意识的要求下，红色故事的传承与传播亟需新平台、新载体、新途径，将侨乡的红色文化资源与"侨"文化共同融入侨乡的美丽乡村建设。

①《革命老区脱贫攻坚和振兴发展2020年工作要点》，国家发展和改革委员会官方网站，https://www.ndrc.gov.cn/fzggw/jgsj/zxs/sjdt/202003/t20200310_1222804.html，访问时间：2020年11月23日。

②管文虎主编《国家形象论》，电子科技大学出版社，2000年，第23页。

除了传统方式外，侨乡的红色故事传播还可以依托现代科技，通过“互联网+红色故事”实现红色文化传播的网络化、智能化、信息化。通过智能化公共数字文化平台的搭建，侨乡可以通过建立网上展览厅、新媒体平台，运用海内外新媒体、自媒体，讲好侨乡红色故事，与华侨华人共赏文化盛宴，提升红色文化的吸引力和认同度。

总之，侨乡的红色故事作为地方发展的重要文化资源，可以与当地独特的侨乡文化景观、民俗文化、旅游文化相结合，利用传统的展览厅、宣传册等方式和新型的互联网平台搭建模式，将侨乡的红色文化融入地域发展中，实现侨乡与周边非侨乡地区的跨区域联动。同时，侨乡红色故事的传承与传播还能融入“一带一路”倡议中，加强与华侨华人的文化联系。

六、结语

费孝通在“文化自觉”的观点中指出，生活在一定文化中的人对其文化有自知之明，能够明白这种文化的来历、形成过程及将来的发展趋向。[①]后沟村对其红色文化资源的整合、运用，正是体现了对其自身文化的“自觉”。作为侨乡，后沟村有着人多地少、资源不足的发展劣势。为了促进地方社会的发展，后沟村充分运用乡村的红色故事开发红色文化资源，顺应时代发展，与国家形象塑造相呼应。

村中的丽泽斋作为县级重点文物保护单位，2009年在海内外乡亲的捐款下得以重修，建成后沟村革命史展览室，将后沟村这一“解放战争游击根据地”的历史展现给公众，成功吸引了当地政府领导、文人、学者及其他文化爱好者前来参观，同时成为当地党校教学的实践基地和青少年爱国教育基地。2013年末，后沟村又规划将丽泽斋建成乡村红色文化及红色旅游的代表，进一步发展乡村红色文化。[②]后沟村对于当地红色文化资源的运用，对侨乡以及非侨乡都有很重要的借鉴意义。

对于后沟村而言，申请“解放战争游击根据地”使得乡村的红色故事得到官方认可，又以展览室与宣传册的方式对外开放，成为当地重要的爱国主义教育基地，同时为乡村的红色旅游发展铺平了道路，强化了侨乡的地方建设。后沟村的这种做法顺应了塑造国家形象的潮流。实际上，评划革命老根据地是塑造国家形象的一个方面，通过自上而下建构国家形象的过程，扶持老区的经济发展，改善老区人民的生活水平，提高了老区的社会发展水平。

后沟村利用传统的展览室、宣传册等方式，践行红色故事的传承与传播，打造侨乡的知名度，传播侨乡的红色文化。作为侨乡，乡村可以挖掘红色故事与移民传统的关联性，将“侨”特征融入红色故事的叙事方式中，利用互联网的智能化平台，联结侨乡与全球化进程中的华侨华人，使侨乡成为传承红色基因的重要载体。

作者简介：王惠，河北工业大学马克思主义学院讲师

①费孝通：《对文化的历史性和社会性的思考》，《思想战线》2004年第2期。

②汕头市澄海规划设计研究院编《汕头市澄海区隆都镇后沟村示范村建设规划——建设项目分布图》，内部资料，2013年10月。

潮汕侨批中所见民国年间暹罗华侨对子女教育的关切

张 钊

【摘要】除了汇款回乡外，在外谋生的华侨往往也会十分重视家乡子弟的教育问题。家中子弟的入学情况、功课成绩、文字能力，乃至家庭教育和职业技能的训练都成为了他们在书信中不断提及的话题。他们之所以这样做，是由于同时受到了宗族文化和现实因素的双重影响。这也是出身传统宗族社会但又身在海外谋生的他们必做的功课。

【关键词】侨乡　子弟　教育　宗族　现实

一、引言

在近代的闽粤两省，许多村镇因为有了大量的海外移民从而成为了侨乡。大量青壮年劳动力的外流使得老人、女性和儿童成为了许多侨乡地区常住人口的主要组成部分。许多身为丈夫或者父亲的华侨由于在外谋生，对于家中事务往往鞭长莫及，不得不在子女的日常教育中缺席。然而，或许是受传统观念的影响，许多华侨仍旧十分重视子女在侨乡的教育问题。由于空间上的阻隔，他们只好通过书信的方式就子女的教育问题发表见解或提出建议。随着侨批资料的整理和出版，许多研究成果也相继问世。多篇公开发表的研究论文都在不同程度上探讨了华侨家庭内部的文化传承或强调侨汇对改善侨乡教育事业的重要性，或是个案研究，或是较为全面的介绍。①有研究将侨批中反映出的华侨子女教育问题分为读书教育、时事教育、生存教育等3种类型，②但直接引用的侨批材料数量不多，对相关现象的分析完全可以进一步细化。究竟华侨们如何通过书信来处理子女的教育问题？本文拟利用大量民国年间自暹罗（今泰国）寄回潮汕的侨批③为资料对相关问题进行更为详细和具体的阐述。

二、督促入学

对于子女的教育问题，许多华侨首先通过书信督促子女入学读书。有华侨就在寄给父母的信中说："但不知现年锡川侄儿可有从师教读否？或望祈音详悉。今逢有轮开行之日，

① 参见杜式敏：《从潮汕侨批看海外潮人的女性观》，《汕头大学学报（人文社会科学版）》2005年第3期；陈丽园：《从侨批看跨国华人的教育与社会传承（1911—1949）》，《东南亚研究》2011年第4期；田璐、肖文评：《从侨批看民国初期梅州侨乡与印度尼西亚地区近代教育的发展——以梅县攀桂坊张家围张坤贤家族为中心》，《地方文化研究》2015年第1期；李建伟：《百年侨批对晚清民国梅州侨乡教育文化多元化的影响研究——以广东松口古镇为对象》，《浙江档案》2020年第3期。

② 参见邓达宏：《从潮汕侨批史料解读华侨子女教育》，《海峡教育研究》2012年第1期；邓达宏：《侨批与闽粤侨乡教育探略》，《东南学术》2013年第6期；邓达宏：《潮汕侨批史料：原生态"草根"文献——兼论侨乡教育》，《发展研究》2013年第3期；邓达宏：《国际移民书信对侨乡教育的影响》，《八桂侨刊》2014年第4期。

③ 目前公开影印出版的侨批的时间表示方式比较混乱，有的为农历，有的为公历，有的缺少年份只有日期。本文在注释中对引用的侨批中的时间不做改动，特此说明。

顺便寄上国币银四元，至祈查收为家中应用之需。”[①]也有华侨在寄给嫂子的信中写道：“侄儿如欲入学，则无须顾虑此彼……令其入学，每年祈费亦属有限，苟我兄失业，期中愚自当负责。”[②]一位澄海籍陈姓华侨则在寄给妻子的信中吩咐：“上帮来信言及小儿入学一事，无须再问候，乡中开学时从中令他入学是为至要。”[③]一位名叫许振高的华侨也在寄给大嫂的信中表示：“兹乘羽便呈上函外并银十元，到时查收以为家用可也。兹者开春吾侄可送入学，是为至要。”[④]

类似的例子在侨批中并不少见。潮安籍华侨郑安庆在信中以颇为严厉的语气教训儿子：“见信从速入校读书，如其不从，自当用家法教训，切勿迟延。”[⑤]同样来自潮安的李清炎则在信中敦促妻子：“俺儿年已长，须命他入学读书，俺乡若无开学者，则命他去他的姑母处寄读亦可耳。古云子孙虽愚经书不可不读。但读书一事，切切行之，勿违我笃也。”[⑥]

也有华侨在书信中直接督促子女勤奋读书。如一位名叫杨惟良的华侨在寄给家中双亲的信中写道：“友礼年虽稍长，家中有事，须欲叫他做去。读书一节，亦须叫他勤些。”[⑦]他在另一封信中又说：“友礼听之，读书须用功研究勤勤，家内有事须做去，勿怠慢。”[⑧]一位名叫王岳森的华侨在寄给母亲的信中写道：“读书上为何聪敏，至用功抑懒惰，惟大人时加以指导，勤加监督为要。”[⑨]家在隆都的陈文深则在寄给母亲的信中表示：“细弟近来岂尝入学读书？须宜指他勤习为要。”[⑩]

类似的例子在侨批中还有不少。来自澄海的陈维耀就在寄给母亲的信中表示：“另者言及吾弟阄受壮丁，政府另再入字。吾之意，望克承先祖之门风，以将言对大家磋商。然后阻其妄想欲雇他人代之需二百余元。不如望吾弟训志勤读，此为佳要。”[⑪]同样家在澄海的刘寿春则在寄给母亲的信中叮嘱：“宜宽小儿另欲读习老书，我亦同情合意，须宜留心勤读，

①《暹罗成昌丙三月二十九寄双亲》，潮汕历史文化研究中心、侨批档案馆编《潮汕侨批档案选编（一）》下册，香港天马出版有限公司，2011年，第263页。

②《暹罗钦猛已元月十九寄大嫂》，潮汕历史文化研究中心编《潮汕侨批集成》第11册，广西师范大学出版社，2007年，第315页。

③《暹罗陈深城1946年12月10日寄澄海斗门陈宅蔡氏荆妻》，潮汕历史文化研究中心编《潮汕侨批集成》第11册，广西师范大学出版社，2007年，第15页。

④《暹罗许振高已元月初八寄大嫂》，潮汕历史文化研究中心、侨批档案馆编《潮汕侨批档案选编（一）》下册，香港天马出版有限公司，2011年，第366页。

⑤《暹罗郑安庆1949年9月3日寄潮安南桂都鲲江乡郑荣江》，潮汕历史文化研究中心编《潮汕侨批集成》第43册，广西师范大学出版社，2010年，第338页。

⑥《暹罗李清炎癸酉元月初八寄潮安洋打乌乡郭氏妻》，潮汕历史文化研究中心编《潮汕侨批集成》第83册，广西师范大学出版社，2015年，第430页。

⑦《暹罗杨惟良1938年6月5日寄澄海上外都凤岭乡杨宅双亲》，潮汕历史文化研究中心编《潮汕侨批集成》第1册，广西师范大学出版社，2007年，第443页。

⑧《暹罗杨惟良1949年7月13日寄澄海上外都凤岭乡杨宅双亲》，潮汕历史文化研究中心编《潮汕侨批集成》第1册，广西师范大学出版社，2007年，第444页。

⑨《暹罗王岳森1930年9月29日寄澄海东溪乡王瑞珊》，潮汕历史文化研究中心编《潮汕侨批集成》第24册，广西师范大学出版社，2007年，第418页。

⑩《暹罗陈文深1938年1月2日寄饶平隆都溪尾乡家慈亲》，潮汕历史文化研究中心编《潮汕侨批萃编》第二辑，香港公元出版有限公司，2004年，第33页。

⑪《暹罗陈维耀1939年4月17日寄澄海银砂乡陈宅慈亲》，潮汕历史文化研究中心编《潮汕侨批集成》第29册，广西师范大学出版社，2007年，第388页。

尊敬先生，方有进步之处。”①

也有华侨在信中对子女的读书成绩表示关切。家在澄海的陈惟沫就在寄给妻子的信中说：“美兆秀兰两儿女近来读书有无进步？须着叫她用心勤习，不可放荡。”②潮安籍的郑潮松在寄给父母的信中关切地问：“吾弟合松入学校读书怎样？但去年学校考验出榜的时候常常排在第一名之列。现在排第几名？”③

在关切地询问家中子弟的学业的同时，有的华侨也会在侨批中阐述读书的价值。家在潮安的郑芳茂在寄给侄子的信中同时嘱咐大嫂：“母亲叫大嫂叫作明孙儿努力读书，每日勿给他玩要，使能得到社会谋生活。”④同样来自潮安的郑正庆也在寄给侄子的信中交待弟妇：“计交四弟妇六百万，以作荣江侄儿读书之需，必要尽心教训，勿被偷闲度日，须令入学读书日勉，将来可到社会争光荣，才值得余的希望。”⑤

在中国社会，对于子女的教育状况表示关切是为人家长的职责所在。无论是作为父亲、叔伯还是兄长，华侨都有责任过问家中子弟的学业。这既是一种出自亲情的关怀，也是宗族社会结构下家长应尽的义务。

三、强调文字书写的重要性

所谓“读书识字”，除了督促学业外，有的华侨还会十分耐心地关注家中子弟的文字书写能力。如一位家在潮安的华侨在寄给子女的信中表示：“日前来信，中有铅字数行，莫非学富嫂出手后，如其确然，则彼之学业真是腾飞青云也。”⑥一位名叫陈贤耀的华侨也在寄给双亲的信中说：“五弟来书，文辞颇能畅达，不过未能明白字义……总之今后须欲识明字义为要。”⑦一位家在澄海的林姓华侨则在寄给侄子的信中语重心长地写道：“你现在家虽无事业可任，但切宜自修用功，不可住居间馆，交结无益之友。你所写之信，不白话不文言……嫌你太拙，是爱你抑或恶你，静而思之，用功可也。”⑧

为了督促家中子弟提升文字书写能力，有的华侨实在是苦口婆心、用心良苦。来自潮安的陈御叶就在寄给母亲的信中嘱咐：“家中两孙又宜教训，勿须使之读书识字以为将来谋

①《暹罗刘寿春1948年2月6日寄澄海月窟乡母亲》，潮汕历史文化研究中心编《潮汕侨批集成》第31册，广西师范大学出版社，2007年，第88页。

②《暹罗陈惟沫1947年3月1日寄澄海银砂乡窎姬吾妻》，潮汕历史文化研究中心编《潮汕侨批集成》第29册，广西师范大学出版社，2007年，第416页。

③《暹罗郑潮松1934年12月9日寄潮安鲲江乡双亲》，潮汕历史文化研究中心编《潮汕侨批集成》第46册，广西师范大学出版社，2010年，第186页。

④《暹罗郑芳茂1938年12月30日寄潮安鲲江乡郑俊英》，潮汕历史文化研究中心编《潮汕侨批集成》第43册，广西师范大学出版社，2010年，第247页。

⑤《暹罗郑正庆1948年6月17日寄潮安南桂都鲲江乡郑荣江》，潮汕历史文化研究中心编《潮汕侨批集成》第43册，广西师范大学出版社，2010年，第411页。

⑥《暹罗李广基5月10日寄潮安佘厝洲村李静吟》，潮汕历史文化研究中心编《潮汕侨批集成》第78册，广西师范大学出版社，2015年，第422页。

⑦《暹罗陈贤耀1939年2月13日寄双亲》，潮汕历史文化研究中心、侨批档案馆编《潮汕侨批档案选编（二）》下册，香港天马出版有限公司，2011年，第520页。

⑧《暹罗林圣源己卯六月十九寄澄海南砂乡林松炎》，潮汕历史文化研究中心编《潮汕侨批集成》第30册，广西师范大学出版社，2007年，第88页。

生之本。”[①]家在澄海的刘寿春则在寄给母亲的信中表示：“宜宽在家须欲习写文字，不可闲游放荡，此为至要。”[②]也有华侨在寄给家中弟弟的信中写道：“想尔今已离开学业，未知尔在家中岂有字算否？诸事须当努力为是。这是吾之希望也。”[③]一位身为父亲的华侨则在信中教训儿子：“你对于字算虽无时间学习，亦须设法有空闲之时就可学习。对于字算乃是吾人之根本，人之读书者，为日后生活也。你写的信内中之字与文句写来不三不四，望你以后写信须当心为要。”[④]

由于文字读写能力是现代社会一个人应该具备的最基本的文化素质，考虑到家中子弟的未来，为人家长者不得不通过侨批来进行远程督导和训诫，以尽义务和责任。

四、强调不可学坏

不少华侨均以防止子女学坏为理由督促他们读书。一位澄海籍陈姓华侨就在寄给母亲的信中嘱咐儿子：“儿在家中须当孝养祖母侍奉母亲。读书宜切勤读，不可外头生端惹事，勿违父言，切记。”[⑤]他在寄给妻子的信中又这样写道：“如若海领不肯读书，意欲与他宿读，尔乃明理之人，全不想俺实并无耕种，若不与入斋，定然做个游荡之子。如欲来暹，定然做了暹罗军兵。岂不是耗费父母十余年苦心，尔心何想。愚夫年经六旬，有如朝日之露，可待而尽也。还是笃他入斋从事为愈，拜托先生严训。”[⑥]

同样来自澄海的刘寿春也在寄给母亲的信中表示：“云及灵芝女儿欲入学读书，可就下半年报名入校。嘱她不可各处游玩，此为至要。”[⑦]他在另一封信中又说：“兹接来信云入中学读书等事……学校中教员亦知尊敬，留心勤读，不可闲游放荡方有进步，对同学朋友须宜和气谦让，不可与人口角相争以失情感，此为至要。学费杂用经已寄去。”[⑧]他们的澄海同乡陈松锦则在寄给曾祖母的信中对弟弟说：“贤弟如握：前日玉秋叔来暹，谈及俺乡人才日增，俺校学生智识亦日增，想吾弟亦学生一分子，勿要努力勉励，用心求学……亦俺家之幸。将来前途得路，可代兄办事，万勿悠闲过日败坏人格。”[⑨]

同样的例子在侨批中还有很多。家在澄海的曾哲坤在寄给母亲的信中嘱咐：“儿虽在

①《暹罗陈御叶4月29日寄潮安旸山乡母亲》，潮汕历史文化研究中心编《潮汕侨批集成》第108册，广西师范大学出版社，2015年，第109页。

②《暹罗刘寿春1947年11月11日寄澄海月窟乡母亲》，潮汕历史文化研究中心编《潮汕侨批集成》第31册，广西师范大学出版社，2007年，第85页。

③《暹罗黄松坚1939年11月6日寄澄海凤岭乡黄宅双亲收》，潮汕历史文化研究中心编《潮汕侨批集成》第3册，广西师范大学出版社，2007年，第55页。

④《暹罗黄文彬1932年7月24日寄澄海凤岭乡黄松豪》，潮汕历史文化研究中心编《潮汕侨批萃编》第一辑，香港公元出版有限公司，2003年，第68页。

⑤《暹罗陈俊财甲二月初二寄澄海夏塘乡陈宅慈亲》，潮汕历史文化研究中心编《潮汕侨批集成》第9册，广西师范大学出版社，2007年，第118页。

⑥《暹罗陈俊财乙二月十五寄澄海夏塘乡卢氏贤妻》，潮汕历史文化研究中心编《潮汕侨批集成》第9册，广西师范大学出版社，2007年，第129页。

⑦《暹罗刘寿春丁二月十一寄澄海月窟乡母亲》，潮汕历史文化研究中心编《潮汕侨批集成》第31册，广西师范大学出版社，2007年，第67页。

⑧《暹罗刘寿春1948年9月16日寄澄海月窟乡母亲》，潮汕历史文化研究中心编《潮汕侨批集成》第31册，广西师范大学出版社，2007年，第92页。

⑨《暹罗陈松锦1933年9月14日寄澄海本都居美后陈乡曾祖母》，潮汕历史文化研究中心编《潮汕侨批萃编》第二辑，香港公元出版有限公司，2004年，第24页。

外，而心莫不怀念。母亲年高，诸希珍卫。孙儿幼稚，不可他在外远游，宜约束导训。媳妇年轻识浅，祈大人指教，是儿之盼也。”①揭阳籍的郑钦桂则在信中对儿子嘱咐：“但尔在家，对于家庭，须欲调整一切为要。过森小儿，须要读书，不可游玩。”②家在潮安的郑芳茂也在信中对侄子吩咐：“侄今已有相当年纪，可入学就业，切勿游荡。”③

华侨之所以在侨批中如此训诫和劝导家中子弟，很大程度上是出于现实的考虑。由于作为父系家长的青壮年劳动力常年在外，侨乡家庭的孩童在某种意义上与今天农村社会的留守儿童类似，缺乏来自家长强有力的管教，再加上依赖侨汇过活，容易沾染不良社会习气。旅居在外的华侨不希望家中出事，又身在国外对家中事务鞭长莫及，只好将子女不要学坏的希望寄托于读书一事上。

五、家庭教育

除了强调读书的重要性外，出身于传统宗族社会的华侨们也比较看重子女的家庭教育。一位名叫薛芳兰的澄海籍华侨就在寄给家中母亲的信中写道：“阿裕现时长大如何？行走如何？望大人严加督责，切不可过于娇养，使他成为不良性质。”④他在另一封寄给母亲的信中又强调：“恐谓过于肉爱，将来养成膏粱子弟，害他终身。”⑤

这样的例子在侨批中并非个案。潮安籍的陈才清在寄给母亲的信中就说：“另望大人对弟财喜须当指导，不可过闲。”⑥同样来自潮安的陈御叶在寄给母亲的信中嘱咐：“家中孙辈应该随时教训，切不可姑息而贻害于将来。”⑦也有华侨在信中对弟弟劝诫：“近闻吾弟颇好荡游，不事工业，似此散荡，有误吾弟之前程，如有则改之无则加勉，方免老母兄嫂之忧。”⑧

在那个年代，由于男性青壮年劳动力大量外流，以家长的身份对子女进行管教的重任只好落在了母亲或者祖母的肩上。

六、训练实际技能

除了前面提到的文化知识和家庭教育外，有的华侨也注意到了职业技能的重要性。许利扶在寄给母亲的信中就认为：“利富吾弟在校读书定卜进步，利官利华二妹定有工夫可

①《暹罗曾哲坤1949年7月12日寄澄海图濠乡慈亲》，潮汕历史文化研究中心、侨批档案馆编《潮汕侨批档案选编（一）》上册，香港天马出版有限公司，2011年，第9页。

②《暹罗郑钦桂1946年12月19日寄揭阳桃都白石下乡郑过森》，潮汕历史文化研究中心编《潮汕侨批萃编》第一辑，香港公元出版有限公司，2003年，第82页。

③《暹罗郑芳茂1948年9月18日寄潮安鲲江乡郑俊英》，潮汕历史文化研究中心编《潮汕侨批集成》第43册，广西师范大学出版社，2010年，第166页。

④《暹罗薛芳兰9月7日寄澄海程洋冈薛宅慈亲》，潮汕历史文化研究中心编《潮汕侨批集成》第27册，广西师范大学出版社，2007年，第215页。

⑤《暹罗薛芳兰9月7日寄澄海程洋冈薛宅慈亲》，潮汕历史文化研究中心编《潮汕侨批集成》第27册，广西师范大学出版社，2007年，第210页。

⑥《暹罗陈才清1947年1月7日寄潮安铁埔慈亲》，潮汕历史文化研究中心编《潮汕侨批集成》第105册，广西师范大学出版社，2015年，第452页。

⑦《暹罗陈御叶10月2日寄潮安旸山乡母亲》，潮汕历史文化研究中心编《潮汕侨批集成》第108册，广西师范大学出版社，2015年，第102页。

⑧《暹罗维辉1月20日寄家中弟弟》，潮汕历史文化研究中心编《潮汕侨批集成》第29册，广西师范大学出版社，2007年，第418页。

做。但利华年已长成，慈亲须宜教导裁衣为要，免使下日手工全无。”[①]来自澄海的刘寿春也在寄给母亲的信中表示：“灵芝女儿在学校读书，下半年有再读否？以儿愚见，女子稍识几字就可，不如在家学习针工，未知大人如何主意。”[②]

家在潮安的郑芳茂则在寄给家中儿子的信中表示：“闲时须学珠算、写字看杂志，将来才能在社会上办事谋生活。”[③]同样来自潮安的郑嫦娥也在寄给家人的信中建议：“因其脚骨肋肌生硬，万无痊愈之法也。今最好之法，唯教伊读书写字或做手工业，使有一技籍以生活。”[④]家在澄海的陈景鸿则在寄给兄长的信中说：“国昌毕业后拟要如前与弟所商事。今国昌往潮城习读医学甚善……弟前年在潮城常往西门脚安吉堂药材李亦华坐谈。李先生对于医学研究社人员甚熟。兄可捉弟之名片到李亦华先生处会谈，劳渠介绍。”[⑤]

显然，强调对实际技能的训练更多的是出于现实的考量。侨乡侨眷的不事生产和对侨汇的严重依赖使得出门在外的华侨承受着巨大的经济压力。在这样的情况下，华侨们内心自然希望家乡子侄能够自食其力。因此，他们就会无比渴望家中子侄们能够有一技傍身。此外，华侨在外大多已告别土地劳作转而从事小规模的工商业，深切明白实际技能在日常生活中的重要性。可以说，正是自身的现实处境使得华侨们认为家中子弟应具备实际技能以便谋生。

七、结语

重视教育被视为中华民族的优良传统。在现实生活中，读书既可以使孩童和青少年掌握基本的文化知识，也可以使他们不至于误入歧途，更可以培养出一定的技能。正是这些因素令华侨们在寄回家乡的侨批中对家中子弟的教育情况表示出了足够的关切和重视。身为父亲、叔伯或兄长的华侨们原本有着管教子弟们的重任，但由于前往海外谋生，对家庭生活中的诸多问题鞭长莫及。在缺席的情况下，他们只好依托侨批来对子女的教育问题进行远程训诫和督导。这种做法既是家庭责任感和宗族义务要求下的结果，也是基于现实不得已而为之。这些经济负担较重的华侨一方面在海外惨淡经营，另一方面无比渴望侨乡子弟们能够自食其力且不生事端。可以说，对家中子弟接受教育的殷切希望既是华侨们对晚辈出自亲情和道义的关爱，也是一种发自内心同时迫于现实的渴望。华侨对子女教育问题的关切与汇款回乡赡养家人的现象表面上看分别属于思想活动和经济行为，实则均为宗族文化和现实因素合力作用下的结果。作为传统宗族社会结构下的海外移民，他们的思想和活动同时受到宗族文化和社会现实两方面的影响。

作者简介：张钊，中国出版集团世界图书出版广东有限公司编辑

①《暹罗许利扶甲七月初一寄澄海莲阳下社许宅慈亲》，潮汕历史文化研究中心编《潮汕侨批萃编》第一辑，香港公元出版有限公司，2003年，第23页。

②《暹罗刘寿春1938年6月4日寄澄海月窟乡母亲》，潮汕历史文化研究中心编《潮汕侨批集成》第31册，广西师范大学出版社，2007年，第73页。

③《暹罗郑芳茂1940年4月8日寄潮安鲲江乡郑俊英》，潮汕历史文化研究中心编《潮汕侨批集成》第43册，广西师范大学出版社，2010年，第250页。

④《暹罗郑嫦娥12月18日寄潮安鲲江乡郑锡耀》，潮汕历史文化研究中心编《潮汕侨批集成》第46册，广西师范大学出版社，2010年，第234页。

⑤《暹罗陈景鸿乙亥元旦寄澄海下岱美乡陈丽鸿》，潮汕历史文化研究中心编《潮汕侨批集成》第30册，广西师范大学出版社，2007年，第413页。

铸牢中华民族共同体意识视角下归侨群体的“五个认同”研究
——以广西侨港镇为例*

张　姗

【摘要】“中华民族共同体意识”这一表述内涵丰富。铸牢中华民族共同体意识是当前民族工作的重要指导思想，也是发展新时代爱国统一战线的思想基础与有机统一。广西侨港镇成立至今已有40余年的历史。在侨港镇经济快速发展、各项社会事业全面进步的同时，当地归侨群体的“五个认同”，即对伟大祖国、中华民族、中华文化、中国共产党、中国特色社会主义的认同不断深化提升，其中华民族共同体意识日益形成并得以巩固铸牢。纵观侨港镇的铸牢中华民族共同体意识工作，坚持党的全面领导、加强基层党组织建设、构建和谐党群关系是其政治保障；全面提高归侨群体的生产生活水平是其经济基础；重视归侨历史的整理与研究，借助媒体力量做好舆论宣传；挖掘利用归侨特色文化，打造归侨文化活动品牌；以侨为桥，团结海外侨胞是其开展途径与有力抓手。侨港镇的经验不仅为铸牢中华民族共同体意识的学术研究提供了个案参考，也为其他归侨安置地区相关工作的开展提供了借鉴。

【关键词】中华民族共同体意识　五个认同　归侨　侨港镇

一、引言

2014年5月，习近平在第二次中央新疆工作座谈会上提出，要高举各民族大团结的旗帜，在各民族中牢固树立国家意识、公民意识、中华民族共同体意识，最大限度团结依靠各族群众，使每个民族、每个公民都为实现中华民族伟大复兴的“中国梦”贡献力量，共享祖国繁荣发展的成果。其后，“中华民族共同体意识”这一表述越来越多地出现在党和政府的重要官方文件中。围绕中华民族共同体意识的构成内涵、理论来源、建设路径、价值意义等内容，学界随之展开了热烈的讨论。①“中华民族共同体意识”这一表述内涵丰富，

*本文首发于《民族学刊》2021年第8期，特此说明。

课题基金：中国社会科学院民族学与人类学研究所铸牢中华民族共同体意识研究基地项目“铸牢中华民族共同体意识视角下广西侨港镇归侨的认同变迁研究”（项目编号：2020ZLJDGR007）；中国社会科学院民族学与人类学研究所创新工程重点A类项目“中国周边跨境民族与‘一带一路’国家民族问题调查研究”（项目编号：2018MZSCX002）。笔者在调研及写作过程中得到了侨港镇人民政府和侨港镇归侨文化促进会、老年协会、水产协会、美食协会、商会以及众多归侨群众的热情帮助，特此感谢。

①截至2021年4月20日，综合搜索中国知网的期刊、教育期刊、特色期刊、学术辑刊、学位论文、国内国际会议数据库，仅篇名含有“中华民族共同体意识”的研究成果就已有807篇。从成果发表年度来看，2014年1篇、2015年5篇、2016年8篇、2017年21篇、2018年92篇、2019年196篇、2020年365篇、2021年119篇，数量逐年增多且呈继续增长趋势。

铸牢中华民族共同体意识包括但不限于民族工作领域。2017年10月，习近平在党的十九大报告[①]中就把关于“中华民族共同体”的论述放在了“巩固和发展爱国统一战线”一节，提出：“全面贯彻党的民族政策，深化民族团结进步教育，铸牢中华民族共同体意识，加强各民族交往交流交融，促进各民族像石榴籽一样紧紧抱在一起，共同团结奋斗、共同繁荣发展。……广泛团结联系海外侨胞和归侨侨眷，共同致力于中华民族伟大复兴。”因此，铸牢中华民族共同体意识不仅是当前民族工作的重要指导思想，也是发展新时代爱国统一战线的思想基础与有机统一。从目前关于铸牢中华民族共同体意识的研究成果来看，涉及归侨群体的研究尚未出现，需要学界力量的关注与投入。

二、研究缘起

根据《中华人民共和国归侨侨眷权益保护法》[②]的规定，归侨是指回国定居的华侨，华侨是指定居在国外的中国公民，侨眷是指华侨、归侨在国内的眷属。作为国际移民的一部分，归侨的出现由来已久且一直存在，但中华人民共和国成立至今，大规模集中性归侨浪潮主要有3次。[③]其中，结合国际政治背景，20世纪60、70年代因为东南亚国家排华而被迫回国的归侨也被称为“难民”“难侨”“归难侨”。国外学者对归侨群体的关注相对较早，国内学界关于归侨的研究主要开展于2000年以后，研究成果主要分布在历史学、人类学、社会学领域，研究团队以中山大学、厦门大学、暨南大学、华侨大学、广西民族大学等高校的科研机构相关专业的教师及硕士、博士生为主。具体到归侨的认同研究，主要有刘朝晖运用“社会记忆”的相关理论探讨归侨认同建构问题；[④]奈仓京子采用“多元社区”概念考察分析了归侨认同意识与归侨社区内部传统调适以及整合机制之间的关系；[⑤]孔结群借用“想象的共同体”概念，指出在迁移经历、政府倾斜性扶持政策以及现实利益等因素的影响下，其调研点的归侨群体实现和巩固了对难民身份的想象与认同；[⑥]张晶盈探讨了归侨安置政策对归侨认同意识的影响；[⑦]富海亮（Caleb Ford）对归侨第一代、第二代、第三代的认同意识进行了代际对比。[⑧]这些研究为本文的开展提供了参考与借鉴。但近几年新的研究成果相对较少，归侨群体认同意识的发展变化与最新现状无法知晓，特别是在铸牢中华民族

①习近平：《决胜全面建成小康社会夺取新时代中国特色社会主义伟大胜利——在中国共产党第十九次全国代表大会上的报告》，来源：新华社，2017年10月27日。

②《中华人民共和国归侨侨眷权益保护法》，来源：国务院侨务办公室官网，http://www.gqb.gov.cn/node2/node3/node5/node9/userobject7ai1272.html。

③20世纪50年代第一次华侨归国浪潮中，归侨人数约为30万，以爱国侨领、商人、知识分子、青年学生为主。20世纪60年代第二次华侨归国高潮中，归侨人数约为30万，以因印尼排华、中印边境冲突与中缅关系紧张而回国的华侨为主。20世纪70年代末第三次华侨归国浪潮中，归侨人数约为27万，以中越关系恶化而被越南当局驱赶回国的华侨为主。参见尤云弟：《从粤档文献看建国三十年归难侨安置政策（1949—1979）》，《八桂侨刊》2010年第4期。

④刘朝晖：《社会记忆与认同建构：松坪归侨社会地域认同的实证剖析》，《华侨华人历史研究》2003年第2期。

⑤奈仓京子：《归侨认同意识的形成及其动态——以广东粤海湾华侨农场为例》，《华侨华人历史研究》2008年第3期。

⑥孔结群：《难民认同：基于苦难历史记忆、政策及现实利益的想象——以广东省小岭华侨农场越南归侨为例》，《华侨华人历史研究》2010年第1期。

⑦张晶盈：《华侨农场归侨的认同困惑与政府的归难侨安置政策》，《华侨大学学报（哲学社会科学版）》2013年第1期。

⑧Caleb Ford, “Guiqiao (Returned Overseas Chinese) Identity in the PRC”, *Journal of Chinese Overseas* Vol.10, 2014. pp.239-262.

共同体意识方面更是少有相关成果面世。针对这一不足，笔者以中国最大的印支[①]难民安置点——唯一为安置归侨而专门设置的建制镇——广西壮族自治区北海市侨港镇为例，经过前后3次共计50多天的实地调查，[②]以铸牢中华民族共同体意识为背景，以习近平提出的“五个认同”为角度，对侨港镇归侨群体“五个认同”的发展变化及现状进行了梳理分析，总结归纳其在铸牢中华民族共同体意识方面的特点与经验，以期为铸牢中华民族共同体意识的学术研究与现实推进提供一个可资参考的案例文本。

三、侨港镇情况简介[③]

20世纪70年代，柬埔寨、越南和老挝相继发生政治剧变，引发了一场大规模的印支难民潮，波及全球。1978年，由于越南当局的反华排华路线，大量越南难民（包括华侨华人）涌入中国，北海成为其主要海上入境口岸之一。从1978年3月21日至1979年12月31日，到达北海口岸的越南难民达五六万人，其中有4万多人短暂停留后继续乘船前往其他国家和地区。1978年5月，北海市人民政府成立了“北海市接待（安置）归侨领导小组”（1980年12月改为“北海市接待安置印支难民领导小组”），着手解决归难侨的起居生活、物资供应、治病治伤等问题。当时广西需要安置的越南归难侨约有10万人，主要被安置在农林场与工矿企业，[④]但北海的大部分归侨世代以打渔为生，也被称为“疍家”“疍民”，很难适应在农林场与工矿企业的生产生活。基于“从实际出发，对口安置”的原则，国务院和广西壮族自治区革命委员会于1979年6月2日批准成立“北海市华侨渔业公社”，属乡、镇级建制，1984年11月2日更名为“新港镇”，1987年3月2日改称“侨港镇”。侨港镇首批安置难民7,709人，除极个别越南人外，绝大部分为归侨。这些归侨主要来自越南北方海防的婆湾岛（又称“吉婆岛”）和广宁省沿海的姑苏群岛等地，还有少数来自河内、鸿基、锦普、官门、谅山、河桧、芒街等沿海市镇和南方的西贡（今胡志明市）。2017年，侨港镇户籍人口已达约18,000人，其中归侨侨眷占95%。

与中国改革开放几乎同龄的侨港镇成立之后，不断解放思想、大胆创新，采用“一社两制”，率先实践了行政融入地方、经济融入市场、管理融入社会的新模式，充分发挥归侨群体的自身优势，为其后来的长远发展奠定了良好基础。成立40余年来，侨港镇从无到有，发生了翻天覆地的变化，形成了以海洋捕捞、海产品加工、旅游商贸为主的经济发展模式。2018年全镇社会生产总值约35亿元，农（渔）民人均纯收入22,100多元。侨港镇经济取得长足发展的同时，社会各项事业也协调快速发展，曾多次被评为全国侨务、侨联先进集体，荣获“自治区和谐乡镇”“全国文明镇”“全国特色小镇”等荣誉称号，并被联合国难民署盛赞为“世界安置难民的光辉典范和橱窗”。

① 英语为Indochina，法语为Indochine，指曾被法国殖民统治的今越南、柬埔寨、老挝三国。

② 笔者于2019年6月、2020年5月、2020年6月前后3次前往广西侨港镇进行实地调查。

③ 本部分内容主要参见庞冠润：《侨港镇侨情概况》，北海市地方志编纂委员会编《北海史稿汇纂》，方志出版社，2006年，第610页；侨港镇人民政府办公室提供的相关资料。

④ 广西壮族自治区地方志编纂委员会：《广西通志·侨务志》，广西人民出版社，1994年，第4页。

四、侨港镇归侨群体“五个认同”的现状调查

认同（identity）本义为“相同”和“同一”，词根是拉丁文中的idem，16世纪才在英语中出现，起初主要用于代数和逻辑学。约翰·洛克（John Locke）将认同与认识的主体问题发生关联，奠定了认同概念在人文社会科学领域广泛运用的基础。20世纪50年代这一概念开始流行起来，逐渐从哲学向心理学、社会学、政治学、民族学、宗教学等领域扩散和渗透，其内涵也日益丰富。[①]根据《现代汉语词典》的解释，认同的意思为“认为与自己有共同之处而感到亲切，比如民族认同感；承认认可”，[②]即认同的关键是在“共同之处”这一客观事实的基础上形成承认与认可的主观意识，与本尼迪克特·安德森（Benedict Anderson）提出的“想象的共同体”概念颇有异曲同工之妙。认同的内容丰富多样，具有多重性，如同亚伯拉罕·马斯洛（Abraham Maslow）将人的需求进行层次划分，同一个人或者同一群体的多重认同中也存在层次梯度。铸牢中华民族共同体意识工作中最需要关注的认同是哪些？习近平提出的“五个认同”给出了答案与方向，即不断增强人民群众对伟大祖国、中华民族、中华文化、中国共产党（简称“党”）、中国特色社会主义的认同。“五个认同”是中华民族共同体意识中最具本质属性的核心内容，是凝聚共同体意识的最大公约数，是统领性要素。[③]

（一）对伟大祖国的认同

国家认同概念出现在20世纪70年代行为革命时期的政治学领域，是指一个国家的公民对自己祖国的历史文化传统、道德价值观、理想信念、国家主权等的认同。人的国家认同往往是以人出生时被赋予的国家身份为认同前提的。[④]在现实生活中，对于一个国家的认同往往表现为对自身国籍身份的认可，即自我认为是“哪国人”。绝大部分侨港镇归侨虽然在越南出生（有些家庭已经在越南生活了两三代甚至更久），但是对于中国的国家认同相对明确、清晰，并且随着回国定居而愈发强烈。清末民国时期，侨港镇归侨的先辈多为躲避战乱从中国前往越南谋生，在越南一般生活在华侨聚居区，原有的生活方式与风俗习惯得以保存与延续。同时，侨港镇归侨以“疍家”渔民为主，大部分时间都在海上生产生活，无清晰的边界与国家意识，从中国去越南只是换了一片更易捕捞的海域谋生而已。再加上越南当局未强制要求其入籍，一旦入籍还有可能被征兵，所以他们大部分人都保留了中国国籍，即便是生活在越南人聚居区的华侨家庭也多因为落叶归根的思想未加入越南国籍。作为侨港镇第一批考上北海中学的归侨子女代表，曾春霞1979年随父母回国时只有10岁。她祖父年轻时作为一名机械工人从广东到了越南，虽然在越南人聚居区谋生，但还是娶了当地华侨的女儿，并在越南生下了她的父亲。据曾春霞回忆，她祖父只是把越南当成一个短期寄居地而已，最大的愿望就是有朝一日能回到中国。尽管后来由于各种原因，她的祖父携家带口回到中国的愿望没有实现，但是祖父一直告诫她的父亲不要加入越南国籍，要学

①张雪雁：《主体性视域下少数民族的国家认同建构逻辑》，《民族研究》2014年第6期。

②中国社会科学院语言研究所词典编辑室编《现代汉语词典》第7版，商务印书馆，2016年，第1102页。

③郎维伟、陈瑛、张宁：《中华民族共同体意识与“五个认同”关系研究》，《北方民族大学学报（哲学社会科学版）》2018年第3期。

④贺金瑞、燕继荣：《论从民族认同到国家认同》，《中央民族大学学报（哲学社会科学版）》2008年第3期。

中国话，娶妻要找华侨。1979年越南排华运动开始后，她父亲准备带家人回国，年幼的她们对于中国完全没有概念，问父亲中国在哪里，父亲说讲中国话、写中国字的地方就是中国。①由此可见，归侨先辈在越南相对封闭的生产生活环境、耳濡目染的家庭氛围、潜移默化的文化传承是其认同自己是中国人的主要原因。

如果说在越南时华侨对“中国人”身份的坚守是一种“自发自主”的选择，那么选择离开越南回到中国时，他们的国家认同则受到中越两国的关系、越南对华政策、中国的侨务政策和国际环境等诸多因素的影响。在越南发生排华运动之前，中越两国曾以兄弟相称，关系十分亲善，不少优秀的华侨还被越南政府委以重任，如侨港镇第四任镇长钟应伦曾在越南全国渔业生产先进单位——广宁省青崙乡婆湾仔合作社任副主任，并因工作业绩优异受到过越南总理范文同的表彰。即便如此，钟应伦也未能在排华运动中幸免。1979年，在越南的驱赶下，他带领合作社的1,000多人回到了北海。②与越南当局残酷驱赶形成鲜明对比的是中国政府对归侨的热情接纳与妥善安置。根据移民理论中著名的推拉理论③，华侨作为国际移民的一部分，其国家认同感很大程度上取决于迁出国与迁入国对其实施的政策待遇。第一任侨港镇人民代表大会主席梁耀章（归侨）回忆回国前的情景时说：“很多华侨与越南人当年在一起抗美、抗法，甚至抗日，曾经患难与共。周恩来总理访问越南的时候，还叮嘱华侨要同越南人一起同甘共苦，建设越南社会主义。结果越南人最后如此对待我们，我们许多人都感到很伤心。”④20世纪70年代末，中国自身发展尚存在困难，但在广大华侨无路可走时，中国政府毫不犹豫地为其提供了保护与援助，展现了负责任大国的担当。以侨港镇为例，除了1979—1983年联合国难民署资助的785万美元（当时折合人民币1,305万元），1978—1988年国家还专项拨款2,098万元（不含救济款、每年事业费等）用于初期基础建设，幼儿园、小学、中学、市场、百货商店、敬老院、文化中心、医院、冷冻厂、造船厂等生产生活设施一应俱全，特别是为安置归侨所建的52栋公寓楼让当时的北海本地人都羡慕不已。⑤

为了保护归侨的各项权益，同时也便于归侨安置工作的进行，北海市人民政府在确立安置方针后便为归侨发放了户口本和身份证，归侨的中华人民共和国公民身份得到法律认可与保障。1991年，《中华人民共和国归侨侨眷权益保护法》开始实施，为归侨侨眷的权益保护提供了更加明确的法律依据。一个国家是否值得认同，本质是看它能否为其国民提供基本的权利和自由。⑥毫无疑问，侨港镇归侨对中国的强烈认同感，正是来源于其在国外的苦难经历与回国后幸福安稳生活的真实对比。对于伟大祖国的认同感，归侨曾春霞有一段非常贴切的表达：“祖国故乡不是指出生的地方，也不是学母语、认识第一种语言的地方，而是你离开了很多年，回来后还接收你、安慰你、关心你，帮你抚平创伤的地方。这个地

①北海市政协文史资料委员会编《故乡的云》，漓江出版社，2009年，第153—155页。

②北海市政协文史资料委员会编《故乡的云》，漓江出版社，2009年，第133—134页。

③“推拉理论”起源于莱文斯坦（E. G. Ravenstein）的迁移法则，后经补充修改，最后由李（Everett.S. Lee）系统提出。该理论认为：人口迁移并非盲目无序流动，而是遵循一定的规律。人口迁移的动力由迁出地的推力（排斥力）与迁入地的拉力（吸引力）共同构成。

④北海市政协文史资料委员会编《故乡的云》，漓江出版社，2009年，第142页。

⑤庞冠润：《侨港镇侨情概况》，北海市地方志编纂委员会编《北海史稿汇纂》，方志出版社，2006年，第610页。

⑥郑民：《略论东南亚华人的认同意识问题》，《华侨大学学报（哲学社会科学版）》1993年第1期。

方才是祖国，才是故乡。”[①]

（二）对中华民族的认同

《民族词典》中将“中华民族”定义为“中国各民族的总称”。[②]在学术层面，关于“中华民族”内涵的讨论从未中断并且仍在进行；现实生活中，“中华民族”经常被作为“中国人”的代名词使用，特别是在“对外”语境中。梁启超作为“中华民族”一词的创造者，就曾举例说：“‘彼，日本人；我，中国人’。凡遇一他族而立刻有‘我中国人’之一观念者浮于脑际者，此人即中华民族之一员也。”[③]因此，比起需要官方认定的国籍身份，对“中华民族”的认同往往更具有个人自愿自主性。由于侨港镇归侨的先辈均为汉族，在安置工作中他们都被认定为汉族。但在实地调研中笔者发现归侨受访者较少提及“汉族”，取而代之的是“中华民族”。他们的民族认同更多地表现为对“中华民族”的认同，具体以回国定居为分界，外在表现形式有所不同。

在越南期间，根据自身经历与生活环境的不同，华侨对自身民族身份的认知与界定也有所不同。整体而言，第一代华侨的民族意识最强烈。前文提到的归侨曾春霞一家居住在越南人聚居区，她的祖父一直有着很强烈的民族认知，最大的愿望就是回到中国，因此总是告诫家人：“不要入京族（越南的主体民族），不要入越南籍，不要改民族，有朝一日你们可以带着自己的子女回去。”[④]但她这一辈人已经不懂汉语，不识汉字，虽然知道自己是“中国人”，但自觉和周围的越南人没什么区别。直到1978年越南对华政策变化后，她从同学、老师的异样与敌意中开始感觉到自己的“中国人”身份。而对于那些长期生活在海上的渔民而言，因为陆地上的居住点位于华侨聚居区，相对封闭的生活环境使得他们的民族意识更加模糊。例如，侨港镇德洋海产有限公司董事长李瑞振1968年出生于越南，和许多华侨居住在婆湾岛一条类似“唐人街”的越南街道上，街坊邻里说的是北海外沙一带的白话（粤语次方言），和生活在国内并无太大区别。[⑤]越南排华浪潮出现之后，残酷的政治现实促使归侨对自己的国家身份以及民族身份有了明确清醒的认知。“我们是中国人，要回到中国去”迅速成为华侨们的共识。

回到北海后，根据当时安置越南难民的国际国内政策，有些人在短暂停留休整后经过香港难民营的中转，前往了其他国家与地区。因此，侨港镇归侨几乎每家每户都有生活在海外的亲戚朋友。例如，侨港镇老年协会会长卢瑞明的弟弟和妹妹去了美国，姑姑去了英国，好朋友中有去加拿大的，也有去澳大利亚的。虽然这些在国外定居的人已经取得了所在国国籍，在中国只是短暂停留过，但据卢瑞明介绍他们还是习惯自称为“中华儿女”，称中国为“祖国”，把亲人所在的侨港镇看成是自己的家乡。在侨港镇发展的起步阶段，生活尚不富裕的归侨家庭基本上都收到过海外亲属的资助。据不完全统计，直到21世纪初，海

①北海市政协文史资料委员会编《故乡的云》，漓江出版社，2009年，第156页。

②陈永龄：《民族词典》，上海辞书出版社，1987年，第146页。

③梁启超：《饮冰室文集》，云南教育出版社，2001年，第3211页。

④北海市政协文史资料委员会编《故乡的云》，漓江出版社，2009年，第153页。

⑤北海市政协文史资料委员会编《故乡的云》，漓江出版社，2009年，第204页。

外侨胞每年资助侨港镇亲属的资金都在人民币300万元以上。[①]无论身在何处，希望亲人生活越来越好，希望祖国越来越强，是侨港镇归侨及其海外亲友“中华民族”认同感最质朴的表达。侨港镇许多新建的部门、机构、公司均以“华”命名，如在华侨公社时期根据归侨在越南生活地区的不同成立了两个渔业大队，分别取名为“建华大队”(社员基本上原先生活在越南广宁省）与“华兴大队”(社员基本上原先生活在越南婆湾岛)。侨港镇九大渔业公司被称为“九华”公司，分别为银华、裕华、兴华、建华、富华、盛华、鸿华、泰华、惠华。除此之外，许多私人商店企业也喜欢以“华”命名。根据当地归侨解释，这些名字表达了他们对于祖国接纳、安置他们的感激之情，更表现出他们作为中华儿女，与祖国人民一道参与祖国建设，为祖国富强而奋斗的决心与信心。

(三)对中华文化的认同

文化是一个民族的魂魄，文化认同是民族团结的根脉。[②]2014年，习近平在中共中央政治局第十三次集体学习时指出：“中华文化源远流长，积淀着中华民族最深层的精神追求，代表着中华民族独特的精神标识，为中华民族生生不息、发展壮大提供了丰厚滋养。”[③]同年，习近平在中央民族工作会议上强调：“加强中华民族大团结，长远和根本的是增强文化认同，建设各民族共有精神家园，积极培养中华民族共同体意识。”[④]中华文化博大精深，包罗万象，既包括物质文化也包括精神文化，其中传统节日及相关仪式作为历史文化积淀凝聚的产物，因与百姓生活息息相关而具有很强的代表性。

侨港镇归侨家庭在越南时期基本上保留了中国的传统节日与风俗习惯，除了春节、中秋节、清明节外，对于生活在海上以渔为生的“疍家人”而言，端午节的意义格外重要。据侨港镇归侨文化促进会会长周胜林描述，在越南时他们就非常重视端午节，其中“扒龙船”和吃“龙船饭”是必不可少的环节。“扒龙船”即赛龙舟，在越南时由于条件有限，华侨并没有专门的龙舟，使用的都是自家平日出海捕捞用的小船，但大家参与热情高涨，几乎是男女老少全民参与，男人赛龙舟，女人赛风艇，不参加比赛的人就在岸上加油呐喊，热闹场面经常引来附近越南人的围观。周胜林回忆到：“那些越南人来看我们比赛，我们内心是骄傲自豪的，因为这是我们的传统节日和我们的中华文化。当时越南人发展程度不及我们，没有什么节日和仪式，文化也很落后，很多时候都是跟着我们学。”归侨回国初期，端午节的“扒龙船”一度暂停，直到1984年北海市举办龙舟大赛，由归侨组成的侨港龙舟队不仅一举夺冠，而且创下了连续3年夺冠的纪录，还代表北海市在广西全区的龙舟比赛中多次获得好名次。随着归侨生活水平的日益提高，侨港镇的端午节也过得愈发隆重，除了龙舟比赛，还增加了“起龙”[⑤]、龙舟祭港、龙舟游街、百桌千人“龙船饭”、“回龙”等环节，形成了独特的海上“扒龙船”习俗。如今，侨港镇的端午节“扒龙船”成为远近闻名的特色文化招牌，

---

①侨港镇人民政府编《侨港镇简志》(未定稿）概述部分。笔者调研时，并未找到《侨港镇简志》实物，故此数据转引自梁茜茜的《归侨与北海市社会发展》,《八桂侨刊》2004年第6期。

②《习近平谈治国理政》第三卷，外文出版社，2020年，第300页。

③《把培育和弘扬社会主义核心价值观作为凝魂聚气强基固本的基础工程》,《人民日报》2014年2月26日。

④《中央民族工作会议暨国务院第六次全国民族团结进步表彰大会在北京举行》,《人民日报》2014年9月30日。

⑤指将深埋于河底的龙舟抬出水面。

2020年还被广西壮族自治区列入第八批自治区级非物质文化遗产代表性项目名录。

2020年受新冠肺炎疫情影响，大规模的龙舟比赛不得不取消，但在遵守当地防疫要求的前提下，归侨侨眷还是自发捐款举办了简易的祭港仪式，祈求风调雨顺、国泰民安。由此可见，以端午节为例，中华文化薪火相传、绵延不绝，并不会因为居住地的改变而轻易改变或者消失。无论是在越南还是回到中国，侨港镇归侨对端午节习俗的重视和坚守都是其对中华文化认同的体现。关于中华文化与海外侨胞的关系，2014年习近平总书记在会见第七届世界华侨华人社团联谊大会代表时强调："我们的同胞无论生活在哪里，身上都有鲜明的中华文化烙印，中华文化是中华儿女共同的精神基因。"①2019年，恰逢中华人民共和国成立70周年，侨港镇恰逢建镇40周年，北海市银海区民族宗教侨务局和侨港镇党委、政府，以及侨港镇归侨文化促进会联合举办了侨港镇海外侨胞恳亲活动，来自世界各地的侨胞与当地归侨百余人相聚侨港镇。包括侨港镇在内的祖国各地日新月异的发展变化不仅进一步提高了大家的民族自豪感与自信心，而且增强了大家对伟大祖国、中华民族以及中华文化的认同感。

（四）对党与中国特色社会主义的认同

人们生活在社会中，离不开赖以生存的经济生活，也离不开政治生活，因为政治是经济的集中表现。在社会政治生活中产生的一种感情和意识上的归属感就是政治认同。②不同于对伟大祖国、中华民族、中华文化的认同，侨港镇归侨先辈在清末民国时期就去了越南，对于国内的政治环境较为陌生，因此他们对党与中国特色社会主义的认同是从回国之后慢慢形成的。侨港镇归侨因为"疍家"渔民的特殊身份，回国之后就受到了党中央的关注与重视。1979年的全国侨务会议特别提出"北海难侨渔民安置问题要专题报中央"，专门批准成立北海市华侨渔业公社，使之与防城港企沙镇华侨渔业队（今华侨新村）成为全国仅有的两处进行渔业生产的归侨安置地。此后，在公社所有制的归属问题方面采用了"一社两制"模式，即保留　家　户小渔船的个体所有制，同时从生产投资中购置部分机帆渔船，从事深海捕捞作业，属集体所有制。"一社两制"改变了国有农场或者企业在归侨安置中全包全管的传统观念与做法，是中国归侨安置体制的突破与创新。两种所有制优势互补，相互促进，调动了群众的生产积极性，推动了全镇的渔业生产和经济迅速发展。1989年底，侨港镇就已有60%的家庭收入超过1万元。③截至2018年，侨港镇农（渔）民人均纯收入已达22,100元，1,000多户住进了别墅，拥有私家车500多辆，提前步入小康社会。随着经济收入与生活水平的逐步提高，侨港镇归侨切实感受到党为什么"能"和中国特色社会主义为什么"好"。

2020年6月，笔者在侨港镇文体公园与归侨群众开展座谈时谈及新冠肺炎疫情及其影响，归侨们纷纷表示这次全球抗疫中中国的表现让他们更加体会到祖国的强大、党的领导力与先进性，以及社会主义制度的优越性。其中，归侨林亚奇的弟弟一家在美国，妹妹一

①《习近平谈治国理政》第一卷，外文出版社，2014年，第63—64页。

②郎维伟、陈瑛、张宁：《中华民族共同体意识与"五个认同"关系研究》，《北方民族大学学报（哲学社会科学版）》2018年第3期。

③北海市政协文史资料委员会编《故乡的云》，漓江出版社，2009年，第59页。

家在澳大利亚。他激动地说对比其他国家，中国的抗疫表现十分了不起，尽管中国在抗疫过程中也遇到了许多困难与问题，党和政府始终把人民群众的生命安全和身体健康放在第一位，充分说明党是一切以人民为中心、全心全意为人民服务的政党。他既担心在国外亲友的安危，也更加感慨当时选择留在中国（侨港镇）的正确性。近年，随着侨港镇经济及各项社会事业的发展，归侨出国投奔海外亲友的现象基本上已经消失，甚至还出现了回流、回迁。归侨陈家齐曾随女儿移居美国，拿到了美国“绿卡”，也能说一口流利的英语，但在美国住了几年后还是选择回到了侨港镇。他说：“鲜美的海鲜，熟悉的乡音，以及祖国对华侨的关爱，是我选择回到这里的原因。”①每年国庆节，归侨张发侨都会在他的船上悬挂一面崭新的国旗。“有国才有家，没有党和政府，就不会有今天的好日子”是他最直接的感受与表达。归侨郭其友把对党和国家的感恩填进了“疍家人”咸水歌的歌词里——“旧时渔民受穷困，有党领导得翻身，渔民幸福不忘记，饮水思念开井人”；“回到祖国几十年，生活提高万千千，越南回来摇烂艇，如今起屋装机船”；“住在农村不近海，住在华侨（侨港）大发财，华侨生活全靠海，幸福生活党带来”。2016年，习近平在庆祝中国共产党成立95周年大会时所强调：“中国特色社会主义是不是好，要看事实，要看中国人民的判断，而不是看那些戴着有色眼镜的人的主观臆断。”②从一无所有到安居乐业，生活日益变好的侨港镇归侨对党与中国特色社会主义的认同愈加深入。

五、侨港镇在铸牢中华民族共同体意识过程中的经验与启发

侨港镇成立以来，一直备受党中央和各级领导的重视和关注，10多位党和国家领导人先后到此视察。2018年12月，中共中央政治局常委、全国政协主席汪洋赴北海了解侨港镇的发展情况与归侨安置情况，肯定了侨港镇成立以来所取得的成绩，并提出了“希望归侨继续保持奋斗精神，把家乡和祖国建设得更美好”的殷切希望。从昔日中国最大的印支难民安置点，到如今全国渔业重镇、泛北部湾地区交易量最大的渔港之一，侨港镇归侨在党和政府的领导下不负众望，自力更生、艰苦奋斗，成为诸多归侨安置点中的发展典范。在诸多归侨安置点发展缓慢、困难重重，部分归侨的认同出现“边缘化”“模糊化”的背景下，侨港镇归侨的“五个认同”不断深化巩固，其中华民族共同体意识也随之被夯实铸牢。侨港镇成立40余年的发展之路，不仅为开展铸牢中华民族共同体意识的研究提供了个案参考，而且为铸牢中华民族共同体意识的工作开展提供了事实经验，特别是对其他归侨安置地区相关工作的开展提供了借鉴与启发。

（一）坚持党的全面领导，加强基层党组织建设，构建和谐党群关系

带领人民创造幸福生活，是党始终不渝的奋斗目标。铸牢中华民族共同体意识，实现中华民族伟大复兴的“中国梦”，离不开党的坚强领导。基层党组织既担负着贯彻落实党的方针、政策、路线的重要责任，也承担着团结动员群众、领导基层治理、推动改革发展

①黄东超、陈达：《走进“海上漂来的部落”——北海侨港镇》，见“北部湾在线”官网，http://www.bbrtv. com/2011/0630/85077.html，访问日期：2011年6月30日。

②《习近平在庆祝中国共产党成立95周年大会上的讲话》，见人民网，http://cpc.people.com.cn/n1/2016/0702/c64093-28517655.html，访问日期：2016年7月2日。

的重要使命。侨港镇紧密结合沿海、沿边、渔民多、渔船多的实际和特点，将党务与侨务融合发展，通过充分发挥基层党组织的战斗堡垒作用和党员的先锋模范作用，把归侨群众从最初的一无所有逐步带上发家致富之路。侨港镇虽然地方不大，但是基层党组织的活动却丰富多彩，在陆上实行分片包干零距离服务，在海上探索开展“海上党旗红”创建活动，把党组织建在渔业公司，把临时党支部建在渔船上，让出海捕捞的渔民党员也能正常参加组织生活，维护国家领土主权和海洋权益。无论是休渔期千余艘渔船的安全防范巡查，还是捕鱼期组织海上治安巡逻，党员永远都是冲在最前面的。2016年10月20日，侨港镇电建码头内一艘渔船着火，为保护560多艘渔船及5,000多名渔民安全，电建边防派出所所长骆春伟（党员）带队出警组织抢险救援，在实施抢险过程中壮烈牺牲，10月25日侨港镇群众300余人自发前往码头追思纪念。骆春伟“我不上谁上”的担当精神成为了侨港镇党员精神的体现与代表，深受感召的归侨群众自发铸立春伟塑像、修建春伟广场以表思念与敬意。从最初回国时对党的完全陌生，到现在有困难依靠党、好日子感谢党，侨港镇归侨对党的认识与认同不断深化。目前，侨港镇拥有37个党支部，277名党员，归侨侨眷党员占60%。2016年，中共中央组织部授予侨港镇党委“全国先进基层党组织”称号，这也是广西唯一获此殊荣的乡镇党组织。侨港镇归侨“五个认同”的深化和巩固与侨港镇党委的领导密不可分。因此，在铸牢中华民族共同体意识的工作中，必须坚持党的全面领导，增强基层党组织的组织力、凝聚力、战斗力，以人民群众为中心，想群众之所想，急群众之所急，促生产抓宣传，全心全意为人民服务，构建和谐党群关系。

（二）全面提高归侨群体的生产生活水平，夯实铸牢中华民族共同体意识的经济基础

社会存在决定社会意识，经济基础决定上层建筑。认同作为一种意识活动，并不是凭空出现的，是客观存在于人脑中的主观印象。侨港镇归侨“五个认同”的发展与表现，与其在越南遭受的不公待遇、颠沛流离的生活经历、中国政府的合理安置和侨港镇40多年来的快速发展密切相关。与中国绝大多数归侨安置点不同，侨港镇自成立之初就获得了联合国难民署的援助以及国家政策的特殊待遇，保留了归侨原有的渔业生产方式，并且开创了“一社两制”的生产模式，激励了归侨自力更生、敢打敢拼的创业精神。20世纪90年代之后，为适应市场需要，侨港镇改变以往渔业生产的单一结构，大力发展海产品加工业，形成了如今以渔业生产为主、海产品加工为辅，服务业比较繁荣的经济发展格局。反观全国大部分“华侨农场”，由于当时多采用“集体”方式安置归侨，不仅束缚了个人发展，而且使部分归侨形成了“等、靠、要”的思想习惯，特别是农场改制之后，农场发展缓慢和经济贫困的问题愈加突显，不少归侨生活愈加困难。①如果在这种形势下开展铸牢中华民族共同体意识的工作，效果不免会大打折扣。全面提高归侨群体的生产生活水平，一方面要重点挖掘归侨侨眷自我发展的内生动力，另一方面对于老弱病残等特殊弱势群体给予政策倾斜与福利援助。如同北海本地人对侨港镇归侨“敢拼”“能干”的普遍认知一样，归侨曾有过海外漂泊的经历，一般不缺乏吃苦耐劳的打拼精神，地方政府应该结合其自身发展优势因势利导，努力为其提供政策引导，进行产业扶持，带动经济及社会事业全面发展。同时，对于一些难以进行自身发展的老弱病残等弱势群体，给予其更多的关注与帮扶，必要时由社会保障进行政策兜底。只有顺应所有归侨群众对美好生活的向往，全面提高归侨群众的生产生活条件，让所有归侨群众能享受到改革发展的成果与“红利”，切实提升其获得感、

①郑一省：《文化人类学视野下的广西华侨农林场归侨研究》，民族出版社，2017年，第3—4页。

幸福感、安全感，才能不断深化其对伟大祖国、中华民族、中华文化、党、中国特色社会主义的认同，进而铸牢其中华民族共同体意识。

（三）重视归侨历史的整理与研究，借助媒体力量做好舆论宣传

作为特定历史时期的产物，20世纪中后期产生于中国的“华侨农场”等归侨安置点发展至今也已有四五十年的历史。这段时间正是中国经济快速发展、社会事业全面变革、外交形势不断变化、国际地位日益提升的时期。重视对归侨历史的整理与研究，既能更好地反映归侨群体回国以来日新月异的生活变迁与时代发展，也能增强普通大众对归侨群体的认识与了解，增强中华民族凝聚力与向心力。在国家层面，归侨历史的整理与研究已经得到重视，如中国华侨华人研究所和中国华侨历史博物馆联合地方侨务部门，先后出版了《归国华侨史料丛书》以及多本归侨采访录。然而，具体到基层的归侨安置点，受限于经济发展水平与思想认识不足等众多主客观因素，归侨历史的研究还有待进一步加强，特别是随着老一代归侨的离去，抢救性口述史料的搜集变得必要而紧迫。得益于建镇后经济快速发展以及众多国内外媒体的关注，侨港镇归侨对于自身历史进行梳理的意识产生较早，尤其以建镇30周年、40周年庆祝活动为契机，先后出版整理了系列相关纪念文集。近年来，侨港镇更是充分利用报纸、电视、网络，特别是借助微信公众号、视频直播等新媒体传播方式，加强对侨港故事的介绍宣传，如2019年侨港镇对开海节的头鱼拍卖活动进行了网上直播，直播点击率达140多万人次，其后转播点击率达2,000多万人次。2021年1月，经侨港镇党委、政府研究决定，由侨港镇归侨文化促进会牵头筹建“侨港镇文化历史展馆”（暂定名），截至2月26日，共收到企业家、个体工商户、海外侨胞、侨港镇机关企事业单位、侨港镇各村社区、五大渔业公司干部职工、部分归侨侨眷捐款共计人民币63万元（其中包括两位美国侨胞各5,000美元、一位加拿大侨胞2,000加币的捐款），筹集到珍贵的史料展品30余件，[①]彰显出归侨历史研究的群众基础及其必要性与可行性。建成后的“侨港镇文化历史展馆”将全景式展现侨港镇从无到有的发展历程，不仅将进一步铸牢归侨群体的中华民族共同体意识，而且还将为侨港镇旅游业的发展注入文化灵魂，成为侨港镇发展红色旅游、开展爱国主义教育的重要基地。

（四）挖掘利用归侨特色文化，打造归侨文化活动品牌

由于特殊的生活经历，归侨群体形成了独特的归侨文化。挖掘、传承、利用归侨文化，打造归侨文化活动品牌，不仅是对归侨文化自身的保护与发展，而且还可以将其活化成可持续发展的资源，助推地方经济及其他社会事业的发展。例如，有海外生活经历的侨港镇归侨充分利用其饮食特色，打造出一条集“疍家”、越式、港式等各式风味于一体的美食风情街，被中央电视台称之为北海的“深夜食堂”，形成了“玩在银滩，吃在侨港”“北有老街，南有风情街”的北海旅游新格局。2019年，侨港镇接待游客375万人次，旅游收入约6.5亿元，许多外地游客从美食知道侨港，走进侨港，了解侨港。同时，以渔业为主产业的侨港镇结合归侨文化，做足“港”和“海”的文章，如在端午节“扒龙船”、吃“龙船饭”等传统习俗的基础上发展出以龙舟祭港与“百福宴”为代表的“侨港端午节”系列庆典仪式活动；以休渔期开海为契机打造了包括开海祈福、头鱼拍卖、生猛海鲜长桌宴、沙滩音乐会等内容的“侨港开海节”。除此之外，国庆节也是侨港镇隆重庆祝的重要节日之一。

① 本数据由侨港镇人民政府办公室提供。

2019年，侨港镇举行了声势浩大的“祖国我爱您”海外侨胞恳亲活动，2020年举办了“一碗国庆面——浓浓归侨爱国情”主题活动。每当举办重大节日活动时，侨港镇每家每户都会悬挂出鲜艳的五星红旗，升国旗唱国歌是每次庆祝活动的必有环节。通过这些定期举办的节日活动，侨港镇的归侨文化不仅得到了挖掘、展示，而且结合新的文化元素与产业元素得以丰富发展，更具生命力。同时，这些节日成为侨港镇开展“爱党爱国爱家乡”教育的重要平台与载体，不仅深化了当地归侨的“五个认同”，而且激发了现场所有参与者与观看者的爱党爱国情怀，使其产生了强烈的中华民族认同感与自豪感，培养了其中华文化自信心与自觉意识，增强了中华民族共同体的凝聚力与向心力。

（五）以侨为桥，团结海外侨胞，同心共筑“中国梦”

归侨群体基本上都有海外关系，在发展早期也几乎都曾受益于海外侨胞的无私捐助。2020年10月13日，习近平在广东省汕头市视察时说：“华侨一个最重要的特点就是爱国、爱乡、爱自己的家人。这就是中国人、中国文化、中国人的精神、中国心。中国的改革开放，中国的发展建设，跟我们有这么一大批心系桑梓、心系祖国的华侨是分不开的。”①海外侨胞既是侨乡发展的宝贵财富，同时也是对外宣传中国的重要窗口。据不完全统计，侨港镇归侨的海外亲人遍及亚洲、欧洲、大洋洲、美洲四大洲的17个国家和地区。侨港镇一方面实行“引进来”政策，通过恳亲联谊活动吸引海外侨胞来侨港镇投资置业；另一方面加大“走出去”工作力度，利用海外侨胞在住在国的各种资源优势开展合作，实现互利共赢。以血脉亲情为纽带，以经济发展为基础，再加之互联网通信工具带来的通信便利，侨港镇归侨与海外亲友的联系愈加紧密，成为一个不受空间阻隔的共同体。2015年，生活在美国加利福尼亚州（简称“加州”）的姑苏群岛华侨自发成立了“加州首府北海市姑苏群岛归侨联谊会美国同乡会”，以“弘扬中华民族五千年文化优良传统，为中华民族的统一大业作应有贡献”为宗旨。2019年国庆节，侨港镇海外侨胞恳亲活动吸引了世界各地侨胞自发回国庆祝中华人民共和国成立70周年，彰显了伟大祖国与中华民族对海外侨胞的吸引力和感召力。2020年新冠肺炎疫情暴发之初，侨港镇不少归侨家庭都收到了海外亲友邮寄的口罩，其后国外疫情日益加重，他们又都给海外亲友邮寄了口罩。一片小小的口罩，承载着浓浓的情意，传遍了世界各个角落，生动诠释了全球中华儿女血浓于水的手足情谊。因此，归侨安置地区要充分利用好地缘、亲缘、血缘优势，发挥好侨联、归侨社团、联谊会、同乡会等团体协会的组织功能，以侨为桥，深入做好海外侨胞的联谊工作，展现国内社会主义建设新成就，讲好中国故事，传播、弘扬中华优秀文化，团结广大海外侨胞，共筑中华民族伟大复兴的“中国梦”。

作者简介：张姗，中国社会科学院民族学与人类学研究所铸牢中华民族共同体意识研究基地副研究员

①《海外侨胞：“为推进中外交流合作添砖加瓦”》系列报道之六，见中华全国归国华侨联合会官网，http://www.chinaql.org/n1/2020/1015/c419643-31893835.html，访问日期：2020年10月15日。

北部湾渔民转产转业新路径探析
——基于侨港镇旅游发展的思考

张镇昌　康海宁

【摘要】北海市侨港镇是20世纪70年代我国建设的最大印支难民安置点，也是北部湾地区重要的渔业生产基地。我国实施海洋强国战略以来，侨港镇因地制宜大力发展旅游产业，使旅游业成为除海洋捕捞、海产品加工外促进该镇经济发展的又一重要驱动力。论文以实地调查与相关材料为支撑，对侨港镇旅游业的积淀过程及旅游要素进行了梳理，对促进该镇旅游发展的因素进行了分析。文章认为：侨港镇在面对转产转业困境时，因地制宜地抓住时代发展机遇，以敢于转变发展的勇气和创新精神发展起旅游产业，对探索北部湾渔民转产转业路径起到了良好的示范作用。

【关键词】北部湾渔民　转产转业　旅游产业　侨港镇

一、引言

渔民转产转业问题多年来一直是社会关注的重大问题之一。如何有效引导、促进渔民转产转业是关系社会稳定和经济发展的重大问题。北海市侨港镇是1979年6月中国政府建设的最大印支难民安置点之一，也是广西乃至北部湾地区的渔业重镇。①

2000年12月，中国和越南两国政府在北京签署了《中华人民共和国和越南社会主义共和国关于两国在北部湾领海、专属经济区和大陆架的划界协定》和《中华人民共和国政府和越南社会主义共和国政府北部湾渔业合作协定》，一贯以北部湾作为传统渔区的大批中国渔船从北部湾中西部海域撤出，转入东部海域。广西北部湾地区有超过5,800艘渔船退出北部湾西部渔场。②海南、广东、广西三省（区）"洗脚上岸"的渔民达30万人，其中，广西壮族自治区的北海、钦州、防城港三市共有4.6万人，渔民转产转业压力巨大。③其中，北海市范围内共有3,200艘渔船和18,000名渔民受到直接影响，④需要另谋出路。

2002年以来，国家陆续出台了一系列政策措施，鼓励渔民转产转业，如提供报废渔船补助、转产转业项目补助和转产转业渔民技能培训等。2012年，党的十八大提出要"提高海洋资源开发能力，发展海洋经济，保护海洋生态环境，坚决维护国家海洋权益，建设海

①侨港镇是1979年6月中国政府与联合国难民署共同出资建立的印支难民安置点，主要安置原居住于越南婆湾岛与姑苏群岛的归侨。在"归行安置"政策的指引下，这批渔民得以继续从事海洋捕捞。该镇成立之初命名为"北海市华侨渔业公社"，1985年改为"新港镇"，1987年后称"侨港镇"。时过境迁，侨港镇发展成为北部湾地区的渔业重镇。全镇拥有1,300多艘渔船，年捕捞量30多万吨，总产值达20多亿元，渔货年交易量达50多万吨，占广西的70%。

②陈禄青、周明钧：《北部湾划界后广西北部湾渔区渔民转产转业问题研究》，《安徽农业科学》2010年第29期。

③张坚：《海洋权益争端激化背景下我国南海渔业生产转型发展研究——以北海市侨港镇为例》，《八桂侨刊》2016年第1期。

④北海市地方志编纂委员会编《北海市志1991—2005》，广西人民出版社，2009年，第227页。

洋强国。”。[①]基于上述原因，北部湾地区渔民的“洗脚上岸”问题成为当地社会最为突出的问题之一。如何在转产转业大趋势中化危为机，成为包括侨港镇在内的诸多渔业地区需要解决的问题。

北部湾渔民转产转业问题受到诸多学人的关注，主要有以下类型的成果：

第一，对北部湾沿海渔民转产转业困境上的关注。居占杰、陈禄青、朱坚真、吴彩莲等人分别聚焦了广东省及广西北部湾区域渔民在转产转业上面临的问题，并就此提出对策建议。[②]上述成果对于学界从整体上了解北部湾渔民转产转业现状、存在的问题和解决的措施较有意义。

第二，对北部湾渔民转产转业政策的评价。朱坚真、师银燕和陈可文分别对北部湾渔民转产转业的政策进行了梳理，指出其得失并进行评述。[③]

第三，对北部湾渔民转产转业指出了明确路径。陈文河、秦明双、卢伙胜、林军通过对北部湾渔民海水养殖情况的数据分析，认为北部湾渔民具有相当的养殖条件，提出发展养殖业是解决转产转业问题的一个重要方式。[④]

第四，对我国其他区域渔民转产转业的个案研究。于蕾、黄轩流通过对珠海市的海岛渔民进行调查，分析其在转产转业中存在的问题，并结合实际提出建议对策。[⑤]

第五，王玉刚和杨玲在硕士学位论文中虽有提及侨港镇关于转产转业的问题，但并未就这一问题进行剥离，未进行专门的论述。[⑥]

总体而言，上述成果在回应北部湾渔民转产转业的问题时，多从政府层面自上而下提出相关的对策建议，尚未有自下而上层面的总结与反思。近年来，在推进全域旅游大背景下，侨港镇被列为北海市银海区全域旅游建设的重点单位之一。此外，侨港镇2017年便被列入全国第二批特色小镇名单，2018年作为海洋特色小镇入选广西第一批特色小镇培育名单。[⑦]侨港镇利用自身所具有的自然、文化资源，发展起以餐饮行业为主导的旅游产业，成为北部湾地区渔民转产转业比较成功的典范。对侨港镇旅游业发展的关注和研究，既是为北部湾渔民解决转产转业问题提供一个成功案例，也是从一个侧面对近年来北部湾转产转业得失进行反思。

---

①《坚定不移沿着中国特色社会主义道路前进为全面建成小康社会而奋斗——在中国共产党第十八次全国代表大会上的报告》，中国网，http://news.china.com.cn/politics/2012-11/20/content_27165856.htm，访问日期：2012年11月20日。

②居占杰、郑方兵：《广东省渔民转产转业问题的思考》，《改革与战略》2010年第1期。陈禄青、周明钧：《北部湾划界后广西北部湾渔区渔民转产转业问题研究》，《安徽农业科学》2010年第29期。朱坚真：《北部湾沿海捕捞渔民转产转业问题的研究》，《南方农村》2012年第8期。吴彩莲：《中越海上划界前后广西北部湾渔民生产方式的变迁：1949—2006年》，广西师范大学硕士学位论文，2008年。

③朱坚真、师银燕：《北部湾渔民转产转业的政策分析》，《太平洋学报》2009年第8期。陈可文：《渔民转产转业政策实施效果的评估及改进意见——南海北部湾划界对广东省渔业发展的影响及对策研究之一》，中国海洋学会、广东海洋大学：《中国海洋学会2007年学术年会论文集》，内部资料，2007年11月。

④陈文河、秦明双、卢伙胜、林军：《北部湾渔民转产转业的养殖潜力分析》，《安徽农业科学》2008年第34期。

⑤于蕾：《珠海市大万山岛渔民转产转业问题研究》，华南理工大学硕士学位论文，2012年。黄轩流：《珠海万山区海岛渔民转产转业问题与对策研究》，西南交通大学硕士学位论文，2018年。

⑥王玉刚：《中越海上划界以来广西北部湾地区化解“三渔”问题研究》，广西师范大学硕士学位论文，2014年。杨玲：《海洋强国战略背景下我国南海地区海洋渔业转型发展研究》，广西师范大学硕士学位论文，2019年。

⑦《住房和城乡建设部关于公布第二批全国特色小镇名单的通知》（建村〔2017〕178号）；《广西壮族自治区人民政府办公厅关于公布第一批广西特色小镇培育名单的通知》（桂政办发〔2018〕28号）。

二、侨港镇旅游业的形成

侨港镇的旅游产业在长期的积累中逐步完善旅游服务设施，彰显侨港特色，在游客中积累了良好的口碑，得到本地、外地游客的接纳和认可。

（一）旅游口碑

侨港镇的归侨祖籍多是今广西钦州、北海、防城港一带，近代以来为谋生计、避战乱等移居越南北部海岛，在越南生活繁衍了几代人。在其饮食习惯和风味中，既有越南特色，也保留了疍家人的传统饮食习惯。在北海当地，这样的餐饮特色是独一无二的，因而深受当地民众青睐。

20世纪80年代，镇内已经出现早餐店、小吃店、小炒店和冷饮店，为食客提供具有越南风味的食品，诸如鸡丝粉、糖水、煎堆等小吃及其他炒菜类。侨港镇的食品做法讲究，味道独特，因北海其他地方尚未出现类似餐饮，在当时来说较为新奇，价格也较为公道，逐步受到北海民众的欢迎。

20世纪90年代，大排档、酒店一类的餐饮店出现于侨港镇街头。这些初具规模的餐饮店已经具备承接大型聚餐的能力。他们制作的菜式在烹饪方法和味道上因具有疍家和越南风味，相较于北海市区更具特色。因此，许多到过侨港镇吃宴席的北海人都很愿意在侨港镇宴请宾客。

2010年以来，侨港镇通过对侨港风情街街区的改造升级，发掘侨港镇的文化特色，举办文化旅游活动等，大力推动旅游产业的发展。由于前期口碑的积累，风情街得到了社会认可，早已声名在外。许多本地、外地，甚至外国的游客，都慕名而来，体验侨港风情街。笔者于2019年6月到侨港镇考察时，注意到来到侨港镇的私家车中既有广西各地市的车牌号，也有全国其他多个省区（特别是广东）的车牌号。

（二）旅游业发展成效显著

经过长期积累，侨港镇的旅游产业发展已取得相应的成效。据统计，侨港镇2012年日接待旅客人数达到3,000多人次。[①]2015年，侨港镇新增家庭宾馆5家，小吃店和大排档26家；2016年全年接待游客60万人次。至2018年，全镇已有300多家小吃店、约40家民宿、30余家海鲜大排档、20余家干海味店，游客数量达350万人次，旅游收入2.3亿元。2018年，在该镇举办的端午文化艺术节和“侨港生猛海鲜·青岛啤酒嘉年华”活动接待游客数量就达30多万人次。[②]

侨港镇有如此强的游客接待能力，是多年来不断努力完善基础设施的结果。作为全镇积极推进的产业之一，在上级部门的资金支持下，侨港镇人民政府多年来一直注重对侨港风情街等街区、侨港度假浴场、海鲜超市、美食广场等旅游设施的建设及完善。据不完全统计（2017年资料不详），2012—2018年，侨港镇每年在旅游设施建设中投入100万—800万元。

①北海市地方志编纂委员会编《北海年鉴2012》，广西人民出版社，2012年，第528页。

②侨港镇人民政府2016年、2017年、2019年的政府工作报告。

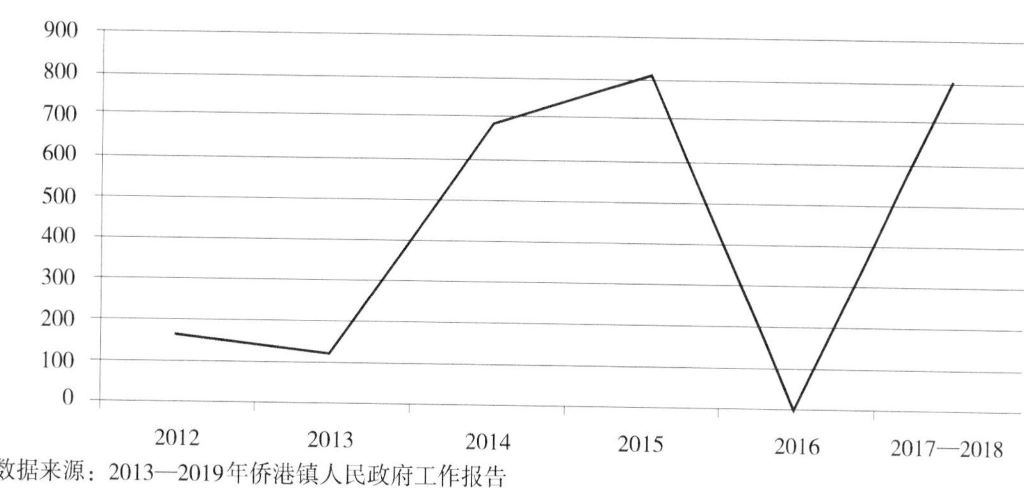

数据来源：2013—2019年侨港镇人民政府工作报告

图1 2012—2018年侨港镇对旅游设施建设的投入（万元）

旅游产业的发展给侨港镇居民开拓了渔业以外的经济来源。2012年，侨港镇年人均纯收入尚不足7,000元，2015年已经超过10,000元，至2018年突破了20,000元。

表1 侨港镇2012—2018年居民人均纯收入（单位：元）

年份	2012	2013	2014	2015	2016	2017	2018
金额	6,867	9,749	9,996	11,086	16,960	不详	20,100

数据来源：2013—2019年侨港镇人民政府工作报告

笔者在考察期间了解到，侨港镇归侨中有一位黎先生，由海洋捕捞转产至海洋养殖，曾借款在钦州大风江投资养殖大蚝，2014年受超强台风“威马逊”影响，损失惨重，身负重债。见此，侨港镇侨南社区工作人员建议黎先生根据部分游客有到大海中体验海洋风情的消费需求，购买船只进行注册并申领执照，为游客提供海钓、出海观光等服务，以增加家庭收入。旅游市场由传统的观光旅游向沉浸式、体验式全域旅游的需求转变，渔民在这样的机遇下转变为旅游产品提供者。可以说，这既是旅游市场扩大和旅游需求增加的真实写照，也是当地民众就业创业的便通之道。

三、侨港镇旅游要素构成

与传统的旅游发展模式不同，作为银海区全域旅游建设示范点的侨港镇并非以门票经济作为目的，而是通过旅游要素的培育建设，构建“吃、住、娱、购、游”的旅游发展新模式，吸引八方游客。经过多年的积累和发展，侨港镇已形成侨港风情街、侨港浴场、配套住宿、餐饮体系，以及疍家传统文化等较具当地归侨特色、海洋特色的重要旅游要素，成为侨港镇旅游产业的重要支撑点。

（一）特色美食街——侨港风情街

侨港风情街的打造，让“北有老街，南有风情街”成为北海一个耳熟能详的口号。侨港风情街是以经营北海疍家、越南风味小吃为主的特色小吃街，主要由侨港鲜活海产品美食街、侨港“一带一路”特色小吃街、广西特色商业街这3个街区组成。街区总长1,200米，建筑面积12,000平方米，经营面积达9,500平方米。街区内有80余家商铺，从业人员800余人，年营业额2,000多万元。[①]

1999年，侨港镇引进1,000多万元兴建“中越风情一条街”（侨港风情街前称）。当时该街区只有约100米，位于侨港镇中心地带，主要售卖越南土特产，同时还开设诸多越南风味的餐馆、小吃店。游客纷纷到此购物。街区两旁以越南风格装饰，异域风情浓郁。[②]2011年以来，政府相继投入资金对侨港风情街进行改造，[③]完善厕所、停车场、游客服务中心等基础设施，同时对街区内店铺门面进行统一风格的装修，并鼓励餐饮业主进驻发展特色餐饮，丰富特色餐饮内涵。2014年国庆节期间，一家外地啤酒厂商斥资为侨港镇小港北一路的商家免费安装统一的招牌。2017年，侨港镇人民政府投入678万元对小港北一路、二路共约3,400平方米的人行道进行修复，同时建设景观灯具、配套服务设施、线路地埋等。[④]至2018年6月，该工程基本完工，完工后的这两条路铺上了彩色路面，安装了路灯，更为简洁大方。

（二）侨港度假浴场

侨港度假浴场位于北海银滩西部，隔电白寮港与北海银滩相望。侨港浴场的自然条件与银滩相像，且有较大的游乐空间，是休闲度假的好去处。由于其规模和知名度相对银滩而言较小，客源主要是北海当地游客，且免费开放。1999年11月12日，“北海市侨港度假浴场管理处”挂牌成立，对浴场进行管理。浴场有专业人员组成的救生队，配备广播室、瞭望塔、探照灯、救生艇等相应的管理、救生设施。除了供游客日常游玩外，浴场内还时常举办一些水上运动赛事。

2019年5月23—29日，第二届全国青年运动会风筝板决赛、2019年亚洲风筝板锦标赛和全国风筝板锦标赛（北海站）在侨港度假浴场举行。这3项赛事是由世界帆船联合会（WS）、世界风筝板协会（IKA）授权，中国帆船帆板运动协会、广西壮族自治区体育局和北海市人民政府主办，北海市旅游文体局、银海区人民政府承办的国际性重大赛事。来自亚洲、欧洲、美洲、大洋洲16个国家约200名运动员、教练员和领队参加了此次赛事活动。[⑤]在侨港度假浴场举办的这些全国性、国际性的高规格体育赛事，对于推动侨港镇旅游文化产业发展，助推具有海洋特性的“特色小镇”培育建设，搭建旅游文化平台、打造当地旅游品牌，贡献了积极力量。

---

①《立足地域文化打造侨乡特色风情街区——北海市银海区侨港风情街发展现状》，银海区商旅局内部资料，2018年。

②北海市银海区地方志编纂委员会编《银海区志》，广西人民出版社，2008年，第43页。

③《2013年银海区人民政府工作报告》，http://www.yinhai.gov.cn/zwgk/jcxxgk/ghjh/201301/t20130122_1739666.html，访问日期：2013年1月22日。

④《关于北海市银海区侨港镇小港北一、二路风貌改造提升工程项目立项的批复》（北银发改〔2017〕55号），http://www.yinhai.gov.cn/zwgk/jcxxgk/jgsz/yhqrmzfzcbm/yhqfzhggj/tzgggs_97330/tzgggs_97331/201710/t20171009_1713222.html，访问日期：2017年10月9日。

⑤《快讯！2019年亚洲风筝板锦标赛将于本月底在侨港海滨浴场举行》，“侨港小镇”微信公众号，http://www.yinhai.gov.cn/zwgk/jcxxgk/ghjh/201301/t20130122_1739666.html，访问日期：2019年5月17日。

（三）住宿业的配套

侨港风情街和侨港度假浴场的带动吸引了海景彩云宾馆、海珠度假酒店、路海大酒店、天湖酒店等一批星级酒店的进驻，也涌现出一批集中于该镇亚平村的家庭宾馆。2000年左右，在日渐发展的旅游业面前，亚平村村民利用自身的土地资源优势，发展起了以家庭宾馆为主的住宿服务业。截至2018年，亚平村全村共有家庭宾馆26家，出租房屋80多栋。[①]侨港镇多数家庭宾馆位于亚平村内，部分为村民自营，部分整栋租赁与他人经营。为进一步引导村民转产转业，更好地融入到侨港镇的旅游业中去，亚平村先后组织党员干部、村民代表到北京、上海、杭州、苏州、华西村（位于江苏省江阴市）等地进行参观，学习发展旅游等第三产业的成功经验。

作为旅游产业发展的重要组成部分，侨港镇住宿业配套设施的完善留住了游客，延长了旅游打卡时间，让更多旅游者有更多时间和精力品味侨港，为侨港镇的经济发展增添了重要的动能。

（四）餐饮体系的形成

侨港镇是因安置归侨而形成的小镇，归国华侨在数十年的生活中仍旧保留祖辈流传下来的具有越南、疍家特色的饮食习惯。在渔业和旅游业融合发展的过程中，将越南特色的饮食习惯与当地的饮食相结合，发展出异于北海本地风味的餐饮文化，形成自身独特的美食品牌。

经过几十年的积累，侨港镇业已形成一个相对完整的餐饮体系，大致可分为以下4类：

1. 较具规模的大型餐馆

这类餐馆出现较早，发展时间较长，拥有较为雄厚的基础，主要有美加食府、露华海鲜楼、银龙大酒楼等，在侨港镇餐饮业中占据重要位置。其所经营的菜式、口味都比较符合侨港风味，除了接待本地、外地客人的聚餐外，还时常承接喜宴一类业务。

2. 大排档

随着侨港镇游客的增多，餐饮市场不断扩大，大排档也在不断增多，其中龙记大排档可作为典型代表。侨港镇是个渔业重镇，其渔港码头又是一个鱼货交易繁华之地。因此，海鲜成为侨港镇大排档的主打食品。海鲜加工是大排档的重要经营方式之一。除了侨港度假浴场有众多大排档外，侨港风情街亦有不少这类餐饮店。近年来，侨港镇人民政府通过生猛海鲜一条街（小港北一路）的升级改造，采取给予店面租金优惠、配套桌椅等措施，[②]鼓励商家进驻从事餐饮行业，丰富侨港镇餐饮内涵。

3. 较上档次的休闲餐饮

为适应不同消费群体的需求，商家在小港北二路开设了“沙巴小镇”“壹玖柒玖”“河内街”“越手势”等多家休闲餐饮店。这类餐饮店除了注重“越”“侨”特色的饮食风味外，还注意营造出休闲的就餐环境。如“沙巴小镇”“河内街”这两家店均是封闭式装修，内部既有艺术品的装饰，也有温馨的灯光调和，完全给消费者营造出一种休闲、放松的就餐氛围，使食客能在放松愉悦的状态下慢慢享用当地美食。

---

① 在亚平村2018年的简介手册中，亚平村有家庭宾馆26家，餐饮业9家，出租房屋80多栋。亚平村委公示牌中显示，亚平村有家庭宾馆22家，出租房屋100多栋，餐饮业9家。本文采用第一组数据。

② 2019年5月15日采访侨港镇美食协会会长WU先生录音内容。

4. 数量较多的小吃店

在归侨的传承和创新下，侨港人将自己平日喜欢吃、会吃的食品加以创新，形成品种繁多的具有侨港特色的小吃。煲仔粉、越南卷粉、海鲜粉、越南鸡粉、糖水、炒冰、虾（蟹）饼等小吃类食品，让诸多游客慕名而来，为众多食客所青睐。值得一提的是，每至入夜，食客纷至沓来，“24栋糖水店”“有间冰室”等这些小吃店往往人满为患。毫不夸张地说，侨港镇饮食体系和饮食文化的发展吸引了大量食客，对促进该镇旅游业的发展有突出贡献。

表2 侨港镇部分特色美食名录

店名	菜品	店名	菜品
安逸海鲜	越味钵钵鸡、越味串烧肉	地地道道	海霸王、越南小吃拼盘
吴玉明煲仔粉	招牌杂煲、鸡翅餐肉煲仔粉、香味鸡腿煲仔粉、秘制猪脚煲仔粉、咖喱鱼蛋煲仔粉	海岸小厨	年年有余、醉虾恋茄子
丁氏开心锡纸螺丝粉	螺丝花甲各种加、海螺鸭脚煲、排骨芋头煲	河内街	越南手工虾卷、香兰叶鸡块、芒果糯米饭
渔人码头	仙鹤送福、养生鲍鱼	笑笑烧鸡	笑笑烧鸡、哈哈鸽
有间冰室	菠萝蜜炒冰、芒果炒冰、椰子炒冰、红红火火小龙虾、黄金虾	美加食府	金龙献瑞、鸳鸯黄金球、美加特色墨鱼饼、满载而归、纵横天下、大展雄图
海知味	拼盘墨鱼饼、虾饼、烤大蚝、烤明虾	渔海蚝情	鲍君临下、参不可测、掌上明珠、谁与争锋、鱿鱼不决
越手势	奶油法包、经典色拉、簸箕烧肉粉	港湾糖水	西米芒果粒、芋圆红豆、白果桂圆
孺子牛杂	萝卜牛杂、萝卜牛腩、大杂烩	壹玖柒玖餐厅	疍家蟹仔粉、海鲜汇、1979串烧
梁太小吃	梁太凉拌菜、梁太酸甜菜、特色咖喱鱼蛋	禾安寿司侨港店	禾安寿司独享套餐
侨越世家卷粉店	侨越虾饼、侨越世家卷粉	真碳社	越南煎饼、越南经典大拼盘
24栋糖水店	香芋西米、五加、板栗桂圆、芋圆红豆、绿豆海带	添添渔港	避风塘炒蟹
品越越南鸡粉	品越超级拼盘、香炸云吞、秘制牛腩	杯杯乐	三明治、杨梅汁、黄皮果汁、西多士
龙氏13号加工店	串烧虾、黄金炒蟹	百乐小炒	莲花白菜、百乐海鲜大咖
银龙大酒店	原味大盘蟹、春风泛舟舞瑶池、桃红柳绿千里秀——越菜大拼盘、黄金炒蟹	赶海人家	松鼠鱼、富贵福卷

资料来源：“侨港美食”微信公众号2019年8月10日下载整理

（五）侨港镇的传统文化

文化是旅游的灵魂，也是旅游吸引力的重要源泉。“文化+旅游”已经成为各地旅游的一个重要发展方向。文化品牌的构建与提升也成为侨港镇旅游的一个重要组成部分。

作为跨界疍民，当年安置于侨港镇的渔民祖籍多是钦州、北海一带。其祖辈长期生活在越南北部沿海地区，以打鱼为生，本身就有较为浓厚的疍家文化传统。回到中国的他们仍旧保持着咸水歌、扒龙舟、疍家婚礼等原汁原味的疍家文化。将这些带有浓厚渔、侨、疍味道的文化通过各种形式展现出来，给游客带来不一样的旅游体验，使之在旅游过程中能够体验当地浓郁的特色文化氛围，是侨港镇旅游文化的重要体现，也是侨港镇促进文化发掘、保护与传承，展现文化特色与自信的一大举措。

2017年以来，侨港镇通过举办端午节系列活动，将这些传统文化以现场演出的形式加以呈现，逐步将这些疍家文化搬上荧屏，展现于世人眼前。2018、2019年，政府部门均将疍家婚礼演出作为端午文化艺术节活动的重要一环，在北海的演艺公司与侨港镇老年协会演员们的倾情演出下，将精华版的疍家婚礼呈现在世人面前。据统计，北海电视台对2018年疍家婚礼演出的直播网上点击量近100万人次。上述活动说明，在不断推进全域旅游建设的背景下，侨港镇的传统文化展现从线下搬到线上，不再囿于固定区域的互动，而是从侨港镇走向全国，甚至世界，让更多的人了解侨港，了解侨港特色。

四、侨港镇旅游业成功的原因分析及其启示

2000年中越北部湾划界以来，渔民转产转业一直是社会要解决的问题，特别是在海洋强国战略实施的背景下，对转产转业更是提出了新的更高要求。关于走什么样的路，用什么方法来解决渔民转产转业问题，侨港镇在旅游发展中不断进行摸索。2012年，侨港镇日接待游客3,000多人次；[①]到2018年，年游客接待量350万人次。能够取得这样的成绩，笔者认为，个中原因及其启示作用可以概括为以下6个方面。

（一）政府推动

侨港镇旅游产业的发展并非一蹴而就，而是多年来逐步积累的结果。在政府部门的政策支持和主导下，该镇的旅游产业得以较快发展。1999年，侨港镇投入1,000多万元开始兴建中越风情一条街。[②]在银海区委、区政府把侨港风情街作为一个提升、规范大众饮食，拉动消费内需的举措后，政府部门在北海旅游扶持资金等的支持下，于2011、2012年先后投入170万元对侨港风情街进行升级改造；2017年，先后投入900多万元对小港北一路、二路的风情街区及其他三条街进行改造。[③]

①北海市地方志编纂委员会编《北海年鉴2012》，广西人民出版社，2012年，第528页。

②北海市地方志编纂委员会编《北海年鉴2012》，广西人民出版社，2012年，第43页。

③《关于北海市银海区侨港镇小港北一、二路风貌改造提升工程项目立项的批复》（北银发改〔2017〕55号），http://www.yinhai.gov.cn/zwgk/jcxxgk/jgsz/yhqrmzfzcbm/yhqfzhggj/tzgggs_97330/tzgggs_97331/201710/t20171009_1713222.html，访问日期：2017年10月9日。

2017年以来，银海区人民政府便利用端午节这一传统节日，在侨港镇举办端午节系列活动，展现侨港镇特色文化，推动银海区全域旅游的发展。2018年6月16—18日，在侨港镇举行了以“龙舟竞渡风情侨港，美食狂欢特色小镇”为主题的端午文化艺术节系列活动。2019年，为了庆祝中华人民共和国成立70周年和侨港镇建镇40周年，侨港镇举办以“祖国我爱您！”为主题的“侨港镇建镇40周年·风情侨港”系列活动。在区、镇两级政府部门的推动下，通过举办端午节系列活动，侨港镇将文化魅力特色持续输出，推动了自身文旅品牌的打造，也促进了旅游人气的提升和旅游经济的发展。上述例子说明，政府部门在地方产业经济成功转型的发展中有着举足轻重的作用。政府部门需要进一步紧紧围绕民生、经济等问题，再作文章，进一步将解决转产转业问题、促进旅游产业深度发展推向新的高度。

（二）侨团组织积极参与

2000年以来，侨港镇先后出现了以地缘组织、业缘组织为主体的五大归侨团体组织。[①]这些侨团组织对于侨港的发展有着一份深沉的责任感和使命感。他们本着对侨港群众和侨港镇未来发展负责任的态度，对促进侨港镇发展有着主人翁意识。

例如，在2018年的端午节系列活动中，侨港镇老年协会作为策划疍家婚礼节目的核心组织之一，组织118名老年协会会员，承担祭海角、抽礼、接亲、唱咸水歌、叹家姐、对歌等任务。老同志们以高涨的热情在炎热的天气下排练，虽然很辛苦，但几乎没有怨言。[②]在2019年的疍家婚礼筹备过程中，由于计划临时变更，要求老年协会其中两名咸水歌队员退出。这对满怀热情辛苦训练的老归侨来说是难以接受的，但他们还是服从了组织安排。[③]又如2019年的龙舟赛，由于活动开展当日是6月7日（农历五月初五），正值高考，因此官方层面临时将活动的组织和主持任务交给归侨文化促进会和水产协会。临危受命的归侨文化促进会会长向镇领导承诺，会组织好此次活动。[④]

事实上，侨港镇渔民由于长期生产生活于水上，生活圈子相对封闭，渔民个体与外界交往能力不足。因此，成立并加入侨团组织“抱团取暖”，是他们加强与外界沟通的一种重要方式。而其中所形成的团结、“听话”的传统，民众积极踊跃参与的精神，使得他们在这些活动面前能够出色地完成任务。可以说，参与这些活动是以侨团组织为单位的侨港民众热爱侨港的表现，促使他们在这些困难与机遇面前顾全大局，推动该镇经济在旅游产业上的转型发展。

（三）美食吸引

上文已经提及，侨港镇已形成自身的餐饮体系。多年来，归侨们既保留了“侨”“越”的饮食特色，也不断对其进行研究创造，逐步形成与当地风味不同的侨港特色美食体系。

---

①这些侨团组织主要有海产品贸易协会（亦称“水产协会”，成立于2000年6月）、老年人体育协会（成立于2001年9月）、姑苏群岛归侨联谊会（成立于2005年4月）、婆湾岛归侨联谊会（成立于2007年7月，2017年改名为“归侨文化促进会”）、美食协会（成立于2016年8月）。

②2019年5月12日采访侨港镇老年协会会长LU先生录音内容。

③侨港镇老年协会会长LU先生关于2019年疍家婚礼的记录。

④2019年6月10日采访侨港镇归侨文化促进会会长ZHOU先生录音内容。

在侨港的餐饮店中，大多数店铺经过多年发展，形成了自身独特的制作手法和口味。这是吸引食客的重要杀手锏。吴玉明煲仔粉是一家传承了20年的粉店。由于北海当地口味清淡，如何制作出清淡而又不失风味的粉，是店主一直以来孜孜不倦的追求。做一份好吃的让顾客满意的粉，是他一直以来不变的信念。从挑选食材，到制作的手法，都有严格的要求和自身探索出来的秘诀。经过多年的探索研发，店内已经开发出杂煲粉、鸡肉粉、猪脚粉、鱼粉、梅肉粉等系列品牌。由于味道鲜美独到，深受新老顾客喜爱。店主希望有更多的人来品尝他做的美食，记住煲仔粉的味道。但对于一名食客来讲，记住的不只是美食的味道，更是侨港的魅力。

（四）诚信口碑的坚守

诚信经营、童叟无欺，是每一户商家的基本准则。这对于侨港人来说再正常不过了。对于他们来说，这是要遵守的社会公约，也是赢得游客信赖的重要法宝。侨港镇内的店铺几乎都对自家商品明码标价，让游客明明白白地消费。在这里，没有"讲英语的打五折，讲白话的打八折，讲普通话的打骨折"的怪象。他们不仅要在舌尖上留住顾客，而且要以诚信经营打动顾客。诚信经营是侨港人发自内心、持之以恒的重要底线。对于公平买卖与否他们心中有着一杆秤，且对自身发展所产生的影响有较为清晰、深刻的认识。在侨港人看来，做生意要明码标价、公正地道，本地、外地游客一视同仁，诚信经营是他们最重要的坚守。[①]本地店主比较注重维护本地口碑，不欺客宰客，饮食卫生干净，服务礼貌周到，便会有更多的人想到侨港旅游。[②]多年来，侨港人一直以"诚信"二字作为旅游业发展的重要加分项，坚守着自身经营的底线，做到游客"零投诉"。当前旅游业中欺客宰客、"雁过拔毛"的乱象时而有之，但侨港镇仍能坚守自身底线与准则。这对于一个年客流量300多万的旅游地来说，是一个非常了不起的成绩，也是促进旅游产业快速发展的重要保证。

（五）侨港镇的特殊地位与成就

侨港镇是中国安置印支难民唯一的镇级行政单位，也是中国面积最小的镇之一。1979年6月成立以来，全镇从仅有600多条破烂的小船发展成为拥有1,000多条渔船、年渔获30多万吨、产值20多亿元、人均年收入达22,100元的渔业重镇，被誉为世界难民安置的"橱窗"和典范。此外，侨港镇还曾多次被评为全国侨务、侨联先进集体，荣获"自治区和谐乡镇""全国文明镇""全国先进基层党组织"等荣誉称号，同时被列为银海区全域旅游示范区，入选第二批全国特色小镇名单、广西特色小镇培育对象。此外，侨港镇有着丰富的"侨"文化和海洋文化资源。该镇比较注重对这些特有文化资源的保护、传承与发展，并丰富其中内涵。疍家婚礼、咸水歌、扒龙舟等疍家文化以及具有"侨""越"特色的饮食文化，在侨港镇的文化传承中占据重要地位。侨港镇在特色小镇的打造建设中充分凸显海洋特色，将这些文化资源进行发掘、创新，打造为当地文化品牌，作为重要元素融入到旅游发展当中。这样的发展成绩和文化底蕴本身就是一张亮丽的旅游名片，给旅游者提供了线索和较大的探秘空间。

① 2018年7月28日采访侨港镇归侨ZHANG先生录音内容。

② 2018年8月3日采访侨港镇"越手势"餐饮店老板PAN先生录音内容。

（六）宣传效应

互联网时代的到来，对侨港镇扩大宣传、提高知名度有着很好的推动作用。

1. 旅游者为侨港作宣传

良好的消费环境和丰富的文化风情体验给旅游者留下了较为深刻的印象，树立了侨港镇的良好口碑。侨港镇为游客营造了良好的旅游环境，使游客对侨港产生“一传十，十传百”的多米诺骨牌效应般宣传效果。

2. 各级媒体的宣传效应

侨港镇通过与媒体合作，致力打造侨港镇新形象。2018年北海电视台直播的疍家婚礼活动，网上点击量近100万人次；“开渔节”头鱼拍卖活动点击量有140多万人次，创历史新高。除了地方媒体外，国家级、省级媒体也多次宣传侨港镇。中央电视台财经频道（CCTV2）的《消费主张》栏目在2018年8月7日播出“2018中国夜市全攻略——广西北海”，在近26分钟的播放时间中用了近14分钟来宣传侨港镇的夜市。

3. 侨港镇的自我宣传

2016年，侨港镇投入20万元建立“今日侨港”“侨港美食”两个城市服务APP，在完成掌上政务之余，还对城市旅游、美食文化进行推介。2019年，注册完成“侨港小镇”微信公众号，用以推送侨港镇的各类宣传信息。

作者简介：张镇昌，贵港市高级中学历史教师；
康海宁，桂林旅游学院党委学生工作部（处）讲师

侨乡文化的创意呈现
——以《千年古韵 画说容州：线条下的八桂侨乡文化》为例

李建林

【摘要】《千年古韵 画说容州：线条下的八桂侨乡文化》通过创意图文的方式，为读者建构了立体形象的广西玉林容县侨乡文化图景。从容县整体文化研究入手，以钢笔画呈现容县侨乡文化符号，深化拓展了侨乡文化研究方式和传播途径。文化艺术学者对地方文化的执着探索，地方政府具有文化自觉的担当，校地、校企合作的融洽关系，有效地促进了侨乡文化的研究深化、传播弘扬。

【关键词】容县 “画说容州” 侨乡文化 钢笔画 “画说玉林”

一、引言

广西师范大学出版社2021年7月出版的《千年古韵 画说容州：线条下的八桂侨乡文化》(李伟中、张中、宋永忠等著)，以较具创意的“以画为凭，以文为证”的方式，产生了良好的社会效益。这里的“画”，指的是钢笔线条所构筑的“钢笔画”①。一幅幅黑白分明、线条细腻的钢笔画，似玉珠落盘，穿插书中，与内容丰富、流畅雅致的行文结合，生动呈现了广西最大县域侨乡容县（现属玉林市）的山川胜景、古迹文物、人文物产，深化拓展了以容县为代表的“八桂侨乡文化”研究，传播弘扬了“八桂侨乡文化”图景，既服务了地方文化建设，也加深了人们对容县侨乡文化的认识、认同，成为新时代弘扬侨乡文化的一部优秀创意作品。

二、创意式呈现

《千年古韵 画说容州：线条下的八桂侨乡文化》是广西师范大学出版社近年出版的“画说玉林”系列（共8本，目前已出6本）中较为厚实的一本，以“图文并茂”的形式，为容县侨乡文化“作传”，促进侨乡文化建设与认同。

“图文并茂”在图书出版领域并非什么“创意”，其中的图，一般皆以照片、图画为主。然而，“画说玉林”系列以钢笔画作为全书风格一贯的插图，在新时代的出版领域是极为少见的（除了一些钢笔画教材和延续传统的连环画图书或一些文艺作品的连环画改编本）。从这个意义上讲，“画说玉林”系列的呈现方式具有创意。而在侨乡文化研究和传播领域，《千年古韵 画说容州：线条下的八桂侨乡文化》的这种创意式呈现目前为止应属独一无二。

①钢笔画属于独立画种，是一种具有独特美感且十分有趣的绘画形式。其特点是用笔果断肯定、线条刚劲流畅、黑白对比强烈、画面效果细密紧凑，对所画事物既能进行精细入微的刻画，亦能进行高度的艺术概括，肖像、景物、风景等题材均可表现。参见百度百科。

《千年古韵 画说容州：线条下的八桂侨乡文化》从封面到辑封，再到正文插图、页眉设计，都大规模应用了钢笔画及其元素。一幅幅精美的钢笔画本身就具有独特魅力，即便单独欣赏，也让人在黑白相间中意犹未尽。这些钢笔画既有壮阔、宏大的远景式描绘，如山川（都峤山、天堂山、绣江）、城市（容县全景），也有让人仿佛置身其中、其前的中景式的描绘，如各类较为完整的建筑物——老屋、阁楼、街巷、厂房等，包括真武阁、城关窑、龙镇村炮楼、马晓军故居、黄绍竑别墅、彭氏大屋、石寨华侨楼、杨梅骑楼、黑五类大厦等，更有各类栩栩如生的特写——陶器、铜镜、牌坊、瓦当、铜鼓、铜钟、石础、斗笠、石像、花窗、香薰、花瓶、地漏、砖窗、屋檐、壁画、躺椅、笔架、人像、药碾、救护箱、楹联、纪念章、收音机、黄包车、手电筒、电风扇、油纸伞、碗柜、沙田柚、生料粉、“酿三宝”、脱谷机、霞烟鸡、黑芝麻糊、龙舟、吊篮、火笼、牛皮鼓、古铁炮、鞭炮机、拖拉机、动车头，等等。衣食住行用之物，简直无一不可入画，全景展现了侨乡容县壮美的山川形胜、丰富的人文景观，为读者建构了立体可观的侨乡文化图景。

三、立体式研究

学术界对于侨乡文化的研究和认识日益深入。冉琰杰、张国雄指出：

> 侨乡兴起于近代，其文化源流一为本土文化，二为外来文化。中外文化融合是侨乡文化形态最本质的特征。这使侨乡文化在中国地域文化中成为一个有鲜明特点的类型，增添了中国地域文化的丰富性。从地域的视角考察，要求侨乡文化研究不能泛泛地讲中外文化融合，对侨乡的本土文化要素必须做地域文化的具体分析，如了解哪些本土文化在外来文化冲击下发生了嬗变，哪些本土文化依然不变，承载中国侨乡文化地域性的坚守。同理，对影响侨乡的外来文化也需要做国际地理和历史发展阶段、文化学等角度的具体分析，深入了解来自不同地域和不同社会发展水平的外来文化对侨乡本土文化冲击影响的广度、深度以及机理。①

侨乡文化的地域性、国际性，要求开展立体式、多学科的研究。从地域研究的视角出发，《千年古韵 画说容州：线条下的八桂侨乡文化》不只是呈现最为直接的或可称为专门的“侨乡文化”（见全书第六章“侨乡明月家国情”），而是就容县所有本土与外来文化要素展开分析，全面论述了容县历史、地理、人文情况，详细阐述了容县的望族、教育、名贤、将军、建筑、华侨、物产、民俗、旅游、发展等丰富内容，对中西文化要素的论述贯穿全书。“华侨”“侨乡”的文化元素融入书中所描绘的容县社会文化的方方面面，诚如作者所指出的：

> 容县籍海外华侨华人的创业奋进、公益善举、回报家乡等厚重的家国情怀，具有融中国与世界、传统与现代、海内外中华儿女于一体的鲜明特点，也是容县

① 冉琰杰、张国雄：《地域视野下的侨乡文化——以广东侨乡为例》，《广东社会科学》2020年第6期。

侨乡文化的显著特征。作为容县的特定符号，侨乡文化成为联结容县籍侨胞和家乡的精神纽带，给远在海外的容县籍侨胞带来深厚的历史感和强烈的自豪感，成为不可替代的精神珍宝。①

四、侨乡文化精神之旅

侨乡容县物华天宝、钟灵毓秀、底蕴深厚，孕育了“容山、容水、容万物”的容县精神。《玉林侨乡文化》一书，通过与中华传统文化、华侨文化、西方文化、东南亚文化、玉商文化、客家文化、沿海发达地区的侨乡文化进行比较，概括了玉林侨乡文化的内涵与特征：“主要表现为伦理本位（爱家、爱乡、爱国）、自信（敢闯、创业）、开放（出洋）、包容（吸收其他文化，如建筑、教育、语言）、崇商重教（捐赠）。”；将玉林侨乡文化划分为“捐赠文化”“寻根文化”“亲情文化”“旅游文化”“创业文化”“教育文化”“建筑文化”。而对这些“文化”的探讨，每一项都离不开容县的例子。②因此，容县侨乡文化精神与玉林侨乡文化精神是一致的。

《千年古韵 画说容州：线条下的八桂侨乡文化》尤其注重对上述侨乡文化精神的阐发，一阁楼、一峤山、一故里、一贵妃、一绣水、一侨乡……深厚璀璨的传统文化与开放包容的侨乡文化——山水文化、宗教文化、建筑文化、历史名人文化、本土民俗文化、华侨华人文化，在一幅幅优美的钢笔画中，在一个个英雄人物的故事中，在一幢幢融会中西的近现代建筑中，在一笔笔无私的捐赠中……交织展现，带领读者开启一场令人惊叹、令人感动的侨乡文化精神之旅。

五、天时地利人和的杰作

《千年古韵 画说容州：线条下的八桂侨乡文化》是“画说玉林”系列的第五本。它的出现有赖于创作团队的智慧和付出、地方政府的决心和支持、系列出版过程积累的实践经验，是玉林师范学院开展校地、校企合作的一个典范。

（一）团队创作的典范

《千年古韵 画说容州：线条下的八桂侨乡文化》创作团队阵容强大，共有12位各个领域的专家参与（见全书后记，第396页）。他们各有学科专长，文史兼修，充分发挥各自优势，周密调研容县各主要山川胜景、人文景观，深入挖掘容县历史文献资源。他们虽然平日里工作繁忙，但为了共同的梦想——立足玉林、扎根玉林、服务玉林，振兴和发展玉林文化，忙里偷闲，或埋头于故纸堆，或跋涉在山水田野中，或穿行在城市街巷间，扎扎实实开展考察和创作，精心修改完善，可谓“千淘万漉虽辛苦，吹尽狂沙始到金”（见全书第397页）。在创作团队当中，全书200余幅钢笔画插图的作者——玉林市城乡规划设计院副院长张中长期专注于传统建筑的文化保护与传承实践，2019年荣获“全国勘察设计行业杰出

①李伟中、张中、宋永忠等：《千年古韵 画说容州：线条下的八桂侨乡文化》，广西师范大学出版社，2021年，第237页。
②参见中国人民政治协商会议玉林市委员会编《玉林侨乡文化》，广西师范大学出版社，2018年，“前言”。

人物”。除了“画说玉林”系列，张中另有《古韵广西——钢笔手绘古民居》(2014年)、《广西岭南民居寻踪》(2019年)、《探寻广西滨海民居》(2019年)、《钢笔画龙》(2019年)①等钢笔画著作。

（二）校地合作的典范

从“画说玉林”系列的第一本《玉林画 话玉林：线条下的文化符号》开始，以玉林师范学院教师为主的创作团队就积极策划，或主动联系，或受托于玉林各区（县）政府，连续数年开展创作、写作活动。同时，玉林各区（县）政府也给予多方面的大力支持，如提供资金、安排或协助调研、提供文献资料，等等。创作团队对梳理玉林文化脉络、寻找玉林文化符号、打造玉林文化精品和品牌充满热情与担当。玉林各区（县）政府更是有着地域文化的自觉自信，因而成就了校地双方的融洽合作。作为侨乡的容县显示出了打造侨乡文化品牌更强的文化自觉和务实作风，诚如作者所言：

> 这一次容县与我们课题组签约，也是极其爽快的，经费一次性到账，毫不含糊，不仅节约了双方洽谈成本，也让我们最快地投入到调研收集资料和撰写书稿中，正所谓“兵马未动，粮草先行”。②

（三）校企合作的典范

长期以来，玉林师范学院与广西师范大学出版社有着非常良好的合作关系。2015年11月28日，广西师范大学出版社与玉林师范学院签署了双方共建广西师范大学出版社玉林分社的协议，并于当天上午举行广西师范大学出版社玉林分社揭牌仪式。2016年10月9日上午，由双方共建的广西首家高校特色书店“独秀书房”在玉林师范学院东校区图书馆揭牌开放。广西师范大学出版社玉林分社以玉林师范学院为依托，坚持为玉林师范学院教学科研、课程教材建设、玉林地方文化建设做好优质出版服务，合作取得了丰硕的成果。《千年巡旅 画说玉州》《锦山秀水 大美陆川：线条游走下的山水文化》《千年白州 画说客家：线条下的博白客家文化》《千年古韵 画说容州：线条下的八桂侨乡文化》等就是服务玉林地方文化建设的代表作品，梳理和构筑了玉林地方文化的特色品牌。此外，双方在合作过程中，在图书出版的策划、设计、编审校对等环节积极沟通，使相关流程运转顺畅，相关产品呈现出较好的样式，为双方开展下一步的出版合作积累了经验。

六、结语

《千年古韵 画说容州：线条下的八桂侨乡文化》为我们呈现了侨乡容县的整体文化符号，尤以侨乡文化为其鲜明特色。侨乡文化虽然有其鲜明的轮廓与内涵，但是与其他地域文化往往又交织融会，在历史的时空中相互渗透和影响。容县作为广西侨乡的代表，对其

①这些著作皆由广西师范大学出版社出版。

②李伟中、张中、宋永忠等：《千年古韵 画说容州：线条下的八桂侨乡文化》，广西师范大学出版社，2021年，第395—396页。

侨乡文化的认识，仍应从其整体文化研究上入手，并通过地域文化的比较达至较为深刻的认识。《玉林侨乡文化》为我们提供了合适的理论和具体的史例；《千年古韵 画说容州：线条下的八桂侨乡文化》从文化视角为我们提供了一种总体上的线索；“画说玉林”系列的其他作品则提供了玉林地域文化中的“福地文化”“山水文化”“客家文化”等参照系统。这些文化形成的过程往往以“千年”作为单位，在长时段的地域历史进程中积淀而成。近代以来由于华侨华人这一特殊群体促成的中外交流而成型并不断发展的侨乡文化，其“年份”并不久远，却在学术研究与社会实践中显出“醇厚”的特色。何以能如此？中华优秀传统文化是其基础；“三千年未有之大变局”是其背景；域外文化是其养分；华侨华人是其合成者。因而，欲深化对“侨乡文化”这一“地域文化形态”“独立研究主体”[①]的研究，理论的借鉴和视角的转换与综合是必不可少的“学科”自觉，历史的视角、整体的视角、比较的视角、文化艺术的视角、“人为本位”[②]的视角等尤为值得重视。促进侨乡文化的传播、认同、发展、运用之路径同此。《千年古韵 画说容州：线条下的八桂侨乡文化》的意义亦在此。

作者简介：李建林，广西师范大学出版社编辑

①冉琰杰、张国雄：《地域视野下的侨乡文化——以广东侨乡为例》，《广东社会科学》2020年第6期。
②参见鲁西奇：《谁的历史》，广西师范大学出版社，2019年。

试论广西华侨博物馆藏品的征集与资源的利用

黄 琼

【摘要】广西作为全国第三大侨乡，海外侨胞和归侨侨眷众多，但至今只有一所正在建设中的广西华侨博物馆。广西华侨博物馆自筹建开始便对外征集文物，征集到许多关于华侨历史文化的见证物。未来应更加注重藏品征集宣传力度，拓宽征集渠道，可以通过《八桂侨刊》刊登征集信息、侨务部门人员外出征集、海外社团捐赠等形式增强征集实效。充分利用广西华侨博物馆征集、收藏和整理的历史文物文献资料，可以为广西华侨历史文化的研究、交流与传播发挥重要作用。

【关键词】广西华侨博物馆　侨乡文化　藏品征集　资源利用

一、引言

中国人移民海外的历史源远流长，分布在世界各地的华侨华人有6,200多万人。20世纪90年代开始，华侨华人除回国回乡捐赠金钱、投资设厂等之外，还逐步将境外属于中华文化的重要文物，或是个人及家族收藏的文物藏品捐赠回国，或于家乡盖纪念馆或在大学内设立博物馆等，对展示、宣传、研究华侨的历史有重要作用。[①]

中国第一个关于华侨的博物馆是1959年陈嘉庚先生在厦门建立的华侨博物院。经过几十年的发展，目前全国有30多个华侨博物馆，主要分布在广东、福建两省。而广西、云南、海南等海外侨胞人数众多的省（区）华侨博物馆数量较少。广西作为全国第三大侨乡，目前只有一座正在建设中的广西华侨博物馆，保护和展示广西华侨历史文化的场所极其缺乏。因此，本文试图从广西华侨博物馆的建设，以及藏品的征集和资源的利用出发，探讨广西华侨博物馆如何发挥其公共文化服务体系功能，成为开展爱国主义教育、传承华侨文化和培育侨务资源的重要基地。

二、广西华侨博物馆概况

截至2020年，全国备案博物馆有5,788个，华侨博物馆有30多个。广西共有115个博物馆（包含陈列馆、纪念馆等）。关于华侨的博物馆，目前只有一个正在建设中的广西华侨博物馆，占博物馆总数不到1%。[②]

表1　广西14个地级市博物馆分布情况

地级市	南宁	柳州	桂林	梧州	北海	防城港	钦州	贵港	玉林	百色	贺州	河池	来宾	崇左	合计
数量	14	20	24	4	3	3	3	3	5	14	3	9	5	5	115

①文雯：《海外华人捐赠中华文物回归研究》，华侨大学硕士学位论文，2016年。

②《广西博物馆名录 国家博物馆名单》，https://www.maigoo.com/goomai/186740.html，访问日期：2021年9月26日。数据来源于国家文物局公布的国家级博物馆名单，截至2020年12月30日。

广西华侨博物馆在容县落户，面积10,285平方米，总投资5,500万元。截至2021年，广西华侨博物馆外立面已建设完成，正进行内部布展装修。建成后，广西华侨博物馆将在一、二楼内设序厅、展厅，三楼内设文史馆、办公区、多功能厅、藏品室，是一座综合性社会博物馆。①广西华侨博物馆旨在对史料和实物进行陈列展览，向海内外侨胞和群众展现丰富多彩的华侨文化，弘扬华侨爱国爱乡的精神，共筑中华民族复兴伟业。

容县地处桂东南，本地总人口88万，其中归侨侨眷60多万，而海外侨胞及港澳台同胞150多万，历来有“海内一个容县、海外两个容县”之称，是广西最大的侨乡，被评为“中国最具海外影响力县（市）”。容县也是全国闻名的民国爱国将军县，有容县籍将军93人，其中上将8人、中将17人、少将68人，有黄绍竑、黄旭初、夏威、伍廷飏、杨愿公等5位民国时期的省主席，县长以上军政界要员380多人，其后代不少定居欧美国家。②广西华侨博物馆的建成，可以让海内外青少年了解老一辈华侨背井离乡、艰难生存的历史，也可以让人们感受容县深厚的侨乡文化底蕴。

目前，除了防城港市的东兴侨批馆和正在建设的广西华侨博物馆外，北海市正在筹建侨港镇文化历史展馆，钦州市正在筹建钦州市侨批馆或钦州市华侨博物馆。广西各地市以华侨博物馆的建设，宣传本地区的华侨历史文化、展示华侨事迹、讲好华侨故事、弘扬华侨精神、彰显城市文化品牌和底蕴，搭建起海外侨胞和家乡的紧密联系的精神纽带。但从广西已有的百余座博物馆数量来看，华侨类的博物馆只有一座正在建设、两座正在筹建。可见，广西作为海外移民数量较多的省区，保护和展示广西华侨文化遗产的场所极其缺乏，华侨博物馆数量与侨情、侨乡建设极不匹配。

三、广西华侨博物馆藏品类型

华侨博物馆具有征集、收藏、展示、保护、研究华侨历史文物、文献资料的职能，是传承和弘扬中华文化，特别是华侨文化的重要机构。③华侨博物馆藏品是展示华侨历史、文化、社会、经济等的见证物。一方面，藏品要与华侨有关，涉及华侨的实物，或是华侨使用的，或是华侨收藏的；另一方面，藏品要能体现出基本内涵，具备博物馆藏品的基本性质和特征，其承载体不限于实物，还应有信息载体，如影像资料、文献资料、各种记录等。④

华侨博物馆藏品包括文物藏品和非文物藏品。《博物馆条例》第二十二条规定：“博物馆应当建立藏品账目及档案。藏品属于文物的，应当区分文物等级，单独设置文物档案，建立严格的管理制度，并报文物主管部门备案。”因此，不属于文物的藏品也应建立藏品账目和档案，因为文物藏品和非文物藏品都是博物馆赖以生存、体现价值、实现总值、服务社会的重要物质资源。

①《3月19日玉林市举行“广西玉林华侨史”课题立项新闻发布会》，http://gxxwfb.gxnews.com.cn/article.v2019.php?id=20173936，访问日期：2021年9月20日。

②《广西容县率先实现镇级侨联组织全覆盖》，http://gxql.cnwww.gxql.cn/?id=4599，访问日期：2021年9月17日。

③邓玉柱：《试论国内华侨博物馆的地域特点及文化认同功能》，《八桂侨刊》2014年第2期。

④邹丹丹：《关于“华侨藏品”概念的思考》，《黑河学刊》2019年第6期。

2018年5月18日，广西华侨博物馆展品征集倡议书发出之后，海外社团侨领、侨胞们积极响应和广泛支持，纷纷回乡捐赠物品。目前，广西华侨博物馆征集到的文物暂由容县博物馆代为保管，统一进行编号、登记、鉴别、接收。截至2021年3月，已经征集到华侨华人和归侨侨眷捐赠的物品资料2,000多件。[①]征集到的部分物品见表2：

表2　广西华侨博物馆征集到的部分物品

序号	捐赠文物	捐赠数量	捐赠人员	捐赠时间
1	重达88斤的螺旋千斤顶	1件	马来西亚归侨邓启严	2020年12月
2	南洋华侨机工[②]历史见证书籍《汽车保养概要》等	23件	泰国侨眷、南洋华侨机工后代邓常德	2020年12月
3	产自美国的“胜家牌”脚踏式缝纫机	1台	归国华侨梁秀英	2019年9月
4	生产生活用具实物类14件、证件证书类4件、资料类9件、钱币类3件、照片类14件、明信片类32件、书本类12件、首日封15件、海报画报类15件、红包类1件、报纸类4件、纪念品类1件、邮票类7件	200多件	美籍华人、美国飞虎队研究院院长、知名收藏家陈灿培	2019年9月
5	《侨民证》《马来亚桂侨联合会各区组会员证》、T恤、图片、书籍等	20余件/套	马来西亚柔佛州古来广西会馆	2019年9月
6	青铜器等	10多件	新加坡广西暨高州会馆前会长杨亚生	2019年9月
7	相机、收录机、手表、中泰往来信件及其本人的出生证原件等	20多件	泰国归侨封官声夫妇	2019年9月
8	标注“大清乾隆年制”的宝箱、龟驼金鸡报喜、一帆风顺龙船、龙头茶壶	4件	新加坡广西暨高州会馆前会长杨亚生	2019年4月
9	封家正任泰国外交部部长顾问的聘书	1件	不详	2018年9月
10	抗日芳名录等材料	1批	马来西亚彭亨文冬广西会馆	2018年9月
11	贵阳市南洋华侨协进会会员证	1件	不详	2018年9月
12	不详	25件	新加坡广西暨高州会馆前会长杨亚生	2018年9月
13	珍藏半世纪的兰亭序套酒	1套	泰国广西总会会长李铭如	2018年9月
14	曾永森先生勋函“敦”受封仪式照片	1张	马来西亚广西总会会长吕海庭	2018年9月
15	新加坡侨胞旧证照	1批	新加坡广西暨高州会馆会长陈奇培	2018年9月
16	古钱币、做苦力的淘金工具等	1批	马来西亚蒲种广西会馆会长陈锬民	2018年9月

①《3月19日玉林市举行“广西玉林华侨史”课题立项新闻发布会》，http://gxxwfb.gxnews.com.cn/article.v2019.php?id=20173936，访问日期：2021年9月20日。笔者2021年9月17日电话咨询容县博物馆梁达华馆长，其表示目前到馆登记入库的物品实际上只有600多件。

②指抗日战争时期从南洋各地回国参与抗战的汽车司机和技术修理人员。

综上可知，广西华侨博物馆已征集到的物品有护照、出生纸、族谱、书籍、侨批、人头税单、口供纸、神主牌位、捐资助学单据、社团会员证、猪仔钱、缝纫机、抗日芳名录等。可见，目前征集到的物品大多数是实物资料（有些文物较重也无法运回国），而像华侨的录音、照片、视频等影像资料还没有征集。当下海外侨胞支援祖国抗击疫情见证物（口罩、防护服、抗疫物资等）也没有征集，例如：2020年新加坡晶乐私人有限公司董事长杨亚生向容县灵山中学捐赠口罩6,000个；马来西亚雪兰莪广西会馆会长邓宏智向容县捐赠口罩1,400个；柬华理事总会副会长郑源来勋爵向防城港市捐赠医用口罩14,500个。

藏品是博物馆开展一切工作的基础。一个博物馆的性质决定了其收藏的内容和方向。广西华侨博物馆是以收藏、展示广西籍华侨历史文化为主的专题博物馆，旨在向海外侨胞和广大群众展现各个时期侨胞坚苦卓绝、迎难而上的奋斗精神以及丰富多彩的文化。然而，目前广西华侨博物馆藏品数量不足、种类不多、价值不高、品相不好、来源信息不详等因素，直接影响广西华侨博物馆建成后举办高规格的展览，只能以大量的说明文字、展板图版、多媒体数字技术等手段来弥补文物藏品匮乏的“先天不足”，从而造成了基本陈列内容方面的苍白和空洞，不利于博物馆教育和文化功能的发挥。

四、广西华侨博物馆藏品的征集

按照有关法律规定，文物收藏单位可以通过购买、接受捐赠、依法交换、调拨或法律和行政法规规定的其他方式取得文物。[①]博物馆藏品的来源集中于考古发掘、自然标本采集、调拨、接收移交、馆际交换、接受捐赠等途径。而博物馆藏品的数量和质量是衡量一个博物馆等级的重要标准。为加强地方特色博物馆建设，国家文物局在《国家文物事业发展“十三五”规划》中提出：“完善博物馆藏品征集标准，拓展博物馆藏品征集领域和途径，充实基层博物馆藏品数量和类型。加强近现代文物征集，注重民俗文物、民族文物和非物质文化遗产征集，实施经济社会发展变迁物证征藏工程。”[②]因此，广西华侨博物馆在征集藏品时要注意加大宣传力度、扩大征集范围、拓宽征集思路和渠道。

（一）加强文物征集与宣传工作

首先，广西华侨博物馆征集人员可以利用在海外侨胞中有广泛影响力的刊物——《八桂侨刊》，连续刊载征集历史文物资料的启事，刊登广西华侨博物馆的筹建与文物征集情况，介绍特色历史文物，让广大海外侨胞广泛地了解广西华侨博物馆的筹建和征集活动。

其次，广西华侨博物馆也可以借助一年一届的世界广西同乡恳亲大会和各类侨胞聚会活动，委托参会的侨务部门人员将征集启事等在大会上派发，并进行宣传。

最后，广西华侨博物馆征集人员也可以利用已有文物，在广西壮族自治区博物馆、广西民族博物馆、玉林市博物馆和容县博物馆等进行专题展览展出，让华侨华人利用回国省亲等机会进行参观，更直观地感受历史文物，增强地域认同感，进而捐赠已有物品。

①详见《中华人民共和国文物保护法》第三十七条。

②国家文物局：《国家文物事业发展“十三五”规划》，《中国文物报》2017年第1期。

（二）借助侨务部门征集文物

广西华侨博物馆隶属广西壮族自治区归国华侨联合会（简称“广西侨联”）。广西侨联应组建赴海外征集文物的队伍，招纳对目的地侨情熟悉的资深侨务工作者，深入侨乡村落进行走访以征集文物。广西侨务部门还应加大对华侨博物馆藏品征集的经费支持。目前博物馆用于文物征集的费用有限，而社会上流散的文物资料大多在收藏家或古玩店里，征集成本较高。可以到其他博物馆去复制与广西华侨有关的藏品，以便增加馆藏藏品的数量和种类，更好地发挥华侨博物馆服务大众的功能。

（三）依靠海外社团捐赠文物

社团是海外侨胞以地缘、血缘、业缘等为基础建立起来的重要社会组织，有着极强的凝聚力。著名的海外广西籍社团包括新加坡高廉桂三和会馆、马来西亚文冬广西会馆、马来西亚雪兰莪广西会馆、泰国勿洞广西会馆、泰国曼谷广西会馆等会馆，世界广西同乡联谊会、越南合浦①同乡会、马来西亚柔佛广西同乡总会等同乡会，以及泰国勿洞八桂堂、泰国同摩区万莱互助会等乡会组织。侨领则多是当地社会的杰出人物，有着广泛的人脉和强大的号召力。征集组到了海外，很多工作都需要依靠当地社团、侨领和热心侨胞才能有效地开展。

为此，广西华侨博物馆征集人员出发前应与其保持紧密的联系沟通，协调制定详细的日程安排。先将部分侨胞捐赠的文物资料集中到会馆，请社团组织当地侨胞召开座谈会，由征集人员当面向侨胞作宣传发动，同时当场举行捐赠仪式，接收文物资料等。征集人员征集到的大件不便携带的文物，还可以委托社团帮忙打包装箱寄运回国。②

（四）发挥文博行业人员专业素养

征集文物是一项长期、艰苦的活动，需要征集人员具备极高的专业素养。征集文物时要做好所有资料的登记，包括文物的收购日期、类别、特征、质地、尺寸、编号、产生年代，物品的用途、使用方法、完整情况、件数、金额，征集人、地点、时间，出售人姓名、通信地址、电话等，保证藏品质量。③

如可能，征集人员应在征集到文物时就将收藏证书颁发给捐赠者，以免出现遗漏。在文物资料运回国后，及时组织人员进行造册登记、整理研究并制作专题展览。这一方面可以借鉴广东省中山市博物馆。中山市博物馆每次赴海外征集文物回来后，都会利用清明节、重阳节和每年11月的“华侨活动日”等侨胞集中回乡省亲的时间展出“赴海外征集华侨文物成果展”，并与侨务部门合作组织回乡侨胞参观。

有关抗日战争期间南洋华侨机工的历史图片曾在广西各地进行巡回展出，例如：“赤子功勋历史铭记——纪念南洋华侨机工回国抗日79周年图片展”于2018年10月在广西华侨学

①合浦县，别称“廉州”，现属北海市管辖。

②吴春宁：《试论征集海外华侨文物的方式》，《客家文博》2014年第2期。

③罗海涛：《论博物馆本土题材藏品征集和展览的意义及途径》，《商业文化》2012年第1期。

校[①]开展；“庆贺建党百年赓续精神血脉——南洋华侨机工回国抗战图片展”于2021年7月在广西民族大学开展等。广西华侨博物馆建成后，可以在征集方式方法和藏品展览方面多做探索，从而促进广西华侨博物馆事业的发展。

五、广西华侨博物馆资源的利用

当前，中央已吹响“文化大发展、大繁荣，建设文化强国”的号角，华侨文物博物馆（简称“文博”）事业迎来了最好的发展机遇。新时代，华侨博物馆已成为博物馆行业发展的新亮点，发展华侨文博事业，服务侨务工作大局，已成为各地共识和侨务文化建设的着力点，亦是团结联系海外侨胞同圆共享“中国梦”的重要平台和抓手。[②]广西是全国重点侨乡，是5个少数民族自治区中最大的侨乡和侨务区，广西籍海外侨胞分布于世界上90多个国家和地区。广西华侨博物馆的建设为广西开展爱国主义教育、传承侨乡文化和培育侨务资源提供了重要的基地。[③]

（一）征集、收藏和整理历史文物、文献资料，为研究广西华侨历史奠定基础

建设广西华侨博物馆是贯彻落实党的十九大精神，坚定文化自信，推进特色博物馆建设的重大举措。玉林是广西的重点侨乡，并享有“侨中之侨”的美誉。据不完全统计，分布在世界各地的广西籍海外乡亲有700多万，祖籍今玉林市各区县的海外乡亲有200多万，其中容县籍海外乡亲有150多万。广西华侨博物馆落户容县，对撰写《广西玉林华侨史》[④]，以及充分发掘玉林侨务优势、增进海外玉林人与故乡乃至祖籍国的感情具有重要作用。

广西华侨博物馆藏品的资源优势对编修《广西海外华侨华人志》[⑤]具有十分重要的意义。华侨博物馆藏品如实记录着广西侨胞在海外筚路蓝缕、艰苦创业的历史。广西华侨博物馆建成后，能够更好地服务广西融入“一带一路”建设、推动广西北部湾经济区开放开发。广西华侨博物馆藏品的征集和利用，有利于开展对广西籍华侨历史的研究，加深海外广西人对祖籍国和中华民族的认同及其内心的家乡情结，丰富海外经贸合作资源，响应国家提出的“一带一路”倡议，促进经济发展。

（二）结合乡村振兴战略，助力广西侨乡文化旅游全面发展

2018年，《乡村振兴战略规划（2018—2022年）》由中共中央、国务院印发，作为乡村

①原名“南宁归国华侨学生中等补习学校”，成立于1960年6月，是原中央人民政府华侨事务委员会（中侨委）为了帮助从东南亚归国的华侨青年学生克服语言障碍、学习祖国文化、实现平稳过渡而创办的，是全国侨务系统5所侨校之一，隶属广西壮族自治区党委统战部。2003年，学校转型为普通中专，并更名为“广西华侨学校”。

②亓延坤：《华侨博物馆在侨务工作中的作用研究》，《广东省社会主义学院学报》2020年第4期。

③《广西华侨博物馆在容县动工建设》，https://m.sohu.com/a/254152011_114731/，访问日期：2021年9月26日。

④该书的撰写为2021年3月立项的省部级课题，负责人为郑一省（广西民族大学教授，广西侨乡文化研究中心主任）。课题主要分析、探讨玉林人迁移海外的原因、路径，在海外的生存与发展，以及与祖籍国和家乡的关系等。

⑤《广西海外华侨华人志》由中共南宁市委统战部、南宁市归国华侨联合会、南宁市地方志编纂办公室编纂，内容包括壮族和其他少数民族在海外的发展、上林（南宁市辖县）人在非洲的发展、南宁籍著名海外侨胞、在南宁市投资办厂的海外侨胞和海外社团的情况等。

振兴战略推进与实施的总路线图。实施乡村振兴战略是传承中华优秀传统文化的有效途径。广西华侨博物馆的建设可以作为拉近侨胞与侨乡的文化距离的重要阵地。

首先，通过族谱等资料的记载，梳理广西海外侨胞的相关活动，保护涉侨文物，有助于凝聚侨心、共同构建侨胞的精神家园。在有形的物质文化遗产保护方面，针对海外侨胞的故居、祖屋、老宅、宗祠等进行合理的开发与保护；在非物质文化遗产方面，梳理蕴含华侨文化精髓的相关内容，留住海外侨胞“根”的记忆和“乡愁”，有助于增强广西籍海外侨胞在乡村振兴战略实施过程中的参与感、认同感。

其次，地方政府既要关注侨胞个人，也要维护与海外社团的联系。这些组织包括互助会、宗教协会、同乡会、政治团体、职业和商业协会等非政府组织。2021年5月11日，美国广西同乡会会长韦诚先生和夫人张小华女士为助力家乡振兴，捐资买树苗、扩建水坝、硬化村路、建凉亭、装路灯、造休闲石桌石凳等，展现出强大的“侨力量”和浓浓的桑梓情怀。此外，还有海外社团组织捐资兴学、助力乡村振兴。如在2018年华侨华人玉林恳亲大会上，海外社团组织为容县高中树人班和容县优秀贫困学生捐款123万元；2021年3月，容县召开“故乡根深·赤子情长——海外乡贤助力乡村振兴视频交流会”，共收到海外乡贤参与家乡建设的138万元。广西华侨博物馆建成后，可以有效地发挥海外侨胞在乡村振兴中的助力作用，推动广大侨胞成为乡村振兴战略的重要参与者、建设者。

最后，利用广西华侨博物馆作为阵地，容县推出了侨乡文化体验游，即容州古城（中国华侨国际文化交流基地）——华侨创意文化产业园——六王镇古泉村（广西第一侨村）——杨梅镇骑楼侨街等精品旅游线路。其中，广西华侨创意文化产业园项目包括东南亚风情精品街、东盟商品贸易广场、广西华侨博物馆、中华姓氏文化园等6个子项目。建成后，可以让侨胞后代在容县找到归属感，了解祖辈的历史故事。

（三）举办青少年研学活动、馆校结合，开展华侨历史教育活动

随着博物馆事业的发展、壮大，社会教育作为博物馆的基本职能之一越来越受到重视。近年来，海外侨胞兴起一股回中国寻根问祖的风潮，对弘扬中华民族传统文化、推动海内外文化交流、增强民族凝聚力都有着重要的意义。为此，广西华侨博物馆应抓住这一机遇，积极开展“创业中华”“亲情中华”“侨爱心工程”“中国寻根之旅夏（冬）令营”“追梦中华”“侨联五洲”等品牌和活动，深化拓展华裔青少年文化体验，切实传承好中华民族和中华文化的根与魂。

广西华侨博物馆建成后，可以与场馆所在地的中小学、大专院校、党校等专业教育机构签订合作协议，成为学员开展爱国主义教育、社会科学普及教育、国防教育、统一战线教育、海峡两岸交流的场所，组织团体参观、举办研学活动、开展专题活动、助力侨乡非遗……如近两年举办的“亲情中华”网上夏令营活动，是疫情期间中国侨联面向海外华裔青少年推出的促进学习中文和中华文化的公益活动。2020年“亲情中华”网上夏令营活动共举办了8期，共120天，约65,000人参加。2021年“亲情中华”网上夏（春、秋、冬）令营计划举办10期，从3月开始到12月结束，每月1期。部分青少年研学活动见表3：

表3 2019—2021年广西开展青少年研学活动

序号	研学活动名称	举办时间	参加国家	参加人数
1	2019回家过节——广西华侨学校壮乡文化体验营	2019年4月24日—5月4日	泰国	60
2	2019海外华裔青少年“中国寻根之旅”夏令营广西桂林营	2019年6月29日—7月9日	澳大利亚	40
3	2019海外华裔青少年“中国寻根之旅”夏令营广西华侨学校营	2019年7月14—23日	老挝	87
4	2019海外华裔青少年“中国寻根之旅”夏令营广西华侨学校营	2019年8月19—28日	德国	95
5	2019海外华裔青少年“中国寻根之旅”冬令营广西北海营	2019年11月7—16日	马来西亚	—
6	2019海外华裔青少年“中国寻根之旅”冬令营广西南宁营	2019年12月8—15日	马来西亚	—
7	2019海外华裔青少年“中国寻根之旅”冬令营广西华侨学校营	2019年12月15—24日	印尼	145
8	2020“亲情中华·为你讲故事”网上夏令营广西侨联营	2020年6月14—28日	菲律宾	—
9	2020“亲情中华·为你讲故事”网上夏令营玉林营	2020年8月13—27日	—	—
10	2020“亲情中华·为你讲故事”网上夏令营百色营	2020年8月13—27日	—	—
11	2021“亲情中华·为你讲故事”网上夏令营来宾营	2021年4月17日—5月1日	西班牙	87
12	2021“亲情中华·为你讲故事”网上夏令营北海营	2021年5月17—31日	西班牙	105
13	2021“亲情中华·为你讲故事”网上夏令营贺州营	2021年6月14—28日	西班牙	100
14	2021“亲情中华·为你讲故事”网上夏令营钦州营	2021年6月14—28日	马来西亚	—
15	2021“亲情中华·为你讲故事”网上夏令营广西侨联营	2021年6月14—28日	美 国	—
16	2021“亲情中华·为你讲故事”网上夏令营百色营	2021年7月15—29日	西班牙	—
17	2021“亲情中华·为你讲故事”网上夏令营广西华侨学校营	2021年7月15—29日	韩国、泰国、柬埔寨等	—
18	2021“亲情中华·为你讲故事”网上夏令营防城港营	2021年7月16—30日	美 国	300多

注：—表示信息不详。

（四）以侨为桥、以馆为媒，构建中国—东盟紧密命运共同体

2021年是中国和东盟建立对话关系30周年，也是中国—东盟可持续发展合作年。[①]第18届中国—东盟博览会刚刚过去，据介绍，今年上半年中国—东盟双方贸易额突破4,100亿美元，东盟继续成为中国最大的贸易伙伴和重要的投资伙伴。新加坡副总理兼经济政策统筹部部长王瑞杰表示，放眼未来，在数字经济快速增长的背景下，东盟和中国更紧密的经济融合，将让双方获益更多。[②]

中共广西壮族自治区党委统战部、广西侨联作为党和政府联系广西籍侨胞的桥梁和纽带，一方面可以利用广西华侨博物馆在公共外交方面的窗口作用，通过中国—东盟博览会、华侨华人恳亲大会等平台，在西部陆海新通道、北部湾国际门户港、中国（广西）自由贸易试验区建设、对接融入粤港澳大湾区等方面为广西的发展搭桥牵线，广泛汇聚侨商资源、凝聚侨智侨力，推动民间商贸和对话交流，参与“一带一路”建设；另一方面，也可以让广西籍侨胞抓住机遇，利用自身在商业网络、民间交往方面的优势，向世人展示优秀的中华传统文化，使中华传统文化走向东盟国家，有助于中华民族坚定文化自信，为构建中国—东盟紧密命运共同体作出更大的贡献。

六、结语

作为中国第三大侨乡[③]，广西目前关于保护和展示广西华侨文化遗产的场所极其缺乏，华侨博物馆的数量与侨情多寡、侨乡建设极不匹配。因此，需要各方人士重视广西华侨博物馆的建设，并给予更多的资源。在当前世界各国都重视人文交流和提升软实力的大环境下，在我国建设社会主义文化强国的新形势下，广西华侨博物馆馆舍的建设、藏品的征集和资源的利用，有助于抢救、收藏和保护华侨文物，为广西侨乡文化的研究提供资料；有助于弘扬民族精神，传承和传播中华文化，促进海内外文化交流；有助于服务社会、服务侨界，发挥各自资源优势，共同发展。

作者简介：黄琼，广西民族大学民族学与社会学学院硕士研究生

①周仕兴、潘力、黄静莹：《中国—东盟青年主播聚焦中国发展》,《光明日报》2021年9月14日。

②林凡诗：《数字经济为中国—东盟合作带来新机遇》,《现代物流报》2021年9月15日。

③以省级行政区划为单位，我国第一大侨乡为广东省，第二大侨乡为福建省。

泉州饮食中的南洋元素
——以鲤城区为例

苏木兰

【摘要】泉州作为海上丝绸之路的起点，其饮食深受南洋文化影响。长年累月的文化交流和碰撞使得这些外来元素或作为泉州饮食的调剂，或作为主食、副食融入泉州的饮食结构，或丰富了泉州民众的饮食价值观，成为泉州民众生活中不可或缺的一部分，体现出泉州人对外来饮食文化的吸收和认同。

【关键词】饮食　南洋元素　文化调适

一、引言

亚伯拉罕·马斯洛（Abraham Maslow）将人类的需求按层次从低到高分为5种：生理需求、安全需求、社交需求、尊重需求、自我实现需求。其中，生理需求是人类维持自身生存最基本的要求，包括食物、呼吸、睡眠等需要。这些需要是基于人的本能，是一种自然的需要。[①]人类学家对饮食的理论研究始于对其功能的探讨，但随着时代的发展演进和人们对工具、社会、文化的认知，食物存在的意义不只是维系生命，还被赋予了不同的含义，最终形成一系列饮食文化，对人类社会产生影响。因此，人们在历史演进过程中也开始逐步探索食物更深层次的含义。“饮食文化交流”也是该领域值得探讨的议题之一。

泉州现今的饮食文化与本地人、海外华人、外来人口等群体有莫大关联。因此，讨论泉州的饮食文化需要对这些群体的饮食文化研究做大致了解。高成鸢论证了中华独特饮食的源起和发展。[②]张宁和何战简要概括了东南亚各国人民的饮食文化，对中国的饮食文化进行了简单的类比，从而较系统地阐述了东南亚各个国家的饮食习俗。[③]曹雨将目光锁定在海外华人的饮食文化自我认同上，认为这是研究中国饮食文化认同的必然选择，也是比较可能产生有深度和广度的认知的唯一选择。[④]他以娘惹菜（Nyonya Dishes）、美式中餐的演变为例，用文化涵化的理论来解释海外华人的饮食文化自我认同的3个阶段，探讨海外华人建立起饮食文化的自我认同，并且在陈志明解答该问题[⑤]的基础上增加了自己的看法——历史经历也是该问题的重要因素。陈志明在《海外华人：移民、食物和认同》中探讨了中华美食在海外华人群体中的传承和演变。从行文顺序来看，他主要围绕本地化和饮食变化（尤

---

①Maslow A H , “A Theory of Human Motivation”, *Psychological Review*, Vol.4, 1943, pp.370-396.

②高成鸢：《华人独特饮食的由来及对文化的影响》,《社会科学论坛》2012年第9期。

③张宁、何战：《东南亚各国饮食习俗》,《东南亚纵横》2006年第12期。

④曹雨：《海外华人的饮食文化自我认同》,《浙江学刊》2019年第5期。

⑤陈志明在《海外华人：移民、食物和认同》中认为，海外华人的饮食文化自我认同的建立，是各个地区海外华人生活情境、跨文化体验和自我认同的综合结果。

其是口味的变化）、华人的信仰在维护华人传统饮食方面的作用，以及饮食认同等几个方面展开研究，认为该项研究不只是一个研究食物的渠道，也是研究跨文化和海外华人主体性的良机。①

一些学者从历史的角度探索中国与东南亚地区的饮食文化交流。譬如郑南就按照历史事件的发生来先后阐明不同的群体（如佛教徒、贡使、郑和及其带领的队伍、华侨等）在不同历史事件中为中外饮食文化交流所作出的贡献。②泉州属闽南文化圈，对闽南饮食的研究也有诸多参考价值。侯波总结了国内外饮食文化交流的方式和意义，认为交流能够丰富饮食文化，饮食文化之间的交流对经济发展有正向影响，促进了中国传统文化在海外的传播。③杨宏云和周燕玲认为从海外传入闽地后与闽地文化的交流使得这些带有先进文明标记的物质产品对社会进步起到了示范效应。④陈伟明和侯波主要探讨了20世纪前南洋华侨这一群体在中国与东南亚地区之间关于饮食习俗、食物材料和食品等文化交流中的“干预”，认为中国的传统饮食随着海外移民的足迹被带往海外，海外饮食文化也被大量地输入国内，华侨华人在其中起到了桥梁作用。⑤

还有些学者以地域为界分别作个案探讨。庄国土以闽南人文精神为题，借由闽商贩卖日用、吃食等物品提出其对海内外文化交流的作用，总结提炼出闽南的人文精神，也指出了闽商组织存在的局限性。⑥哈纳菲·忽辛探访了马六甲海峡的土生华人家庭，发现食物在当地人生活中的功能不只是生活必需品，还是具有仪式功能的祭品。因此，他指出马六甲海峡发生的一系列相似的仪式活动是土生华人社群成员之间相互联系的无形纽带。⑦郑有成对泉州南山巴厘村文化传播的考察表明该地的印尼归侨由于个人身份原因免不了在中国饮食文化中加入海外元素，该地是闽南文化和印尼文化交融的典型表现。⑧

就现有研究结果来看，专门以“华人饮食文化交流”为主题的研究成果还是少之又少。上述的诸多成果都是将其作为其中一个方面进行论述。泉州作为我国著名侨乡，与海外交流至少已有上千年历史，然而以闽南饮食和海外饮食文化交流为主题的研究成果还较少。泉州特殊的地理位置和历史地位使得它与海外有千丝万缕的联系，饮食更是维系着海内外众多乡亲的亲缘情感。泉州的饮食文化看似充满闽南本地元素，但仔细探究会发现其中的原料、使用都不乏外来文化的影响。探析泉州饮食文化不仅能够了解闽南文化，还能追溯外来文化传入泉州的路径，探究其对泉州饮食文化的影响及泉州人的文化认同。这也许能为闽南饮食文化研究增添一个新的案例。

①陈志明：《东南亚的华人饮食与全球化》，厦门大学出版社，2017年。

②郑南：《中国与东南亚地区的饮食文化交流史研究》，《健康与文明——第三届亚洲食学论坛（2013绍兴）论文集》，浙江工商大学、浙江农业商贸职业学院编印内部资料，2013年，第324—335页。

③侯波：《明清时期中国与东南亚地区的饮食文化交流》，暨南大学硕士学位论文，2006年。

④杨宏云、周燕玲：《移植与重构：民国时期闽南侨乡与南洋华社的跨国文化互动》，《闽商文化研究》2015年第2期。

⑤陈伟明、侯波：《20世纪以前南洋华侨在中外饮食文化交流中的作用》，《东南亚研究》2006年第1期。

⑥庄国土：《闽南人文精神特点初探》，《东南学术》1999年第6期。

⑦哈纳菲·忽辛：《峇峇—娘惹的祖先崇拜与祭祀饮食：一项关于马六甲海峡土生华人的研究》，王斯译，《楚雄师范学院学报》2016年第10期。

⑧郑有成：《泉州南山巴厘村印尼归侨的归国历史及其巴厘岛传统文化传播》，《印尼焦点》总第47期，2015年。

二、泉州人的移民历程和在海外的分布

（一）泉州人的移民历程

泉州是“八山一水一分田”的丘陵地区。鲤城虽然是泉州的中心城区，但是在泉州固有的现实条件下也摆脱不了多丘陵少平原的困境。人多地少的现实条件让人们早早地出外打拼，就近的东南亚国家成为劳苦大众谋生的彼岸。

早在三国吴永安三年（260年），已有泉州人出海移居菲律宾；589年隋朝灭陈后，闽浙一带发生动乱，引发今泉州地区历时近30年的第一次出国潮。郭宝琛在《泉州经济史话》中提到，唐乾符五年（878年），黄巢义军入闽，破惠安、驻南安、攻泉州城，泉州人出现大规模移居东南亚的浪潮。早在唐朝中后期，鲤城就已存在因资源有限、田不足耕无法满足人们的生活要求等问题。然而，此时海外交通日益发达，泉州人开始沿着海路出国谋生并侨居异国他乡，史称“住番”。随着战乱纷争、政权更迭，五代晚期民生多艰，泉州人往往因商贸、避乱成批逃往海外。宋元时期，泉州是能够与亚历山大港媲美的东方第一大港，“刺桐港”的美名享誉世界，泉州人出海行商贸易迁徙无数。明清时期实行“海禁”“迁界”“毁镇”等政策，民众流离失所，且倭寇频频进犯泉州，导致此时泉州战火纷飞，加之灾荒来临，饥民饿殍遍地，因此出逃前往海外的民众逐年增多。

到鸦片战争前夕，旅居海外的泉州籍华侨总数已达30多万人，主要分布在东南亚地区。鸦片战争爆发后，泉州地区的劳动人民因生活所迫贫困潦倒，多有被西方殖民侵略者拐卖出国的事件发生。这些被拐卖或主动出洋的民众也成为当时“契约华工”的主要来源。1911—1916年泉州恶匪作乱严重，不少人深受其扰，不得不远走海外；加之1916年国内大革命失败，许多泉州人为了逃避抓壮丁也选择结伴出洋。此时，农村经济衰败等原因也加剧了出洋的趋势。日军全面侵华后，泉州籍华侨数量剧增，高达130多万人。中华人民共和国成立后，泉州人向国外的移民有所放缓；改革开放后，泉州出国的新移民有50多万人。根据2019年末的统计数据可知，泉州籍华侨华人接近1,000万，分布在全世界130多个国家和地区，占福建省海外移民总数的六成。[①]

鲤城区在20世纪80年代经历了一系列行政区划的重新划分，其辖区从整个泉州市变为泉州市中心核心圈子，面积仅为原来的1/10，因此其侨情统计的开展工作也晚于其他县区。根据鲤城区人民政府2015年6月的统计数据，鲤城区的华侨华人、港澳同胞总人数近33万，其中华侨46,000多人、外籍华人21万多人、香港同胞62,000多人、澳门同胞2,000多人，华侨华人分布在63个国家和地区，以东南亚国家为主；截至2015年6月的侨情统计数据显示，鲤城区归侨接近1,500人，侨眷10多万人。[②]这些眷属大多是20世纪海外“排华”时由我国政府安排接回的。今鲤城区常泰街道华塑社区、洛江区双阳街道、南安市[③]雪峰华侨经济开发区等3个地区是当年专门安排的侨眷居住地。长期以来，旅居国外的同胞热心公益事业，造福桑梓，不少人在国外淘到第一桶金后转而投资家乡办厂，也有不少人发起募捐兴修学

①泉州市人民政府官网，http://www.quanzhou.gov.cn/，访问日期：2020年7月25日。

②泉州市鲤城区人民政府官网，http://www.qzlc.gov.cn/，访问日期：2020年7月28日。

③县级市，由泉州市代管。

校、医院等公共事业，时至今日泉州地区依然有许多侨校和华侨医院。也有许多同胞眼见家乡蒙难、满目疮痍，因此慷慨解囊捐资银钱，长期投身慈善。他们在海外有卓越成就，于家乡也倾力相助，是杰出的乡贤领袖。改革开放以来，华侨华人为推动泉州的经济社会发展作出了重要贡献，是泉州经济腾飞的支柱之一，同时也推动了泉州与世界的密切联系。

（二）泉州人在海外的分布

福建是我国第二大省级侨乡。华侨华人在福建经济社会发展中发挥着重要而独特的作用，是福建的一大特点，也为福建的经济发展带来了独特优势和宝贵资源。据《福建年鉴》统计，截至2019年底，闽籍华侨华人有1,580万（其中华侨230万），约占全球华侨华人总数的1/4，仅次于广东，居全国第二位，分布在世界上188个国家和地区，以亚洲、北美洲、欧洲为主，其中东南亚地区占比最多，约为87%。闽籍华侨华人数量排名前三的国家是印尼（约400万人）、马来西亚（约360万人）、菲律宾（约180万人）。改革开放以来，福建省新移民数量的增长十分迅速，约有200万人，位居全国前列，新的分布区也从传统的东南亚一带向美洲、欧洲、大洋洲、非洲等地扩展。[①]福建众多侨乡中，泉州的出海历史是较早的，华侨华人的人数也是福建省最多的。泉州有1,700多年的海外移民史，主要分布在世界160多个国家和地区。根据2017年《泉州年鉴》统计，泉州籍华侨华人有948万人，有90%居住在海上丝绸之路沿线国家，其中数量在100万人以上的国家有印尼、马来西亚、菲律宾、新加坡。[②]

三、泉州饮食中的南洋元素

海外饮食文化伴随着移民的脚步在泉州落脚，使得泉州及周边地区的饮食在闽南文化的基础上吸纳了包括阿拉伯文化、南洋文化在内的多方文化的长处，逐渐形成了浓郁的地域性文化特色。其中，带有南洋元素的饮食在泉州众多外来饮食文化中尤为突出。整个泉州地区有不少南洋元素的存在。现在泉州的南洋元素大致有3种去向：①直接进入闽南风味，作为闽南味的辅助；②作为主食、副食，影响民众的饮食结构；③ 在营养价值上对泉州饮食价值观有所影响。

（一）面线糊中的白胡椒粉

提到泉州的代表性美食，人们能够马上想到的十有八九是面线糊。[③]

其他的特色食物或许会因为不同县市区域、食用频率等因素影响其分布密度，面线糊则在大街小巷都可能出现。面线糊虽然是闽南本土美食，但同样受到外来文化的影响，如白胡椒粉在其中的应用。

面线糊前期的准备工作较烦琐，但从售卖到端上案头却非常便捷快速。因此，不少民众将其作为早餐、宵夜和下饭汤点。面线糊售卖时由食客自行选择配料，有20多种配料可供随机搭配，一般选择三四种为宜，最佳组合是醋肉、卤蛋和卤大肠。店铺老板按照食客

---

①《福建年鉴2020》，福建人民出版社，2020年，第34页。

②《基本市情：华侨华人》，张惠评主编《泉州年鉴》，方志出版社，2017年，第5页。

③ 2020年8月18日笔者在泉州市老字号企业协会办公室与谢锡国、林犁文等人的访谈。

的选择将配料放在碗里剪成小块方便入口，接着舀入面线糊汤底，撒上少许白胡椒粉，滴上少许当归和枸杞泡成的白酒，就可端上案头食用。①

关于面线糊端上案头之后还要洒上少许白胡椒粉的原因，水门国仔面线糊店②的老板谢锡国③坦诚几乎没人知道原因：

> 最早的面线糊是没有加白胡椒粉这个步骤的。从什么时候开始有加入白胡椒粉这个步骤也没有人知道。市里采访的时候也找了很多人问，我也找了很多人请教，都没人能说出来。但中医说白胡椒粉有温中下气的功效，加在里面风味也不错，很多人家平时做饭也爱用。④

步入21世纪以来，人们的生活水平渐渐提高，谢锡国为提升品质，开始在原材料方面精益求精。他经过多方对比后认为：

> 马来西亚的白胡椒粒磨出来的粉比我们本地产的效果要好，也能够更好地融入面线糊中。面线糊发展到现在已经基本定型了，想要有新的突破不能在技艺上下手，不然就不像面线糊了。那么我做出的改变就是顺应时代，将原材料的品质提高起来。马来西亚的白胡椒粒是性价比最高的产品，所以最终我决定选用马来西亚进口的白胡椒粒来替换普通白胡椒。每年我都要从马来西亚采购大批白胡椒粒回国，然后再找人磨成粉。水门国仔所有门店，包括远一点的（如在浙江的门店），都用马来西亚的白胡椒粉。⑤

可以明确的是，西晋司马彪撰写的《续汉书》⑥已经对白胡椒有所记载。唐朝时白胡椒还是一种奢侈品，身价之高是平常百姓难以企及的，因此使用人群通常是达官贵族。这种情况一直持续到宋朝。13世纪开始，白胡椒在香料输入中所占的比重逐渐增大。马可·波罗在游记中写道："如果有一艘要出售给基督教诸国而装载着白胡椒的船只进入亚历山大港口的话，那么将有相当于百倍的船来到泉州。"⑦马可·波罗的描述或许有夸大的嫌疑，但可以确定此时的白胡椒在泉州已有一定数量的输入。到了明朝中后期，白胡椒从"珍品"逐渐变成"常物"，平常百姓都可以使用。发展到现在，白胡椒不只应用于面线糊，闽南煲汤的药包中也常见胡椒粒，闽南菜的菜谱和网络上分享的视频中也有不少需要用到胡椒。

①面线糊（水门国仔）制作技艺申报材料。

②水门国仔面线糊曾荣获"中华老字号""中华名小吃""福建名小吃"等一系列国家级、省级、市级荣誉称号，并于2011年入选泉州市鲤城区第五批非物质文化遗产项目名录。

③泉州市老字号企业协会会长，水门国仔面线糊制作技艺第四代传承人。

④2020年8月18日笔者在水门国仔美食街仓库与谢锡国的访谈。

⑤2020年8月18日笔者在水门国仔美食街仓库与谢锡国的访谈。

⑥是一部纪传体断代史，共83卷，分为纪、传、志和颇具史书编撰特色的序传。全书主要记载了自东汉光武帝至孝献帝（25—220年）约200年的历史。

⑦《马可·波罗游记》，鲁斯梯谦笔录，余前帆译注，中国书籍出版社，2010年。

（二）沙茶酱与烧肉粽

在其他地方，粽子是特定节日的美食。而在泉州，人们吃肉粽不分时令，可以把粽子当主食，也可以把粽子当点心。鲤城人对肉粽的喜爱从市区中遍布的餐馆可见一斑。在鲤城区不大的行政范围内，比较有代表性的餐馆就有好几家，如蓝氏钟楼肉粽、侯阿婆肉粽、东街肉粽等，都是家喻户晓的小吃店。吃肉粽、品茶点、话家常，是闽南人日常生活的一部分。有别于其他省份的粽子，厦漳泉三地做的肉粽都是咸口的，馅料式样繁多，味色饱满，具有浓郁的闽南特色。

烧肉粽的"烧"字并不是指烹饪方式。"烧"在闽南话中是热乎乎的意思，故肉粽要热乎乎地吃才好吃。趁热打开肉粽放入碗中，淋上沙茶酱或甜辣酱是人们的普遍吃法。烧肉粽在鲤城人心中能算正经主食的主要原因在于它个头大。一般来说，一个烧肉粽打开放入碗中就能将整个碗填满，再上一碗泉州特色汤羹，就能满足普通人一顿饭的食量。烧肉粽由糯米填充，添加了蚝干、虾米、三层肉、干贝、香菇、鹌鹑蛋等食材，汇集山珍海味于一体。其中，糯米能够满足民众对饱腹的需求，其他食材的加入则造就鲜香，兼顾人们的现实需求、口味和营养需求。一位烧肉粽店铺老板认为：

> 早些时候人们吃烧肉粽是打开放入碗中淋上甜辣酱，有点凉丝丝的甜还带一点微辣，是烧肉粽的绝配，加入沙茶酱是后来才有的奇思妙想。[①]

沙茶酱也称"沙茶"，又称"沙爹""沙嗲"，是印尼语cate的音译。它起源于马来语地区，是一种混合型调味品，色泽淡褐，呈糊酱状。通过对许多制作地道东南亚美食的店主进行访谈，笔者得知东南亚国家所用的沙茶酱具有大蒜、洋葱、花生米等特殊的复合香味，虾米和生抽的复合鲜咸味，以及轻微的甜、辣味。然而笔者探访的烧肉粽店铺的味道有较大改变——笔者在泉州探访的多家烧肉粽店铺的沙茶酱都是带有其独特的复合香味和些微辛辣，咸味较弱。从沙茶酱的音译和由来可以得知，其并非泉州本土的产品，虽然熬制沙茶酱的原料几乎都能在泉州找到，但泉州的确不是沙茶酱的故乡。最直接的来源可能是随着泉州港进出的商贸渠道由马来语地区带回泉州的。然而东南亚国家地道的沙茶酱跟泉州的饮食有极大的相悖之处，故人们大胆进行变革，以至于今天能够在泉州就着肉粽、咸饭品尝的沙茶酱从外形上看更像花生酱，花生和蒜头的香味占绝大部分，咸味和辛辣味更弱。

（三）番薯制品

番薯对闽南民生影响重大。闽南大半特色美食的制作都需要番薯的参与。可以说，这是海外产品在闽南得到的最广泛、最有群众基础的应用。

番薯俗称"红薯""甘薯""地瓜"，明万历十二年至十三年（1584—1585年）由"温陵洋舶"经南澳岛（今属广东省汕头市）传入五都灵水乡（今晋江市安海镇灵水村）。[②]泉州地形以丘陵居多，能够种植的田亩数非常少，且分布破碎，不适宜大面积种植水稻，加之泉

① 2020年8月18日笔者在南洋美食店与李州建的访谈。

② 泉州历史网，http://www.qzhnet.com/qzh255.htm，2020年8月19日。

州人口相对稠密，地少人多的情况下水稻的种植完全不能满足民众的需求。无论是自然条件，还是现实客观条件的影响，泉州都无法依靠水稻实现自给自足。关于番薯传入的说法众多，近代以来的研究在明清时期典籍的基础上，应用西方的航海学、地理学、植物学等多学科知识，把番薯传播路线的视野大大扩大了，认为番薯在世界的大致传播路线是南美洲——欧洲——南洋（包括今马来西亚、文莱、菲律宾）——占城（位于中南半岛，在今越南境内）——中国——日本，因此确定番薯是由东南亚经南澳岛传入泉州的。①

除了面线糊外，泉州人的早餐还有番薯粥。在白粥中加入番薯，不论是新鲜番薯还是已经晒制成干的番薯干、番薯签，让番薯香甜的味道融入白粥的米香是泉州人的另一种清淡早餐，简单省时；就着菜脯或者小鱼小虾做成的“炣咸”就能兼顾饱腹、美味和营养，正合民众的普遍心理。因番薯粥的烹煮方式简单、所需配菜灵活自由，口味清淡爽口，也可作为中午或晚上的正餐，宵夜市场也常见食客觅食番薯粥。另外，鲤城的许多甜品小吃都需要番薯的参与，其中炸枣是最典型的一种：

炸枣是本地每家主妇都会做的小吃，初一十五很多人买去烧香敬神明，平时也经常有人买去当零食解馋，是番薯和麻团的结合，空腹和包馅都有挺多人买的。糯米粉混合蒸熟捣碎的番薯泥，要做空腹的就很简单，就是揉匀了搓成掌心大的椭圆长条，然后入锅油炸。包馅的炸枣就得在掌心大小的椭圆中加入花生、芝麻、白糖之类的配料再包住入锅油炸。这种小吃因形状像大枣而取名为“炸枣”。②

番薯粉可以说站在了闽南食物链的制高点，底汤的浓稠、肉食羹丸的极致嫩滑，无一不需要它的加持。面线糊和其他泉州特色羹汤的制作技艺中就包括用番薯粉勾芡这一步骤：

别的粉不能代替番薯粉进行糊或者羹的勾芡。我们做牛肉羹、瘦肉羹这种羹类的食物一直是用番薯粉，薄薄的一层不能厚重，快熟的时候同样用番薯粉进行勾芡，如果裹的粉多了，肉本身的口感就没有那么鲜明，薄粉又饱满的肉感基本上是做羹的标准配置。做汤也是一样，荤食类的牛肉、猪肉、大肠和海鲜类的马鲛鱼、鳗鱼、目鱼这些，无论是切片、切块裹上粉还是绞成泥再揉进番薯粉，或是做成水丸都要番薯粉，因为番薯粉的加入能够使食物更弹牙嫩滑，并且不会影响食物本身的鲜味。③

番薯的传入路线跟海上丝绸之路有莫大的关系。史料的记载主要是对番薯何时通过何种方式传入泉州存疑，其来源是“外邦传入”这一点毋庸置疑。海上丝绸之路是我国与世界各国交流的重要桥梁，繁荣了沿线国家和地区的经济和文化。它让中国了解世界，也让

①泉州历史网，http://www.qzhnet.com/qzh255.htm，访问日期：2020年8月19日。
② 2020年8月18日笔者在西街炸物摊与摊主的访谈。
③ 2020年8月18日笔者在好成财牛排馆与店主黄财成的访谈。

世界了解中国。泉州作为海上丝绸之路的贸易港口，是这座桥梁的直接落脚点。从这里出发的人们将泉州文化带往海外，还将以东南亚文化为主的海外文化带入泉州，在泉州落根生长，影响、造福了一方百姓。在文化交流层面上，这些饮食的传入丰富了泉州的食物链，直到现在依然有重大影响，是人们生活中不可或缺的饮食。长远来看，结合国家“一带一路”倡议，这是构建人类命运共同体的崭新契机，以美食为纽带，融合各方文化。

（四）朱古力

朱古力是以可可豆为原料制成的一种甜食。它不但口感细腻，而且还有一股浓郁的香气，词源来自英语，普通话为“巧克力”，“朱古力”是广府话（Cantonese）、闽南话的音译。因为朱古力的主要生产来源是热带植物可可豆，只能适应炎热气候，国内难以种植成活，故国内普及度并不高。泉州人购买朱古力的渠道通常是特产店或者海外代购。产于菲律宾的老顺德朱古力最为知名，也最受到人们的认可。朱古力从南洋传来，并不像其他元素融入泉州人生活的方方面面，而是作为特殊时间段的进补物品。

> 闽南产妇坐月子期间最经常吃麻油做的食物，还有朱古力跟牛奶鸡蛋混合煮成的汤。加了朱古力的味道很多人吃不惯，但是这个比较热补，对女性产后恢复比较有效果，所以是坐月子的必需品。很多人家里怕买不到正宗的，还要托人在国外买了寄回来，所以国外的人回来带的伴手礼也经常有朱古力。家里没有产妇也可以转送给别人，总有人需要的。海外买来（朱古力）送人比送其他贵重物品更有意义。①

在泉州人的饮食观念中，白开水性凉，体虚、体寒或者胃寒的人群应当少饮用，尤其是刚刚生育的产妇，在坐月子期间应当杜绝凉性食品，多进食温热滋补。因此，一般产妇在做月子期间用姜皮、红枣、桂圆等热性食物煮成的茶水代替白开水，朱古力作为热性食品自然也在月子餐的滋补之列。牛奶鸡蛋混合朱古力的饮品成为产妇每日必需品，起到补充能量的作用，能够让产妇的身体更快地恢复。同时，朱古力本身对调节胃部亚健康有显著效果，很多产妇在生产之后如有肠胃不好的情况也会采用烹煮朱古力的办法来缓解。

四、南洋饮食文化对泉州饮食的影响

泉州饮食融合了以南洋元素为首的诸多饮食文化，造就了多种多样的独特风味，注重口味和营养，喜酸甜不喜辛辣，喜清淡不喜油腻。无论是外来人群来到泉州，还是泉州人去往海外，都是离开了故土而到了一个具有不同文化背景的社会。这也导致这些群体在新的环境中很难保持自己的传统。随着时间的推移，这些群体的文化传统会被弱化，民族特性会被居多数的民族所同化。②因此，众多外来元素在泉州落脚，与泉州本土饮食交融调适，

① 2020年7月18日在溪美街道与居民欧阳少如的访谈。

②郑一省：《移民认同与民族关系初探——以亚太地区一些国家为例》，《东南亚纵横》2011年第11期。

最终成为泉州饮食的一部分，成就了泉州饮食多元性、混合性、包容性的特征。综合南洋元素在泉州饮食中的应用，可将其对泉州饮食文化的影响分为以下几种。

（一）作为调味辅助泉州饮食

由南洋远渡而来的白胡椒、沙茶酱等调味品经常出现在泉州人的餐桌上，成为人们日常生活中不可或缺的美味调剂。泉州饮食中常见的主食、汤和羹都有南洋调味的应用，有的刺激味蕾，有的则用来提香。在没有沙茶酱等调味之前，泉州人所用的提香办法主要来自红葱头和蒜。这些香味跟海鲜及其他干货并不冲突。南洋调味的流入为泉州民众带来了不同于本土的感知。南洋元素作为调味辅助泉州饮食所带有的特殊香气与南洋饮食中常见的有很大差别——泉州人通常是在烹饪过程中以磨成粉或浇热油的方式激发这些调味的香气，南洋饮食则多是在前期工作中将调味准备到位，如舂臼、香薰等。[①]从口味的角度来说，南洋的调味作为泉州饮食的辅助，保留了本身的香味，但大大降低了原本的咸度、辛辣度，转而只用些许来刺激味蕾，与泉州讲究的“鲜”相得益彰。

（二）作为主食、副食融于泉州饮食结构

泉州饮食中，小到调味品大到食物原材料都不乏南洋元素的参与，以番薯为首的南洋食品作为主食、副食进入泉州的饮食结构，占据泉州烹饪的半壁江山。据史料记载，万历十二至十三年，番薯从海外传入，十数年中迅速传播。初时番薯的用途更多的是观赏。据苏公琰《朱薯疏》记载，其功用是先为“苗叶供玩”，后来被民众“视为异物”；明朝中期以后，泉州人口持续增多，水稻的种植不足以维持生计，人们发现番薯生命力顽强，沙砾中亦有长出，万历二十二年至二十三年，“温陵饥，他谷皆贵，唯薯独稔，乡民活于薯者十之七八”。到了崇祯年间，番薯开始出现在市场上，清朝初期，番薯成为泉州的主要粮食作物，种植的广度已经大于水稻。1894年中日甲午战争爆发，清廷战败签订《中日马关条约》，被迫将台湾割让给日本。然而，当时泉州主要水稻来源还是台湾的供给，日本侵占台湾后，泉州不免再次出现粮荒。此时经过百年发展，番薯的数量和食用价值都有了提升，所以番薯成为闽南人主食，庇佑了闽南乃至整个福建省的民众。从“被视为异物”到种植广度超过水稻，成为闽南人的主食，番薯在战火纷飞、饥荒频繁的年代以其实用性为泉州人提供了一线生机；步入和平年代，被人们探索出更多附加价值作为副食。譬如泉州人的正餐除了普遍的米、面，还有番薯粥、番薯汤、番薯团子等番薯制品；粉团、炸枣、麻糍等甜品零食是节日、祭祀的常客，每家每户的主妇都会在传统节日、祖先忌辰、烧香礼佛等场合备好上供；鲤城的各种特色汤羹、面线糊、醋肉、蚵仔煎等特色美食都要加入番薯或者番薯制品，有的是将番薯作为主材料，有的则是用番薯中和口感，起辅助作用。由此可见，南洋作物在泉州繁荣时期传入时，与民生并无太大联系；而特殊时期南洋作物在泉州各地区的流传和铺开都以其实用性为首要考虑条件；社会恢复平静后，作物本身自带的强烈的实用性已经无法满足人们日益增长的对美好生活的需求。因此，人们更多地挖掘作物的附加价值，以期与社会生活发展并行。

---

① 2020年7月26日笔者在雪峰经济开发区与印尼归侨陈秀玉女士的邻居的访谈总结。

（三）其功能属性丰富了泉州人的饮食价值体系

除了被人们用来当调味、主食和副食外，南洋食材所具备的功能和属性也丰富了泉州人的饮食价值体系，以至于泉州人擅长的滋补汤品中也常见南洋元素，甚至经常作为礼物见证人们生命中的特殊时刻。笔者选取的白胡椒和朱古力两个个案正是南洋元素影响泉州饮食价值体系的鲜明表现。白胡椒从中医的食疗层面来说有温中下气、消痰解毒的功效，除了应用在面线糊中，也常有家庭在炖汤时加入带有白胡椒粒的药包以求食补效用，如猪肚灌蛋和白胡椒粒的搭配就起到了中和养胃的作用。可以说，白胡椒粉是海外产品与泉州本土饮食结合之后最低调但又最不可或缺的应用。从民众一贯的营养价值观来看，白胡椒也符合人们以食入药的养生观。朱古力则通常作为手信从南洋带回泉州。南洋饮食在泉州多被冠以“热属性”。因此，人们认为以朱古力为首的诸多可可类食物具有很强的温热滋补功能，用来为体虚、体寒的人群进补有很大效果。闽南产妇托人购买做朱古力牛奶鸡蛋羹的习惯意味着南洋元素对泉州饮食价值体系的丰富。

五、结语

饮食作为民生的基本要素更能直观地体现出区域文化的交融和文化之间的相互认同。饮食服务于“人”这一核心也决定了饮食产生的任何变迁都是以人的需求为中心的。因此，在某种程度上，饮食的采借可以与人们对其文化的认同画等号。以鲤城区为代表的泉州饮食，富含丰富的南洋元素，经过长年累月的交融调适逐渐吻合泉州的饮食价值观，为社会大众提供了一种自发、非官方的构想。

作者简介：苏木兰，广西民族大学民族学与社会学学院硕士研究生

第四篇
国际移民及其文化

国际移民的重要贡献
——《2020世界移民报告》解析

李其荣

【摘要】《2020世界移民报告》深入阐述了复杂和新兴的移民问题，对移民的贡献做了深入分析。本文从4个方面分析了移民在经济领域的贡献：①移民为来源国和目的国提供了劳动力，尤其是解决了目的国劳动力短缺问题；②移民汇款对来源国起了重要作用；③海外侨民债券是一种筹集资金的方式；④移民是创业创新的动力。本文以澳大利亚、马来西亚、意大利、荷兰、美国为例，分析了移民在政治领域对输入国和来源国的积极贡献，以及影响移民公共政治贡献的诸多因素。本文从3个方面分析了移民在社会文化领域的贡献：①移民对饮食文化的贡献；②移民在体育方面的贡献；③移民对来源国的“社会汇款”。总之，移民与地缘政治、贸易和文化交织在一起，为国家、企业和社区提供了巨大的获益机会。移民改善了来源国和目的国人民的生活，并为全世界数百万人提供了在国外享受安全、有意义生活的机会。

【关键词】国际移民　贡献　《2020世界移民报告》

一、引言

国际移民是一个突出的国际和国家政策问题。我们研究国际移民，是要促进对移民问题的理解，鼓励通过移民实现社会经济发展。《2020世界移民报告》在第二部分阐述了“复杂和新兴的移民问题”，对移民的贡献进行了深入分析。本文将对此进行解读。移民对输入国和目的国是否有贡献，是学术界长期讨论的一个问题。有学者认为，由移民带来的经济利益并不确定，国际移民的影响“总体上来说是消极的”。[①]学术界存在许多虚假信息，移民公共话语越来越两极化。[②]美国花旗研究高级项目经理本杰明·纳巴罗（Benjamin Nabarro）提到，近些年，人们对移民的态度有了一些变化。但这种变化仅限于一些特定人群。影响人们对移民态度的因素主要包括两个方面：①人们对不同国籍移民的同情程度；②人们对公共资源、就业、教育等关键稀缺资源的看法。纳巴罗认为，纠正人们对移民的误解需要更为宽松的政策环境。[③]但“移民在历史上的贡献和在当代所作的贡献越来越被忽视或忽略”。[④]因此，有必要对移民的贡献进行讨论。实际上，移民为世界提供了动力源泉。

① Sarah Collinson, *Europe and International Migration*, London and New York: Pinter Publishers,1993, p.64；李其荣：《国际移民政策与治理》，中国华侨出版社，2017年，第99页。

② 中国华侨历史学会、中国华侨华人研究所编译《2020世界移民报告》，内部资料，2020年，第207页。

③ 赵琪：《客观认识移民的社会贡献》，中国社会科学网，http://www.cssn.cn/hqxx/tt/201810/t20181031_4767900.shtml，访问日期：2018年10月31日。

④ 中国华侨历史学会、中国华侨华人研究所编译《2020世界移民报告》，内部资料，2020年，第208页。

二、移民在经济领域的贡献

剑桥词典的定义：经济领域是指与贸易、工业或金融有关的领域。[①]评估移民对经济的影响是政治和政策圈激烈争论的话题。关于这个问题的讨论，近年来有不少成果。

戈尔丁（Goldin）、卡梅伦（Cameron）和巴拉拉扬（Balarajan）合著的《特殊人群：移民如何塑造我们的世界和定义我们的未来》表明，在经济学家中存在广泛共识，即对移民目的国而言，移民是总体经济增长的催化剂，能够产生经济效益。麦肯锡全球研究所（McKinsey Global Institute）的研究报告《流动的人们：全球移民的影响和机遇》显示，2015年移民对全球国内生产总值（GDP）的贡献超过9%，即6.7万亿美元。国际货币基金组织（IMF）发布的《国际移民：最近的趋势、经济影响及政策意义》得出结论：移民对经济的影响因国家而异，移民虽然带来了挑战，但也给移民来源国和目的国带来了益处。戈尔丁等人的《移民与经济：经济现状、社会影响和政治选择》肯定了移民对经济增长的积极影响。这发生在很多方面：①移民往往比当地人口相对年轻，因此能够显著积极影响人均GDP和整体GDP；②通过增加人力资本，移民提高了每个工人的产出；③移民促进了全要素生产率和创新。报告发现，假如1990年英国和德国停止移民，两国2014年的实际GDP将分别减少1,750亿英镑和1,550亿英镑。对劳动力市场（包括工资的影响）往往相差很大，通常被忽略不计，这在很大程度上是由移民对当地工人的互补技能所决定的。正如鲁斯（Ruhs）在《权利的代价：规范国际劳工移民》中所提出的，从长远看，随着经济对移民的适应，这些情况可能会逆转。克莱门斯（Clemens）、黄（Huang）和格雷厄姆（Graham）在《允许难民正式进入劳动力市场的经济和财政影响》中指出，大多数证据表明，难民流入对发达国家和发展中国家劳动力市场的平均影响很小，甚至为零。[②]

（一）移民为来源国和目的国提供了劳动力

人们通常认为国际移民是主要的劳动力来源。但移民不只是劳工。他们在来源国和目的国发挥了不同的经济作用。作为工人，移民是劳动力市场的一部分，但他们也会对劳动力市场产生影响。他们还会改变国内的收入分配，影响国内投资的优先次序。作为学生，移民及其子女有助于增加人力资本存量并传播知识；作为企业家和投资者，移民创造了就业机会，推动了创新和技术变革；作为消费者，移民有助于增加对国内外商品和服务的需求，从而影响价格、生产水平以及贸易平衡；作为储蓄者，移民不仅向来源国汇款，还通过银行系统间接地促进在东道国的投资。[③]

非正规移民干的是3D[④]工作。这是当地人最不喜欢干的。有人认为，移民接收国一方面

①中国华侨历史学会、中国华侨华人研究所编译《2020世界移民报告》，内部资料，2020年，第207—209页。
②中国华侨历史学会、中国华侨华人研究所编译《2020世界移民报告》，内部资料，2020年，第210—211页。
③中国华侨历史学会、中国华侨华人研究所编译《2020世界移民报告》，内部资料，2020年，第222页。
④即“肮脏”(Dirty)、“危险”(Dangerous)、“急需”(Demanding)。

受益于非正规经济中稳定的劳动力供应，同时又能使工资成本保持在较低水平。许多经济部门（如农业、渔业、建筑业和护理业）对非正规移民的依赖更为严重，导致了劳动力市场的分割。这些行业的雇主剥削非正规移民，因为他们更有可能绝望而接受更低的工资。①

大量证据证实，无论是低技能还是高技能移民，都解决了劳动力短缺问题。在拥有大量高技能本土工人的国家，低技能劳工移民通过在公民短缺的部门就业，对本国人的技能进行了补充。这些对本国员工没有吸引力的行业解决了某些行业（如建筑业和农业等）劳动力的短缺，还使得高技能部门的本国工人在其工作中进一步专业化。意大利有一项研究发现，有大量移民提供家政服务，而使意大利本土女性会在工作上花更多的时间。美国2011年的一项研究得出了同样的结论，移民降低了家庭服务成本，低技能移民提高了高技能本土妇女的劳动力供应和市场平均工作时间。②

一些国家几乎完全依赖劳工移民，尤其在建筑、酒店和零售业。例如，在阿拉伯联合酋长国（简称“阿联酋”）和科威特，国际移民占其国家总人口的很大比例，分别为88%和76%。随着生育率大幅下降，移民一直是欧洲国家人口增长和劳动力供应的重要贡献者。在欧盟，2012—2016年，人口自然变化（出生和死亡）仅对人口增长贡献了20%，而净移民对总人口增长贡献了80%。③牛津大学全球化与发展专业教授伊恩·高登（Ian Goldin）认为，2011—2016年，美国约2/3的经济增长得益于移民带来的人口和劳动力。“据USCIS（美国公民和移民局）在2021年公布的数据，2020年全年往美国投递的移民申请数量已经超过了770万份，而入籍美国的新公民也达到了62.54万人，获得绿卡的有43.9万人。同时，还有3,700万人获得在美国工作的资格。”④

英国如果在20世纪90年代冻结移民政策，其经济总量会比目前少9%；德国若在20世纪90年代冻结移民政策，其经济总量会比目前少6%。这些数字仅涉及移民的劳动力供应效应，而移民对当地经济的长期影响则难以统计。⑤

（二）移民汇款对来源国的重要作用

移民向来源国的货币汇款是最广泛研究和考察的经济贡献之一。世界银行编撰了国际汇款的全球数据，尽管在编撰准确的统计数字方面存在着大量数据上的误差，但现在的数据还是可以反映最近几十年汇款的总体增长。李明欢在《国际移民大趋势》一文中列举了国际移民的汇款数据：2000年全球移民汇款达到1,320亿美元；2009年虽然受到经济危机影响，但仍然继续上升到4,140亿美元。2000年的数据显示，移民总汇款中63%即830亿美元系汇入发展中国家；到了2009年，汇入上升到3,160亿美元，即总额的76%。⑥根据《2020国际移民报告》，移民汇款总额从2000年的1,260亿美元增加到2018年的6,890亿美元。⑦

---

①中国华侨历史学会、中国华侨华人研究所编译《2020世界移民报告》，内部资料，2020年，第221页。

②中国华侨历史学会、中国华侨华人研究所编译《2020世界移民报告》，内部资料，2020年，第224页。

③中国华侨历史学会、中国华侨华人研究所编译《2020世界移民报告》，内部资料，2020年，第225页。

④《美国成国人移民大热门，移民到美国的华人年贡献GDP3,000亿美元》，https://www.sohu.com/a/472559498_120905665，访问日期：2021年6月17日。

⑤赵琪：《客观认识移民的社会贡献》，中国社会科学网，http://www.cssn.cn/hqxx/tt/201810/t20181031_4767900.shtml，访问日期：2018年10月31日。

⑥李明欢：《国际移民大趋势》，《侨务工作研究》2011年第4期。

⑦中国华侨历史学会、中国华侨华人研究所编译《2020世界移民报告》，内部资料，2020年，第40—41页。

2018年，印度、中国、墨西哥、菲律宾、埃及位列汇款接收国前五名。如果按所接收的汇款占GDP的比例来看，2018年，接收汇款比例最高的5个国家分别是汤加（35.2%）、吉尔吉斯斯坦（33.6%）、塔吉克斯坦（31%）、海地（30.7%）、尼泊尔（28%）。[①]高收入国家是汇款的主要来源。几十年来，美国一直是向外汇款最多的国家，2017年汇款总额为679.6亿美元；之后是阿联酋（443.7亿美元）、沙特阿拉伯（361.2亿美元）、瑞士（266亿美元）。[②]

移民汇款对来源国家庭和当地社区起着重要作用——帮助家庭满足基本的日常需要，如粮食和住房，减轻贫困。移民寄回家的钱可以作为意外支持的重要缓冲，保障家庭的经济稳定和韧性。资金还可以用于支持直系和大家庭成员获得卫生服务以及投资教育，并为他们提供投资企业、投资房产和其他资产的能力。[③]

（三）海外侨民债券是一种筹集资金的方式

2017年，尼日利亚发行了第一支散居侨民债券，筹集了3亿美元来援助基础项目。亚美尼亚（The Republic of Armenia）在2008年设立了政府发行的海外侨民债券。印度和以色列在过去几十年里都筹集了数十亿美元。印度也对非居民印度人在印度银行的定期存款提供利率和免税利率。自1951年以来，以色列通过这种融资机制筹集了400多亿美元。[④]

对于陷入困境和资金短缺的国家，海外侨民债券是一种成本低廉的资金筹集方式。各国政府可以从海外侨民那里借款，可能使他们参与本国的发展，为来源国的经济作出切实的贡献，特别是在地震和洪水灾害之后，参与家乡重建，参与灾害治理。[⑤]

（四）移民是创业创新的动力

英国伦敦国王学院（King’s College London）经济与公共政策教授乔纳森·波特斯（Jonathan Portes）提到，世界领先的技术创新越来越集中在区域经济集群当中，而移民在其中扮演着重要角色。移民提高了所在地的生产率，从而吸引更多的技术人才来到该地区，并形成了良性循环。从全球范围看，最具活力的城市都有大量移民。[⑥]移民通过直接投资或创办新企业的方式对本国经济作出了贡献。根据龙登高的统计，就海外华人投资中国企业数量而言，在2005年的中国侨资企业数据库中，美国高居第一位，遥遥领先于其他国家，加拿大则是第二位。[⑦]在格鲁吉亚，约有17%的私营企业属于该国的侨民。移民企业家有助于来源国建立物质资本，还提高了当地的经济生产力，并有助于创造就业。移民通过在各国间建立移民网络，减少了信息障碍，并有助于促进来源国和目的国之间的贸易和投资流动。大量移民的存在也可以为在其来源国生产的产品开辟市场，从而加强经济之间的贸易流动。移民对其来源国的最重要影响是他们对人力资本储备的影响。回归移民带着新知识和新技能回国，从而提高了一个国家的整体技能水平。[⑧]

①中国华侨历史学会、中国华侨华人研究所编译《2020世界移民报告》，内部资料，2020年，第41页。

②中国华侨历史学会、中国华侨华人研究所编译《2020世界移民报告》，内部资料，2020年，第41页。

③中国华侨历史学会、中国华侨华人研究所编译《2020世界移民报告》，内部资料，2020年，第220页。

④中国华侨历史学会、中国华侨华人研究所编译《2020世界移民报告》，内部资料，2020年，第222—223页。

⑤中国华侨历史学会、中国华侨华人研究所编译《2020世界移民报告》，内部资料，2020年，第223页。

⑥赵琪：《客观认识移民的社会贡献》，中国社会科学网，http://www.cssn.cn/hqxx/tt/201810/t20181031_4767900.shtml，访问日期：2018年10月31日。

⑦龙登高：《海外华人新增长点：北美华人动态与趋势》，《侨务工作研究》2010年第3期。

⑧中国华侨历史学会、中国华侨华人研究所编译《2020世界移民报告》，内部资料，2020年，第223—224页。

华侨华人专业人士创业发展洽谈会（简称“华创会”）2001—2015年立足湖北、面向中西部，已先后吸引来自全球50多个国家和地区9,000多人次的华侨华人参会，带来6,200余个合作交流项目，中部地区省、市共签订引进人才和技术项目合同近1,900个，总投资额逾2,000亿元人民币。他们的先进经验和运营理念，不仅助力武汉经济建设及武汉城市圈“两型社会”的发展，同时加大了中西部对外开放程度，促进了国家创新驱动发展战略的实施，推动了经济发展方式的转变。①

2021年5月，百人会（Committee of 100）②在某网站中公开发布了一份报告，主要是讲解华人从19世纪至今对美国作出的重大“贡献”。经济方面最显眼的一个数据：2019年全年，在美国的华人“贡献”的GDP总额甚至达到了3,004亿美元，换算成人民币已经超过了1.9万亿元；华人还为超过300万个岗位提供支持。③

移民的贡献是许多国家领导人认同的。如加拿大总理特鲁多（Justin Trudeau）在2021年1月向移民部长门迪奇诺（Marco Mendicino）签发了新补充的移民任务授权书（New Supplementary Mandate Letter）。授权书强调：移民仍将是加拿大经济和社会发展的中心任务；加拿大将履行2021—2023年123.3万移民配额计划。2020年10月底，加拿大宣布了一项移民计划，目标是2021—2023年每年接收超过40万新移民。这是加拿大历史上接收新移民数量最多的计划。在加拿大历史上，只有1913年接收的新移民人数超过40万，超过当时人口的5%。习近平指出：“马来西亚华人是中马友谊和合作的亲历者、见证者、推动者。你们到中国投资兴业、捐资助学，推动两国文化交流，为中马关系发展牵线搭桥。没有华侨华人的努力，就没有中马关系今天的大好局面。”④

无可反驳的是，“精确估计由移民所造成的经济影响是非常困难的，在目前考虑的范围内想要精确估计是不可能的。然而，非常重要的事实是所有已经制定的移民政策和改变他们的尝试都是基于一些这样的评估之上。”。⑤

三、移民在公共政治领域的贡献

公共政治领域是指在国家认可的权力范围内承担公民义务。⑥移民可以成为公共政治生活的重要贡献者。⑦在目的国，移民可以参与国家、地方、社区治理和政治，从事志愿工作，并在其他移民（特别是新移民）融入新社区时提供支持。

万晓宏从政治学的视角出发，根据参政主体在参政过程中采取的方式、所处的地位及发

①李其荣、周柳丽、徐浩亮：《凝心汇智聚力筑城——武汉市鼓励华侨华人来汉创业发展研究》，《侨务工作研究》2015年第1期。

②美国一个华人精英组织，由贝聿铭、马友友等人发起，成立于1990年，常设机构设于纽约。该组织的会员全部是在美国社会中有影响力与知名度的华人，依据个人杰出成就凭邀请入会。

③《美国成国人移民大热门，移民到美国的华人年贡献GDP3,000亿美元》，https://www.sohu.com/a/472559498_120905665，访问日期：2021年6月17日。

④《习近平主席出席马来西亚各界华侨华人欢迎午宴希望华侨华人为促进中马友好合作再立新功》，《侨务工作研究》2013年第5期。

⑤Anthony M. Messina & Gallya Lahav, *The Migration Reader: Exploring Polities and Policies*, Boulder,London: 5ynne Renner Publishers, 2006, p.111.

⑥中国华侨历史学会、中国华侨华人研究所编译《2020世界移民报告》，内部资料，2020年，第209页。

⑦中国华侨历史学会、中国华侨华人研究所编译《2020世界移民报告》，内部资料，2020年，第216页。

挥的作用，将当代加拿大华人参政分为普通华人、华人精英和华人社团3个参政主体进行详细分析。[①]廖小健对加拿大2011年大选中华人的参政情况进行了分析。1993—2008年，共有21位加拿大华人被选为联邦国会议员。2011年大选，华人参选人数创历史新高，共有23名华人角逐国会议席，比2008年参选的18人多出了5人。其中有7名成功当选为国会议员，比2008年增加2名。成功当选国会议员的不少是第一代华人移民，如来自中国香港的邹至蕙和杨萧慧仪。[②]

由于澳大利亚和加拿大在政治制度上有一定的相似性，张晶借用这种分类方法和模型对澳大利亚华人的参政方式和特点进行分析。[③]张晶认为，澳大利亚普通华人的参政方式有两种类型：参与选举政治和非选举政治。其中，参与选举政治的方式有参加选举投票、政治捐款和助选等；参与非选举政治的方式有游行示威、抵制、个人接触和诉诸法庭等。[④]华人精英的参政方式有4种类型：①选举型和委任型；②华人选票型和非华人选票型；③全国型和地方型；④主流政党型和华人政党型。华人社团的参政方式具有显著特点：历史悠久的社团（如悉尼的澳华公会、侨青社，维省华联会、西澳中华会馆等），新移民社团（如澳洲中国公民公会、澳华青年商会等），政党型社团（如团结党），已成为华人与政府、主流社会交流的重要桥梁，不仅凝聚了华人力量，更是在澳大利亚华人参政活动中发挥着领导协调作用。华人社团领导人会代表华人向政府反映华人的意见，积极争取有利于华人的政策。同时，政府也会委任和邀请华人社团领袖加入政府性质的机构。[⑤]

海外华人在政界踊跃发声，首先是由于他们参政意识增强，希望能发出华人自己的声音。澳大利亚华人李逸仙在一次新闻发布会上说："15年来，我积极参与政治，从未放弃为澳大利亚同胞服务并提供支持的愿望。过去10年我经营企业，现在是我来服务社区的时候了，是我和我的家人回报给予我们那么多机会的国家的时候了。"[⑥]

华人的参政意识增强，取得了一定成效。在2019年5月18日澳大利亚联邦议会选举中，诞生了澳大利亚历史上首位华人众议员，是华人参政议政迈出的可喜一步。[⑦]2019年意大利普拉托（Prato）市议会选举中，两名华人成功当选议员，是普拉托历史上第一次有两名华人公民当选议会成员。[⑧]洪承琛（John Hong）参选2019年新西兰奥克兰市长选举，创造了历史——178年以来奥克兰历史上第一个第一代华人移民参选奥克兰市长。[⑨]近年来荷兰华人也积极参与政治。"荷兰华人政治参与的表现主要在于如何更好地凝聚华人的力量，扩大自己在政坛上的声音；如何把更多的华人带入荷兰的政治参与之中。"[⑩]法国华商与当地政府共议市政。[⑪]

马来西亚华人积极地参与各项改革运动，参与公民抗争运动。2012年马来西亚华人上街示威者有5万人，在2015年8月29—30日的活动中激增到20万人。马来西亚吉隆坡暨雪

---

①万晓宏：《当代加拿大华人参政分析》，《世界民族》2011年第4期。

②廖小健：《加拿大华人社会发展探析》，《侨务工作研究》2016年第1期。

③张晶：《当代澳大利亚华人参政研究》，华中师范大学硕士学位论文，2014年。

④张晶：《当代澳大利亚华人参政研究》，华中师范大学硕士学位论文，2014年，第11页。

⑤张晶：《当代澳大利亚华人参政研究》，华中师范大学硕士学位论文，2014年，第20页。

⑥孙少峰、王艳磊：《华人方兴未艾的参政之路》，原载《人民日报（海外版）》2013年9月11日，转引自暨南大学图书馆彭磷基华侨华人文献信心中心编《侨情综览2013》，暨南大学出版社，2014年，第357页。

⑦转引自《侨情快讯》2019年第11期。

⑧《创造历史！两华裔当选意大利普拉托市议员》，《侨情快讯》2019年第12期。

⑨《华人竞选新西兰奥克兰市长，178年来首个第一代华人移民参选》，《侨情快讯》2019年第17期。

⑩陈奕平：《荷兰侨社发展历史与趋势》，《侨务工作研究》2015年第1期。

⑪《法国华商与当地政府共议市政》，《侨务工作研究》2007年第2期。

兰莪中华大会堂（简称“隆雪华堂”）在数年前就积极地参与形塑公民社会力量。它在举办文化节时提出“迈向公民社会”的愿景，推动与其他非政府组织串联。隆雪华堂的民权委员会发起联署活动促请各界尊重马来西亚自由与多元的价值并捍卫家庭与人道精神。①

美籍华人在自身发展和促进当地社会文化发展的同时积极参政，推动中美合作。诺贝尔奖得主杨振宁②在20世纪70年代作为非正式的民间大使穿梭于华盛顿和北京之间。又如，美国共和党少数民族委员会主席陈香梅1980年作为里根总统的特使穿梭于中美之间，也曾在1989—1990年中美关系最艰难的时期作为美国出口委员会副主席率团来华，促进中美关系的发展。此后，杨振宁、李政道、余江月桂、田长霖等人经常奔走于中美两国之间，发挥“民间大使”的作用，积极协调中美关系。③华人参与当地国政治得到当地政府领导人的称赞。例如赵小兰出任美国劳工部部长时，时任总统小布什④在演讲中说：“赵小兰为这个职位带来一些众所周知并受人崇敬的品质，如处理行政事务的极高天赋、饱满的政治热情和帮助他人创建美好生活的意愿。”⑤

侨民对来源国的政治进程有何影响，情况各异，值得研究。研究发现，从中国香港返回的菲律宾移民对民主有更高的参与，而从沙特阿拉伯返回的菲律宾移民则对民主表现出更多的矛盾心理。移民（包括难民在内）也可以成为和平建设和重建进程的重要推动者，将其经验、技能和资源带到冲突后环境下的基础设施重建、社会团结和政治进程。⑥

华侨华人是我们了解外部世界的重要渠道和开展国家民间友好事业的重要促进力量。在20世纪80年代中期，美国华人在纽约成立了世界上第一家中国和平统一促进会（简称“统促会”）。1980—1999年有20多个统促会成立。1999年后，全球五大洲都成立了统促会，2002年发展到了70多个国家和地区，共有100多家统促会。2004年3月2日，全球华侨华人反独促统大会在泰国首都曼谷召开，并发表了《曼谷宣言》，“坚决反对台湾当局搞所谓‘公投’及其他任何形式的‘台独’分裂活动”。⑦

影响移民公共政治贡献的因素众多。从全球层面看，包括交通和通信技术，国际人权法律和条约，国际强权政治、压力，涉及移民来源国、地区的冲突。从国家层面看，包括来源国和目的国之间的地理距离、经济结构及动态，融合公民政治的国家—民族模式，包容—排斥的公民文化与实践（多元文化主义），民族建构进程，入境移民/出境移民政策与公民身份，国与国之间的双边关系，在私人和公共领域的家长制/平等主义的性别关系。从地方层面看，包括经济结构和动态，包容—排斥的公民文化与实践（多元文化主义），居住区的隔离程度，族群关系，外国出生人口的比例，入境移民/少数族裔群体规模和聚居度，逗留/移民心态，入境移民/少数族裔群体的公民权利意识，内部组织和领导。⑧

①祝家丰：《海外华人政治参与对政治体制转型与民主化的影响：论马来西亚华人的政治抉择和角色（2008—2018）》，李其荣主编《华侨华人家国情怀与文化认同研究》，中国社会科学出版社，2021年，第255页。

②杨振宁于2003年回中国定居，后于2017年放弃美国国籍，恢复中国国籍，现已不属于美籍华人。

③陈奕平：《美国华侨华人与中国软实力》，《侨务工作研究》2011年第1期。

④即乔治·沃克·布什（George Walker Bush），2001年1月20日—2009年1月19日任美国总统。

⑤王学信：《华裔女杰政坛翘楚——记美国联邦劳工部部长赵小兰》，《侨务工作研究》2007年第6期。

⑥中国华侨历史学会、中国华侨华人研究所编译《2020世界移民报告》，内部资料，2020年，第218页。

⑦施雪琴：《“中国梦”与“侨乡关系”的话语变迁》，《侨务工作研究》2013年第4期。

⑧中国华侨历史学会、中国华侨华人研究所编译《2020世界移民报告》，内部资料，2020年，第217页。

四、移民在社会文化领域的贡献

移民在社会文化领域的贡献主要表现在饮食文化、体育和对来源国的"社会汇款"等3个方面。

（一）移民对饮食文化的贡献

我们许多人每天都能感受到移民对社会文化的贡献。当你在菜场买菜，在餐馆就餐，观看音乐表演或体育比赛，都有可能感受到移民带来的习俗或传统。移民的贡献之一是分享食物和烹饪传统。这极大地提高了现代食物的多样性。

食物通常被描述为一个双向过程：移民带着他们的烹饪实践和习惯旅行，通过获得新的食物习俗，自然地适应他们的新生活；偶尔，移民也会将新的食物习俗带到他们的来源国。因此，这种混合是双向的。它反映了人类有必要通过食物来表达分享和对话。[①]

入境移民、流动和贸易联系有助于促进现代粮食系统的发展。如"印度咖哩"被认为是印度、巴基斯坦、孟加拉国移民所作的贡献。回迁移民也可以丰富饮食文化。例如，伯利兹（Belize）的多样性移民外迁模式使其发展出一种丰富的饮食文化。世界上很多国家的美食因国际移民和文化习俗的转移而变得丰富。[②]最近的研究发现，现代烹饪的多样性和移民之间具有关联性。

世界上凡是有华人的地方都能感受到中国饮食文化的影响。那么中国的烹饪原料、烹饪技法、传统食品、食风食俗等又是怎样传到世界各地去的？根据2006年6月的《中餐通讯》(在美国发行的中文月刊）发布的消息，全美有4万多家中餐馆，超过麦当劳、温迪屋、汉堡王三家合起来的总数，是20世纪50年代的10倍多，是60年代的5倍多。[③]2013年，荷兰共有各类餐饮业1万多家，其中华侨华人经营的餐馆有2,500家左右，占25%左右。[④]

我国的饮食文化对朝鲜[⑤]的影响也很大。这种情况大概始于秦朝。据《汉书》记载，秦朝时有数万人口在朝鲜居住，自然会把中国的饮食文化带到朝鲜。汉朝人卫满曾一度在朝鲜称王，此时对朝鲜的影响最深。因此，朝鲜习惯用筷子吃饭，使用的烹饪原料和饭菜的搭配都明显带有中国的特色。在烹饪理论上，朝鲜也讲究中国的"五味""五色"等说法。[⑥]随着经济的发展，大量技术移民、投资移民到海外，在生活、知识、经济上属于高层次人才，把粤菜在海外的发展推向更高的境界。[⑦]

明朝以后，粤闽两省许多人因为人多地少开始"下南洋"讨生活，也无意中带来了中国的饮食文化。早期的移民在南洋建立了华人社区，虽然远离家乡，但是保存了浓厚的中华文化传统和传统的生活习俗，包含饮食文化。中国饮食文化深深地影响了印尼的饮食文化。印尼语和汉语（主要为闽南话和潮州话）有很多共有的词汇，如"粉糕""油条""肉丸"

---

①中国华侨历史学会、中国华侨华人研究所编译《2020世界移民报告》，内部资料，2020年，第212页。

②中国华侨历史学会、中国华侨华人研究所编译《2020世界移民报告》，内部资料，2020年，第213页。

③刘海铭：《美国食品与餐馆业中的中国移民》，《侨务工作研究》2007年第6期。

④陈奕平：《荷兰侨社发展历史与趋势》，《侨务工作研究》2015年第1期。

⑤本文中的"朝鲜"均指今朝鲜半岛。

⑥《中国饮食文化对世界饮食文化的影响》，https://www.360kuai.com/pc/97983df878e57f9f6?cota=4&tj_url=so_rec&sign=360_57c3bbd1&refer_scene=so_1，访问日期：2019年4月5日。

⑦上海三叔公：《粤菜的影响力，最有世界影响的饮食文化之一》，http://www.360doc.com/content/18/0520/14/54501683_755446597.shtml，访问日期：2018年5月20日。

这些来自闽南话的词汇在印尼语中的发音是差不多的，相信是早期文化交流的产物。因为南洋华人在生活中也促进了中国与南洋地区的饮食商品贸易。大量的华人以经营中餐馆作为谋生手段，使得中国的传统烹饪有了广阔的市场。在进餐风格和饮食观上，印尼饮食就大量地吸收接纳了中国广府、潮州与福建（闽南）菜的风格。在几百年的交流中，甚至产生了中国与南洋高度融合的佳肴——娘惹菜。①

随着那些拥有优秀饮食文化的移民们（意大利人、希腊人、黎巴嫩人、中国人、越南人等）一波又一波涌入和定居，以及澳大利亚联邦政府对多元文化政策的提倡，种类繁多的美食开始渐渐进入广大的澳大利亚社区。②

（二）移民在体育方面的贡献

移民是体育和多元文化的贡献者。精英体育让移民“超越”了歧视和其他负面问题，因为他们展示了非凡的才能。③在新加坡有一个群体是通过体育技术移民而获得新加坡国籍的。来自中国上海的吴杰就是其中一员。吴杰到新加坡后曾与新加坡的击剑选手一起比赛，新加坡没有选手能够击败他。最后，新加坡击剑联合会希望他能够申请技术移民。吴杰从2005年开始办理，已经获得新加坡国籍，并代表新加坡参加了英联邦锦标赛。他的太太王雯银则在2006年加入新加坡国籍。王雯银也是上海人，花剑选手。加入新加坡国籍后，她代表新加坡参加了2006年亚运会（在卡塔尔多哈举办），还拿到过东南亚运动会（South East Asia Games）冠军。新加坡的体育移民中，乒乓球选手最受外界关注，近年来游泳、篮球、足球选手也慢慢多了起来。④

有一技之长的移民在一些国家受到鼓励。加拿大的技术移民通常对申请人的年龄、语言、工作经验、学历等都有很高的要求。但加拿大有这样一种人才移民，没有语言、学历、资金方面的硬性要求，更没有像企业家移民类别那样设置附加的创业审核条件，而是看中此类申请人的自雇能力。这种移民方式就是加拿大联邦自雇移民，是加拿大商业类移民类别中非常受欢迎的移民类别。加拿大联邦自雇移民是加拿大政府为特定领域的专业人才开放的一条特别移民通道，适用的申请人群包括艺术家、画家、体育运动员、作家等，需要在某一专业领域内拥有专才，并取得了一定的艺术成就，且有能力以自雇的方式在加拿大生活和发展，为加拿大的经济和社会生活带来积极的贡献。⑤

美国移民局欢迎“杰出人才”。根据美国的法律，“杰出人才”范围包括科学、艺术、教育、商业、体育五大类，涵盖科学家、研究员、高级工程师、发明家、电脑专家、医师、医学家，画家、书法家、舞蹈家、音乐家、音乐指挥家、歌唱家、歌星、影星、模特、电视主持、影视导演，各级特级教师、教育理论家等，杰出企业家、工商人才、广告策划专家，著名运动员、教练员等。事实上，美国移民局并没有对申请此类移民的人有什么硬性

① 英文静：《中国饮食文化对印尼的影响》，厦门大学硕士学位论文，2014年。

②《澳大利亚的饮食文化非常多元，但这并不代表种族问题不存在》，https://www.360kuai.com/pc/9982b91c57135095b?cota=3&kuai_so=1&sign=360_57c3bbd1&refer_scene=so_1，访问日期：2020年6月23日。

③ 中国华侨历史学会、中国华侨华人研究所编译《2020世界移民报告》，内部资料，2020年，第213页。

④《体育技术移民》，《羊城晚报》2010年8月17日。

⑤《加拿大专才自雇移民，文艺、体育界人士可一步到位全家移民》，https://www.sohu.com/a/312096611_491189，访问日期：2019年5月6日。

规定，无论各行各业，只要您在本行业有一定贡献或者成就比其他人更突出，您就有资格申请“杰出人才”移民。①

欧洲体育融合网（European Sport Inclusion Network）、欧洲体育俱乐部的社会融合和志愿服务（the Social Inclusion and Volunteering in Sports Clubs），以及澳大利亚的“足球欢迎你”（Welcome Football）等项目，试图认可并利用移民体育明星作为积极的榜样，包括鼓励通过体育活动促进融合等。②

自20世纪90年代中期以来，中国各有关部门出台的一系列海外高层次人才留学人员以多种形式为国服务的政策取得了显著的成效。华侨华人高层次人才对中国和平发展起到了独特作用。③

自2012年8月1日起，德国出台了“欧盟蓝卡”制度，以吸引具备优良职业技能的外籍人士来德就业。根据联邦移民难民局近日发布的统计数据，在过去5年中，德国共颁发了大约8.1万份蓝卡。截至2018年6月底，约85%的蓝卡持有者都决定长期留在德国，申请或获得了无限期居留许可。该情况也表明，德国对高素质人才有很强的吸引力。④

（三）移民对来源国的“社会汇款”

移民对来源国的社会文化作出了重大贡献，也被称为“社会汇款”。这类汇款的交换方式多种多样，其中包括“移民返回原籍地居住或访问原籍地社区、非移民访问接收国，或通过交换信件、录像、磁带、电子邮件、博客文章和电话等方式”。不过，并非所有的社会汇款都是正面的，移民所带来的思想和做法既有积极的影响，也有消极的影响。例如，在性别平等的国家的移民更有可能在其来源国的社会机制中促进性别平等。然而，那些迁移到性别平等程度较低的国家的人往往会带回更为保守的性别标准。⑤在生育率方面也是如此，迁移到低生育率的目的国则会导致来源国生育率降低，而迁移到高生育率目的国会导致来源国生育率提高。

国际移民是“祸”还是“福”从来都是一个有争议的问题。但有一点可以肯定，迁移既可以为移民及其家庭和来源国带来巨大的利益，也可以为来源国带来更广泛的有益影响，如减少失业、贫困。移民还可以为目的国带来经济和其他收益。⑥《2018世界移民报告》称：“移民与地缘政治、贸易和文化交织在一起，为国家、企业和社区提供了巨大的获益机会。移民改善了来源国和目的国人民的生活，并为全世界数百万人提供了在国外享受安全、有意义生活的机会。”⑦

作者简介：李其荣，华中师范大学国际移民与海外华人研究中心教授，
中央统战部国务院侨务办公室侨务理论研究武汉基地主任

①《美国杰出人才移民》，https://jingyan.baidu.com/article/9989c7467ab162f648ecfee6.html，访问日期：2017年4月3日。

②中国华侨历史学会、中国华侨华人研究所编译《2020世界移民报告》，内部资料，2020年，第213页。

③程希：《华侨华人高层次人才对中国和平发展的独特作用》，《侨务工作研究》2011年2期。

④《欧盟敞开大门引进人才，中国籍蓝卡持有者数量在德位居第二》，《侨情快讯》2018年第16期。

⑤中国华侨历史学会、中国华侨华人研究所编译《2020世界移民报告》，内部资料，2020年，第216页。

⑥刘益梅：《全球移民治理的努力与善治路径——2018世界移民报告解析》，《丽水学院学报》2019年第6期。

⑦中国华侨历史学会、中国华侨华人研究所编译《2018世界移民报告》，内部资料，2018年，第1页。

匈牙利华人历史与现状探析

陈　煜

【摘要】匈牙利华人的历史不长，但30多年来在人口数量、组织结构、生活方式、商业模式等多方面都有长足的发展。新老移民们在经济上取得了可喜的成绩，社会地位有所提高，在匈牙利安居乐业，但仍面临着机遇与挑战并存的局面。

【关键词】匈牙利　华人　移民潮

一、引言

匈牙利地处欧洲中部，是我国在中东欧地区重要的战略伙伴。自1949年10月6日建交以来，两国一直保持良好的邦交关系与民间往来。近年来匈牙利积极发展与中国的友好关系，随着“一带一路”倡议和“中国—中东欧17+1合作”[①]的不断加深与推进，两国交往、合作日益频繁和紧密，高层交流和政治互信得到了极大的改善，中匈关系进入最佳时期。匈牙利华侨华人的历史虽然只有30多年，但数量却是中东欧16国中最多的。[②]

当前国内外学术界对匈牙利华人的研究还不多见，多以欧洲或东欧为地理区域进行主题或概况性介绍、分析，对匈牙利华人着墨有限（Amy H. Liu，2017；Frank N. Pieke，1997；Pál Nyíri，2005，2007）。[③]目前比较系统性聚焦匈牙利华人社区的研究主要是两份华侨华人发展报告。[④]报告中对匈牙利华人的概况进行了详细介绍，但对移民的历史缺乏系统梳理，其余零散的研究就某个专题展开讨论，如某一时期的的华人社区[⑤]以及华人的身份认同研究等[⑥]。由此可见，与美国、西欧、东南亚华人的研究相比，匈牙利华人研究还有很大的拓展空间。笔者利用2009—2010年、2019—2020年两次在匈牙利做访问学者之便，对当地华人社会与群体进行了田野调查，获得了许多宝贵的一手资料。据此，本文希望通过梳理匈牙利华人历史发展的脉络及其现状，加深人们对匈牙利华人历史与现状的认识。

二、早期移民的历史背景

匈牙利民族一直因其神秘的“东方起源说”被认为是古代匈奴人的后代。然而，因为国内外学界并无定论，匈牙利官方也否认这一说法，匈牙利民族是否就是最早来自亚洲的

① 中东欧17国：阿尔巴尼亚、波黑、保加利亚、克罗地亚、捷克、爱沙尼亚、希腊、匈牙利、拉脱维亚、立陶宛、黑山、北马其顿、波兰、罗马尼亚、塞尔维亚、斯洛伐克、斯洛文尼亚。

② 高东红、张伟：《2019匈牙利华侨华人年鉴》，匈牙利钻石文化传媒有限公司，2020年，第1页。此处引文中的16国即上述17国中除希腊以外的16个国家。

③ 李明欢：《东欧社会转型与新华商群体的形成》，《世界民族》2003年第2期。李明欢：《欧洲华侨华人研究70年》，《华侨华人历史研究》2019年第3期。引文中列出的有关外文文献详细出处参见原文。

④ 刘作奎等：《中东欧国家华侨华人发展报告》，中国社会科学出版社，2018年；高东红、张伟：《2019匈牙利华侨华人年鉴》，匈牙利钻石文化传媒有限公司，2020年。

⑤ 聂保臻、琳达：《匈牙利的华人社区》，《国际人才交流》1993年第9期。

⑥ 晏卿：《旅居匈牙利布达佩斯华人的文化适应和身份认同冲突研究》，上海外国语大学硕士学位论文，2009年。

"移民"仍充满神秘色彩。直至1989年东欧剧变之前，匈牙利官方记录中几乎找不到来自中国的移民记录。这主要受到了早期移民条件与政策的限制。一方面，匈牙利自建国之后，不断陷于战火之中，被外族侵略、统治，并不利于移民生存。另一方面，匈中两国长期对人口迁移实施了非常严格的管控政策：在1985年放宽对出国人员的审批条例之前，中国的人员流动受到严格限制；同样，匈牙利一概效法苏联模式，拒绝接纳任何中国移民。[①]因此，比起西欧国家，匈牙利中国移民的历史并不长，至今只有30多年。

中国人移居匈牙利的首次契机是中国在1984年末开始向苏联和其他东欧国家派遣工人和技术人员。根据匈牙利内政部的数据，第一批中国技术工人（10名）于1984年9月抵达匈牙利。他们来自四川省，以官方外派合同在匈牙利首都布达佩斯工作。1987年11月至1988年1月，匈牙利迎来了较有规模的一批华人（335名）——来自吉林省四平市的熟练金属工人、一名机械工程师和一名医生[②]，在匈牙利西北部的久尔市（Győr）的拉巴汽车厂（Rába Gépgyár）接受培训。3年合同期满后大部分人返回中国国内，一小部分人（三四十人）选择继续留下，侨居于布达佩斯[③]。他们学习了匈牙利语，熟悉了当地环境，一部分人与匈牙利人通婚，生儿育女，融入当地社会的程度较深。这一时期，留学生群体中也留下了屈指可数的几位侨居者。根据匈牙利内政部的数据，1985—1988年，有18名[④]中国留学生抵达匈牙利，大多是学习匈牙利语的大学生，语言基础较好，很快融入了当地社会。据了解，他们之中不少人都留在当地，成为资深的职业翻译或语言教师。早期的迁移者们是在东欧的第一批中国新移民的种子群体之一，也是匈牙利早期华人的缩影，为后来的移民提供了许多宝贵经验和信息指导，发挥着穿针引线的作用。

然而，真正的移民推动力不是来匈牙利工作、留学的可能性，而是中匈两国于1988年达成的免签协议。1988 年1月1日，中匈两国签署了互免签证协议。那时的匈牙利是欧洲唯一对中国免签的国家。1989年东欧剧变后匈牙利的社会主义改制为第一次大规模移民潮和华人社区的形成创造了社会条件：①东欧剧变之后匈牙利社会面临创伤恢复、经济萧条、人口衰减等问题，需要大量基础劳动力参与社会重建；②轻工业产品的缺乏为华商的发展与中国商品的引入创造了条件。正是得益于这些条件，布达佩斯迎来了第一波大规模中国移民潮，奠定了华人社会在布达佩斯的基础。

三、初具规模：第一波移民潮时期的淘金之路

匈牙利华人社区的形成与变迁基本伴随着3次大规模的移民潮发生。第一波大规模移民潮发生在1989—1991年。根据记录，中国移民的先驱于1989年3月到达布达佩斯东部火车站，当时在西伯利亚大铁路上借道俄罗斯前往布达佩斯是基本路径，北京和匈牙利首都之间的旅行费用只有很少的100元人民币。[⑤]1989—1991年，根据当地华人和警察的估计，匈牙利华人几乎从零增长到约4万人。[⑥]然而这个数据并不能真实地反映实际人数，因为存在

①李明欢：《欧洲华侨华人概况》,《华侨华人历史研究》1997年第2期。
②刘作奎等：《中东欧国家华侨华人发展报告》，中国社会科学出版社，2018年，第67页。
③Pál Nyíri, *New Chinese Migrants in Europe :the Case of the Chinese Community in Hungary*, Aldershot: Ashgate, 1999, p.47.
④Pál Nyíri, *New Chinese Migrants in Europe :the Case of the Chinese Community in Hungary*, Aldershot: Ashgate, 1999, p.50.
⑤茂春：《中国人在东欧》，中国旅游出版社，1992年，第4页。
⑥李中强：《泪洒多瑙河》，中国物资出版社，1992年，第16页。

大量非法移民，据估计，人数最高时期应该达到6万人。[①]据统计，在第一波浪潮中，大多数华人来自北京、浙江和福建，其中北京约占1/4，今天的大多数华人社区都是由这3个省市的人和后裔组成的。

早期的匈牙利华人基本都生活在布达佩斯，以从事小商品零售、批发为主。大多数华人最初移居匈牙利并非抱着经商的目的。因跨国务工、单位公派、公费或自费留学、出国创业等目的移居匈牙利的人数量都不少。然而，刚经历了东欧剧变的匈牙利经济状况并不是很好，工作岗位对学历、语言的要求又高，华人在当地就业并不容易。聪明的华人们很快便发现了"商机"：匈牙利轻工业不发达，日用品、轻纺商品价高货少，中国商品因为低廉的价格很快受到市场的青睐。受到当时苏联"穿梭"商人和当地犹太人、越南人商贩的启发，匈牙利许多华人便投身此道。很快，不管何目的、何身份来到匈牙利的华人几乎都受到这股"淘金"热的影响，做起了小生意，同时发展自己的亲戚网络，介绍了很多亲朋好友前来匈牙利一起"淘金"。很快便涌入了一批批来此淘金的华人，主要来自北京、上海、东北三省、河南、浙江、福建等地。一位资深移民告诉笔者："90年代上半段的时候，大家都做生意。那个时候生意也好做，随便倒卖些中国商品，就能日进斗金。"1989—1992年是在匈华人们的"黄金期"，除了个别情况外，都完成了自己在匈牙利的"原始积累"。

在布达佩斯"淘金"的华人第一个扎根投身之处，也是匈牙利华人社会的第一个中心，名为"四虎市场"。它是匈牙利犹太商人费兰茨1992年租用在八区尤诺夫城边的废弃火车站堆货场建成的一个商品批发市场。在华人进驻之前，主要是犹太人、越南人等在此摆摊。渐渐地，随着华人人数不断增长，生意也越做越大，市场俨然一副中国市场的模样，还挂起了中文招牌。在匈牙利华人的心目中，"四虎市场"占据着独特的位置，因为这是成功华人们的起点，也是见证华人奋斗历程的记忆之地。在勤劳的华人手中，这个市场面积扩大了许多倍，成为辐射整个欧洲的小商品集散中心。根据当地华人介绍，当时的"四虎市场"在整个欧洲可谓"如雷贯耳"。它是那个时期中东欧国家中最大的商品批发市场之一。大量来自中国的轻工产品通过匈牙利这个桥头堡输往中东欧各国，年交易额达几亿美金。鼎盛时期，有数千中国商家进场经营。

中国廉价的商品在这里有着巨大的竞争力，每天起早贪黑到"四虎市场"摆摊成为了大部分华人的生活日常。同时，该市场也给华人提供了购买生活必需品和中国国内商品的场所，方便了华人的生活。许多商家为了经营便利，把家安置在市场附近，生活范围不过咫尺。在市场周围逐渐形成了较为集中的华人生活区域，与华人相关的中介、服务、咨询公司也应运而生，成为小商品经营之后华人所从事的第二大产业。

据笔者调查，20世纪90年代，有上千家华人公司在匈牙利遍地开花。这些公司分为3类：①正经服务华人社会，致力解决华人因语言、不熟悉当地政策法规和办事手续而导致的生活、经营困难问题。此类公司为数不多且生存艰难。②利用匈牙利政策的漏洞，只为获得居留匈牙利的合法身份，并无实际经营活动。此类公司寿命极短，数量却相当可观。③专门从事移民、"绿卡"办理业务。此类公司合法、非法业务都有所涉及，以高昂的收费

①茂春：《中国人在东欧》，中国旅游出版社，1992年，第7页。

获取暴利，许多华人因此发了财。然而，华人公司混乱的经营状况和大量非法移民的案例不仅在当地社会留下了“臭名”，而且引起了当地政府的关注。

1991年10月，匈牙利安托尔政府发动“清除”运动，目的是逐驱那些从事非法贸易活动及无合法证件滞留匈牙利的华人，并于1992年初重新实施签证要求，收紧华人居留许可的发放和延长，进一步驱逐非法移民。这一情况导致成千上万的华人向欧洲其他国家二次移民及出现回国潮。1992年，与高峰期相比，匈牙利的华人数量已大大减少；1992年是仅有的一个中国公民离开匈牙利的登记人数超过入境人数的年份①，在匈华人数量不足3万。②

除了小商品批发贸易、开办公司外，匈牙利华人还逐渐从事并发展了零售业、中餐业和房地产投资。这3个行业的兴起都始于20世纪90年代末。餐饮业以小型快餐店为主要形式。和欧洲其他国家不同，传统的中餐业并不是在匈华人的主要商业活动。零售业以零售超市和杂货店为主，单体店面的经营面积从初期的几十平方米到21世纪初就已扩大到几百平方米。这两种类型的店铺开始集中在华人市场周围的生活区域，后逐渐扩散到布达佩斯大街小巷和匈牙利其他城市。匈牙利华人的房地产投资开始以餐馆、商铺为主，在积累了一定财富之后逐渐扩展到了写字楼、公寓住宅领域。

在这一时期，华人还发展了社会组织、学校和华人媒体，以丰富华人群体的组织生活和文化生活。1993年底，中东欧第一个华人社团——匈牙利华人联合总会成立。该会团结侨胞，维护华人利益，解决实际问题，对于匈牙利华人社会的发展作出了很大贡献。1994年8月，匈牙利华人联合总会创办中文报纸《欧洲之声》。这是当地第一份中文报纸，为当地华人打破语言障碍、了解主流社会提供了有效途径。1998年匈牙利第一所中文学校——光华中文学校建成，为在匈华人二代的汉语教育和中国文化熏陶提供了有力保障。

总的来说，第一波移民潮时期，华人来到匈牙利后机会和艰辛并存，精神、物质准备都不够充分，怀着美好的期待而来后满含辛酸泪而归者不在少数。在早期艰苦的环境中奋斗，“淘金”成功的华人为后来者提供了宝贵的经验与模板，也为经历了东欧剧变的匈牙利社会建设、发展带来了正负双向的影响。

四、稳步发展：第二波移民潮时期的扩张之路

第一波移民潮之后很长一段时间，匈牙利华人社会都处于平稳成长期。第二波移民潮发生于21世纪初，主要得益于两国关系的升温。时隔44年之久，匈牙利总理于2003年8月再次访问了中国。两国元首于次年6月再次会面。匈牙利于2004年5月加入欧盟后，匈中关系达到了新的高度。在欧盟与中国战略伙伴关系的框架内，时任中国国家领导人于2004年6月访问匈牙利，双方签署了《中华人民共和国与匈牙利共和国联合声明》，一致同意将双边关系提升为“友好合作伙伴关系”。至此，匈中关系进入了新的发展阶段，伴随而来的是匈牙利对华移民政策的放宽和更多中国移民的到来。

根据这个时期的匈牙利移民和庇护办公室的数据，2003—2004年总共有1万多名中国

① Hárs, Ágnes, *The Labour Market and Migration in Hungary*, Budapest:Contemporary Migration Politics in Hungary, 1997, pp.72–87.

② 李明欢：《欧洲华人社会剖析：人口、经济、地位与分化》，《世界民族》2009年第5期。

公民来到匈牙利，但这个数据库非常混乱。一方面，匈牙利各机构的统计方式有差异，对于居留许可过期或延期的情况、持有短期居留许可的华人人数统计都不完全；另一方面，华人非法移民的情况依然存在，尤其是匈牙利在加入《申根公约》之后成为了这一时期中国向其他申根国①非法移民的主要途径，这从后期匈牙利华人总数的减少可以看出。

这一时期名震一时的“四虎市场”虽由于经营和治安问题遗憾没落关闭，但环境更加优越的大规模商贸中心——欧洲广场、银河市场、亚洲中心、中国商城在2000年之后相继落成运营。业务稳步发展壮大的华人因业务经营需要，为许多亲朋好友办理了签证来到了匈牙利，给这里的华人社区增添了新力量。据估计，当时这批人有3,000人以上。②2008年12月，在匈牙利正式注册了2,051名具有居留证的中国公民和3,485名具有移民许可证的中国公民。至此，中国成为继罗马尼亚和乌克兰之后匈牙利外来移民的第三大来源国。

随着华人的落地生根，大多数家庭在匈牙利顺利完成了生育添丁，其中不乏生育多胎的家庭，粗略推算这些家庭的新生儿达3,500多名，③为匈牙利华人群体的壮大作出了贡献。很多家庭为了方便在欧洲就学就业，让二代加入了匈牙利国籍。这部分入籍华人至少在5,000人以上。④这一现象造成了华人数量统计的进一步误差，原因在于匈牙利官方只统计拥有永久或长期居留权的华人，已取得匈牙利国籍的华人并不在统计之列。因此，从官方数据上看，匈牙利的华人人数从20世纪90年代中期的4万人下降到2010年中期约1.5万人。⑤虽然数据有一定的误差，但仍旧反映了这一时期人口的基本变化，总体趋势有所下降。据笔者了解，这一时期因国内发展迅速，而匈牙利发展相对缓慢，生意也没早期好做了，许多华人选择回国发展，或是前往更为发达的西欧国家二次创业。

匈牙利华人的数量虽有所减少，但华人社会却在平稳发展，经济规模不断扩大、社会地位不断提升。2000年后华人的贸易批发、零售业、餐饮、地产投资规模不断扩大，并在原有基础上以股份制掌控或参与大型购物中心、批发展示商城、商业公司、物流仓储等经营。这一时期华人成功跻身“老板”之列，并大量雇佣匈牙利籍员工。这一现象反映了匈牙利华人的成功之处。随着社会经济地位的提高，华人努力改善形象，参与地方建设，组织文化交流活动，逐渐得到匈牙利社会的认可。

与经济条件的极大改善相适应，匈牙利华人对文化、教育、体育、艺术等精神层面的追求越来越多。这一时期，诸多文化艺术类团体、中文学校、协会、文化中心先后成立并蓬勃发展，如匈中文化交流中心、匈牙利东方艺术团、匈牙利中医药学会、中欧文化教育基金会、匈中双语学校等。此外，华文媒体也迎来了发展的黄金期。这一时期，共有《欧洲导报》《市场报》《新导报》《欧亚新闻报》和《万事达》杂志等10余家报刊陆续出版，高峰时期，个别报纸的发行量曾经达上万份，发行国家遍及波兰、捷克、斯洛伐克、立陶宛、保加利亚等多个中东欧国家，⑥极大程度地丰富了该地区华人的信息获取途径和内容，也扩

①加入《申根公约》的国家被称为“申根国”。《申根公约》取消了“申根国”之间的边境管制，持有任意一个“申根国”有效证件或签证的人可以在所有“申根国”境内自由流动。

②刘作奎等：《中东欧国家华侨华人发展报告》，中国社会科学出版社，2018年，第66页。

③高东红、张伟：《2019匈牙利华侨华人年鉴》，匈牙利钻石文化传媒有限公司，2020年，第2页。

④高东红、张伟：《2019匈牙利华侨华人年鉴》，匈牙利钻石文化传媒有限公司，2020年，第2页。

⑤Pál Nyíri, *New Chinese Migrants in Europe :the Case of the Chinese Community in Hungary*, Aldershot : Ashgate, 1999, p.77.

⑥刘作奎等：《中东欧国家华侨华人发展报告》，中国社会科学出版社，2018年，第31页。

大了华文媒体的影响力。随着华人群体的整体实力壮大，同乡会、区域商会也应运而生，如青田同乡会、瑞安同乡会、福清同乡会、明溪商会等。[①]

总体来看，这一时期的匈牙利华人的在地化实践有序而平稳，在原有基础上进一步发展壮大，随着经济地位和影响力的提高，改变了许多负面形象，也为后续更加健康、快速的发展奠定了基础。

五、蓬勃发展：第三波移民潮时期的飞跃之路

随着2013年匈牙利第二届欧尔班政府发起的定居债券计划（俗称“新的国债移民政策”）的出台，第三波移民潮开始了，大量新移民成为匈牙利华人的又一主要群体。2013—2017年，数千名中国公民通过匈牙利政府实施的投资移民计划购买了匈牙利居留债券。[②]此外，中国“一带一路”倡议和匈牙利政府“向东开放”的有利政策也起到了推波助澜的效果，中国企业的跨国经营也带来了大量移居群体，匈牙利华人社会迎来了蓬勃的发展期。据匈牙利官方的数据反映，截至2017年上半年，新移民近6,000户，共20,231人，而匈牙利华人达到5万多人[③]，人数是中东欧16国之中最多的。

根据匈牙利内政部的数据，80%以上的华人居住在布达佩斯，其他（不到1万）散布在全国各地，以在大型边境城市居多，如尼赖吉哈佐（Nyíregyháza）和塞盖得（Szeged）。这是需要大型购物中心来服务附近国家的市场所致。

新移民主要来自福建、浙江两省。据笔者调查，目前在匈华人中福建籍约有11,000人，其中明溪、福清人数最多，超过90%，福建其他地区（如莆田、厦门等地）近10%。来自浙江的华人不到1万人，其中约80%都是青田籍。温州（含瑞安）两地不到20%。除了这两个省份外，来自全国其他地区的华人共有约4,000人，几乎涵盖了全国大部分省市自治区。

据不完全统计，截至目前，新移民人数已经超过了早中期移居匈牙利的老移民。但新移民大多与中国保持着紧密的联系，家庭成员并未完全迁移至匈牙利。国内外业务往来频繁、周期性往返、在国内外拥有房产是新移民中的普通现象。粗略计算，2019年落地长期居住的新移民约为1万人。近两年因疫情影响，笔者获悉，更多的新移民选择暂时回归中国国内，何时回匈牙利依情况而定。

新移民群体不仅给当地华人社会带来了新鲜血液，也在一定程度上改变了华人的居住格局与生活方式。新移民更加国际化和富裕，文化水平也明显高于前两波移民群体。他们往往穿着光鲜，出入高档餐厅和场所，选择匈牙利富人区别墅或是位于核心地段的新式高档公寓作为置业和投资之所，许多人靠经营民宿或房屋租赁生活，有更多的时间来享受生活。有不少爱买奢侈品的新移民以代购奢侈品和进口商品为生。文化水平较高、专业优势明显、工作能力强的新移民在中国企业，甚至其他跨国企业就职，专业上也涉及金融、新媒体、通信、艺术、文化等领域，华人的社会地位进一步提高，“刻板印象”得到了很大程

①青田为浙江省丽水市下辖县，瑞安为浙江省温州市代管县级市，福清为福建省福州市代管县级市，明溪为福建省三明市下辖县。

②Pál Nyíri, *New Chinese Migrants in Europe :the Case of the Chinese Community in Hungary*, Aldershot : Ashgate, 1999, p.82.

③高东红、张伟：《2019匈牙利华侨华人年鉴》，匈牙利钻石文化传媒有限公司，2020年，第1页。

度的改善。新移民还“同步”了国内的生活方式，如手机支付、建立微信群、奶茶店、新式蛋糕坊、外卖美食、送菜上门等，提升了华人的生活幸福感。

与此同时，二代移民也已成长起来，担任着反哺父母、增进族际交往和互动的责任。但据笔者调查了解，二代移民普遍更加认同中国文化和身份，社交圈也更多地维持在华人圈内。这主要是由于华人和匈牙利社会都有较强的封闭性，缺乏族际互动，华人家庭和群体的集体记忆和习惯影响较深所致。

当然，新老移民之间也存在一定的矛盾：老移民看不惯新移民过于“暴发户”的生活风格和不够尊重老移民的做派；新移民们对老移民们的因循守旧、固执己见、拉帮结派和固化的商业地位十分不屑。不同的时代背景和集体记忆的断裂造就了这一局面。

匈牙利华人社会的另一个显著变化是新型商业模式的快速发展。目前，匈牙利的新型物流公司的营业额每年都在以50%以上的速度递增，业绩增长显著。这也带来了诸如跨境购、新型电商的兴起。中介、旅游、移民、置业等领域皆呈现出网络电子化办事流程。与此同时，部分传统行业领域在新技术的进步下日渐式微，如作为传统媒体中最具代表性的报纸如今却大幅度衰亡，曾经的10余家报刊杂志如今只剩《新导报》和《欧亚新闻报》(现已更名为《联合报》)。但新媒体平台又赋予了这两家媒体新生命，在微信、facebook等平台的公众号有着大量海内外订阅者。

总的来说，匈牙利华人3次大规模移民潮皆受到两国移民政策的限制与影响，但第三次移民潮明显受到其他因素（如突出的环境问题、子女教育、养老问题等）影响，说明移民目的有生态转向——随着生活水平的提升，更加注重生活的品质与自然环境。

六、华人社会的典型特征

（一）华人凝聚力较强，但社会融入度不高

据笔者调查，匈牙利华人对融入主流社会的态度意识积极，也有一定的行动，但不论新老移民，融入程度都不高，有超过2/3的华人的社交圈仍集中在本族群中，只有不到1/3的华人可以比较充分地融入匈牙利社会各个领域。有几方面影响因素：①华人个体的受教育程度。如英语或匈牙利语水平较高，移民二代，有其他国家留学背景，在知名外企或中国企业工作的个人等群体，比较容易融入。②华人族群的凝聚力较强。尽管呈现散居的居住格局，但华人在生活的方方面面保持紧密的社会联系和情感联系。③经济基础较好，主观上参政意识薄弱，不追求政治理想。④华人社会历史较短，社会精英较少，难以进入主流。

（二）与中国往来密切，表现出跨国移动性

匈牙利的华人与中国保持密切的个人和经济联系，几乎所有在东欧的华人都会这样做。[①]经济上，这主要由于东欧国家特殊的时代背景。在移民初期，大量“穿梭”贸易创造了华人在匈牙利的经济基础，延伸出了循环式的移民轨迹。这种贸易模式在今天因为便捷高效的物流得到了继承与发扬，中国商品以其优良的品质和实惠的价格在匈牙利乃至整个欧洲都依然受到青睐。华人周期性地回国联系供应商、订购商品、拓展新业务，是商业活

① Pál Nyíri, *New Chinese Migrants in Europe: the Case of the Chinese Community in Hungary*, Aldershot: Ashgate, 1999, p.101.

动中重要的一环。从个人角度看，匈牙利华人的历史较短，和中国国内往往有着千丝万缕的联系和羁绊，尤其是新移民群体，在中国国内尚存大量关系网络和亲戚朋友，房产或许也保留着，移居对于许多人来说只是暂时的选择，“绿卡”也只是多一重身份而已，定期回国居住省亲、参加重大的家族活动则是常态。

这几年中国社会和经济的迅速发展，综合国力的提升，交通的便利，也增强了海外华人对中国的认同和建立密切往来的意愿。在疫情期间，匈牙利华人社会高赞中国抗疫的力度和成效，自疫情暴发起可见越来越多的人回国，选择留下的人也与中国国内的防疫要求保持高度一致，不仅自发囤积、寄送防疫物资支援国内抗疫，而且在防疫要求上也深刻践行中国的要求，如戴口罩、保持社交距离、注意消杀……在没有任何约束、监督的环境中做到自觉自我要求，时刻关注国内疫情的动向，与同胞们感同身受。

（三）注重中华文化的传承与弘扬

海外华人是中华文化的传承者和践行者。匈牙利华人也为弘扬中国文化、加深两国民间了解作出了巨大贡献。每年匈牙利华人都会举办“中国春”系列活动、“汉语桥”比赛、“友好城市宣传周”、“汉语宣传日”等周期性活动，吸引匈牙利社会关注与参与。每逢传统节日，各商会、同乡会争先组织中国传统美食的免费派送，各个华人企业也会邀请其匈牙利籍员工一起感受中国的节庆文化与中国人民的热情好客。匈牙利华人身体力行，表达着对中华文化的认同，维系、传递着中华文化。

七、华人未来发展面临的机遇与挑战

虽然匈牙利华人的历史不长，但30多年来，在数量、结构、生活方式、商业模式等多方面都有长足的发展。新老移民们在经济上取得了可喜的成绩，社会地位有所提高，在匈牙利安居乐业，但仍面临机遇与挑战并存的局面。

第一，在全球疫情肆虐、经济衰退、国际局势动荡、欧洲民粹主义抬头、华人受歧视愈演愈烈的大背景下，华人该何去何从，如何发展，如何应对这些困境，如何把握自己的未来，是令人深思的问题。

第二，在中匈“一带一路”建设、“17+1”合作等不断深化的背景下，匈牙利华人能否抓住机遇，积极参与其中，在发展壮大自身的同时也能服务于国家建设，在巩固、增进中匈友谊和民间交往方面发挥重要、积极的作用。

第三，在互联网高速发展的今天，华人是否能在借助新技术记录海外生活和华人社会变迁发展过程的同时，增强中华文化认同和民族自信，在此基础上展示真实的民族面貌，进一步弘扬中华文化和价值观，为国家在海外的形象构建、扩大影响力添砖加瓦。

第四，在华人社会形成的早中期阶段，华人在匈牙利的社会地位并不高，也不被主流社会所认可。经过30多年的努力拼搏，匈牙利华人的社会地位与“形象”都有较大提升，但依然没有融入主流社会，未来华人的在地化之路将如何抒写，我们拭目以待。

作者简介：陈煜，中国传媒大学讲师，北京师范大学博士研究生

多元流动与交流共生：阳朔国际移民的目的地基础设施能动性实践

杨菁华

【摘要】 基于目的地基础设施的视角，本文通过对阳朔国际移民开展民族志研究，探讨以下问题：①阳朔国际移民整体概貌如何？②他们在当地呈现出怎样的社会适应动态过程？③在来到目的地社区后，不同类型的国际移民如何在日常生活中通过展现自身能动性进行目的地基础设施重建？

【关键词】 阳朔国际移民　目的地基础设施　能动性实践

一、引言

自20世纪90年代以来，阳朔（桂林市下辖县）逐渐因其秀丽的自然风光和平静悠闲的生活节奏成为世界知名的旅游目的地。蓬勃发展的旅游业将该地区的流动性提升到了一个前所未有的水平。2012年，阳朔成为中国第一个吸引游客年访问量超过1,000万人次的县；2019年，阳朔年入境游客数量超过2,000万。由此，作为典型的旅游目的地，阳朔突出的国际移民现象引发了学者们的研究关注。但人文地理及旅游领域的学者们在研究中多将国际移民作为阳朔社区整体中的一部分进行分析，并未对这一群体进行专门研究。目前，聚焦阳朔国际移民群体的研究当中，孙九霞从族群边界理论视角出发，对阳朔东道主内部族群及其边界进行探讨，认为阳朔东道主内部各群体间存在边界，其产生和维持的原因主要包括流动性、中西文化价值观差异和旅游业态系统。[①]她还将阳朔跨国婚姻的缔结机制置于全球化流动性的背景下进行检视，提出阳朔的自然资源和相对低廉的消费吸引了大量外籍背包客。特有的乡村导游服务和跨文化的旅游活动提供了跨文化交往的平台，安全友好的旅游环境和多元文化社区氛围促进了良性的主客互动和婚恋交往。全球化背景下，身体的流动、物质的流动和信息的流动对阳朔跨国婚姻缔结具有推动作用，也为跨国家庭选择在阳朔居住提供了物质和精神上的支持。[②]随即，她们进一步关注阳朔跨国婚姻中外籍配偶与东道主社区之间存在一种双向的文化适应，借鉴相互文化适应模式分析跨国婚姻中外籍配偶与东道主社区的文化适应策略。从家庭生活、社交生活、工作环境3个维度进行分析后，她们认为：①阳朔跨国婚姻中外籍配偶与东道主社区间的文化适应是双向整合的文化适应策略。②旅游作为一种族群飞地令外籍配偶的族群性得以维持，其首要原因是阳朔主客关系融洽，其次是少数族裔的族群性适应旅游目的地的发展需求，形成旅游目的地独特的形象。[③]

①孙九霞、张霭恒：《族群边界理论视角下旅游目的地东道主内部群体研究——以阳朔为例》,《旅游学刊》2015年第6期。
②孙九霞、张霭恒：《流动性背景下跨国婚姻缔结的影响因素：阳朔案例》,《旅游论坛》2015年第3期。
③张霭恒、孙九霞：《阳朔跨国婚姻外籍配偶与东道主社区双向文化适应研究》,《社会科学家》2016年第8期。

项飙等学者将基础设施概念引入移民与流动领域。①具体而言，项飙等学者将“移民基础设施”定义为推动（facilitate）或约束（condition）个体流动的一系列彼此相互连接的制度性因素（insititutions）、技术力量（technologies）、社会主体（actors）、关系网络（networks）。移民基础设施作为崭新的理论视角与分析工具，可以透视移民个体面临的多维度困境与障碍，更全面、深刻地理解个体在不同流动阶段与时空的生活体验和流动轨迹。②近年来，随着移民基础设施研究内容的不断拓展，部分学者开始聚焦目的地移民设施（arrival infrastructure）。他们认为这个综合概念包含如下两个方面：①通过关注到达目的地的过程，直接看到人们在何处如何寻找在目的地继续的稳定性；②从基础设施的视角来看待入境过程，能够辩证地看到国家在移民管理中变革性的参与地位。③

综上所述，目前学术界关于阳朔国际移民的既有研究，或将国际移民作为小企业等研究主体的背景，或局部聚焦作为东道主的国际移民如何在互动中维持自身的族群边界。近年的部分研究尝试将阳朔跨国婚姻家庭及外籍配偶作为研究对象，较为宏观地从流动性、互动及文化适应角度分析跨国婚姻缔结机制，观察、剖析跨国婚姻中外籍配偶的社会适应与融入。但这些研究忽视了呈现阳朔国际移民在当地社会中的整体概貌，没有归纳阳朔国际移民的类型，未能梳理阳朔国际移民群体形成及变迁的动态历史过程，较少从国际移民个体层面关注其生动的日常生活体验，未充分关注国际移民个体的能动性实践。因此，本文拟从目的地基础设施理论视角出发，关注阳朔国际移民入境阳朔并如何逐步嵌入当地旅游产业，寻找在当地继续融入的历史过程，在对阳朔国际移民整体进行清晰分类的基础上，展现各类移民的日常生活图景及能动性展演。

二、田野概况

本研究基于自2015年伊始直至2020年4、5月在阳朔的长期参与式观察，共计采访32名长期居留于阳朔的跨国移民、6名移民局工作人员及15位阳朔当地居民。访谈对象的选择既考虑了跨国移民在阳朔工作的主要行业，也考虑了不同的年龄组。为了更好地观察移民工作人员和跨国移民之间的互动，笔者邀请移民管理局工作人员与外籍移民分别于2020年4月26日和5月17日进行了两次集中访谈。

本研究还结合微信以民族志方法从阳朔外籍移民社区意见领袖建立的微信群中获取外籍移民线上社群活动互动信息。在选择微信群时，最大限度地整合了阳朔线下外籍人士成员最多、互动最频繁的群组。

① Collins L. Francis, “Regional Pathways: Transnational Imaginaries, Infrastructures and Implications of Student Mobility within Asia,” *Asian and Pacific Migration Journal*, Vol.22. No.4, 2013, pp.475-500.

② Lin Weiqiang, Lindquist Johan, Xiang Biao and Yeoh B. S. A., “Migration Infrastructures and the Production of Migrant Mobilities,” *Mobilities*, Vol.12, No.2, 2017, pp.167-174.

③ Meeus Bruno , Arnaut Karel and van Heur B., *Arrival Infrastructures: Migration and Urban Social Mobilities*, New York: Palgrave Macmillan, 2019.

三、多元流动：阳朔外籍移民的形成及生活图景

（一）从游客到产业从业者：阳朔国际移民群体的形成与变迁

自1973年正式对外开放起，漓江山水作为中国旅游的名片，一直是国家外事和政治接待的重要站点。直到1984年，被西方背包客奉为“圣经”的澳大利亚出版物*Lonely planet*（又名《孤独星球》）首次介绍了阳朔，招徕大量国际自助旅游者“Go to Yangshuo!”。这一年阳朔的入境游客达到219,500人，是1983年的10倍。①他们主要居留在西街，真正融入了当地人的日常生活中。②十几年间，在外国游客与本地草根精英的共同推动之下，西街中西合璧的新生态文化景观渐成气候。它由一条普通的小镇小街，经过人为的改造和渐进化的景观更新，成为可以使用、休闲的旅游消费空间。作为“西方背包客大本营”，阳朔在发展之初经历了长达10余年的旅游参与阶段，逐步形成了业界和学界都广为称颂的“西街现象”，是阳朔早期旅游发展的缩影。其核心特征表现为和谐融洽的主客关系、诚信经营的商业环境和多元共生的文化氛围。西方游客和本地草根业主共同营造了一个较为生活化的旅游消费空间。它不是“长官意志”或“投资热情”的结果，政治和资本干预的成分较少，更多地体现了一种市场力量自我更新和历史沉淀的过程。③20世纪80年代至2000年出现的阳朔“西街现象”推动了阳朔当地旅游产业的发展，其融洽的主客交融社会氛围也为吸引更多国外游客来到当地暂居及常住奠定了重要的社会基础。自20世纪90年代起，一批来自欧美的外籍游客在游览过阳朔秀丽的山水之后，在眷恋阳朔风景的同时也看到了阳朔旅游业发展所蕴含的潜力，于是纷纷在西街创办酒吧、餐厅等小企业。其中最具代表性的有来自法国的文双福、文双禄兄弟，来自荷兰的罗兰和来自德国的彼得。20世纪90年代末，不足百米的西街上汇聚了乐得法式餐厅、Lucy’s place、李萍咖啡、玫瑰木餐厅、德国啤酒花园等国际多元化的餐饮小企业。

自2000年之后，阳朔县域内的旅游业进一步腾飞，入境的外籍游客慕名来到“西街”上的酒吧中休闲娱乐，其中希望深度体验中式田园生活的外籍游客更是深入阳朔乡村的田间地头。在外籍游客从年轻背包客向深度体验游的转型潮流中，一部分负责接待外籍旅行团的“洋领队”们敏锐地捕捉到了乡村体验式民宿的先机，涌现出以南非的“疯子鹰”（伊恩·汉密尔顿）及荷兰的卡斯特为代表的外资乡村民宿主。“疯子鹰”见证了阳朔旅游业发展的变迁过程。2000年前后，“疯子鹰”在带外籍游客旅行团至阳朔周边乡村游览的过程中，看到阳朔乡村存在大量倒塌的古民居。出于对中国传统建筑文化的热爱，他来到阳朔旧县村，积极与当地村民协商，自费出资修复了当地5间破旧的民房，成立了秘密花园民宿酒店。“疯子鹰”热情开朗，无论是当地村民还是上级政府工作人员邀请他吃饭喝酒，他都来者不拒。他积极参与村里的公共设施建设，亦是阳朔国际志愿者服务队的第一批核心成员。

①杨昀、保继刚：《阳朔“西街现象”的形成机理分析——旅游地发展中的游客理性消费与政府“无为而治”》，《地理学报》2016年第12期。

②李丽梅、保继刚：《基于旅游者—目的地相互作用的人地关系研究》，《中国旅游研究》2005年第1期。

③戚剑玲：《从东方文明范本到全球化象征符号：阳朔西街之多重意象与审美价值》，《广西师范大学学报（哲学社会科学版）》2002年研究生专辑。

除“疯子鹰”在旧县村建立的秘密花园民宿之外，来自荷兰的卡斯特在矮山门的一棵百年樟树下修葺当地旧居创建了“格格树”；荷兰人罗兰在金宝河畔开设了欧式乡村风的月舞酒店；比利时人高云翔在石板桥村创办了柚子庄园酒店；荷兰人阿卡在朝龙村设立了荷兰饭店。伴随着阳朔旅游业的发展，常居阳朔并在当地创办产业的国际移民逐渐增多，国际移民在阳朔居住及休闲、活动的空间则从20世纪八九十年代以西街为主转向更广袤、静谧的周边乡村地区。

从20世纪80年代开始，入境阳朔的国际移民最初以流动性极强的西方青年背包客为主。在多元包容、主客交融的社会环境之中，一部分颇具商业头脑的国际移民在方兴未艾的旅游产业中创建事业，由此在当地居留时间延长。国际移民在阳朔所创办的企业，从早期在西街的餐饮住宿业逐步拓展到县域内周边乡村中的民宿业。不仅如此，随着阳朔旅游业的发展繁盛，越来越多的国际移民融入了当地的户外攀岩业、太极培训业及外语培训业中。

（二）多元流动与产业多元化：阳朔国际移民的多元化发展

如前文所述，1983年《孤独星球》通过信息流动，推动了国际青年背包客们前往阳朔产生跨国身体流动。20世纪90年代，数量剧增的国际游客拉动了当地的食宿产业发展，也使得社区居民主动向外国人学习英语。后期政府协助社会力量开办英语教育，培养了一批外语人才，使阳朔成为“名副其实的英语普及得最好的县”。[①]西街最早的外国语学校是1993年创办的巴克兰商务外语学校。经过10多年的发展，阳朔的民办外语学校已经有15所之多，每年到阳朔来学习外语的修学旅游者已经上千人。[②]外语培训业的兴起吸引了周边乃至国内其他地方英语学习者来到阳朔，同时也为国际移民以外教签证进入阳朔，以及中外文化交流提供了重要的场域。时至今日，阳朔规模最大的语言培训学校——欧美达（Omeida Language College）依然具备发放外教签证的资质。这为部分国际移民常居阳朔从事教职提供了机会。

除了从事英语培训之外，还有相当数量的国际移民在阳朔从事户外攀岩业。阳朔具有多条极佳的攀岩线路，是中国乃至全球的攀岩胜地，是中国境内最重要和最有趣的攀爬地区之一。[③]近一二十年来，户外攀岩业的迅速发展使阳朔成为国际上不少攀岩爱好者心目中的“圣地”，慕名而来的国内外攀岩者也构成了当地流动体系中不可或缺的一环。20世纪90年代美国的一批攀岩爱好者首次在月亮山（现为一处景区）上挂上了攀岩用的安全钩，并开创了数条在国际攀岩界极具挑战性的线路。阳朔的户外攀岩界自此声名鹊起。内嵌在阳朔攀岩产业中的流动在形式上更加多元化，表现在几个方面：①阳朔攀岩路线信息的拟定和传播主要由外籍攀岩从业者推动。②除了长期在阳朔定居并拥有产业的从业者外，多数攀岩爱好者在阳朔都处于暂居状态，攀岩所使用的攀岩鞋、绳索和衣物，以及小型的家用电器等物品的流动，在这一群体内尤为突出。攀岩产业所带来的身体流动暂居与物品流动都为国际移民在阳朔的生计发展提供了空间。

① 龙锦秀：《阳朔旅游和商业贸易发展的社会语言学考察》，《经济与社会发展》2006年第1期。

② 保继刚、邱继勤：《旅游小企业与旅游地社会文化变迁：阳朔西街案例》，《人文地理》2006年第2期。

③ 孙九霞、张霭恒：《流动性背景下跨国婚姻缔结的影响因素：阳朔案例》，《旅游论坛》2015年第3期。

太极修学是阳朔2005年以后逐渐形成的新产业。在阳朔公园及乡间太极拳馆中，都能看到肤色多样的“洋学生”潜心修习太极的身影。在阳朔学习太极的外国学员主要有两种类型，分别是进行短期体验的学员和长期练习的学员。[①]2010年，来自澳大利亚的金文龙（中文名）开始带着妻子常住阳朔开启专注太极修习的退休生活。当地像他一样热爱太极修习并长期往返阳朔的外国学员有20多位。[②]太极修习产业的蓬勃发展，为当地招徕四海国际学生的同时，亦促成了不少跨国婚姻。一个法国人在修习太极时与中方伴侣相遇，留在阳朔获得相关专业资质后协助做太极教练的中方配偶打理、推广太极培训事业。[③]太极培训业由此亦成为阳朔国际移民活跃的领域。

（三）阳朔国际移民的类型与现状

上文集中展现了阳朔国际移民的多元化发展过程。从居住空间的角度看，阳朔国际移民从最初20世纪80年代以短期居留的西方青年背包客为主，逐渐形成以西街为中心聚居经营餐饮小企业为主的西方管理者。20世纪90年代后，伴随着外语培训业、户外攀岩业、乡村民宿业及太极培训业等多元样态的产业发展，阳朔国际移民内嵌置身于这些产业体系内部，呈现出迁出西街中心分散至阳朔县城周边乡村的态势。

从在阳朔当地居留时间看，阳朔国际移民主体从流动性极强的短期居留背包客在90年代末转为短期游客与3个月以上中长期居留当地的小企业业主、外语培训教师、攀岩业从业者及跨国婚姻配偶并存的状态。2000年后，经营乡村民宿的外籍民宿主及长期修习太极的国外学员进一步丰富了3个月以上中长期居留阳朔的国际移民主体类型。总体而言，至2020年新冠肺炎疫情暴发之前，阳朔国际移民仍以短期居留的游客为主，居留3个月以上的中长期国际移民主要包括餐饮企业经营者、乡村民宿主、外语培训教师、攀岩产业从业者及太极修习学员等。

综观之，阳朔国际移民主体可以分为以下3种类型：①暂居阳朔3个月以下的短期游客。据阳朔出入境管理部门统计，此类持旅游签证的短期游客数量最多，占比最大。②暂居阳朔3—6个月的太极修习及学习中文的国际学生。此类持学生签证入境阳朔的国际移民近5年呈现出增加趋势。③常住阳朔6个月以上的当地各类行业从业者，其中包含西街餐饮业老板、乡村民宿主、餐饮服务业从业者、户外攀岩业从业者、外语培训教师、酒店设计师、网络设计师、媒体工作者、太极培训师及艺术表演者。在第三类常住阳朔6个月以上的各行业从业者类型中，还包括部分跨国婚姻外籍配偶。阳朔不同类型的国际移民，内嵌于当地国际旅游目的地的多元产业体系之中，在不同社会场景及日常生活中为实现自己的目的地基础设施建设展现出独特的能动性实践。

四、交流共生：“目的地基础设施”视角下阳朔外籍移民的能动性实践

项飙等学者将移民基础设施划分为5类：“商业的”（commercial）、“管制的”（regulatory）、

①孙九霞、张霭恒：《流动性背景下跨国婚姻缔结的影响因素：阳朔案例》，《旅游论坛》2015年第3期。

②笔者2016年田野调查笔记。

③笔者2018年田野调查笔记。

“技术的”（technological）、“人道主义的”（humanitarian）、“社交的”（social）。[①]基于此理论视角，下文将从居住区、工作、信息交换与社会支持这3个方面切入，结合阳朔国际移民的日常生活管窥城市目的地基础设施与移民生活之间的互动，以及国际移民如何通过展现自身能动性更好地融入地方社会。

（一）从青旅到乡间：阳朔国际移民的居住区转换

改革开放后，从桂林竹江码头登船顺江而下游览漓江风景精华段，一直是桂林旅游的名片式产品。伴随着阳朔的逐步开放和旅游业的发展，许多西方游客慕名前往漓江游览。饱览漓江秀丽的风景之后，游客们进入阳朔县城，无意中发现了极具东方特色和格调的西街，瞬间便为之倾倒。但20世纪80年代末的阳朔住宿、交通等基础设施建设落后，多数游客在阳朔短暂游览停留后依然会返回桂林市区住宿。自20世纪90年代末，阳朔的过夜游客人数才节节攀升。最初，阳朔接待的过夜游客比例非常低，1986年只占总游客量的1.6%，但呈现稳步上升趋势，所占比重逐渐提高，到2002年过夜游客约占游客总量的10.3%。有记录的国内游客量始于1994年，其数量一直少于海外过夜游客量。直到2000年，国内过夜游客量才有较大的飞跃，首次超过海外过夜游客量，到2002年飞速发展达到29万人次。

在个体经营尚未普及的80年代，西街的居民们并未感觉到这些背着巨大的双肩包和好奇的西方游客与自己之间有着怎样的关联。整条街上除了一家国营的百货商店和几家集体经营的杂货铺外，仅有一家由阳朔县工艺美术厂经营的工艺美术品商店。随后，部分颇具经济头脑和前瞻意识的居民开始在街道两边用木板支起小摊售卖旧物与小工艺品，后来也赚取了不少利润。周围的居民发现其中竟蕴藏着巨大的商机，于是纷纷效仿。有人开始将家中狭窄阴暗的屋厅改造成咖啡店、西餐厅，夫唱妇随，一个做厨师，一个当服务员。由于当地人缺乏对西方饮食文化的了解，最初客人自己既是顾客又是烹调的厨师。还有的家庭把家中富余的房间收拾妥当之后改造成家庭式旅馆。一些多才多艺的西街居民还各展所长制作山水扇面、水墨文化衫、绣球等颇受西方游客欢迎的商品进行销售。由此，自20世纪90年代之后，来西街旅游的西方游客源源不断地涌入，当地的旅游业得到了迅猛的发展。1990年“李莎酒店”（Lisa’s hotel）注册品牌商标，成为阳朔第一家个体形式的涉外酒店。当地以个体户经营的形式为主，首先在西街周边范围内兴起了酒店住宿业。据阳朔县旅游局统计，20世纪80年代后期至今到访并逗留1天以上的游客人数约占游客总人数的17%，大多数是国外散客和背包旅游者。[②]学者们经过研究认为，阳朔旅游业发展的起始阶段以理性市场带动、社区自发参与、没有大资本进入和大景区建设、政府也较少介入为基本特征，早期的“西街现象”阶段表现出缓和演进的发展态势。有西方游客带来了发达国家现代化的商业文明和治理理念，本地草根居民在深度的主客交往中自我增能增权，成长为旅游经营的主体，体现了普通人利益均沾的价值理念和地方发展的涓滴效应。[③]

① Xiang Biao and Lindquist Johan, “Migration Infrastructure,” *International Migration Review*, Vol.48, No.s1, 2014, pp. 122-148.

② 阳朔县旅游局编《统计资料汇编》，内部资料，2002年。

③ 杨昀、保继刚：《阳朔“西街现象”的形成机理分析——旅游地发展中的游客理性消费与政府“无为而治”》，《地理学报》2016年第12期。

20世纪90年代中期以后，每年到西街旅游观光的游客达150万人次以上，其中境外游客超过30万人次，旅游年收入1.1亿元。[①]在全球化浪潮及汹涌的游客潮流席卷之下，西街逐渐形成了自身独有的特色。漓江精华段独有的优美景致与高性价比生活条件吸引了来自世界各地的游客，在阳朔形成了包容、多元的国际社区。漫步于当今西街街头，近年来由于商业资本的进驻与开发，昔日由西方游客与当地居民自发形成的小作坊式的咖啡厅与小旅馆已所剩无几，越来越多的大型酒吧与特产卖场、连锁餐厅迎接着来自国内外喧嚣的旅行团。而喜欢静谧与闲适的老外们则纷纷聚集在周边更幽深的神山路及乡村民宿之中。

无论是最早一批居住在西街的青年背包客，还是20世纪90年代后在西街创办餐饮小企业的外籍商人，国际移民最初能够在阳朔西街周边落脚，并找到暂居及常住的住所，与自上而下的各级政府管制政策息息相关。改革开放以来，国境的开放与国家对旅游业发展的大力推动，都成为短期游客进入并入住阳朔西街民房的政策基础。1985年，全国人民代表大会常务委员会颁布了《中华人民共和国外国人入境出境管理法》《中华人民共和国公民出境入境管理法》，标志着我国出入境管理的法律体系基本形成。[②]以国家法律为准绳，阳朔地方外籍移民管理主要由公安局下设的外管大队负责。由于阳朔旅游业发展需要多元化的国际文化景观吸引更多游客，外籍商人在西街经营餐饮、酒吧，只要遵守出入境法律并在用工、经营过程中遵守相关法律规定，当地政府及管理部门都持积极欢迎的态度。2000年后，国际移民住所从西街转移至乡村区域，拓展出乡村民宿业、户外攀岩业与太极培训业等多元产业发展，亦是顺应国家保护地方文化、促进新农村建设及地方发展需要的结果。

除了各级政策准许及地方政府的支持之外，阳朔当地居民的淳朴、包容性格和融洽的主客交流氛围，亦是国际移民能够居住，乃至常住经营企业至关重要的社会因素。当西方背包客来到西街，当地人友善的态度、诚信的服务与漓江旖旎的自然风光共同锻造了阳朔在国际游客中的良好口碑。阳朔20世纪90年代兴起的外语学习热潮，以及西街无处不在的英语现象，都极大程度地消除了国际移民的语言障碍。当地社区包容的社会环境，无障碍的语言环境与主客长期交往中形成的相互信任，都成为国际移民来到目的地之后进一步拓展社交网络、积累社会资源的必要基础。这也是推动国际移民从以西街为起点，逐步深化融入阳朔县城周边乡村旅游产业开发之中的目的地基础设施的重要组成部分。

（二）商人、外教与演艺者：阳朔国际移民的正式与非正式就业

此部分主要检视阳朔不同类型的国际移民在流动过程中如何通过各式资源获得在当地就业的机会。阳朔国际移民在当地劳动力市场中的就业整体情况，与传统移民研究中跨国移民往往被分配及占据当地就业市场中条件较差、薪酬较少且不稳定的工作境况截然不同。流入阳朔的国际移民移出国经济发展水平普遍要高于阳朔，且多数国际移民接受过大学教育或具有专业技术。因此，在阳朔常住6个月以上的国际移民在当地就业市场中通常占据工作环境条件中上、薪酬较高及工作岗位较为稳定的职业。

①阳朔县地方志编撰委员会编《阳朔县志（1986—2003）》，方志出版社，2007年，第157页。

②汪建昌：《中国国际移民政策变迁研究：内在逻辑与未来走向》，《江海学刊》2021年第3期。

阳朔国际移民以西街为就业和创业的起始点，就业范围从20世纪80年代的西街国际青旅义工到90年代餐厅酒吧服务员、厨师、店主。时至今日，仍能在西街的玫瑰木饭店、德国啤酒花园等餐厅中见到金发碧眼的外国侍者的身影。这一部分在西街创业的国际移民主要从游客身份转变而来。他们在旅行过程中依托在当地建立的互惠性朋友社交网络，通过切身体验感受阳朔良好的社会氛围，透过当地朋友了解政府招商引资的政策及规定，同时也敏锐地预见了阳朔市场所具有的潜力。乐得法式餐厅店主文双福便是通过当地互惠性社交网络在西街创建企业的典型代表。1991年，22岁的文双福带着数年工作的积蓄来到中国游历，被阳朔淳朴的民风和如画的山水所吸引，最后留在当地。同年，他在西街邂逅了一位阳朔当地女孩，在经过两年的自由恋爱之后喜结连理。1999年他们的儿子文杰出生。其间，文双福依靠自身在法国的社交网络，通过联系、承接来自法国的旅行团从事领队工作谋生。2000年，他与前妻因为观念冲突离异，周边部分亲友对文双福生性浪漫的法式做派不理解，对此颇有微词。2001年，具有商业头脑的文双福利用过去10年积累的资金，在当地朋友的协助下成功租下当地一家单位的工会大楼——一座有200余年历史的江西会馆，经过修缮后建立了乐得法式餐厅。餐厅刚开始营业时，他聘请法国厨师培训当地人，餐厅提供的是中西合璧的菜式，既有法式牛排也有阳朔当地特色啤酒鱼。由于文双福与法国旅行社有良好的长期合作关系，开业后每年到餐厅用餐的法国游客数量都在一万人左右。

深入阳朔乡村创业的外籍民宿主与西街的外籍企业主一样，在创业过程中受益于自身移出国社交网络与阳朔在地社交网络的连接。一方面，移出国的社交网络为这些企业主带来源源不断的境外客流；另一方面，阳朔的在地互惠性社交网络为企业主成功创办企业提供了政策信息咨询、建筑装修工人及当地员工招聘等方面的便利。作为企业主的国际移民在迁移流动的过程中，通过主动连接组合移出国与目的地的社交网络，积累自身的经济及社会资源，实现了创业目标。

有别于作为商人身份的外籍企业家与民宿主，就职于户外攀岩业、语言培训业及太极培训业的国际移民就业则更多地倚靠自身专业技能和相同的趣缘群体。以上3种产业作为培训服务业，对于从业的国际移民在专业技能及管理规范上都有更严格的要求。户外攀岩业、太极培训业及各类酒吧中的外籍演艺人员的就业机会更多来源于共同的趣缘群体。

（三）线上与线下社群营造：信息交换与社会支持

在通信技术层面，针对移民基础设施的既有研究对此讨论较少，仅有的研究也主要关注通信设施如何被应用到移民的信息监控中。[①]笔者在对阳朔国际移民群体的实地观察中发现，通信技术等技术基础设施深刻影响着国际移民的日常生活体验。

第一，国际移民在到达阳朔后需要学习与使用当地主流通信软件。由于阳朔当地的朋友及绝大多数中国人在日常通信交流中使用微信，为了能够维系与当地朋友之间的正常交流沟通，大部分来华3个月以上的国际移民都会下载微信，并申请微信号。

① Pollozek Silvan and Jan Hendrik Passoth, "Infrastructuring European Migration and Border Control: The Logistics of Registration and Identification at Moria Hot- spot." *Environment and Planning D: Society and Space*, Vol.37, No. 4, 2019, pp.606-624.

第二，在来到阳朔之后，需要适应中国特殊的移动支付方式。以微信和支付宝为主的移动支付广泛应用于中国日常生活的各式场景之中，从实体店铺的餐饮、购物支付，到淘宝、亚马逊等网络购物平台的支付，再到各类日常交通软件的应用支付，移动支付都如影随形。

第三，由于阳朔的国际移民当中居住时间在一年以上的常住移民较多，经营乡村民宿的比利时民宿主tripper主动建立了微信群yangshuo local。起初这一微信群主要用于发布所经营企业的推广广告及常住移民之间的信息交流。后期随着各式初到者的不断加入，这一线上社群成为常住国际移民帮助新到阳朔的国际移民适应、融入当地社会的重要交流空间。在近5年的持续观察过程中，笔者发现Yangshuo Local微信群已然成为连接阳朔国际移民线上与线下活动，进行信息共享与交流，为新到者提供咨询与社会支持，帮助他们更好地适应、融入当地社会的重要社会空间。

五、结语

本文基于对阳朔国际移民的民族志研究，从目的地基础设施理论视角出发，聚焦呈现这些国际移民入境阳朔的动态历史过程。阳朔国际移民最初以短期背包客的签证身份进入阳朔，并在西街逐渐发展出长期聚居点，以小型餐饮企业为起始逐步嵌入阳朔旅游产业之中。伴随着阳朔旅游产业的腾飞，从事旅游业对阳朔有深入了解且颇具商业前瞻性的部分国际移民开始在阳朔广袤的乡间拓展出乡村民宿业、户外攀岩业、太极培训业等多元产业体系，从而也为更多的国际移民来到阳朔旅游、就业、生活奠定了商业性的基础设施。在这一过程之中，国际移民当中的个体在日常生活当中，通过自我能动性的施展，形成相应的策略优化自己的工作、家庭及社会生活。这些策略主要包括：①通过迁移流动的过程，对接联通移出国与目的地之间的社会关系网络，以此为自己在目的地所建立的产业助力；②灵活运用通信软件，通过建立微信群实现线上社群与线下活动联动，实现国际移民之间的信息交流、互助，并为新到者提供必要的社会支持。

作者简介：杨菁华，广西民族大学民族学与社会学学院博士后研究人员

跨国主义视域下近代江苏海外移民考察*

丁美丽

【摘要】江苏近代海外移民类型多样，既有传统的劳工移民和职业型移民，也有来自社会中上层的知识型移民。他们在近代江苏特殊的历史、地理和经济、社会现实推动下，构成近代中国海外移民浪潮中的重要一支。与广东、福建等近代移民大省相似，江苏地处沿海，对外开放较早，且人口压力较大。但江苏海外移民呈现出鲜明的自身特征：①移民规模较小；②移民类型多样，且知识和技能型移民占比较高；③移民在近代中国政治、文化和经济社会发展中的参与度更高。这些特征既缘于江苏自古以来重视文化和教育的传统，也是其在近代中国政治、经济和文化上的中心地位决定的。

【关键词】近代江苏　跨国主义　职业型移民　知识型移民

一、引言

近代以来，江苏是最早受到外来帝国主义殖民势力影响的地区之一，上海（原属江苏省）[①]、南京、镇江、苏州等地先后被迫开埠。清末民初，出于繁荣商业等目的，吴淞（今属上海）、海州（今属连云港）、下关（今属南京）、天生港（今属南通）、浦口（今属南京）、徐州和无锡等地自开商埠。[②]民族资本主义的发展与近代教育体系的勃兴助力江苏成为近代中国经济、文化最发达，以及与海外交往最密切的地区之一。在此背景下，江苏各地的劳动群众、知识分子和工商业者通过各种途径前往海外谋生、留学或从事工商业活动。这一跨国主义群体在中外政治、经济与文化交往中起着重要的媒介作用，对近代江苏乃至全国的政治、经济、文化和社会发展作出了特殊贡献。江苏并非传统侨乡，学术界对江苏海外移民的研究相对较少。姚远从移民动因层面比较分析了清末民初江苏与广东的海外移民，指出文教发达的江苏更“注重安土重迁”。[③]邵政达从文明交流互鉴的视角讨论了古代江苏移民向海外传扬中国文化的历程及其影响。[④]以上学者从迁移动机和早期移民史等方面做了基础性研究。本文以跨国主义为研究视域，追溯近代江苏各类海外移民群体的历史，并通过与

*本文首发于《八桂侨刊》2022年第1期，特此说明。

基金项目：国家社会科学基金重大招标项目“世界华商通史（六卷本）”（项目编号：17ZDA228）；中国侨联重点项目“江苏海外华侨华人史”（项目编号：19AZQK207）；广西高校人文社会科学重点研究基地——中国南方与东南亚民族研究中心资助项目（项目编号：2021XSXM10）。

①江苏省建制奠定于清康熙六年（1667年），原江南省分为江苏、安徽两省，江苏巡抚驻苏州。1927年国民政府定都南京后，将上海县、宝山县划出设立上海特别市。

②黄鹏：《清末民初江苏自开商埠研究》，苏州大学硕士学位论文，2012年。

③姚远：《清末民初广东、江苏海外移民比较研究——以华侨省籍分布差异成因为主的分析》，《华侨华人历史研究》2014年第4期。

④邵政达：《文明交流互鉴视域下古代江苏海外移民探析》，《江苏师范大学学报》2021年第3期。

闽粤等地的比较，尝试廓清近代江苏海外移民的总体特征。[①]

二、劳工和职业型海外移民

自中英鸦片战争拉开近代中国历史帷幕，江苏就成为中国东南沿海地区对外开放的重要门户，与海外各国往来渐密。因此，江苏人通过各种途径移民出国者日益增多，早期尤以劳工移民居多。至1860年第二次鸦片战争结束后，清廷和英、法两国先后签订了《北京条约》，正式确立华工出国的合法化。[②]由于这一时期拐贩华工事件较多，1866年3月5日，中、英、法三方大臣商定二十二条招工章程。该章程公布后，清廷致函美、俄诸国，并“行文南北洋通商大臣暨沿海各省督抚，转饬各该管官，一体照办”。[③]此后，江苏逐渐成为广东、福建以外移民海外人数最多的地区之一。

早期移民者以社会下层的劳苦大众为主，到海外从事繁重的体力劳动。在清末劳工移民大潮中，上海和浦口长期作为江苏地区苦力贸易的两大中心。这一时期具体有多少江苏籍劳工以苦力形式被贩往世界各地已难以统计，但从清廷做过详细调查的古巴华工群体中可以略窥一斑。这些华工多从广东、福建、澳门等地被拐卖或诱骗上船，其时隶属于江苏省的上海、南京等地也有不少华工输出，仅《古巴华工口述实录》和《古巴华工呈词节录》中载明江苏籍的华工就有纪阿乐、张贵廷、吴阿小、朱开自、王从盛、程榕龄、陈金元、周维屏、黄满、杨德福、唐联升、陈庚元等。据上海县的纪阿乐口述，仅咸丰八年（1858年）与他一起被骗上船的就有“一百零四人，俱是上海人”。[④]民国时期华工出国再掀高潮，第一次世界大战（简称“一战”）期间赴欧华工中江苏籍亦有不少。1917年10月，北洋政府设立国务院侨工事务局，负责招收一战赴欧华工，并协助签约等事宜，次年在江苏设立侨工事务分局（1919年撤销）。一战华工总数约30万，有学者估算，华工大多来自华北地区的山东、河北与河南等地，江苏人次之。[⑤]江苏籍华工的具体人数虽难以细数，但有明确记载的是1917年惠民公司从江苏浦口向法国运送了14批华工，共计18,950人。[⑥]

职业型移民主要分为民间手艺型移民和工商业者移民。民间手艺型移民以从事“三把刀”（即菜刀、剪刀、剃刀）等相关职业为主。江苏自古经济发达，特别是明清以来，苏州、无锡、扬州、南京等地工商业阶层兴起，丰富的市民生活孕育了发达的服务行业。以扬州为例，康熙年间孔尚任曾在此生活，有诗云：“东南繁华扬州起，水陆物力盛罗绮。朱橘黄

①根据联合国发布的《1997年国际移民统计建议》，移居非常住国一年以上即为“长期移民”；移居非常住国3个月以上、12个月以下为“短期移民”。基于此，本文将留学生和前往海外工作的中国人皆纳入海外移民的研究范围。特此说明。

②1860年10月24日，中英双方签定的《北京条约》第五款规定：“戊午年（1858年）定约互换以后，大清大皇帝允于即日降谕各省督抚大吏，以凡有华民，情甘出口或在英国所属各处，或在外洋别地承工，俱准与英民立约为凭，无论单身，或愿携带家属，一并赴通商各口，下英国船只，毫无禁阻。该省大吏，亦宜时与大英钦差大臣查照各口情形，会定章程，办保前项华工之意。”参见陈翰笙主编《华工出国史料汇编》第一辑，中华书局，1985年，第12—13页。

③陈翰笙主编《华工出国史料汇编》第一辑，中华书局，1985年，第156—161页。

④陈兰彬：《古巴华工调查录》，上海书店出版社，2014年，第119页。

⑤黄英湖：《一战赴欧华工及其特点分析》，《八桂侨刊》2011年第4期。

⑥徐国琦：《一战中的华工》，潘星、强舸译，上海人民出版社，2018年，第155页。

橙香者椽，蔗仙糖狮如栉比。一客已开十丈筵，客客对列成肆市。”[①]彼时扬州城遍布茶肆、酒楼、客栈、浴室等，精于淮扬菜、理发、服装裁剪、中医、修脚等技能的民间手艺人数量极多，尤以扬州“三把刀”最为著名。[②]近代以来，不少江苏各地民间手艺人以亲缘、地缘、业缘等关系，通过“连—帮—带”方式赴日本、东南亚等地谋生，形成一波职业型移民潮。

由于掌握了一定技艺，民间手艺型移民较之纯体力型的劳工移民更易谋生。一些早期移民经过一段时间的资本积累，逐渐开办起中餐馆、理发店和服装店等，从而为其国内的亲友、乡邻通过连锁式移民奠定了基础。以日本的江苏籍移民为例，1899年，中日之间达成协议，日本政府允许中国人在日从事贸易以外的职业。一批来自江苏的民间手艺人在日本的横滨、神户、长崎等地创业谋生。诚如有学者指出的，华人以“三把刀”在日本“创下了最初的基业”。[③]其中的代表者是光绪年间前往日本横滨开设理发店的镇江人方乾畅。他在当地站稳脚跟后，引荐不少亲友乡邻搭乘日轮赴日谋生。20世纪上半叶，仅扬州和镇江两地以“三把刀”为业在日本、东南亚和我国港澳地区谋生者就有数千人。[④]

江苏工商业者移民海外的历史悠久。至清朝前期重开海禁之时，苏州地方官员曾向康熙上奏：“每年造船出海贸易者，多至千余，回来者不过十之五六，其余悉卖在海外，资银而归。”[⑤]另以侨居日本的华商为例，南京至日本长崎已成为明清之际中日贸易的主要航线。以江苏商人（也包括部分安徽、浙江和江西商人）为主的“三江帮”在长崎等地大量聚居，还修建了中国式寺院“南京寺”和三江祠堂，以为祭祀和集会之用。

近代以后，江苏工商业移民是伴随着江苏民族资本主义工商业的兴起而出现的。江苏是近代民族资本最发达的地区之一。例如，民国时期的无锡曾是与上海、广州、青岛、武汉、天津并称的六大主要工业城市之一。根据1937年国民政府军事委员会的统计资料显示，无锡工厂数和资本额居六大主要工业城市的第五位，总产值居第三位，工人数居第一位。[⑥]江苏工商业者移民海外主要基于以下两种因素。

一方面，一些工商业者为谋求企业发展，或为摆脱洋行控制，到海外开拓销售市场或分支机构。例如，1902年宜兴经营陶器的大窑户到新加坡开设鼎升福陶器店，将产品直接运销东南亚各地。此外，以“三江帮”为代表的江苏海外华商人数迅速增长。1878年，“同新行、丰记号、泰记、鼎泰号、仁济号”等三江籍商号以三江祠堂为会址成立和衷堂三江会所，“以便众商集会议事，共谋福祉”，成为海外最早的华商社团之一。[⑦]此后，随着以江苏工商业者为主体的移民浪潮，在日本的函馆、京都、大阪和神户等地及东南亚国家和美

①朱福炷：《扬州史述》，苏州大学出版社，2001年，第189页。

②扬州“三把刀”与通常所指略有不同，即厨刀、修脚刀、理发刀。修脚作为扬州等地传统沐浴文化的代表，具有典型的江苏地方特色。

③高宇：《“三把刀”闯日本》，《世界博览》2010年第13期。

④江苏省地方志编纂委员会：《江苏省志·侨务志》，江苏人民出版社，2007年，第32页。

⑤聂宝璋：《中国近代航运史资料·第一辑（上册）》，上海人民出版社，1983年，第47页。

⑥严克勤、汤可可等：《无锡近代企业和企业家研究》，黑龙江人民出版社，2003年，第5—6页。

⑦朱德兰：《长崎华商：泰昌号·泰益号贸易史（1862—1940）》，厦门大学出版社，2016年，第68页。

国等处，都相继成立了以“三江”和“苏浙”等命名的社团。例如：1906年“三江帮”在新加坡建成三江公所，次年改名“三江会馆”；20世纪20年代，马来西亚槟城也成立了三江公会；菲律宾在1927年成立了江浙同乡会；[①]1929年，在美国纽约地区，以孙安生等为首的一批三江籍商人发起成立美东纽约三江慈善公所，至1949年，会员已达千人。[②]

另一方面，为躲避战乱和政治破坏随企业和资本一起转移到海外。近代以来江苏频受战争洗礼，特别是抗日战争和解放战争期间，部分民族工商业者携带资本、家眷和部分企业人员移民海外。以无锡为例，六大资本集团中的薛氏集团主要人物在全面抗日战争爆发前就去往美国。1948—1949年初，随着国民党的节节败退，无锡的荣氏、唐氏等工商业家族部分成员对国民党不再寄予任何希望，选择携资出国或前往香港。[③]例如：荣鸿元在香港创办大元纱厂；荣研仁负责的天元公司在泰国设厂；唐星海在香港创办南海纱厂等。中华人民共和国成立后，无锡、常州两市对实行公私合营的28家民族工业企业的调查显示，原企业投资者（股东）中，侨居海外的达180户。这些拥有一定资本、技术和知识的工商业者侨居海外后多数仍从事工商业活动，涌现出一批江苏籍海外华商中的佼佼者，无锡的唐氏和荣氏家族就是其中代表。

三、知识型海外移民

自古以来就以文化发达著称的江苏地区海外移民群体的构成也突显出文化类移民的特色。自清末以来，江苏得风气之先，成为最先接触海外文明和最先建立近代教育体系的地区之一。对当时西方先进工业文明的向往和向海外传承中华文明的双向动力，使江苏涌现出一批前往东南亚从事教育、文化工作的知识分子和留学欧、美、日的学生。赴海外从事教育、文化工作的知识分子移民背景较为多元。

第一，由官方选派赴海外从事华文教育的知识分子，如国民政府侨务委员会在1935年选派50名华文教师，其中江苏人最多（10名）。[④]

第二，因政治原因流亡海外的知识分子。代表人物如曾任《民国日报》编辑的太仓人俞锷在1913年“二次革命”失败后赴爪哇华侨中学任教，并继续利用华文报刊宣传革命。黄逸峰在1930年流亡暹罗（泰国），任教于华侨新民学校，在海外华侨中宣传革命思想，培养了一批华侨进步青年。[⑤]夏时行为躲避政治迫害，赴印尼从事华文教育，其编辑的华文教科书对印尼华校产生了重要影响。[⑥]

第三，志愿赴海外从事华文教育的知识分子。此一类占多数，如南通人李春鸣、李善

①浙江省华侨志编纂委员会：《浙江省华侨志》，浙江古籍出版社，2010年，第157—158页。

②江苏省地方志编纂委员会：《江苏省志·侨务志》，江苏人民出版社，2007年，第54页。

③周孜正：《何去何从：无锡乡土大资本家一九四九年留锡原因及经过》，《党史研究与教学》2016年第4期。

④江苏省地方志编纂委员会：《江苏省志·侨务志》，江苏人民出版社，2007年，第6页。

⑤张开明：《黄逸峰传奇》，江苏人民出版社，1995年，第52—70页。

⑥于锦恩：《论民国时期江苏籍人士对东南亚华文教育的重要贡献》，《江苏师范大学学报（哲学社会科学版）》2012年第4期。

基，泰州人王宓文[①]，苏州人余佩皋等。代表人物是著名华侨教育家李春鸣。他经黄炎培介绍，受陈嘉庚之邀赴新加坡筹办南洋华侨中学，后辗转南洋各地华文学校任教，1939年与李善基等筹办雅加达中华中学。经李春鸣引荐，一批南通籍知识分子到雅加达中学等华文学校任教。[②]李春鸣的多位子女也都从事教育事业。李春鸣在印尼华侨教育中的贡献得到高度认可，在1955年任印尼华侨回国观光团团长，回到祖国参加国庆观礼。[③]

留学移民既有中央或地方政府、学校组织的官派留学，也有自费或通过勤工俭学形式留学海外者。苏州人王韬曾在牛津大学等名校游学，“首开近代江苏知识分子留学先河”。[④]

官派公费留学和庚款留学生中，江苏籍人数较多。晚清留美幼童120人中，广东人最多；江苏人次之，为21人，除了两名早逝（王仁彬、康赓龄）外，大多在中途肄业归国后成长为国家栋梁，任职于外交（钱文魁、张祥和）、铁路（陆锡贵、沈嘉树、周传谏）、电信（朱锡绶、朱尚周、周万鹏、陆德彰、吴焕荣）、政府公务（祁祖彝、朱宝奎）、医疗（曹茂祥、周传谔、朱汝淦、金大廷）、法律（曹吉福）、工商业（宦维城）、军事（沈寿昌）等领域。1908年，在美国倡议下，庚子赔款被充作中国留学生经费。1909年首批 47名庚款留学生中，江苏籍21名；1910年的70名庚款留学生中，江苏籍29名；1911年的63名庚款留学生中，江苏籍15名。此三批赴美庚款留学生共计180人，江苏籍人数超过三分之一。此外，1912—1929年作为庚款留学预备学校的清华大学也不断向美国选派留学生，在此期间共计选派1,089人留学美国，其中江苏籍学子209人。[⑤]庚款留学生主要学习土木、化工、采矿、机械、铁路工程等实用专业，许多归国学子成为我国近代工业、科技、教育等行业的开拓者和奠基人。

除了清廷选送外，江苏地方也选送多批留学生赴海外留学。1902年9月，光绪皇帝谕令：“各督抚选择明通端正之学生，筹给经费，派往西洋各国。”[⑥]1905年，江苏巡抚陆元鼎在苏州设立游（留）学预备科选派留学生赴欧美，当年就有6名公费生赴英国留学。1907年，江苏省在南京和苏州组织考试，选出23名公费生，其中赴美留学的14人中还有3名女生。[⑦]3位女留学生进入美国威斯里安女子学院深造，“开女性公费留学的先例”。[⑧]江苏地方官派留学生中，代表人物是中国近代高等教育事业的奠基人之一胡敦复。他回国后被任命为清华学堂第一任教务长，后参与创建上海大同大学，并任校长。[⑨]

此外，还有一些学生受学校和教会资助出国留学。1899年，南洋公学派遣6名学生赴

①其子王赓武为国际知名华人历史学家，先后任教于马来亚大学（University of Malaya）、澳大利亚国立大学（The Australian National University）、新加坡国立大学（National University of Singapore），曾任香港大学（The University of Hong Kong）校长（1986—1995年），为海外华人研究的开拓者，在全球华人学界享有盛誉。

②王格格：《晚清南通士子与印尼华文教育研究》，华侨大学硕士学位论文，2017年。

③林英华、李菊英、林学彻：《功崇惟志业广惟勤——纪念著名华侨教育家李春鸣先生110周年诞辰》，《八桂侨刊》2004年第6期。

④江苏省地方志编纂委员会：《江苏省志·侨务志》，江苏人民出版社，2007年，第5页。

⑤姜新、小雨：《江苏留学史稿》，吉林人民出版社，2006年，第26—30页。

⑥舒新城编《近代中国留学史》，上海文化出版社，1989年，第35页。

⑦姜新、小雨：《江苏留学史稿》，吉林人民出版社，2006年，第39页。

⑧江苏省地方志编纂委员会：《江苏省志·侨务志》，江苏人民出版社，2007年，第33页。

⑨姜新、小雨：《江苏留学史稿》，吉林人民出版社，2006年，第40—41页。

日本留学，在日华学堂学习，其中杨荫杭（无锡人）、雷奋（华亭人）、杨廷栋（吴县人）和胡礽泰（宝山人）4人为江苏籍。[①]1903年，两江总督张之洞选派江南水师学堂毕业生8人赴英国学习海战，陆师学堂毕业生8人赴德国学习陆战。[②]1904年江南水师学堂又派出6人赴英国学习管轮、驾驶；1905年高等实业学堂派出10人赴英国学习工商等。1918年10月，教育部决定每年从大学和专门学校中选派优秀教师留学欧美，其中江苏籍人士较多，如北京女子高等师范选送的杨荫榆、南京高等师范选送的卢颂恩等教师。受教会资助的代表是颜永京牧师。他于1854年被教会保送到美国，进入俄亥俄州（State of Ohio）凯尼恩学院（Kenyon College）学习，回国后在上海从事教会和教育工作。其子颜惠庆在自传中提到父辈和同辈多人在教会资助下留学美国。[③]

在近代江苏海外留学生中，自费生的比例远大于公费生。以留日学生为例，1901年，江苏自费生占全部留日学生的63.6%。[④]除了大批富家官宦子弟获家族支持赴美、日、欧留学外，赴法、英等国勤工俭学者亦有不少江苏籍学子。根据《申报》1922年6月20日报道："江苏省留法勤工俭学之据调查列报者，计有73人。"另有学者估算为90人。[⑤]其中的代表人物是周恩来（淮安人）。江苏留学生主要流向美、日、欧。据不完全统计，仅1901—1904年江苏留日学生达到499人，至1920年以前江苏留日总人数在1,500人左右。[⑥]另一项统计显示，1854—1953年，江苏留学美国人数约为3 ,000人，位列全国第一。[⑦]

四、近代江苏海外移民的特征

作为近代以来最先开放的地区之一，同时也是近代中国最重要的政治、经济和文化中心之一，地处东南沿海的江苏拥有与海外交往得天独厚的优势。正因为如此，江苏成为近代中国海外移民流出较多的地区之一。但相对于广东和福建等地区，江苏海外移民又呈现出鲜明的区域特色。

（一）江苏海外移民规模相对较小

在地理位置上，江苏与广东、福建等东南沿海省份拥有相似的海外移民便利条件。在对外开放方面，江苏与广东、福建同是最早一批对外开放的地区，与日本、东南亚、欧美各国的交往都很频繁。从移民的"推力"来说，江苏的人口压力与广东、福建等地区相比有过之而无不及。早在中国步入近代之初的1840—1850年，江苏已经拥有4,348万人，人口密度位列全国第一（440.2人/平方千米）。[⑧]因此，在条件较为相似的情况下，江苏海外移民规模相对较小的事实成为显著的区域特征。究其原因，大体包括以下两个方面：①相对

①华亭即今上海市松江区，吴县今属苏州市，宝山即今上海市宝山区。

②卫道治：《中外教育交流史》，湖南教育出版社，1998年，第279页。

③颜惠庆：《颜惠庆自传：一位民国元老的历史记忆》，商务印书馆，2003年，第6页。

④姜新、小雨：《江苏留学史稿》，吉林人民出版社，2006年，第92页。

⑤张允侯：《留法勤工俭学运动》，上海人民出版社，1986年，第431—436页。

⑥李波：《清末民初江苏留日学生与江苏近代化研究》，扬州大学硕士学位论文，2015年。

⑦姜新、小雨：《江苏留学史稿》，吉林人民出版社，2006年，第94页。

⑧葛剑雄：《中国人口发展史》，福建人民出版社，1991年，第357页。

于闽粤两地人民的冒险精神和迁移特质，“江苏民性主要在于温和谨慎、敏于习文、士乐名教、尊礼重安”。[①]这种民性特点使江苏人虽不故步自封，但并不乐于外迁冒险。②江苏自古就是繁荣富庶之地，无论是农耕文明还是工商业文明都十分发达。这也使江苏人通常满足于在家乡谋发展，即便是人口压力较大，也能在很大程度上为内部吸收化解。正如有学者指出：“江苏以其多样化的经济生产方式，有更大空间吸纳传统农业剩余人口的压力。”加之江苏近代城市和工业的兴起等因素的综合作用，使得中国人口压力最大的江苏省没有出现沿海其他省份如广东“下南洋”、山东“闯关东”的移民风潮，而是在本地吸纳了大量剩余人口，为近代化提供了所需的大量劳动力。[②]

（二）江苏移民类型多样，且知识型和技艺型移民占比较高

江苏自古就是教育和文化高地，“重视教育的价值取向”是江苏民性的重要组成部分，“崇文是江苏民性的精髓和灵魂”。[③]正是这种文化上的传统优势造就了知识型移民在江苏海外移民中的重要地位。这一重要地位具体表现在以下4个方面。

1. 留学生在海外移民中占比较大

自1872年清政府选派留学生起，江苏籍留学生的人数和规模在近代海外留学移民中始终居于前列。公派留学中，江苏籍留美幼童人数仅次于广东，庚款留学生人数则位居全国第一。此外，辛亥革命后，江苏省还制定实施了《江苏省省费派遣留学欧美日本学生规程》。据统计，1912—1931年，除全国统派公费生外，江苏省以省费派出的留学生达1,462人。[④]此外，由于江苏经济发达，民间重视教育，自费留学人数较之公费更多。

2. 赴海外从事教育和文化工作的知识分子移民较多

以1935年国民政府侨务委员会选派出国执教的教师为例，江苏籍占1/5，居首位。据另一份调查显示，仅宜兴县在20世纪上半叶赴东南亚从事华文教育或新闻文化工作的知识分子就达200多人。[⑤]

3. 前往海外从事社会底层工作的移民中拥有一技之长的移民占比更高

这集中体现在以掌握“三把刀”手艺在海外谋生的民间移民群体。他们大多从事服务行业，且多处于社会中下层，但经济地位在整体上远高于纯体力型的劳工移民。

4. 江苏海外移民在近代中国的政治、文化和经济发展中参与度更高

留学生和流亡海外的知识分子作为江苏海外移民中占比相对较高的群体，都怀有救国、强国的理想。这与普通劳工型移民前往海外谋生的目的存在较大差异。特别是对于留学生来讲，出国留学或以官派，或以家族支持，无论身处何地，都负有家国之重任。因此，大多数留学生归国后致力于科技、教育、军事和实业，成长为国家栋梁。仅举数例说明，如在革命大业中，领导早期革命事业的秦毓鎏（无锡人）、吴稚晖（武进人）、俞锷（太仓人）

①王树槐：《江苏民性与近代政治革新运动》，《“中央研究院”近代史研究所集刊》总第7期，1978年。

②姚远：《清末民初广东、江苏海外移民比较研究——以华侨省籍分布差异成因为主的分析》，《华侨华人历史研究》2014年第4期。

③张乃格：《江苏民性研究》，江苏人民出版社，2004年，第6、12页。

④江苏省地方志编纂委员会：《江苏省志·侨务志》，江苏人民出版社，2007年，第33页。

⑤江苏省地方志编纂委员会：《江苏省志·侨务志》，江苏人民出版社，2007年，第6页。

等；后来成长为中共领导人的周恩来（淮安人）、瞿秋白（常州人）、张闻天（南汇人）、朱瑞（宿迁人）、秦邦宪（无锡人）等。在科学、教育等方面，庚款留美的语言学大家赵元任（武进人）、留学英国的地质学家丁文江（泰兴人）、留学英国的文学家刘半农（江阴人）等都是杰出代表。在民族工商业发展方面，如民族造船工业先驱的杨俊生（淮安人）、民族实业家薛福基（江阴人）等。凡此种种，不胜枚举。

五、结语

总的来说，江苏近代海外移民类型多样，既有传统的劳工型和职业型移民，也有能够体现江苏作为“文化高地”特色的各类知识型移民。这些移民群体构成近代中国海外移民浪潮的重要分支。相对于广东、福建等传统侨乡和移民大省而言，江苏近代移民规模虽然较小，但类型多样，且层次较高的知识型移民比重较大。同时，江苏海外移民（特别是知识型移民）在归国后对江苏乃至全国的政治、经济和文化事业具有较高的参与度。这些特征既得益于江苏历史承袭下来的重视文化和教育的传统，也与江苏在近代中国所处的政治、经济和文化中心地位存在密切关系。中华人民共和国成立后，特别是改革开放以来，江苏继续在经济、文化等领域保持优势，对外开放向纵深层次发展。如今，移民类型多样、知识型移民比重较高仍是江苏海外移民的鲜明特征。江苏人重视文化传统而又不断进取的精神特质，与海外移民、回流的历史进程相伴而生，共同奠定了江苏在中外文化交流史中的重要地位。

作者简介：丁美丽，广西民族大学民族学与社会学学院硕士研究生